Service Engineering

개정 2판

공학의 눈으로 바라본 서비스 경영

제품–서비스, 오프라인–온라인 서비스를 아우르는 종합교과서

서비스공학

박용태
김문수 강인태 김철현 윤병운
신준석 이성주 이학연 공저

생능출판사
Life & Power Press

머리말

어느덧 서비스가 세상의 중심에 서 있는 느낌이다. 산업 전체에서 서비스업이 차지하는 비중이 이미 제조업의 비중을 넘어선 지 오래되었고 제조업에 종사하는 사람보다 서비스업에 종사하는 사람들을 더 쉽게 볼 수 있게 되었다. 보이는 시장에서 제품을 팔고 사는 것이 아니라 보이지 않는 시장에서 서비스를 팔고 사는 일도 흔하다. 게다가 오늘날의 모바일 세상에서 사람들은 언제 어디서나 디지털 서비스를 즐기고 있다.

이러한 변화에 따라 대학에서도 서비스에 대한 강의와 연구 수요가 크게 늘어나는 추세이다. 서비스 직종으로 진출하는 학생들도 눈에 띠게 증가하고 있다. 하지만 서비스와 관련된 과목에서 '무엇'을 '어떻게' 강의하고 실습해야 하는지에 대해서는 아직 정답도 없고 표준도 없는 실정이다. 여러 분야에서 다양한 주제를 상이한 방식으로 진행하고 있다. 학제의 분야별로 본다면, 경제학에서도 서비스를 말하고 있고, 경영학에서도 말하고 있고, 심리학이나 사회학에서도 말하고 있고, 이제 공학에서도 말하고 있다.

실제로 서비스를 표현하는 것은 장님이 코끼리를 묘사하는 것과 비슷하다. 코를 만진 사람은 유연한 회전체라고 말할 것이고, 다리를 만진 사람은 딱딱한 고정체라고 우길 것이다. 하지만 두 사람 모두 자신들의 키보다 높은 곳에 코끼리의 평평한 등이 있다는 사실은 모르고 있다. 서비스도 마찬가지다. 각자가 바라보는 시각에 따라서, 또 각자가 알고 있는 지식의 범위 안에서 서비스를 달리 정의하고 해석한다. 그러므로 서비스에 대해 말하는 것은, 특히 서비스 전반에 관한 교과서를 쓴다는 것은 무척이나 조심스러운 일이다. 자칫 잘못하면 부분을 가지고 전체를 설명하는 우(愚)를 범할 수 있기 때문이다. 더구나 서구에서 출판되어 이미 폭넓게 쓰이고 있는 교과서들이 여럿 존재하는 상황에서 새로운 책을 출판하는 일은 모험일 수도 있다.

만만찮은 부담에도 불구하고 이 책을 내놓는 이유는 크게 다음의 세 가지 정도로 요약할 수 있다. 첫째는 서비스 공학(engineering)에 초점을 맞춘다는 점이다. 지금까지 출간된 교과서들은 대부분 서비스 경영(management)이나 서비스 마케팅(marketing)이라는 제목으로 되어 있다. 그러나 이 책은 서비스를 공학으로 접근하는 방식을 기본으로 하고 있다. 물론 다학제적 관점에서 서비스 경영이나 마케팅에서 다루는 주제와 내용도 포함하고 있지만 서비스의 개발, 설계, 관리에 걸쳐 공학적 내지 과학적 사고와 기법을 많이 담으려고 노력하였다. 책의 제목을 서비스 공학으로 한 것도 그런 연유에서이다.

둘째는 역서(譯書)가 아니라 저서(著書)라는 점이다. 외국의 교과서라고 해서 피할 일은 없다. 내용이 좋고 수준이 높으면 당연히 채택하는 것이 바람직하다. 그러나 아무래도 우리의 현실과 다른 부분도 있고 또 역서가 지니는 본질적 문제가 있을 수도 있다. 이 책은 우리의 시각에서 우리의 언어로 교과서를 만든다는 의미를 찾고자 하였다. 물론 책에 수록된 많은 지식과 자료는 여전히 외국의 것들을 원용하였다는 한계는 남는다. 그런 뜻에서, 이 책을 계기로 국내에서도 서비스 관련 교과서들이 더 많이 출간되어 우리의 독자적인 위상이 단단해지길 기대한다.

셋째는 균형적(balanced) 접근을 취한 점이다. 교과서는 자칫 개념—사례 중심으로 가거나 반대로 이론—분석 중심으로 흐를 수 있다. 이 책에서는 가능하면 양쪽을 적절하게 아우르려고 노력하였다. 한편으로는 정성적(qualitative)인 성격을 지니는가 하면 다른 한편으로는 정량적(quantitative)인 성격도 지니고 있다. 접근 방법의 균형뿐 아니라 내용의 균형에도 신경을 썼다. 전통적인 오프라인 서비스 방식과 새로운 온라인 서비스 방식의 균형, 제품 기반 기법과 서비스 기반 기법의 균형 등이 그것들이다.

그러다 보니 분량이 많아지고 범위도 넓어지게 되었다. 이런 방대한 작업을 혼자 하는 것은 힘들기도 하지만 바람직하지도 않다. 그래서 대표저자를 중심으로 여러 사람의 공저자가 함께 작업하는 방식을 택하였다. 이 책의 집필에 참여한 공저자들은 모두 서울대학교 기술경영연구실에서 동문수학한 사이이다. 그러나 개인적인 인연 때문에 모인 것은 물론 아니다. 모두가 현재 교육 현장에서 서비스 공학이라는 주제를 강의하고 있거나 실무 현장에서 서비스 비즈니스를 운영하고 있다. 따라서 서비스 공학의 공급자이자 동시에 수요자라는 생각으로 이 작업에 참여하였다.

이 책으로 수업을 한다고 하면, 강의의 진행은 책의 목차에 제시된 순서를 따르는 것이 자연스러운 흐름이 될 것으로 생각한다. 그러나 책에 담겨 있는 주제가 다양하고 분량이 방대하기 때문에 한 학기에 모든 내용을 다루기는 어려울 것이다. 강의자의 전문성과 관심도에 따라, 또 수강생들의 성격과 수준에 따라, 한 학기 강의 분량에 맞도록 취사선택하는 것이 필요할 수 있다.

무릇 교과서의 본질적 기능은 어느 개인의 독창적 지식과 주관적 견해를 제시하는 것이 아니라 이미 검증된 연구결과와 실무경험을 종합하고, 정리하고, 전달하는 데 있다. 따라서 본서에서는 다양한 이론, 자료, 정보를 직접적으로 인용하거나 간접적으로 원용하고 있다. 더구나 여러 사람이 집필에 참여하였기 때문에 관련자료의 소재가 여기저기 흩어져 있다. 원전을 일일이, 그리고 명확하게 제시하지 않은 부분이 있다면 널리 양해해 주시기를 부탁 드린다.

공저자들 외에 서울대학교 기술경영연구실의 대학원생들도 집필 과정에 참여하였다. 자료의 발굴, 내용의 정리, 원고의 교정 등에 있어 이들의 노고는 고마울 따름이고 이들의 자질은 자랑스러울 뿐이다. 특히 금영정 양과 김지은 양은 집필의 전 과정에 걸쳐 참으로 많은 수고를 해 주었다. 이들 모두는 공저자의 명단에 이름을 올리기에 부족함이 없다. 책의 기획에서부터 제작에 이르기까지 시간과 노력을 아끼지 않은 생능출판사의 관계자 여러분께도 깊은 감사를 드린다. 이 많은 분들의 도움에도 불구하고 책의 내용과 구성에 잘못되거나 미흡한 부분이 있다면 그것은 전적으로 저자들의 책임이다.

2012년 1월
대표저자 씀

목차

PART 1 서론

CONTENTS

CONTENTS

C O N T E N T S

CONTENTS

CONTENTS

책의 구성(Structure of Book)

모든 책이 그렇지만, 특히 서비스 공학에 관한 교과서에 '무슨 내용을 어떤 순서로 담을지' 를 정하기는 쉽지 않다. 그 자체가 어려운 일이라기보다는 선택의 여지가 너무 많아 결정이 쉽지 않다는 뜻이다. 서비스는 그 범위가 워낙 넓고 하나하나 성격이 달라서 서비스를 얘기하는 것은 마치 장님이 코끼리 모양을 묘사하는 것과 같다. 다리를 만진 사람은 다리라고 할 것이고, 코를 만진 사람은 코라고 할 것이며, 등에 탄 사람은 등이라고 할 것이다. 그러다 보니 책의 구조(structure)와 내용(contents)은 책을 쓰는 사람의 전문성과 관심도에 따라 크게 달라진다. 서비스를 바라보는 관점과 다루는 방식이 저자마다 다르기 때문이다. 실제로 이미 접할 수 있는 교과서나 전문서적들을 살펴보면, 기본 구조가 비슷하더라도 세부 내용은 상이한 경우가 많다. 또한 서비스 공학을 강의하는 현장의 교수들도 각자의 관심과 배경에 따라 맞춤식으로 취사선택한 콘텐츠를 사용하는 것이 일반적이다.

그렇다면 어떤 관점과 기준이 가장 바람직할까? 우선 생각할 수 있는 것은 서비스의 '유형(typology)' 별 접근이다. 다양한 서비스를 여러 유형으로 나눈 후 각 유형별로 관련된 콘텐츠를 채워넣는 식이다. 여기에서도 크게 두 가지 서로 다른 접근을 생각할 수 있다. 우선 하나는 서비스의 '개별 유형' 별로 콘텐츠를 구성하는 접근이다. 모든 서비스를 레스토랑 서비스, 쇼핑몰 서비스, 병원 서비스, 렌탈 서비스, 배달 서비스 하는 식으로 세분하는 것이다. 그러나 이 접근은 '너무 잘게 나눈다' 는 문제를 안고 있다. 모든 종류의 서비스를 아울러야 하는 교과서의 특성상, 수백, 수천 개에 이르는 개별 서비스를 일일이 나열할 수는 없기 때문이다. 다른 하나는 '그룹 유형' 을 단위로 콘텐츠를 구성하는 접근이다. 모든 서비스를 서비스의 목적이나 특성에 따라 몇 가지의 그룹(유형)으로 분류한 후, 그룹별로 콘텐츠를 구성한다. 예를 들어 통신서비스, 의료서비스, 소매서비스, 금융서비스 등의 그룹으로 나누는 것이다. 하지만 이 접근은 '너무 크게 묶는다' 는 문제를 안게 된다. 우선 수많은 개별 서비스를 몇 가지의 그룹에 명확하게 배분하는 것은 불가능하다. 어떤 서비스는 여러 그룹에 걸쳐 있을 수도 있고, 반대로 어떤 서비스는 어느 그룹에도 속하지 않을 수도 있다. 또 하나의 그룹 안에도 성격이 매우 다른 개별 서비스들이 섞여있을 수 있다. 한마디로 일반화하기 어려워질 수 있는 것이다.

이러한 문제를 풀기 위해 기존의 교과서들이 가장 많이 선택한 해결책은 '유형' 에 따라 나누는 대신, '과정(process)' 을 따라 콘텐츠를 구성하는 것이다. 서비스의 유형이 무엇이든 간에 모든 서비스 비즈니스는 비슷한 과정을 따라 이루어진다. 예를 들어 계획하고(plan)-운영하고(do)-평가하는(see) 과정으로 단순하게 구성할 수도 있고, 아니면 보다 구체적으로 서비스 전략의 수립-서비스 자체의 개발-서비스 조직의 구성-서비스 인력과 자원의 관리-서비스 성과의 평가라는 과정으로 구성할 수도 있다. 일단 서비스 과정을 몇 개의 단계로 나눈 후, 각 단계마다 관련된 콘텐츠를 채워넣게 된다. 실제로 대부분의 교과서는 '1장은 계획, 2장은 관리, 3장은 평가' 하는 식으로 단계를 따라 구성되어 있다. 이 접근의 장점이자 동시에 단점은 표준화에 있다. 한편으로, 모든 종류의 서비스가 비슷한 단계를 공통적으로 따른다는 면에서 표준화가 쉽다는 것이 장점이다. 레스토랑이든, 쇼핑몰이든, 병원이든, 통신회사든 서비스의 과정은 비슷하기 때문이다. 그러나 다른 한편으로는, 표준화가 어렵거나 표준화를 해서는 안 되는 서비스의 특성을 반영할 수 없다는 것이 단점이다. 하나하나의 서비스를 보면, 비록 서비스의 과정은 비슷하다고 하더라도 서비스 자체의 성격도 다르고, 서비스 조직의 구조도 다르고, 서비스 기술의 내용도 다르다. 따라서 이 접근을 따르게 되면 너무 포괄적이고 일반적인 내용만을 다루게 될 위험이 크다.

이러한 장점과 단점을 모두 고려하여, 이 책에서는 한 가지 기준만을 선택하기 보다는 두 가지 기준을 동시에 사용하기로 한다. 즉, 과정(process)과 기술(technology)이라는 두 개의 축(dimension)을 조합하여 전체적인 구조를 설정하였다.

첫 번째는, 서비스의 단계적이고 순차적인 과정(process)의 축이다. [그림 A-1]에서 보듯이, 서비스 자체의 배경과 특성을 이해하는 '서비스 본질'에서 출발하여, 서비스 비즈니스의 시장환경을 살펴보고 경쟁우위를 찾아보는 '서비스 전략', 수립한 전략을 토대로 새로운 서비스 아이디어를 만들어 내고 그 아이디어를 구현할 조직을 만드는 '서비스 설계', 설계한 서비스 조직을 실제로 관리하고 평가하는 '서비스 운영'의 순서로 세부적인 내용을 구성한다. 뒤에서 설명하겠지만, 위의 각 단계는 곧 이 책의 각 '부(part)'와 '장(chapter)'을 이루게 된다.

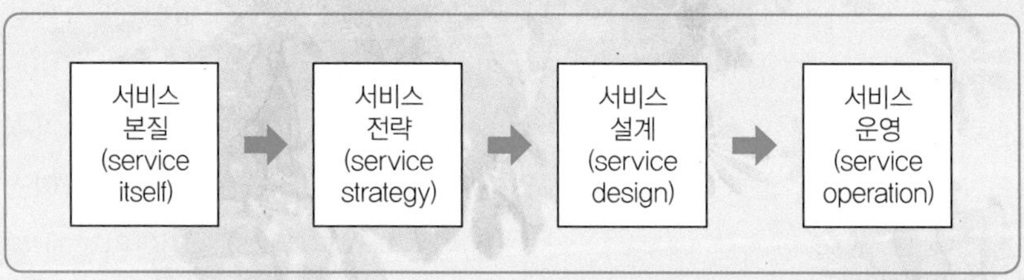

[그림 A-1] 서비스 과정(process)의 축

두 번째는 서비스를 개발하고, 비즈니스를 전개하고, 서비스 시스템을 운영하는 기술(technology)의 축이다. 서비스 기술도 여러 가지가 있지만 설계와 운영의 측면에서 가장 핵심적인 기술은 전통적인 오프라인(off-line) 방식과 새로운 온라인(on-line) 방식의 차이이다. 실제로 온라인 기술의 도입이나 활용이야말로 과거에 없었던 새로운 서비스의 출현을 가져왔고 나아가 오늘날의 서비스 공학이 생겨난 결정적 계기가 되었다. 그렇다고 오프라인 기술이나 방식의 중요성이 줄어든 것은 아니다. 아직은 서비스 엔지니어링의 뿌리와 줄기 모두 오프라인 기술이 중심을 차지하고 있다. 따라서 이 책에서는 먼저 오프라인 서비스에 대한 설명을 한 후, 보완적으로 온라인 서비스에 대한 설명을 하는 식으로 콘텐츠를 구성하였다.

요약하면, 이 책은 먼저 과정(process)을 중심적 축으로 하여 서비스 프로세스를 여러 단계로 나눈 후, 기술(technology)을 보조적 축으로 하여 각 단계마다 오프라인 서비스에 관한 콘텐츠와 온라인 서비스에 관한 콘텐츠를 담았다. [그림 A-2]에 도시된 것처럼, 상위의 '기본 골격'은 서비스 본질-서비스 전략-서비스 설계-서비스 운영이라는 단계별 흐름을 따라 구성한다. 하위의 '세부 내용'은 오프라인 기술이 토대의 역할을 하고 온라인 기술이 보완하는 식으로 콘텐츠를 구성한다.

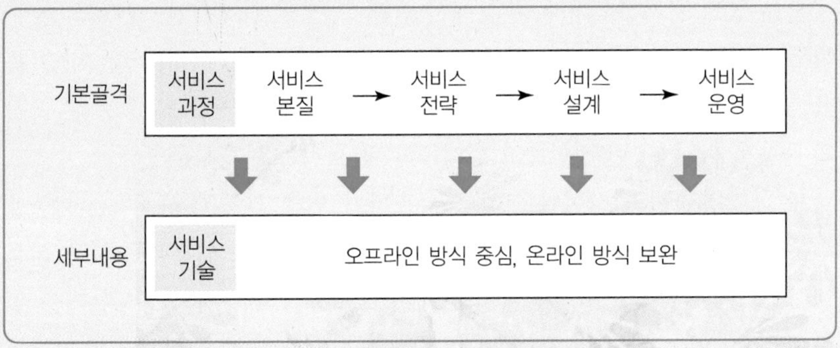

[그림 A-2] 책 구성의 전체적 구조(overall framework)

이러한 기준과 원칙에 따라 이 책은 크게 4부(part) 8장(chapter)으로 이루어져 있다. 각 부는 두 개의 장으로 나뉘어진다.

먼저 1부는 서비스 공학 및 서비스 자체에 대한 기본적이고 본질적인 이해(Fundamentals of Service)를 목적으로 한다. 서론으로 이름 붙여진 1장과 서비스의 본질을 다루는 2장으로 구성된다. 서비스 공학의 배경과 진화 과정, 서비스의 정의, 서비스의 분류 등이 주요 내용이 된다.

2부는 서비스 전략(Strategy of Service)을 주제로 한다. 먼저 3장에서는 전략 분석을 위한 틀(framework)에는 어떤 것들이 있는지를 살펴보고, 이어서 4장에서는 실제로 서비스 전략을 수립하는 구체적인 내용을 알아보게 된다.

3부는 서비스 설계(Design of Service)라는 주제를 다룬다. 우선 5장에서는 새로운 서비스 아이디어와 콘셉트를 개발하는 방법론들을 다루고, 이어지는 6장에서는 그 콘셉트를 토대로 실제로 비즈니스를 하게 될 서비스 시스템을 설계하는 방법을 다룬다.

4부는 서비스 운영(Operation of Service)이라는 제목으로 되어 있다. 먼저 7장에서는 서비스 시스템의 수요-공급 관리 기법을 알아보고, 그 다음의 8장에서는 서비스 시스템의 품질과 생산성을 평가하는 기준과 서비스 실패를 분석하는 기법을 살펴본다.

모든 장에 걸쳐 시작하는 부분에서 먼저 그 장의 전체적인 '구성도'를 보여주고, '배경과 내용'에서 핵심적 주제들을 소개한 후, 익혀야 할 '학습 목표'를 제시하였다. 끝내는 부분에서는 '요약'과 '핵심 키워드'를 통해 그 장의 내용을 다시 한 번 정리하고 기억해야 할 요점들을 제시하였다.

또한 수강생들의 참여와 토론을 유도하기 위해 다양한 사례(cases)들을 수록하였다. 긴 사례들도 있고 짧은 사례들도 있다. 사례 분석을 통해 본문에서 설명한 이론과 원리가 실제의 서비스 현장에 어떻게 적용되는지를 알아보고, 나아가 전략적 시사점과 현실적 개선방안을 함께 토론하는 기회를 제공한다.

PART

Introduction 01

서론

CHAPTER 01

서비스 공학의 배경

구성도

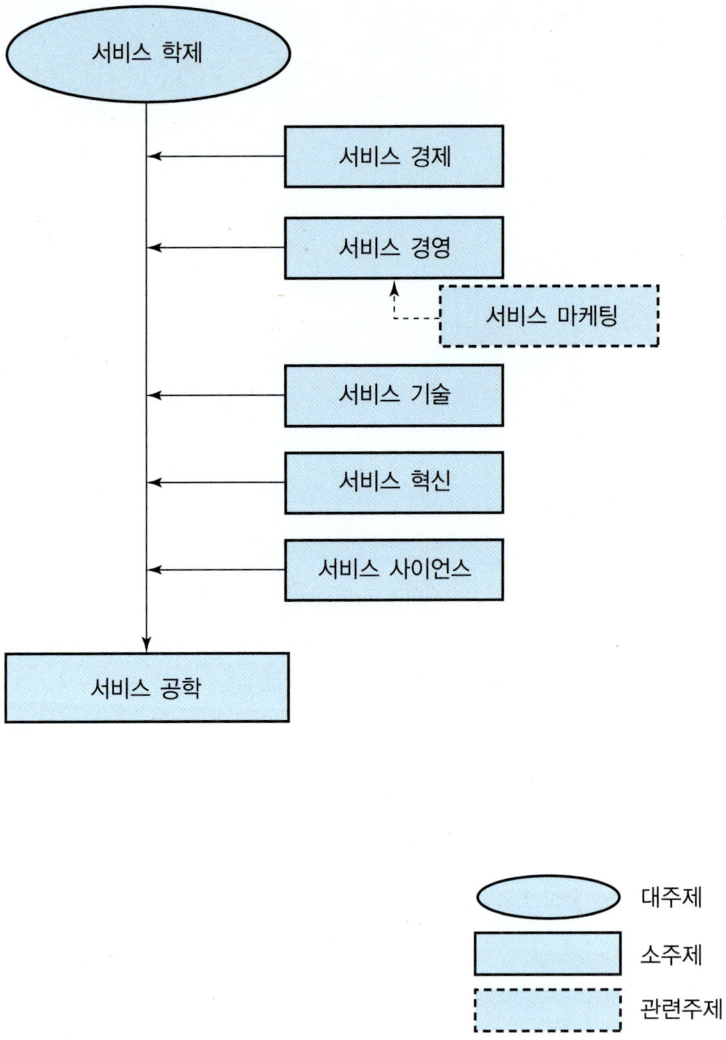
서비스 학제
서비스 경제
서비스 경영
서비스 마케팅
서비스 기술
서비스 혁신
서비스 사이언스
서비스 공학
대주제
소주제
관련주제

배경과 주요 내용

세상의 관심을 끄는 새로운 이슈가 생겨나서 하나의 새로운 학문으로 자리잡기까지는 많은 노력과 오랜 시간이 걸린다. 서비스 공학도 예외는 아니다. 서비스 공학은 어느 날 갑자기 새로운 학문으로 나타난 것이 아니라 오랫동안 여기저기에서 많은 토론들이 오가고 그것들이 서서히 쌓이면서 바야흐로 구체적인 모습을 만들어가는 중이다.

그 역사를 세세히 살펴볼 수는 없지만 그 배경이 되는 뿌리를 이해할 필요는 있다. 우선 큰 그림으로서, 산업 전체에서 서비스 부문의 비중이 커지고 범위가 넓어지면서 서비스 산업이 중심적 위치를 차지하게 된 과정을 알아본다. 이 과정에서는 서비스 산업(service industry) 내지 서비스 경제(service economy)라는 이름으로 경제학이 가장 중요한 분야로 연결되어 있다.

다음에는 작은 그림으로서, 서비스의 기술적, 전략적 중요성이 커지면서 기업경영의 어느 부문에서 무슨 목적으로 서비스가 도입되고 활용되어 왔는지를 살펴본다. 이 과정은 주로 서비스 경영(service management) 및 서비스 마케팅(service marketing)이라는 이름으로 경영학과 이어져 있다.

서비스 기술, 특히 정보통신기술(ICT)의 발전은 서비스 시스템과 프로세스의 혁신에 큰 영향을 미쳤다. 또한 온라인 기술의 확산은 본격적인 서비스 비즈니스의 출현으로 이어지고 있다.

마지막으로, 서비스 사이언스(service science), 서비스 혁신(service innovation), 그리고 이어서 서비스 공학(service engineering)이라는 이름으로 서비스가 과학과 공학의 새로운 분야로 등장하게 된 과정을 정리한다. 경영과학(management science) 이론과 운영관리(operations management) 실무가 접목되면서, 정보통신 기술과 시스템 설계 기법들이 폭넓게 확산되면서 서비스도 엔지니어링의 대상이 되어가는 배경을 알아보기로 한다.

학습 목표

1. 서비스에 대한 사람들의 인식과 관심이 어떻게 변해왔는지를 관찰해 보고, 개인간의 의견과 해석에 어떤 차이가 있는지를 토론해 본다.
2. 서비스가 하나의 학문 분야로 성장해 온 과정을 살펴보고, 앞으로 서비스 공학이 공학의 한 분야로 자리매김할 수 있을지를 토론해 본다.
3. 제조업과 서비스업의 근본적 차이가 무엇인지를 이해한다.
4. 서비스 산업의 발전 과정을 경제학의 변화 과정과 연계하여 이해한다.
5. 서비스 마케팅의 등장 배경과 발전 과정을 이해한다.
6. 서비스 프로세스(시스템) 관리의 태동과 발전 과정을 이해한다.
7. 서비스 기술(특히 IT 기술)의 도입과 확산 과정을 이해한다.
8. 서비스 비즈니스 개념의 등장 배경과 발전 과정을 이해한다.
9. 서비스 사이언스 및 SSME(Service Science, Management, and Engineering) 개념의 태동과 발전 과정을 이해한다.
10. 서비스 혁신에 대한 국제적 관심이 높아진 배경을 이해한다.
11. 서비스 공학(엔지니어링)의 주제와 특성을 이해한다.

에세이(Essay)

서비스도 엔지니어링이다

하나는 만드는 것이 눈에 보이지만 다른 하나는 보이지 않는다(무형성). 하나는 만들고 나서 한참 후에 쓰이지만 다른 하나는 만들면서 동시에 쓰인다(동시성). 하나는 오랫동안 두고 쓸 수 있지만 다른 하나는 쓰지 않으면 바로 사라져 버린다(소멸성). 하나는 만들어진 것들이 비슷비슷하지만 다른 하나는 모두 다르다(이질성). 하나는 쓰는 사람이 만드는 자리에 있을 필요가 없지만 다른 하나는 있어야 한다(참여성). 이 수수께끼의 정답은 무엇일까? 앞의 것은 '제품(product)' 이고 뒤의 것은 '서비스(service)' 이다. 전자를 '제작하는' 회사는 제조 기업이고 후자를 '제공하는' 회사는 서비스 기업이다. 제품은 '하이테크(high tech) 공학' 의 주제이고 서비스는 '하이 터치(high touch) 경영' 의 주제이다.

하지만 최근 들어 제품과 서비스 간의 전통적인 이분법(二分法)이 무너지고 있다. 감성을 자극하는 '하이 터치 제품' 이 늘어나는가 하면, 기능을 강조하는 '하이테크 서비스' 도 많아지고 있다. 제조 기업인지 서비스 기업인지를 분간하기 어려운 '혼합(hybrid)' 회사도 드물지 않다. IBM이 대표적이다. 전 세계적으로 서비스 혁신을 주도하고 있는 IBM의 사명(社名)은 'International Business Machines' 의 준말이다. 지난 날 사무용 '기계' 의 혁신을 이끌면서 컴퓨터 사이언스(computer science)라는 분야를 개척했던 회사가 오늘날에는 사무용 '서비스' 의 혁신을 주창하면서 서비스 사이언스(service science)라는 새로운 분야를 만드는데 힘을 쏟고 있다. 실제로 IBM의 총 수익 가운데 서비스가 차지하는 비중은 1996년엔 21%에 불과했으나 10년 후인 2006년에는 53%로 늘어나 하드웨어 비중을 압도하고 있다. 겉으로는 비즈니스 기기를 팔지만 속으로는 그 기기를 이용하여 할 수 있는 비즈니스 서비스를 팔고 있는 것이다.

———— 중 략 ————

결국 서비스 혁신의 핵심은 가능한 한 '좋은 느낌' 을 유지하면서 동시에 '높은 효율' 을 달성하는데 있다. 그리고 서비스 혁신이 엔지니어링이 되는 이유는 효율을 올리기 위해 사람이 수행하던 기능을 기술로 대체하기 때문이다.

———— 중 략 ————

서비스 엔지니어링은 이제 시작에 불과하다. 지금까지는 서비스업을 위한 서비스 엔지니어링이 중심이었다. 느낌만 좋던 순수(pure) 서비스 기업을 효율까지 갖춘 유사제조(quasi-manufacturing) 기업으로 탈바꿈시키는 일에 초점을 맞췄다. 하지만 앞으로는 제조업을 위한 서비스 엔지니어링으로 시야를 넓혀야 한다. 효율만 높던 순수 제조기업을 느낌도 좋은 유사서비스(quasi-service) 기업으로 변신시키는 방법을 찾아야 한다. 서비스 엔지니어링의 학술적 정의는 '컴퓨터 사이언스, 산업공학, 경영전략, 사회과학 등을 융합하는 새로운 학문'이지만 실물적 정의는 '제조업의 효율성과 서비스업의 창의성을 모두 갖춘 기업 만들기'이다.

조선일보 Weekly Biz 경영 칼럼, '박용태 교수의 테크노경영', 2007

01 서비스 공학의 배경

제1절 서비스 개념의 발전

얼마 전까지만 해도 '서비스' 하면 떠오르는 느낌이나 이미지는 '물건을 사면 부수적으로 제공하는 무엇', '값을 내고 하나의 물건을 사면 덤으로 주는 무엇' 등이었다. 대가를 지불하지 않아도 공짜로 주어지는 것, 얹어주면 좋지만 안 준다고 그 물건을 안 사게 되는 것은 아닌 정도로 받아들여졌다. 아니면 '경제에 간접적으로 도움을 주는 활동', '직접 부가가치를 만들어내지는 못하지만 그 과정에 보조적으로 도움을 주는 활동' 등으로 보기도 하였다. 한마디로 경제활동에 직접적으로 기여하는 것이 아니라 간접적으로 지원하는 활동으로 이해하였던 것이다. 세상이 많이 바뀌었어도 이런 고정관념은 우리의 머리 속에 뿌리깊게 자리잡고 있었다.

그러나 최근에 우리는 서비스에 대한 느낌과 이미지가 많이 바뀌고 있음을 피부로 느끼고 있다. 산업 전체에서 서비스업이 차지하는 비중이 이미 제조업의 비중을 넘어선지 오래되었고 주위에서도 제조업에 종사하는 사람보다 서비스업에 종사하는 사람들을 더 쉽게 볼 수 있는 세상이 되었다. 서비스는 더 이상 덤으로 얹어주는 무엇이 아니라 제품보다 더 비싼 돈을 주고서 사야 하는 무엇인 경우도 심심찮게 나타나고 있다. 서비스가 제대로 따라주지 않으면 이 물건 대신 다른 물건을 구매하는 현상도 드물지 않다. 한마디로 서비스는 더 이상 경제와 사회의 주변이 아니라 중심에 서있는 것이다.

거기다가 온라인 특히 인터넷의 등장은 세상의 낡은 패러다임을 뒤집어 놓았고 그 중심에 서비스의 혁명이 자리잡고 있다. 오늘날의 모바일 세상에서 사람들은 언제 어디서나 모든 디지털 서비스를 즐기고 있고, 보이는 시장에서 제품을 팔고 사는 것이 아니라 보이지 않는 시장에서 서비스를 팔고 사는 일들이 더 많아지고 있다.

세상의 구조와 형태가 달라지고 사람들의 의식과 사고가 바뀐다고 해서 그 변화가 바로 새로운 학문의 출현으로 이어지는 것은 아니다. 어떤 문제가 하나의 학문적 주제(subject)로 받아들여지고, 나아가 하나의 새로운 학제(discipline)로 자리잡기 위해서는 많은 노력과 오랜 시간이 걸린다. 서비스 공학도 예외는 아니다. 최근 들어 산업 전반에서 서비스 부문의 상대적 위상이 올라가고 기업 내부에서도 서비스에 대한 전략적 중요성이 커지면서 서비스 분야의 인력 수요가 크게 늘었다. 이에 따라 대학에서도 서비스에 대한 강의와 연구 수요가 늘어나긴 했다. 서비스업에 종사하고자 하는 학생들도 크게 증가하고 있다. 하지만 서비스 과목에서 '무엇'을 '어떻게' 강의하고 토론해야 하는지에 대해서는 아직 정답도 없고 결론도 없는 실정이다. 여러 분야에서 각자의 관심과 전문성에 따라 이런저런 얘기들이 오가고 있다. 학제의 분야별로 본다면, 경제학에서도 서비스를 말하고 있고, 경영학에서도 말하고 있고, 심리학이나 사회학에서도 말하고 있고, 이제 공학에서도 말하고 있다.

그러고 보면, 서비스는 어느 날 갑자기 하나의 신생 학문으로 나타난 것이 아니라 오랫동안 많은 지식과 경험들이 서서히 쌓이면서 제 모습을 만들어 온 셈이다. 이 긴 과정을 세세히 살펴볼 수는 없지만 중요한 뼈대나 뿌리를 이해할 필요는 있다. 우선 산업 차원의 큰 그림으로서, 산업 전체에서 서비스 부문의 비중이 커지고 범위가 넓어지면서 서비스 산업이 중심적 위치를 차지하게 된 과정을 알아본다. 이 과정에서는 서비스 경제(service economy)라는 이름으로 경제학이 가장 중요한 학제로 연결되어 있다. 다음에는 기업 차원의 작은 그림으로서, 서비스의 기술적, 전략적 중요성이 커지면서 기업 경영의 어떤 부문에서 서비스가 도입되고 활용되어 왔는지를 살펴본다. 이 과정은 주로 서비스 경영(service management) 또는 서비스 마케팅(service marketing)이라는 이름으로 경영학과 이어져 있다. 마지막으로, 서비스가 서비스 사이언스(service science), 서비스 혁신(service innovation), 그리고 이어서 서비스 공학(service engineering)이라는 이름으로 과학과 공학의 새로운 분야로서 등장하게 된 과정을 정리해 본다.

제2절 서비스 산업의 발전

우선 서비스의 변화와 발전 과정을 산업이라는 큰 그림에서 살펴보자. 역사적으로 보면, 오랫동안 서비스나 서비스업은 경제와 산업의 중심이 아닌 주변에 머물러 왔다. 먼저 어원(語源)에서부터 영어의 service는 원래 노예를 뜻하는 'servitude'에서 유래한 것이다. 처음부터 서비스는 노예들이 주인을 위해 자신을 희생하는 '봉사'의 의미로 사용되었던 것이다. 농업 중심 시대에도 마찬가지였다. 이른바 중농주의를 내세웠던 그 시대의 경제학자들은 당연히 농산물을 생산하는 활동, 농업을 경제의 가운데에 놓고 그 이외의 모든 주변 활동을 그냥 서비스로 불렀다.

이어지는 고전경제학의 시대에도 별로 달라진 것은 없었다. 예를 들어, 18세기 말의 대표적 경제학자인 아담 스미스(Adam Smith)가 쓴 국부론(The Wealth of Nations)이라는 유명한 책을 보자. 이 시대에는 '부(wealth)'를 중심으로 경제를 바라보았다. 따라서 부를 창출하는 '생산적 활동(productive labor)'을 먼저 제시한 후, 부를 창출하지 못하는 나머지의 '비생산적 활동(unproductive labor)'을 모두 묶어서 서비스로 분류하였다. 여기에서 생산적 활동은 물건을 만들어 부를 창출할 수 있는 일을 의미하였다. 따라서 직접 물건을 만드는 일이 아닌 일은 비생산적 노동, 곧 서비스에 불과하다고 생각하였다. 예를 들어, 교사, 법률가, 의사, 문인, 배우, 음악가 등이 하는 서비스 노동은 부를 창출할 수 없기 때문에 모두 비생산적 노동에 불과한 것으로 간주하였다.

그 후, '부'의 창출이라는 개념에서 '효용(utility)'의 제공이라는 개념으로 경제학의 중심이 달라지면서 서비스의 위상이 좀 올라가기는 하였다. 부를 창출해야만 생산적 노동이라고 보는 시각으로부터 소비자에게 효용을 주는 모든 활동은 생산적이라는 논리로 바뀐 것이다. 이런 변화에 따라 서비스도 생산적 노동으로 볼 수 있다는 주장이 나오게 되었다. 다시 말해 '제조' 활동이 손에 잡히는 물질적 재화(goods)로 효용을 만들어낸다면, 서비스는 그 재화에 손에 잡히지 않는 효용을 얹어주는 '비제조' 활동이라고 인식하게 된 것이다. 이런 시각에서 보면, 비록 손에 잡히지는 않지만 사람들에게 도움이 되는 효용을 만들어내는 한 서비스 활동도 생산적 노동이 된다. 오늘날의 경제학에서 모든 재화를 물질적 재화와 비물질적 재화로 나눈 후, 제품은 물질적 재화이고 서비스는 비물질적 재화라고 보는 이분적(二分的) 사고는 여기에 바탕을 두고 있다.

이런 인식은 20세기 전반부에도 이어졌다. 이 시기는 경제 체제 안에 산업(industry)이라는 '큰' 개념과 기업(firm)이라는 '작은' 개념이 생겨난 때이다. 산업자본주의가 자리를 잡기 시작한 것이다. 개인이나 가족이 사람 손으로 소량으로 물건을 생산하던 전통적 형태를 벗어나, 많은 사람들이 모여 기계를 이용하여 대량으로 생산하는 새로운 '조직'이 나타나기 시작하였다. 공장이 있고, 기계가 있고, 제품을 만드는 회사들이 여기저기 세워지고 비슷한 제품을 만드는 회사들이 여러 개 생기면서 오늘날 우리가 너무나 자연스럽게 받아들이는 기업과 산업이라는 개념이 생겨나게 되었다. 그러나 여기에서도 '서비스 산업' 내지 '서비스 기업'은 뒷전으로 밀려나 있었다. 막 커지기 시작한 산업자본주의를 끌고 가는 원동력은 당연히 자동차를 조립하고, 의복을 만들고, 식품을 가공하는 제조업과 제조기업이었으며 나머지 것들은 아직 산업이나 기업이라고 부를 수 없는 '서비스업'에 불과한 것이라고 생각하였다.

실제로 20세기 초만 해도 산업이라는 용어는 곧 '크고, 새로운 제조기업'을 의미했다. 산업공학을 영어로 Industrial Engineering이라고 부르는 역사적 배경을 살펴보자. 많은 사람들이 산업공학이라고 하면 도대체 '무슨' 산업을 가리키느냐고 물어본다. 하지만 산업공학이라는 이름이 붙여진 20세기 초반에는 오늘날 우리가 인식하고 있는 산업의 분류인 기계산업, 전자산업, 섬유산업 하는 개념은 아예 존재하지 않았다. 왜 그랬을까? 그 당시 사람들에게는 사람의 손이 아닌 기계로 부품을 가공하고, 컨베이어 벨트에서 조립하여 대량으로 제품을 만들어내는 '주식회사'라는 기업은 전혀 '새로운' 조직체였다. 그래서 이 새롭고 거대한 조직을 통틀어 산업(industry)이라고 부른 것이다. 그러니까, 그 기업이 자동차를 만들건, 섬유를 만들건, 식품을 만들건 모두 그냥 산업의 하나였던 셈이다. 그리고 크고 복잡한 기업조직이나 생산과정을 과학적으로 분석하고 효율적으로 관리하는 기법들이 만들어지기 시작하고 그것들이 점차 어느 정도의 규모를 이루게 되자 이를 아울러서 산업공학으로 이름 붙인 것이다.

물론 그 시대에 산업이라고 부를 수 있는 기업들은 당연히 제조업을 뜻하였다. 산업이라고 말할 수 있는 규모의 기업들은 모두 의식주에 관련된 무엇인가를 만들어내는 일을 하고 있었던 것이다. 그러니까 서비스 기업, 서비스 산업이라는 용어나 개념이 존재하지 않았던 것은 당연한 일이다.

[그림 1-1] 20세기 초반의 제조공장

경제학에서 서비스 산업이라는 개념이 제자리를 잡기 시작한 것은 20세기 중반에 이르러서이다. 산업의 종류가 많아지고, 규모가 커지면서 전체를 묶어서 그냥 산업이라고 부르기가 어려워졌다. 그러면서 전체 산업을 성격과 내용의 차이에 따라 몇 가지 유형으로 나누어 각각 다른 이름으로 부르는 것이 낫겠다는 생각을 하게 되었다. 이 과정에서 오늘날에도 널리 사용되는 경제학자 클라크(Clark)의 분류가 제시되었다(Clark, 1951). 그는 물건을 만드는데 필요한 원자재를 채취하는 1차 산업(농업, 광업, 어업 등), 원자재를 가공하여 물건을 생산하는 2차 산업(제조업, 건설업 등), 그리고 앞의 두 가지를 제외한 나머지 부분을 3차 산업으로 규정하였다. 이 분류에서 서비스는 '나머지' 부분 3차 산업을 의미한다.

클라크는 나아가 '3차 산업 증가의 법칙'을 바탕으로 서비스 산업의 밝은 미래를 예언하였다. 시간이 지날수록 한 나라의 경제 속에서 3차 산업 부문이 고용(노동력)에서 차지하는 비중이 갈수록 높아진다는 사실을 여러 나라의 통계자료를 이용하여 실증적으로 보여준 것이다. 시간이 지날수록 '나머지' 부분이라고 여겼던 서비스의 비중이 점차 커지면서 원래 '중심' 부분을 차지하였던 제조업이나 농수산업을 밀어낸다는 것은 역설적이기도 하다.

[그림 1-2] 1차 산업, 2차 산업, 3차 산업

그 후, 산업의 종류가 더 다양해지고 새로운 산업들이 끊임없이 생겨나면서 모든 산업을 1차, 2차, 3차의 세 가지 정도로 나누는 것이 더 이상 불가능하게 되었다. 그러면서 나오게 된 분류 체계가 이른바 표준산업분류(Standard Industry Classification: SIC)이다. 표준산업분류는 계층적 구조로 되어 있다. 모든 산업을 대분류, 중분류, 소분류, 세분류 하는 식으로 계층을 따라 잘게 나누는 접근방식을 취한다. 이 분류 체계는 세계 각국이 거의 유사한 '표준적'인 기준을 사용하기 때문에 표준산업분류라는 이름으로 불린다. 뒤에서 자세히 설명하겠지만, 우리나라 표준산업분류의 대분류는 A부터 T까지 20가지로 이루어져 있다. A, B, C가 1차 산업, D, E, F가 2차 산업이라면 나머지 모두가 3차 산업이 될 정도로 서비스 산업은 범위도 넓고 종류가 다양하다.

실제로 클라크의 예견대로 산업구조가 고도화될수록 서비스 산업이 고용에서 차지하는 비중은 꾸준히 커지고 있다. 갈수록 더 많은 사람들이 농사를 짓거나 공장에 다니기보다는 서비스 현장에서 일하고 있다는 뜻이다. 특히 주목할 점은 총 고용의 비중뿐 아니라 새로운 고용을 만들어내는 효과, 이른바 고용유발 효과에 있어 서비스업의 효과가 제조업의 효과보다 훨씬 크다는 사실이다. 매출액이 같은 크기로 늘어날 경우, 제조기업보다는 서비스 기업이 더 많은 사람을 필요로 한다는 얘기이다. 나아가 고용뿐 아니라 생산량에 있어서도 서비스업의 비중은 이미 제조업을 압도하고 있다.

이러한 추세는 20세기 후반 이후에 더욱 분명하게 나타난다. 경제구조가 변화하고 사회구성이 다양해짐에 따라 이제 서비스 산업의 위상과 의미는 '근본적' 으로 달라지고 있다. 국내총생산(GDP) 또는 국민총생산(GNP)의 구성에 있어, 고용의 구성에 있어, 생활 방식에 있어 서비스는 더 이상 농수산업이나 제조업의 부수적이고 주변적인 역할에 머무르지 않는다. 오히려 가장 많은 생산을 만들어내고, 가장 많은 인구를 고용해주고, 가장 빨리 사람들의 생각과 행동을 바꾸어주는 핵심적 역할을 해내고 있다. 더구나 [그림 1-3]에서 보는 것처럼, 서비스업의 비중은 꾸준히 증가하고 있는데 반해 제조업의 비중은 제자리에 머무르고 있다.

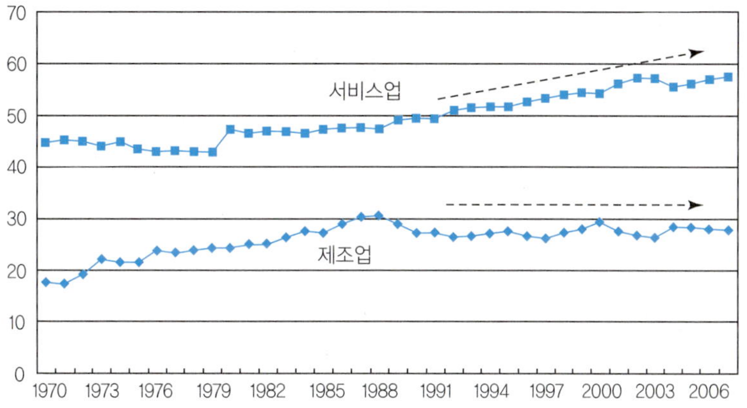

[그림 1-3] 제조업과 서비스업의 부가가치 비중의 변화 추세(출처: 한국은행, 국민계정)

[그림 1-4] 제조시스템과 서비스시스템의 비교

이런 현상은 특히 선진국에서 두드러지게 나타난다. 그러다 보니 마치 서비스 산업은 새로운 산업이고 제조업은 오래된 산업이며, 서비스업에 종사하는 사람들은 고급인력이고 제조업에 종사하는 사람들은 저급인력이라는 잘못된 인식까지 생겨나고 있다. 아무튼 이제는 누구도 서비스를 제조업보다 가볍게 취급할 수 없게 되었다. 거기다가 서비스 자체도 파생, 변종, 진화를 거듭하면서 끊임없이 성장하고 변화하고 있다. 따라서 이제는 어느 누구도 서비스에 대한 정의를 단순하고 간단하게 내릴 수 없는 시대가 되었다.

제3절 서비스 경영의 발전

3.1 서비스 마케팅의 발전

그렇다면 범위를 좀 좁혀서 기업 수준에서 서비스를 다루기 시작한 것은 언제부터일까? 기업 차원에서 서비스가 연구와 실무의 주제로 떠오르게 된 것은 크게 몇 가지의 다른 뿌리에서 출발하였다. '뿌리'를 정하는 것은 애매한 일이어서 사람마다 의견이 다를 수 있지만, 기업 경영에서 서비스 관리를 언급하기 시작한 쪽은 마케팅 분야라고 할 수 있다. 서비스 마케팅(service marketing)이라는 개념이 등장한 것이 곧 경영학에서 서비스 얘기가 시작된 계기라고 볼 수 있다.

어느 산업이 커진다고 하는 것은 곧 그 분야의 시장이 커지고 매출이 늘어난다는 뜻이다. 따라서 마케팅 분야에서 서비스 얘기가 먼저 나온 것은 매우 자연스러운 현상이라고 할 수 있다. 역사적으로 보면, 원래 마케팅 이론과 기법이 나오게 된 것은 농산물(agricultural products)의 판매를 위해서였다. 산업혁명 이전에는 당연히 농산물의 판매가 마케팅의 중심에 서 있었다. 그 후 공업화가 진행되면서 점차로 물리적 제품(physical products)인 공산품의 판매로 마케팅의 초점이 바뀌어 갔다. 하지만 20세기 전반부만 해도 서비스의 판매에 대한 관심은 아주 미미한 수준이었다. 상대적 비중이 작기도 했지만, 그때까지만 해도 서비스 마케팅은 제품 마케팅에 얹혀 있다는 인식이 지배적이었기 때문이다.

서비스 마케팅에 대한 논의는 50년대 후반과 60년대 초반에 이르러서야 비로소 시작되었다. 서비스에 대한 관심이 조금씩 생겨나면서 처음 나온 질문은 '도

대체 상품은 서비스와 다른 것인가?(Are goods and services different?)' 라는 것이었다. 과연 서비스는 제품과 비교하여 그 본질적 성격이 다른가? 다르다면 무엇이 어떻게 다른가? 등이 토론의 주제가 된 것이다. 이 문제는 70년대에 접어들면서 서비스 마케팅과 제품 마케팅의 근본적 차이에 대한 논쟁으로 연결되었다. 제품과 서비스가 본질적으로 다른 것이라면 기존의 제품 마케팅과 아주 다른 서비스 마케팅이라는 것이 필요한가에 대한 찬반 양론이 전개된 것이다. 이 논쟁은 연구자들 사이에 서비스 마케팅에 대한 큰 관심을 불러일으키면서 70년대 말에 서비스 마케팅이 하나의 독자적이고 차별적인 분야로 자리잡게 되는 계기를 마련하였다.

서비스 마케팅은 80년대 중반 이후 양적 · 질적으로 급속한 성장을 이루었다. 서비스 마케팅을 주제로 하는 국제학회가 열리고, 학술지에는 많은 논문이 실리고, 대학에서는 별도의 과목이 신설되었다. 전통적인 마케팅의 범위를 넘어 좀 더 다양하고 복잡한 주제들도 새로운 관심을 끌기 시작하였다. 대표적인 예로, 서비스 품질(service quality)을 들 수 있다. 서비스의 품질은 공산품의 품질과는 본질적으로 다른 측면이 많다. 따라서 품질의 정의도 달라지고, 측정하는 방법도 달라지고, 평가하는 기준도 달라진다. 서비스의 마케팅을 곧 서비스 품질의 마케팅이라고 본다면, 서비스 품질에 대한 연구가 서비스 마케팅의 새로운 주제로 부각된 것은 자연스러운 일이다. 고객(customer)에 대한 분석도 중요한 주제가 되었다. 제품과 비교하여 고객과의 접촉이 훨씬 중요한 서비스에 있어 고객의 심리와 행위에 대한 연구가 늘어난 것은 당연하다. 특히 고객과 서비스 제공자간의 상호작용(interaction)을 분석하고 이를 토대로 양자간의 연결고리, 인터페이스(interface)를 설계하는 문제에 대한 연구가 많이 이루어졌다.

서비스 마케팅은 어느 한 분야의 지식과 경험만으로 이루어질 수 없는 특성을 지닌다. 따라서 당연히 여러 학문 분야가 함께 참여하는 이른바 학제간(cross-disciplinary) 연구가 활성화되는 계기가 되기도 하였다. 특히 사회심리학, 조직행위론, 인사관리론 등과 같은 사회과학 분야와 산업공학, 통계학 등과 같은 공학/자연과학 분야가 공동으로 참여하는 일들이 자주 일어나게 되었다. 이 현상은 나중에 서비스 경영이 서비스 사이언스나 서비스 공학으로 이어지는 토대가 되었다.

3.2 서비스 프로세스 관리의 발전

마케팅보다 좀 늦긴 했지만 기업 경영에서 서비스라는 말을 하기 시작한 쪽으로는 생산 관리 분야를 들 수 있다. 70년대 말에서 80년대 전반부까지는 산업공학 내부에서 생산 관리(production management)에 대한 관심이 아주 높던 시기였다. 다른 공학 분야들이 물질-가공-조립의 기술 자체에 초점을 맞춘다면, 생산 관리는 생산활동의 계획과 조정에 초점을 맞춘다. 무엇을 언제 얼마나 생산할지에 관한 전략적 계획이라든가, 어느 위치에서 어떤 순서로 물건을 만들 것인가에 관한 효율적 방식 등이 연구 주제가 된다. 생산의 효율을 올리고 생산의 비용을 낮추는 것이 경영 관리의 중요한 과제가 되면서, 주먹구구식으로 이루어지던 생산 계획을 컴퓨터를 이용하여 체계적으로 수립하는 일, 여기저기 흩어져 있던 다양한 기계들을 어떤 위치에 어떤 순서로 배치할 것인가를 결정하는 일 등에 대한 관심이 높아졌다.

동시에 이 시기는 '생산'이라는 경영 기능의 범위를 넓게 잡기 시작한 때이기도 하였다. 그 이전까지의 생산은 제조 공정에서만 이루어지는 좁은 의미의 활동이었다. 그러나 이 시기로 접어들면서, 생산을 '다양한' 형태의 공정에서 '다양한' 종류의 산출물을 만들어내는 넓은 의미의 활동으로 바라보기 시작하였다. 이런 움직임은 기존에 사용하던 좁은 의미의 생산 관리(production management)라는 용어보다는 넓은 의미의 '운영 관리(operations management)'라는 용어의 사용으로 이어졌다. 이 과정에서 '다양한 산출물'의 대상 가운데 하나가 된 것이 바로 서비스였고, '다양한 공정'의 범위로 들어온 것이 서비스 시스템이었다. 자동차 부품을 가공하는 공장, TV를 조립하는 공장, 화학물질을 추출하는 공장 등만이 생산 관리의 대상이라고 보던 시각을 넘어서 이제는 ATM 기기로 현금을 인출하는 은행, 정해진 조리법에 따라 햄버거를 만들어내는 패스트푸드 가게, 오래 기다리지 않고 처방전을 받는 병원 등도 모두 운영 관리의 대상이라는 인식이 생겨난 것이다.

서비스 관리에 대한 얘기가 '공정' 관리에서 시작되었기 때문에 이 시기의 연구는 주로 서비스 공정인 서비스 시스템(service system)과 서비스 프로세스(service process)의 설계에 초점을 맞추었다. 나중에 서비스 설계 쪽에서 다시 자세히 설명하겠지만, 서비스 시스템이나 프로세스를 설계하는 기본 방식은 크게 생산 라인(production line) 방식과 서비스 라인(service line) 방식으로 나눌 수 있다. 생산 라인 방식은 서비스 시스템을 제조 시스템과 비슷하다고 가정한다. 공장에서 조립을 기다리는 부품들이 쭉 쌓여있는 것이나 식당에서 손님들이 줄을 서서 기다리는 것이나 마찬가지라고 보는 것이다. 따라서 서비스 공정도 공장의 생산공정과 유사한 방식으로 설계하여, 시스템의 효율성을 높이고 서비스 품질의 일관성을 확보하는데 초점을 맞춘다. 동시에, 고객과의 접촉을 최소로 줄이고, 사람보다는 기술과 기계를 많이 사용하며, 작업을 잘게 나누어 전문화와 표준화를 추구한다.

반면에 서비스 라인 방식은 서비스 시스템은 제조 시스템과 비교하여 그 성격과 목적이 다르다고 가정한다. 같은 치수의 기성복을 대량으로 찍어내는 의류공장의 공정과 주문이 들어오면 오랫동안 정성을 들여 한 벌의 드레스를 만들어내는 고급 부티크의 공정이 같을 수 없다는 것이다. 따라서 서비스 시스템은 제조 시스템과는 전혀 다르게, 심지어는 반대로 설계해야 한다고 주장한다. 처음부터 서비스 중심으로 설계하여 효율성보다는 고객의 만족도를 높이는 것에 주력한다. 또한 고객과의 접촉이 매우 중요하기 때문에, 고객의 감성을 최대로 만족시킬 수 있는 실내 디자인, 전문적 고급인력의 확보, 신축적인 운영 방식 등을 강조한다.

서비스 시스템과 프로세스의 설계는 위에서 설명된 두 가지 방식을 어떻게 혼합하여 가장 바람직한 서비스 시스템을 만들 것인가에 초점을 맞추었다. 예를 들어, 고객과의 접촉이 별로 필요 없는 부분은 생산라인으로 설계하고 반대로 많은 접촉이 필요한 부분은 서비스 라인으로 설계하는 방식을 사용한다. 실제로 이때에 나온 많은 아이디어와 기법들은 서비스 관리의 발전에 큰 영향을 미친 것으로 평가된다.

[그림 1-5] 제조 공정의 예

[그림 1-6] 서비스 공정의 예

3.3 서비스 기술의 발전

서비스 경영의 성장에 큰 공헌을 한 또 하나의 분야는 바로 정보통신 기술(Information and Communication Technology: ICT)이었다. 물론 서비스에 관련된 기술(technology)은 매우 다양하다. 기계기술도 있고, 전자기술도 있고,

전기기술도 있다. 그러나 우리가 서비스 기술하면 곧 ICT를 떠올리는 이유는 기업들이 컴퓨터 하드웨어와 소프트웨어를 도입하여 경영관리의 효율성을 높이기 시작한 것이 곧 서비스의 영역과 범위를 넓힌 결정적 계기가 되었기 때문이다.

ICT는 기업 외부는 물론 기업 내부의 서비스 발전에도 큰 영향을 미쳤다. 좁은 의미의 서비스는 기업 외부에 있는 고객을 위한 것이다. 즉 고객이 만족할 수 있는 효용을 더 쉽게, 더 빨리 제공해 주는 것을 의미한다. 금융 서비스에서 창구를 통하지 않고도 고객들이 쉽게 돈을 출금하거나 입금할 수 있게 해주는 ATM(Automatic Teller Machine), 계좌간의 자금이체를 편하게 해주는 EFT(Electronic Funds Transfer) 등이 좋은 예이다.

그러나 넓은 의미의 서비스는 기업 내부의 직원을 위한 것을 포함한다. 즉 직원들이 더 쉽게, 더 빨리, 더 정확하게 일할 수 있게 만들어주는 것도 서비스의 일부인 것이다. 바코드(bar code)의 도입으로 도매, 소매, 창고 등 유통 서비스 전반의 관리가 얼마나 편하게 되었는지를 생각하면 쉽게 그 의미를 이해할 수 있다. 따라서 정보 시스템(Information System: IS)을 이용하여 경영 정보를 관리하는 일도 서비스 관리의 하나가 되며, 정보 기술의 관리도 서비스 기술의 관리가 된다.

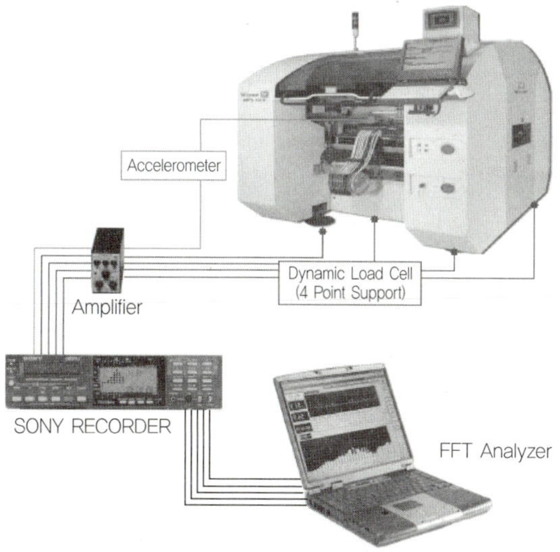

[그림 1-7] 정보기술 활용의 하드웨어

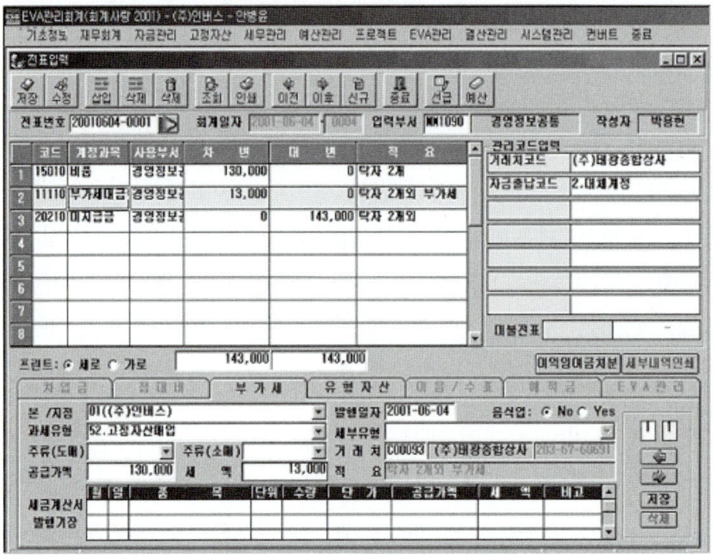

[그림 1-8] 정보기술 활용의 소프트웨어: 회계관리

그렇다면 정보시스템의 발전 과정과 서비스 관리의 변화 과정은 어떻게 연결될 수 있을까? [그림 1-9]에서 보는 것처럼 그 이전까지 주로 과학용, 군사용으로 쓰이던 정보기술이 기업 경영에 활용되기 시작한 것은 1950년대의 일이다. 그러나 그 당시 정보시스템이 서비스 관리에서 한 역할은 매우 제한적이었다. 거래의 처리, 장부의 정리, 회계자료의 작성 등과 같이 데이터를 단순히 전자적으로 처리하는 수준에 머물렀던 것이다. 예를 들어, 정해진 날짜에 종업원의 임금을 주고, 정기적으로 구매한 물건들에 대한 대금을 지급하고, 매 분기별로 예산을 세우고 하는 일상적이고 반복적인 작업들을 사람이 아닌 컴퓨터가 수행하도록 하는 정도인 거래처리 시스템(Transaction Processing System: TPS)이 주를 이루었다.

초보적인 단계를 넘어, 정보시스템을 통해 유용한 정보를 제공한다는 경영정보 시스템(Management Information System: MIS)이라는 개념이 나온 것은 1960년대 중반이다. MIS는 필요한 정보를 분석 · 가공하여 정해진 형식의 보고서를 만드는 수준까지 올라갔다. 비로소 정보의 관리가 서비스의 관리라고 할 수 있는 단계로 진입한 것이다. 예를 들어, 주문관리 MIS에서는 대리점에서 매번 주문이 발생할 때마다 이를 주문관리 보고서로 만들고, 마케팅 경영정보 시스템은 주문 기록을 바탕으로 제품별, 소비자별, 대리점별 주간 및 월간 실적보고서를 만드는 식이다.

경영정보 시스템의 뒤를 이어 70년대에 나온 개념이 의사결정지원 시스템(Decision Support System: DSS)이다. 경영정보 시스템은 기계적으로 필요한 정보를 제공할 뿐 그 자체로 전략적 판단 기준을 제공하는 것은 아니다. 하지만 의사결정지원 시스템은 경영자가 알고자 하는 질문에 즉시즉시 대답하는 방식으로 필요한 정보를 제공한다. 구체적이고 현실적인 문제를 해결하는데 실질적인 도움을 줄 수 있는 정보를 주는 것이다. 따라서 제공하는 서비스의 효용이 더 커지고 가치가 더욱 올라갔다고 할 수 있다.

최근의 정보 서비스는 '연계'와 '통합'으로 요약할 수 있다. 다양한 정보시스템이 만들어지고 다양한 정보 서비스가 제공되면서, 개별 시스템이나 서비스간에 연결이나 호환이 어려워지는 문제가 생겨났다. 정보 시스템을 사용하는 부서도 다르고, 도입시기도 다르고, 개발업체도 다르고, 데이터베이스도 다른 경우들이 자주 발생하면서 서비스의 체계적 관리가 어려워지게 된 것이다. 이런 문제들을 해결하기 위해 나온 것이 이른바 전사적 자원관리로 불리는 ERP(Enterprise Resource Planning) 시스템이다. 주문에 따라 필요한 자재의 조달과 부품의 생산 계획을 자동으로 수립하는 기능에서 출발하여, 실시간으로 생산 현황을 파악하고, 원가정보를 수집하고, 완제품 생산 시점에 맞추어 배송 계획이 나오고, 영업이 시작되면서 매출정보와 재고정보가 바로 입력되고 하는 식의 기능까지 추가된 것이다. 거기에 원가정보, 인력정보 등을 얹으면 말 그대로 전사적 관리가 가능해지는 것이다. 결국 ERP의 등장은 정보의 통합을 통해 서비스의 통합을 이루려는 노력을 반영한다고 볼 수 있다.

앞으로의 추세는 정보 기술과 정보 시스템의 제공을 넘어 경영 솔루션의 제공으로 가고 있다. 단일 기기나 특정 소프트웨어의 판매로부터, 하드웨어와 소프트웨어, 운영 기술과 컨설팅 지식을 모두 묶어서 주어진 경영 문제를 해결할 수 있는 맞춤형 솔루션 패키지를 제공하는 방향으로 이행하고 있는 것이다. 이제 서비스 기술은 바야흐로 통합과 융합의 시대로 접어들고 있다. 전통적 하드웨어 제조기업이 서비스 컨설팅기업으로 변신하는 것도 더 이상 드문 일이 아니다.

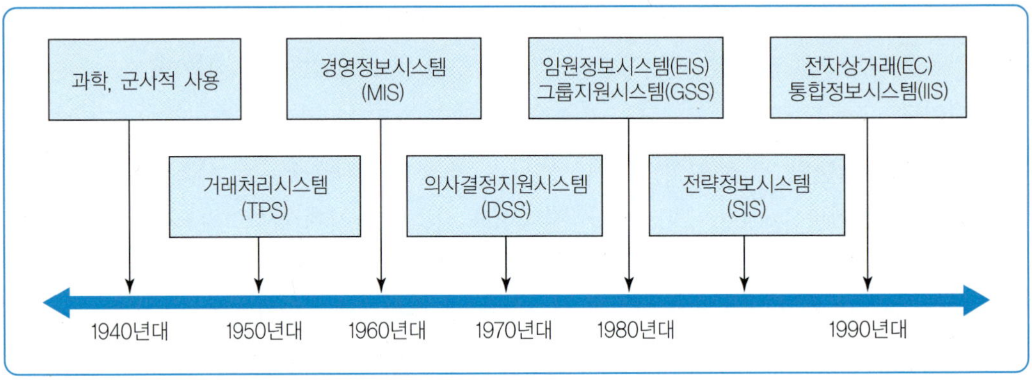

[그림 1-9] 정보시스템과 관련 서비스의 발전경로

제4절 서비스 비즈니스의 발전

지금까지 살펴본 서비스 마케팅이나 서비스 관리는 이미 존재하고 있는 경영 시스템 안에서 경영 기능의 효율성과 수익성을 높이는데 초점을 맞추었다. 제품이나 서비스를 만들어내는 공정과 프로세스의 효율을 올리거나 이미 만든 제품과 서비스를 판매하는 방식을 바꾸는 것이 주된 목적이었다. 이런 성격의 서비스를 우리는 지원 서비스(supporting service)라고 부른다.

서비스의 발전과 성장이 또 다른 단계로 도약하게 된 계기는 온라인(on-line) 서비스가 새로운 비즈니스를 만들어내기 시작하면서부터이다. 물론 과거에도 서비스는 그 자체로 비즈니스인 경우가 많았다. 금융이나 통신사업도 하나의 비즈니스이고, 레스토랑도 비즈니스이며, 도매점과 소매점도 모두 비즈니스이다. 그러나 이러한 서비스들은 예외 없이 모두 오프라인(off-line) 방식의 비즈니스였다. 물리적인 서비스 공간이 만들어지고, 고객이 직접 그곳을 방문하거나, 사람이 직접 나서서 고객이 원하는 서비스를 제공하든가 아니면 사람이 하던 서비스를 기계가 대행하거나 하는 식이었다.

이러한 상황에서 웹(WWW)의 등장은 서비스의 방식과 영역에 있어 가히 혁명적인 변화를 가져왔다. 인터넷을 통한 전자상거래(E-commerce)가 가능해지면서, 서비스의 대상이 기업 및 정부간의 거래뿐만 아니라 기업과 개인간, 나아가 개인과 개인간의 거래까지로 넓어지게 되었다.

온라인 기술이 등장하고, 이를 바탕으로 전혀 다른 서비스 방식이 만들어지고, 이것이 새로운 사업 기회를 만들어내고, 이를 통해 과거에는 없었던 시장이 새로 만들어지는 현상은 한마디로 혁명적인 변화라고 할 수 있다. 물리적 공간을 만들지 않고도, 사람이나 기계가 직접 나서지 않고도, 시간과 공간의 제약을 받지 않고도 서비스를 주고받을 수 있게 된 것이다. 빠른 시간 안에 큰 돈을 들이지 않고도 온라인 공간에서 창업을 할 수 있고, 반짝거리는 아이디어만 가지고도 비즈니스에 뛰어들 수 있고, 상품 대신 정보나 지식을 알려주거나 연결시켜주는 서비스만으로도 돈을 벌 수 있는 길이 열렸다.

시장의 모습도 크게 바뀌었다. 오프라인 시장에서는 공급자들이 먼저 제품의 가격을 정하고 소비자들이 그 가운데 하나를 선택하는 식이었다. 그러나 온라인 시장에서는 소비자들이 자신이 원하는 가격의 제품을 먼저 올리면 그것을 보고 공급자들이 선택하는 이른바 역시장(reverse market)이 나타나기도 한다. 그런가 하면 오픈 마켓이나 경매 사이트와 같은 새로운 비즈니스 모델(business model)이 생겨나기도 한다.

이러한 변화는 서비스가 단순한 지원 서비스에서 한걸음 나아가 본격적인 서비스 비즈니스(service business)로 자리잡게 된 계기가 되었다. 서비스의 종류와 방식이 많지 않았던 시절에는 서비스가 비즈니스가 될 수 있는 기회도 많지 않았다. 설사 기회가 있어도 서비스를 비즈니스로 만드는데 많은 돈과 시간이 필요했다. 그러나 오프라인 방식에다 온라인 방식이 얹어지면서 서비스 자체의 종류도 다양해지고, 서비스를 비즈니스로 만들 수 있는 기회도 늘어났고, 서비스로 비즈니스를 하기도 쉬워졌다. 그러면서 새로운 서비스 아이디어를 찾아내는 일, 새로운 서비스를 제공하는 기술을 개발하는 일, 서비스가 수익으로 연결될 수 있는 비즈니스 모델을 만들어내는 일 모두가 새로운 연구 주제로 등장하게 되었다.

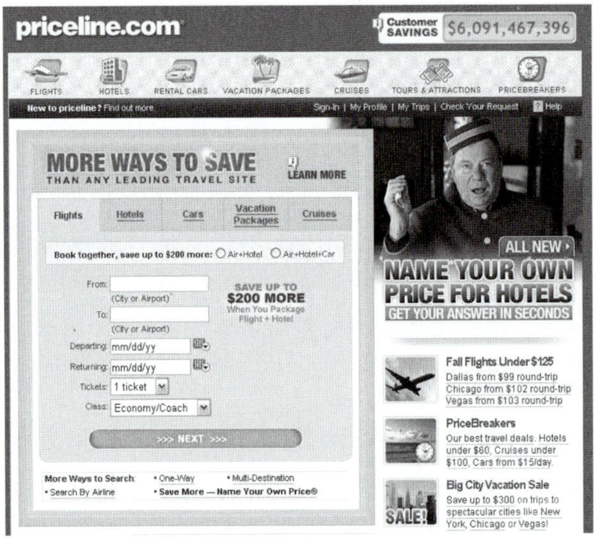

[그림 1-10] 전자상거래 사이트의 예시: http://www.priceline.com

제5절 서비스 사이언스의 태동

지금까지 살펴본 것처럼, 실물 경제에서 서비스의 역할이 커지고 서비스 부문의 위상이 올라가면서 교육과 연구에서 서비스가 차지하는 비중도 점차 커지게 되었다. 그러나 양적 성장 속도와 비교하여 질적 발전 속도는 더디다는 의견도 많이 나오기 시작하였다. 서비스 산업의 규모는 엄청나게 커졌으나 제조업에 비해 효율성은 아직 낮은 것이 엄연한 현실이다. 물론 서비스의 특성상 효율성을 올리는 것이 결코 쉬운 일은 아니다. 하지만 서비스의 효율이 낮은 만큼 서비스 효율의 중요성은 더욱 커지게 마련이다. 이 과정에서 서비스 분야의 기술혁신(technological innovation)에 대한 관심이 높아지게 되었다. 제조업의 기술혁신 못지않게 서비스의 기술혁신이 중요한 과제로 떠오르게 된 것이다.

서비스 혁신을 위해서는 실무적 경험과 아이디어도 필요하지만 과학적 이론과 기술적 방법의 적용이 필수적이다. 여기서 말하는 과학적 이론과 기술적 방법은 어느 한 분야가 아니라 여러 분야의 이론과 지식을 끌어다 쓰는 것을 의미한다.

당연히 경영학, 공학, 과학 등 성격과 뿌리가 다른 여러 학문들이 연결되어 있다. 그러다 보니 처음에는 여기저기에서 산발적으로 논의가 시작되었고 주로 그 분야 안에서 따로 모여 얘기를 진행하였다. 더구나 얘기가 나오다가도 곧 흐지부지되는 일이 반복되면서 서비스 혁신이 하나의 연구 분야 또는 실무 주제로 자랄 수 있는 규모(critical mass)를 만들기가 어려웠다.

서비스 혁신이 과학, '사이언스(science)'라는 이름 하에 독립적인 학문 분야의 하나로 자리잡기 시작한 것은 아주 최근의 일이다. 물론 서비스 사이언스(service science)는 아직 다른 분야와 견줄 수 있을 정도의 독자적인 위상을 차지하고 있는 것은 아니고 앞으로의 전망도 불투명하다. 또 그것이 사이언스라는 이름으로 계속 남을지 아니면 다른 이름으로 바뀔지도 알 수 없다. 그러나 어느 방향으로 가든, 성장을 향한 엔진은 이미 작동을 시작하였고 미래의 잠재적 가능성도 그 어느 분야나 영역보다 크고 넓다고 할 수 있다.

서비스 혁신을 하나의 학문 분야, 학제(discipline)로 만들려는 움직임에는 IBM을 중심으로 한 기업들이 앞장 섰다. 과거에 하드웨어 기계를 팔던 기업이 다음에는 소프트웨어를 팔고, 이제는 서비스를 파는 단계로 변하면서 제품 판매가 아니라 서비스 판매가 본업이 된 기업들이 늘어나는 추세이다. 그러면서 기업들은 서비스 경영에 필요한 전문 인력의 양성과 관리 기법의 개발을 대학이 맡아주길 기대하게 되었다. 기업의 기대에 부응하여 대학도 이 물결에 동참하기 시작하였다. 왜냐하면 대학의 역할은 시장의 요구에 맞는 지식을 창출하고 현장에서 필요로 하는 인력을 양성하는데 있기 때문이다. 먼저 기업이 나서서 함께 모일 수 있는 장소를 제공하고 나중에 대학이 그곳에 모여들면서 서비스 혁신에 대한 논의가 본격적으로 시작된 것이다.

이 과정에서 어느 한 분야, 한 개념, 한 기법만으로는 독립적인 '학제'를 만들 수 있는 콘텐츠를 구성하기 어렵다는 사실을 깨닫게 되었다. 이 한계를 극복하기 위해 유력하게 제시된 개념과 용어가 바로 서비스 사이언스이다. 서비스 사이언스의 다학제적(multi-disciplinary) 성격은 서비스 사이언스의 정의에 잘 나타나 있다. 일반적으로 서비스 사이언스는 '서비스 산업의 운영, 성과, 혁신을 개선하고 향상시키기 위해 다양한 분야의 지식을 수집, 활용하는 다학제 학문(services science is a multidisciplinary field that seeks to bring together knowledge from diverse areas to improve the service industry's operations, performance, and innovation.)' 으로 정의된다.

서비스 사이언스라는 이름은 컴퓨터 사이언스라는 이름의 연장선상에 있다. 60년대에 컴퓨터 관련 지식을 묶어서 하나의 학제를 만들 때, 새로운 학제의 이름으로 붙인 것이 바로 컴퓨터 사이언스(computer science)였다. 이 이름이 폭넓게 확산되면서 오늘날 전 세계적으로 통용되는 명칭으로 자리잡고 있다. 그 경로를 그대로 밟아서 서비스 관련 지식을 묶어서 서비스 사이언스로 명명한 것이다. 하지만 서비스 사이언스라는 이름만으로는 모든 것을 담기 어렵다는 의견도 나오게 되었다. 그런 의견을 반영하여 한편에서는 서비스 사이언스, 서비스 경영, 서비스 공학을 모두 아우르는 Services Sciences, Management, and Engineering(SSME)라는 이름을 쓰기도 한다.

제6절 서비스 혁신의 인식

서비스 사이언스와 거의 비슷한 시기에 국제적인 관심을 받은 주제는 서비스 혁신(service innovation)이다. 서비스 혁신은 보다 정확한 말로는 서비스 생산성의 혁신을 의미한다. 서비스 사이언스와 서비스 혁신을 비교한다면, 서비스 사이언스가 주로 기업 차원의 비즈니스 문제를 다룬 것에 반해 서비스 혁신은 국가 내지 산업 차원의 생산성 제고 문제에 초점을 맞추었다. 특히 미국, 일본, EU 등의 선진국들과 OECD와 같은 국제기구가 서비스 혁신을 주도하였다.

서비스 혁신은 경제체제와 산업구조의 변화와 밀접하게 관련되어 있다. 〈표 1-1〉에서 볼 수 있듯이, 국가경제에서 서비스 산업이 차지하는 비중이 증가하면서 이른바 산업구조의 서비스화(Shift to Service)가 심화되었다. 이러한 변화에 따라 다음 몇 가지 주제가 서비스 혁신의 중요한 정책 과제로 떠오르게 된 것이다.

〈표 1-1〉 주요국의 서비스 산업 비중(출처: OECD)

(2005년 기준, 단위: %)

	한국	일본	미국	영국	프랑스	독일	OECD 평균
GDP 비중	57.6	69.9	76.8	75.9	77.0	69.7	68.9
고용 비중	66.7	67.7	78.6	76.5	73.9	67.6	69.4

우선 첫째는 서비스 산업의 생산성 문제이다. 제조업에 비해 서비스업의 생산성이 상대적으로 낮은 것은 어쩔 수 없는 일이다. 왜냐하면 제조업은 오랫동안 생산성 제고를 위해 다양한 기법들을 개발하고 많은 투자를 해 온 반면에 서비스업은 생산성에 대한 개념조차 불분명한 실정이기 때문이다. 제조업과 비교하여 비중은 이미 더 크면서 생산성은 아직 더 낮은 상황에서 서비스업의 생산성을 올릴 수 있는 혁신(innovation)의 필요성이 부각된 것은 매우 자연스러운 일이라고 할 수 있다.

둘째는 지식기반 서비스 산업의 성장이다. 경제체제가 지식기반경제(knowledge-based economy)로 진입하면서 산업 경쟁력의 원천이 인건비, 원재료, 생산설비 등으로부터 통신, 금융, 디자인 등의 지식 서비스로 이동하게 되었다. 또한 삶의 질과 관련된 교육, 의료, 문화 등 사회 서비스의 중요성도 커지게 되었다. 이에 따라 지식서비스 산업의 확충을 위한 서비스 혁신의 중요성이 부각되었다.

셋째는 디지털 컨버전스를 통한 정보통신 서비스의 진화이다. 전통적인 서비스 혁신의 개념은 정보통신 기술을 활용하여 시스템의 효율을 올리는 소극적 방식이었다. 그러나 새로운 개념은 정보통신 기반의 새로운 비즈니스를 창출하여 경제 성장의 동력을 찾는다는 적극적 방식을 뜻하는 것이었다. 나아가 기술융합을 통해 새로운 산업과 영역을 찾아내는 노력도 강화되었다. 서비스 혁신의 목적과 효과가 훨씬 더 높고 넓게 바뀐 것이다.

서비스 혁신을 이루기 위해서는 정부의 정책적 뒷받침이 필수적이다. 이러한 수요에 부응하여 다음과 같은 정책 과제들이 시행되기 시작하였다. 우선, 제조업 R&D 프로그램에 더하여 서비스 R&D 프로그램이 개발되었다. 또한 기존의 제조업 지원 제도와 유사한 서비스업 지원 제도들이 새로 도입되었다. 동시에 서비스의 실태를 조사하기 위한 서비스 혁신 지표가 개발되고 통계조사 시스템이 보완

되었다. 마지막으로 서비스 혁신을 위한 전문인력 양성 프로그램들이 도입되었다. 선진국들을 중심으로 서비스 혁신을 위한 다양한 정책들이 수행되면서 서비스에 대한 국제적 관심도 크게 올라가게 되었다.

제7절 서비스 공학의 등장

마지막으로 서비스를 공학(engineering)으로 인식하는 단계로 넘어가 보자. 서비스를 공학의 주제이자 대상으로 보는 시각, 즉 서비스 공학(service engineering)으로 보는 견해는 어떻게 나왔으며 이 이름은 구체적으로 무엇을 뜻하는가?

서비스 공학은 앞에서 말한 서비스 사이언스를 공학의 성격과 목적에 맞추어 특화시킨 것이라고 할 수 있다. 또한 서비스 생산성을 혁신하기 위한 실무적인 기법과 기술적인 방식을 제시하는 것이라고 볼 수 있다.

다양한 학문과 다양한 지식을 묶어서 서비스 사이언스 내지 SSME라는 이름으로 부를 경우에는 여러 장점과 단점이 모두 나타나게 된다. 우선 장점으로서는 어느 한 분야만을 바라보는 좁은 시각을 넘어서 다양한 요소들을 균형적으로 아우를 수 있는 전체론적(holistic) 관점을 가질 수 있다는 점을 들 수 있다. 그러나 단점으로는 너무 얇고 넓은 일반적이고 상식적인 지식만 얻게 된다는 점이다.

그래서 나온 해결책이 '전체적 범위'는 넓게 잡지만 '부분적 내용'은 각 분야의 특성에 맞추어 차별화하는 접근이다. 이 접근을 따라 나오게 된 것이 바로 서비스 공학이다. 따라서 서비스 공학이 다루는 주제 자체는 서비스 사이언스나 서비스 경영과 비교하여 특별히 다른 것은 아니다. 서비스 전략과 서비스 마케팅에 대한 얘기도 포함되고, 서비스의 개발과 설계 문제도 포함된다. 서비스 시스템의 운영이나 평가도 대상이 된다. 하지만 다른 것은, 그 주제들을 공학의 관점, 공학도의 시각에서 본다는 점이다. 그런 의미에서 볼 때, 서비스 공학은 '서비스에 관한 이론과 실무를 공학의 접근 방법과 지식 체계에 맞게 특화시킨 학문'이라고 정의할 수 있다.

그렇다면 공학의 관점이자 공학도의 시각이란 무엇인가? 다음 몇 가지가 서비스 공학의 차별성을 설명하는 요소가 될 것이다. 첫째, 기술집약적(technology-intensive) 접근이다. 서비스 공학은 서비스 경제나 서비스 경영과 비교하여 기술적 요소와 기술적 지식을 강조할 수밖에 없다. 특히 정보통신(IT) 기술은 서비스 공학의 기반이 되는 기술이다. 물론 이 책의 수준에서 요구하는 기술적 전문성은 결코 높지 않지만 공학적 기본 지식이나 접근 방법이 서비스 엔지니어링의 바탕이 된다는 사실은 반드시 이해해야 한다.

둘째, 지식집약적(knowledge-intensive) 접근이다. 서비스에는 노동집약적 서비스가 있고 지식집약적 서비스도 있다. 과거에는 '서비스' 하면 특별한 기술도 필요 없고 월급도 낮은 단순노동을 의미하였다. 그러나 오늘날의 서비스는 전문직 서비스를 강조한다. 실제로 최근의 고용 지표를 보면, 저임금-저기술의 단순서비스 고용은 숫자는 늘었지만 증가율은 상대적으로 낮게 나타나고 있다. 이에 반해 고임금-고기술 전문서비스 고용은 숫자도 늘고 증가율도 높다. 따라서 서비스 공학도 지식집약적 서비스에 초점을 맞추는 추세이다.

셋째, 과학적(scientific) 접근이다. 서비스 공학에서는 정성적 통찰력과 함께 정량적 분석을 필요로 한다. 수학적 모델과 수리적 알고리즘을 이용하여 최적의 해(optimal solution)을 찾아야 하는 경우가 많다. 비즈니스 프로세스를 최적화하기 위해서는 경영과학, 컴퓨터 과학, 통계학 등의 이론을 활용하기도 한다. 서비스 전략도 마찬가지이다. 비즈니스 전략에 관한 기존 연구는 많지만 대부분 과학적 접근보다는 직관적이고 경험적인 접근에 토대하고 있다. 서비스 공학에서도 서비스 전략을 중요한 주제로 다룬다. 그러나 서비스 공학에서는 과학적인 기법으로 분석하고, 체계적인 도구(tool)로 모델링하고, 정량적인 기준으로 평가하는 전략을 강조한다.

넷째, 공학적(engineering-oriented) 접근이다. 갈수록 서비스 시스템의 규모가 커지고 내용이 복잡해지면서 머리와 손만으로 서비스 프로세스를 설계하고 분석하는 것이 어려워지고 있다. 작은 음식점이나 동네 개인병원의 프로세스는 간단한 플로차트(flow chart)만으로도 그릴 수 있지만 큰 뷔페 식당이나 대형 종합병원의 프로세스는 정교한 설계 도구를 이용하지 않으면 그릴 수 없다. 이제는 공학에서 사용하고 있는 도구를 사용하여 서비스 시스템을 분석하고 설계하는 접근이 필요해진 것이다. 자원, 인력, 정보 등의 다양한 투입물(input)을 복잡한 변환과정(throughput)을 거쳐 최종의 산출물(output)로 만들어 고객에게 전달하는 모든 과정을 상세하게 보여주는 설계도를 그려야 하는 것이다. 또한 상황의 변화에 따라 기존의 설계도를 신축적으로 수정해야 할 경우도 있고, 여러 개의 프로세스 가운데 최적의 프로세스를 선정하는 작업을 해야 할 수도 있다. 이러한 문제들을 해결하기 위해 어떤 설계 도구를 사용할 것인지, 그 도구를 사용하여 실제의 프로세스를 어떻게 그릴 것인지, 그 설계도를 어떻게 해석하고 또 어떻게 활용할 것인지 등은 바로 서비스가 공학이 되는 이유가 된다.

요약

1. 서비스 관리는 본질적으로 여러 학문 분야가 관련되는 다학제적(multi-disciplinary) 성격을 지닌다.
2. 서비스 관리는 먼저 서비스 경제라는 이름으로 경제학과 연결된다.
3. 서비스 관리는 또한 서비스 경영 또는 서비스 마케팅이라는 이름으로 경영학과 연결된다.
4. 서비스 관리는 운영 관리 내지 프로세스 관리라는 이름으로 산업공학과도 연결된다.
5. 정보통신기술(ICT)의 성장과 확산은 서비스 관리의 발전과 밀접하게 연결되어 있다.
6. 온라인 개념의 등장과 함께 서비스는 본격적으로 비즈니스의 모습을 갖추게 되었다.
7. 서비스 관리는 서비스 사이언스 내지 서비스 공학(엔지니어링)이라는 이름으로 과학 및 공학과 연결된다.
8. 서비스 혁신의 중요성에 대한 국제적 관심은 다양한 서비스 연구개발 프로그램과 서비스 지원 제도의 도입으로 연결되었다.
9. 오늘날의 서비스 관리는 갈수록 기술집약적, 지식중심적 성격을 띠면서 공학의 일부로 자리잡고 있다.

핵심 키워드

- 서비스 산업과 3차 산업
- 서비스 경제
- 서비스 경영 및 서비스 마케팅
- 서비스 프로세스 관리
- 서비스 기술
- 서비스 비즈니스
- 서비스 사이언스 및 SSME
- 서비스 혁신
- 서비스 공학 및 서비스 엔지니어링

연 습 문 제

개념형-이론형 문제

1. 서비스 산업의 발전 과정은 거시적인 산업 차원에서도 설명이 가능하고, 좀 더 세부적으로 기업 차원에서도 설명이 가능하다. 또한 서비스 산업의 발전 과정은 경제학적 관점과 경영학적 관점으로도 설명이 가능하다.
   - 서비스 산업의 발전이 산업구조의 변화와 어떻게 연결되는지를 경제학의 관점에서 설명해 보자.
   - 서비스 산업의 발전이 기업형태의 변화와 어떻게 연결되는지를 경영학이나 산업공학의 관점에서 설명해 보자.

2. 정보통신 기술의 발전 과정과 서비스 관리의 변화 과정을 연결하여 그 흐름을 설명해 보자.

3. 서비스의 운영에 있어 생산 라인 방식과 서비스 라인 방식이 있다. 각 방식의 장단점에 대해서 생각해보고, 각 장단점을 보여줄 수 있는 예시를 제시해 보자.

4. 온라인 방식의 등장이 전통적인 서비스의 개념과 방식에 어떤 영향을 미쳤으며 어떤 변화를 가져왔는지를 토론해 보자.

5. 서비스가 하나의 공학(engineering)이 되기 위해서는 어떤 접근 방식과 전문 지식이 요구되는지를 생각해 보자.

6. 서비스 공학은 전형적인 다학제(multi-disciplinary) 분야이다. 서비스 공학에는 어떤 기존 학문들이 어떻게 연결되어 있는지를 보여주는 그림(연계도)을 그려보자.

탐구형-실습형 문제

7. 시간이 지날수록 서비스를 의미하는 3차 산업의 비중이 높아진다는 사실은 여러 나라의 통계자료를 통해 실증적으로 증명되고 있다. 우리나라를 예로 들어 2차 산업과 3차 산업의 비중이 어떻게 달라지고 있는지를 시대별로 나누어 설명해 보자.

8. 서비스 산업이 고용에서 차지하는 비중은 꾸준히 커지고 있다. 서비스의 고용유발 효과가 제조업의 고용유발 효과보다 더 크게 나타나는 이유에 대해서 토의해 보자.

9. 서비스 기업 하나를 선정하여 이 기업이 하고 있는 일을 서비스 마케팅으로 볼 수 있는 측면, 서비스 경영으로 볼 수 있는 측면, 서비스 공학으로 볼 수 있는 측면은 각각 무엇인지 토론해 보자.

10. 기술융합의 과정과 패턴을 알아본 후, 기술융합이 일어나면서 어떤 종류와 성격의 새로운 서비스들이 만들어지는지를 토론해 보자.

조사형-검색형 문제

11. 근대적인 공학의 태동과 성장 과정을 조사한 후, 서비스 공학이 공학의 큰 그림 위에서 차지하는 위상을 토론해 보자.

12. 제조기업에서 시작하여 점차 서비스 기업으로 변한 국내기업과 외국기업을 하나씩 선정하여 이 기업들이 순수 제조기업에서 서비스 중심 기업으로 변해온 배경과 과정을 정리해 보자.

13. 순수 제조기업, 오프라인 서비스 기업, 온라인 서비스 기업을 하나씩 선정하여 사업 영역, 기업 구조, 사용 기술 등의 차이를 비교해 보자.

14. 최근에 각광받고 있는 SNS(Social Networking Service) 서비스 중 트위터(Twitter) 서비스는 고객과 소통하기 위한 창구나 기업의 홍보나 마케팅을 위한 지원 서비스로서 활용되고 있다. 또 한편으로는 트위터 서비스에 새로운 아이디어를 포함시켜 새로운 연계 비즈니스도 등장하고 있다. 이러한 서비스 활용 사례와 새로운 비즈니스 모델에 관하여 조사해 보자.

CHAPTER

02

서비스의 본질

구성도

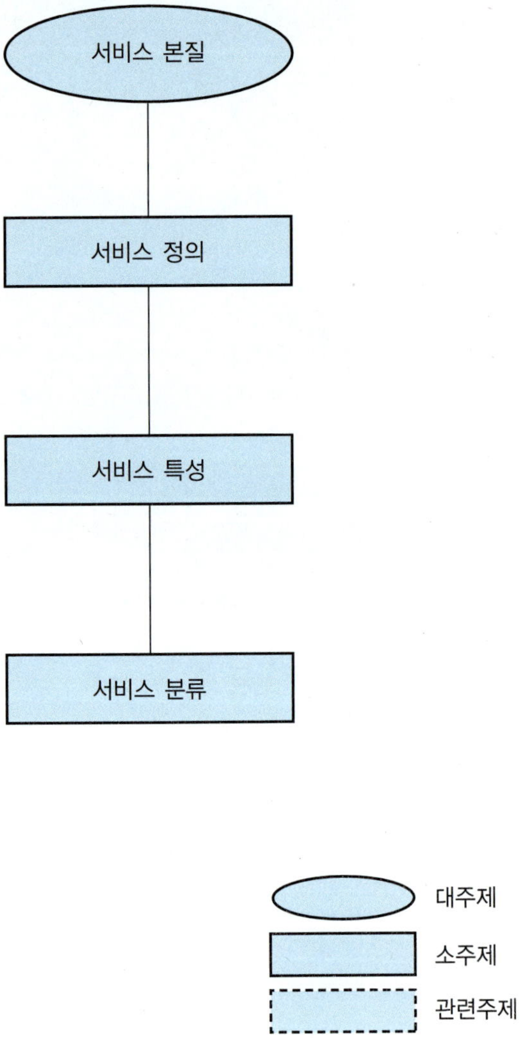

배경과 주요 내용

서비스란 도대체 무엇인가? 어떻게 정의할 수 있으며, 특성은 무엇이고, 어떻게 나눌 수 있는가? 이 장에서는 서비스의 정의, 특성, 분류라는 주제로 서비스의 본질을 다룬다.

서비스의 정의는 다음 세 가지 중의 하나이다. 첫째는 서비스를 '잘 한다 또는 못 한다'라는 서비스 행위나 서비스 활동을 가리키는 경우이다. 둘째는 '좋은 또는 나쁜' 서비스를 받았다는 서비스 자체 내지 서비스 내용을 가리키는 경우이다. 마지막은 위의 두 가지를 묶어서 '어떤 서비스를 어떻게 받았다'는 묶음, 패키지를 뜻하는 경우이다. 이런 관점에서 서비스의 다양한 정의를 살펴보자.

서비스의 특성도 몇 가지로 요약할 수 있다. 서비스는 눈에 보이지 않으며, 금세 사라지고, 하나하나가 모두 다르다. 이들 특성은 곧 제조업과 비교하여 서비스의 본질적 단점과 장점으로 연결된다. 단점으로서의 특성은 서비스 조직의 설계 및 운영을 훨씬 더 어렵게 만드는 요인으로 작용한다. 또 서비스 관리를 체계적 이론이나 표준적 프로세스로 설명하기 어려운 근본적인 원인이 된다. 하지만 장점으로서의 특성은 제품 중심의 전통적 비즈니스의 좁은 틀을 벗어나 서비스 비즈니스의 새로운 기회나 영역을 찾아낼 수 있는 가능성을 제공하기도 한다.

서비스의 분류도 시간의 흐름을 따라 다양하게 제시되어 왔다. 초기의 분류는 산업 분류에서 서비스 산업이라는 영역이 만들어진 데에서 비롯되었다. 이어서, 제조업과 분리된 서비스 산업 내부를 좀 더 잘게 나누는 과정에서 다양한 분류들이 만들어졌다. 또한 온라인 개념이 등장하면서 전통적인 오프라인 방식에 대비한 새로운 분류들이 도출되었다. 나아가 온라인 개념이 모바일이나 유비쿼터스 개념으로 넓어지면서 새로운 분류도 등장하고 있다.

학습 목표

1. 본인의 생각을 정리하고 다른 사람들의 의견을 수집한 후, 나름대로 서비스의 정의를 내려본다.

2. 서비스를 정의할 수 있는 기준에는 어떤 것들이 있는지를 이해한다.
   - 서비스를 제공하는 행위나 활동의 관점에서 서비스를 정의해 본다.
   - 서비스 자체의 본질을 토대로 서비스를 정의해 본다.
   - 여러 가지 기준을 묶어서 서비스를 정의해 본다.

3. 제조업과 서비스업의 차이, 제품과 서비스의 차이가 무엇인지를 정리해 보고 그 차이가 지니는 의미를 파악해 본다.

4. 서비스의 본질적 특성은 어떤 것들이 있는지를 이해한다.
   - 서비스의 핵심적인 특성을 나열해 본다.
   - 각 특성을 명확하게 볼 수 있는 서비스의 사례를 제시해 본다.
   - 제품의 특성과 서비스의 특성을 비교하여 차이점을 찾아 본다.

5. 온라인 방식과 신기술 혁신으로 인해 서비스의 본질적 특성이 어떻게 달라질 수 있는지를 생각해 보고, 구체적인 사례도 조사해 본다.

6. 본인의 관점과 기준에서 서비스의 분류체계를 만들어 본다.

7. 서비스의 분류체계에는 어떤 것들이 있는지를 이해한다.
   - 전통적인 오프라인 서비스의 분류 체계를 조사하여 정리한다.
   - 온라인 서비스의 분류체계를 조사하여 정리한다.
   - 기술진보 및 사회변화에 따라 앞으로 새롭게 출현할 서비스 유형에는 어떤 것들이 있을지를 생각해 본다.

사례 – 스타벅스 체험(Starbucks Experience)

문화와 감성의 체험

미국 내 커피 소비량이 꾸준히 줄어들고 있던 1980년대 초반, 이탈리아에 갔다가 에스프레소 커피향에 매료된 하워드 슐츠는 원두를 파는 시애틀의 작은 커피가게 하나를 인수해 Starbucks라는 이름의 커피숍으로 바꾸고, 50센트 커피 시대에 무려 3달러짜리 커피를 팔기 시작했다. 그가 한 잔의 종이컵에 담은 것은 커피뿐만이 아니라 커피를 향유하는 유럽의 고급문화였다. 특히 Starbucks는 커피를 미각만이 아닌 인간이 가진 오감 전체로 즐길 수 있는 하나의 체험으로 정의하였다. 단순히 커피라는 음료를 제공하는 서비스 시스템을 'Starbucks Experience'라는 독특한 문화와 감성을 체험하는 문화의 공간으로 만든 것이다.

스타벅스 체험 1: 청각

음악은 매장 내 감성 마케팅을 위한 특별한 도구로 사용되었다. Starbucks 매장에서 들리는 음악은 모두 Hear Music에서 선곡하여 배포하는 것이다. 주로 재즈, 팝, 클래식 위주의 신인 및 기성 음악가의 작품을 선별하여, 매달 한차례 100여 곡이 담긴 CD 2~3장이 전 세계 9,000여 개 매장에 공급된다. 한번 배포된 CD는 1년 이상 사용할 수 없도록 정해져 있다. 고객에게 항상 새로운 음악을 들려줘 매장에 들어서는 순간 신선한 느낌을 주고, 편안한 분위기에서 커피를 마실 수 있게 한다. 나아가 고객들이 커피를 접하는 전 세계 어디서나 동일한 감각 경험을 할 수 있게 함으로써 'Starbucks'라는 브랜드의 통일성을 추구하였다.

스타벅스 체험 2: 후각

이른 아침 첫 번째로 방문하는 고객이라도 매장 가득 풍부한 커피 향을 느낄 수 있도록, 전날 내내 커피를 끓임으로써 매장 가득 커피 향이 배게 한다. 직원들은 향수를 쓸 수 없고, 매장 내에서는 금연이며, 사이드 메뉴들도 냄새를 최소화할 수 있는 것들(샌드위치 등)로만 선정하고 있다.

스타벅스 체험 3: 시각

안과 밖에서 시원하게 들여다 보이는 통유리로 된 매장 인테리어는 Starbucks 본사 약 60

여 명의 디자이너들이 심혈을 기울여 만든 것이다. Starbucks 매장은 지역에 따라 네 가지 인테리어로 구분된다. 커피와 관련된 네 가지 콘셉트, 그로(Grow), 로스트(Roast), 브루(Brew), 아로마(Aroma)는 각각 커피의 재배, 볶음, 추출, 향을 의미한다. 젊은 사람이 많은 장소는 붉은색 계열로 내부를 꾸민다. 오피스 밀집지역은 파란색의 '브루', 문화 중심지역은 풀색의 '그로' 등으로 짙은 뉴욕 감성을 표현한다. 고급스러운 갈색 톤의 벽면과 예술적 감각이 살아 숨쉬는 미적인 벽화 하나하나도 Starbucks 본사에서의 전략을 바탕으로 디자인한 것이다.

스타벅스 체험 4: 촉각

매장의 바닥은 대리석, 카펫 등 다양한 소재로 깔려 있다. 의자나 테이블도 나무로 된 것과 푹신한 소파류가 적당하게 조화를 이루며 설치되어 있어서 Starbucks만의 분위기를 연출한다.

02 서비스의 본질

제1절 서비스의 정의

서비스는 범위가 너무 넓고 의미도 매우 다양하다. 우선 서비스는 그 모습을 보거나 만질 수 없다. 또 서비스는 만들자마자 곧 사라진다. 더구나 같은 서비스라 하더라도 그것을 만드는 사람의 손길에 따라 실제의 모양이 달라지고 그것을 쓰는 사람의 기분에 따라 느낌이 달라진다. 그러다 보니, 서비스가 무엇을 의미하는지를 한마디로 표현하는 것은 매우 어렵다. 가령 누가 '서비스가 좋다' 라고 말하면, 그 말이 구체적으로 무엇을 뜻하는지를 그 말만 가지고는 정확하게 알 길이 없다.

서비스의 정의가 복잡해지는 또 다른 이유는 서비스의 이중성(二重性) 때문이다. 우리가 흔히 '서비스가 좋다' 라고 할 때는 두 가지 의미를 가진다. 하나는 감성적 느낌(perception)의 의미이다. 종업원이 친절하다던가 분위기가 좋다든지 하는 뜻이다. 다른 하나는 기술적 효율(efficiency)의 의미이다. 프로세스가 매끄럽게 배열되어 있다든가 일을 처리하는 방식이 쉽다는 뜻이다. 일본과 미국의 서비스 개념을 비교해 보자. 일본이 느낌에 관한 한 최고의 서비스 국가로 불리지만 서비스의 효율이 낮다는 비판은 아직 높다. 이에 반해 미국은 서비스 효율에 관한 한 최고라고 해도 과언이 아니지만 감동적인 느낌을 주는 서비스는 많지 않다.

하지만 누가 어떤 서비스를 말하든, 그것은 크게 보아 다음 세 가지 중의 하나를 뜻한다. 우선 첫째는 서비스를 '잘 한다 또는 못 한다' 라는 서비스 행위나 서비스 활동을 가리키는 경우이다. 둘째는 '좋은 또는 나쁜' 서비스를 받았다는 서비스 자체 내지 서비스 내용을 가리키는 경우이다. 마지막은 위의 두 가지를 모두 포함하여 '좋은 서비스를 잘 받았다 또는 나쁜 서비스를 잘 못 받았다' 는 묶음,

패키지를 뜻하는 경우이다.

따라서 서비스의 정의도 서비스를 어느 관점에서 보느냐에 따라 다음 세 가지로 나눌 수 있다. 첫째는 서비스를 만들고 전달하는 '활동'으로 보는 견해이다. 둘째는 서비스를 서비스 자체가 지니는 '속성'으로 보는 견해이다. 셋째는 위의 두 가지를 묶어서 '패키지 또는 시스템'으로 보는 견해이다.

1.1 활동의 관점

많은 경우, 서비스는 그 자체로서 '무엇'을 의미하느냐로 보기보다 '무슨 일'을 의미하느냐로 보는 것이 더 분명하고 구체적으로 의미를 전달할 수 있다. 서비스라는 것이 어차피 눈에 보이지도 않고 손에 잡히지도 않는 이상, 서비스라는 대상 자체에 초점을 맞추기보다는 어떤 일을 통해 어떤 효용이나 만족을 주느냐에 초점을 맞추는 것이 더 낫다고 생각하는 것이다. 이런 시각에서 보면, 서비스의 정의는 '무엇이냐'에 있는 것이 아니라 '무슨 활동을 하느냐'에 있게 된다.

그렇다면 활동의 관점에서 서비스를 어떻게 정의할 수 있을까? 우선 가장 크고 넓은 거시적 관점에서는 서비스를 '경제' 활동의 하나로 본다. 서비스를 '물질의 생산과 관련되어 있지 않은 경제활동(OECD, 2000)' 또는 '눈에 보이지 않는 재화를 생산하는 활동'으로 정의한다. 이 정의는 앞 장에서 살펴본 것처럼, 역사적으로도 가장 오래 전에 나온 개념이다. 또한 이 개념은 제조업과 서비스업을 서로 다른 산업으로 나누는 근거가 되기도 한다. 가시적인 물질을 생산하는 분야를 1차 및 2차 산업으로 한다면, 나머지 눈에 보이지 않는 서비스를 생산하는 분야를 3차 산업으로 부르게 되는 것이다.

산업 차원의 정의를 기업 차원의 정의로 좀 더 구체화시키면, 서비스는 무엇인가를 생산하는 활동이 아니라 무엇인가 '효용을 제공하는 활동'으로 바뀌게 된다. 서비스의 대상은 고객이며 서비스의 활동은 효용의 제공이라는 점이 분명하게 드러난다. 서비스는 '소비자들에게 효용이나 만족을 제공하는 활동'으로 정의되는 것이다. 예를 들어 미국 마케팅협회(American Marketing Association, 1960)는 서비스를 '제품의 판매를 위하여 제공되거나 또는 제품의 판매에 관련해서 준비되는 활동이나 편익'으로 정의한다. 또한 서비스의 구체적인 예로 오락 서비스, 호텔 서비스, 전력 서비스, 수송 서비스, 미용 서비스, 수리 보수 서비스, 신용 서비스 등을 들고 있다. 이와 비슷한 관점에서 '현재의 형태에 물리적 변화를 가하지 않으면서 편익과 만족을 만들어 이를 판매하는 행위'로 서비스를 정의하기도 한다.

모든 행위에는 그 행위의 주체가 존재한다. 즉 누가 누구에게 어떤 일을 하느냐 하는 것이 알려져야 하는 것이다. 서비스에도 그것을 주는 사람이 하는 일이 있고 그것을 받는 사람이 하는 일이 있다. 그런 맥락에서 서비스를 서비스 제공자와 서비스 구매자 사이의 상호 작용으로 보기도 한다. 많은 경우에 서비스는 서비스 제공자와 서비스 구매자 사이의 상호 작용을 포함하게 된다. 얼핏 보면, 고객이 서비스 제공자와 상호 작용을 하지 않는 것처럼 보일 수도 있지만 실제로는 그렇지 않은 경우가 대부분이다. 이런 관점에서 서비스를 '소비자의 편익이나 만족을 위해 인간 또는 설비와의 상호 작용을 통하여 제공되는 행위'라든가 '고객의 문제를 해결하기 위하여 고객과 서비스 제공자 혹은 물리적 자원과 서비스 제공자 간에 일어나는 상호 작용'으로 정의할 수 있다.

지금까지의 얘기들을 정리하여 활동의 관점에서 서비스를 정의하면, 서비스는 '서비스 제공자가 서비스 구매자인 고객과의 상호 작용을 통해 눈에 보이지 않는 효용이나 편의를 제공하는 행위'라고 할 수 있다.

1.2 속성의 관점

서비스를 활동으로 정의하는 관점은 나름대로의 장점이 있지만, 역시 서비스 자체의 성격이나 의미를 제대로 반영하지 못하는 단점을 안고 있다. 누가 어떤 일을 하는지는 알 수 있지만 무엇을 하는지는 알기 어려운 문제가 생기는 것이다. 이런 문제를 해결하기 위해서 서비스가 지니는 본질적 속성을 기준으로 서비스를 정의하기도 한다.

속성을 가지고 서비스를 정의할 때, 가장 오래 전부터 또한 가장 많이 얘기되는 서비스의 속성은 다음 몇 가지 정도를 들 수 있다. 이들 가운데 어느 속성에 초점을 맞추느냐에 따라 서비스의 정의는 달라지게 된다.

첫 번째 속성은 무형성(intangibility)이다. 서비스는 눈에 보이지도 않고 손에 잡히지도 않는다. 따라서 이 속성에 초점을 맞추게 되면, '서비스는 무형의 재화'라고 정의한다. 두 번째 속성은 주관성이다. 서비스의 수준이나 품질은 객관적이고 정량적인 성능보다는 주관적인 느낌과 기대에 더 많이 의존한다. 따라서 '서비스는 물리적 기능보다 감성적 욕구를 만족시켜 주는 재화' 로 정의할 수 있다. 세 번째 속성은 시간에 관한 것이다. 대부분의 물질적 재화는 먼저 생산되고 그 후에 소비되지만 대부분의 서비스는 생산과 소비가 동시에 일어난다. 이러한 속성에 초점을 맞추어, 서비스는 '먼저 판매된 후 생산과 동시에 소비되는 재화' 로 정의한다. 네 번째 속성은 소유권에 관한 것이다. 많은 경우 서비스는 소유할 수 없거나 또는 소유기간이 매우 짧은 특성을 지닌다. 따라서 서비스를 '소유권의 이전이 없는 재화', '소유권의 이전 없이 시장 거래를 통해 판매되는 재화' 로 정의하기도 한다.

1.3 서비스 묶음의 관점

위에서 말한 서비스 '활동' 의 측면과 서비스 '속성' 의 측면에 더하여 서비스를 제공하는데 필요한 '시설이나 도구' 의 측면도 생각할 수 있다. 서비스를 설명하기 위해서는 무엇을 가리키는 '대상' 과, 무슨 일을 가리키는 '활동' 과, 무엇을 통하여를 가리키는 '도구' 까지가 모두 포함되어야 한다는 것이다.

이 세 가지를 모두 아우르면, 가장 넓은 의미의 서비스의 정의가 만들어진다. 고객이 원하는 효용을 제공하기 위한 활동을 하는데 필요한 공간과 도구를 포함하는 하나의 묶음(package or bundle)으로 서비스를 정의하는 것이다. 이런 관점에서, 서비스는 '시설(facility)과 도구(facilitating goods)를 활용하여 직접적(유형적) 효용과 간접적(무형적) 효용(benefits)을 제공하는 묶음(package)' 으로 표현할 수 있다. 예를 들어 병원의 경우, 시설은 병원건물과 MRI 같은 진단기계가 되고, 도구는 의사나 간호사가 되며, 직접적 효용은 질병의 치료이고, 간접적 효용은 심리적 안정감이 된다.

제2절 서비스의 특성

2.1 본질적 특성

이미 앞에서 잠깐 설명하기는 하였지만, 서비스는 제품과는 다른 서비스만의 고유한 특성(characteristics)을 지니고 있다. 이 특성들은 작게는 제품과 대비한 서비스의 차별적 특성을 이해하는데 있어, 크게는 제조시스템과 비교하여 서비스 시스템의 차이를 파악하는데 있어 매우 중요한 의미를 가진다.

일반적으로 자주 언급되는 서비스의 차별적 특성(distinctive characteristics)은 다음 네 가지를 들 수 있다(Sasser, Olsen, and Wyckoff, 1978). 이들 특성은 곧 서비스의 본질적 단점과 장점으로 연결된다. 단점으로서의 특성은 제조업과 비교하여 서비스 조직의 설계 및 운영을 훨씬 더 어렵게 만드는 요인으로 작용한다. 또 교과서에서 서비스 관리를 체계화된 이론이나 정형화된 프로세스로 설명하기 어려운 근본적인 원인이 된다. 하지만 장점으로서의 특성은 제품 비즈니스의 좁은 틀을 벗어나 서비스 비즈니스의 새로운 기회나 영역을 찾아낼 수 있는 가능성을 제공하기도 한다. 각각의 특성에 대해 좀 더 자세히 살펴보자.

(1) 무형성

서비스를 통해 제공되는 효용은 좋은 노래를 듣거나 아름다운 영화를 볼 때 느끼는 감동과 같은 것이다. 그 순간에도 보거나 만지기 어렵고 더구나 끝나고 나면 아무것도 남겨지지 않는다. 이를 서비스의 무형성(intangibility)이라고 한다. 서비스가 갖는 무형성은 전반적인 시스템의 운영과 통제를 어렵게 한다. 눈에 보이지 않는 서비스를 관리하고 통제하는 것은 유형의 제품을 관리하고 통제하는 제조업과 비교할 때 훨씬 어려운 것이다. 또한 품질을 정의하기도 쉽지 않고 품질을 측정하기도 용이하지 않기 때문에 품질 관리도 힘들어진다.

(2) 동시성

많은 서비스들은 제공자에 의해 생산되는 시점에서 바로 사용자 내지 구매자에 의해 소비된다. 생산과 소비 사이에 시간적 지연(lag)이나 여유(buffer)가 없는 것이다. 이것이 서비스의 또 다른 특성인 동시성(simultaneity) 또는 비분리성(inseparability)이다. 서비스의 동시성은 수요규모와 생산능력간의 균형을 어렵게 만든다. 또 효과적인 유통 관리를 힘들게 하는 원인이 된다.

(3) 소멸성

서비스는 고객이 요구할 때 즉시 제공되지 않으면 구매의 가능성이 없어지거나 크게 줄어든다. 설사 구매의 가능성이 남아있다고 해도 서비스 자체의 효용이 사라지거나 변질될 수 있다. 이것이 서비스의 소멸성(perishability)이다. 이 특성 때문에 서비스는 재고 관리를 통한 저장이 불가능하고, 예약(backorder)을 이용한 주문 관리가 어렵다.

(4) 이질성

서비스는 하나하나의 특성이나 목적이 모두 다르다. 또 같은 목적의 서비스라 하더라도 고객의 개인적 조건과 취향에 따라 실제로 제공되는 서비스의 내용이 달라질 수 있다. 더구나 지역이나 시간이 달라지면 서비스의 내용도 달라지게 된다. 이것이 서비스의 이질성(heterogeneity)이다. 따라서 서비스는 표준화를 통해 제품 개발이나 생산 과정을 효율적으로 관리하기가 어렵고 대량생산 및 반복생산도 불가능하다.

2.2 부수적 특성

위의 네 가지 외에도 서비스는 여러 가지 고유의 특성을 지니고 있다. 하지만 그 많은 속성 모두를 일일이 살펴볼 수는 없다. 여기에서는 서비스 관리의 시각에서 중요한 의미를 갖는 다음 두 가지 속성에 대해서만 간략히 살펴보기로 한다.

(1) 고객 참여

서비스의 또 다른 특성 중의 하나는 서비스 프로세스에 고객이 참여(customer participation)한다는 것이다. 이 점은 특히 생산 관리의 측면에서 제조업과 비교하여 서비스업의 가장 큰 특성이라고 할 수 있다. 우리가 자동차라는 제품을 사기 위해서 그 제품을 만드는 자동차 생산공장에 직접 갈 필요는 없다. 그러나 자동차를 수리하는 서비스를 받기 위해서는 그 서비스를 제공하는 정비소에 직접 가서 이런저런 설명을 하고 또 들어야 한다. 실제로 대부분의 서비스는 고객이 서비스를 창출하고 제공하는 과정에 참여하기 때문에 그만큼 서비스 시스템을 효율적으로 관리하기가 어렵다. 또 서비스 제공자와 서비스 사용자간의 접촉과 상호 작용이 많아지면서 양자간의 갈등이 일어날 가능성도 커지게 된다.

(2) 소유권

앞에서 이미 지적한 것처럼, 대부분의 경우 서비스는 소유권의 이전을 수반하지 않는다. 일반적인 경우, 서비스를 주고받았다고 해서 서비스의 권리를 주고 받은 것은 아니다. 이 점도 제품과 비교한 서비스의 큰 차이 중 하나이다. 물론 경우에 따라서는 서비스에도 권리나 소유권이 존재하고 그 권리의 주인이 누구냐에 대한 분쟁이 일어날 소지가 있다. 특히 최근의 지식서비스에 있어서는 실제로 지적재산권 문제가 생기기도 한다. 또 제품과 서비스가 하나의 패키지로 묶여있는 경우에도 소유권이 불분명해질 여지는 있다.

2.3 새로운 개념

위에서 나열한 서비스의 특성은 이미 30년 전에 나온 것들이다. 제조업과 서비스업이 분명하게 나뉘어져 있던 시점에 제품과 대비되는 서비스만의 특성으로 제시되었던 것이다. 물론 시간의 흐름에 따라 서비스의 특성이 근본적으로 변하는 것은 아니다. 하지만 부분적으로 변하는 것은 있다. 환경의 변화로 인해 전통적인 특성이 자연스럽게 변질되거나 퇴색한 것도 있고 기업들이 전략에 따라 의도적으로 바꾸거나 잆애는 것노 있을 수 있다.

예를 들어 무형성이라는 특성을 보자. 서비스가 눈에 보이지도 않고 손에 잡히지도 않는다는 사실은 변하지 않는다. 그러나 마치 눈에 보이고 손에 잡힐 것처럼 바꾸는 것은 어느 정도 가능하다. 동시성이나 소멸성 같은 특성도 마찬가지다. 서비스는 만들면 바로 사용해야 하고 만들자마자 금방 사라지는 것이다. 하지만 서비스를 미리 만든 후 적당한 곳에 두었다가 고객이 원하는 시점에 전달하는 것도 불가능한 것은 아니다. 마치 제품과 같이 서비스에도 계획생산과 재고관리라는 개념이 갈수록 중요해지는 것이다. 서비스 프로세스에는 반드시 고객이 함께 해야 한다고 생각한다. 그러나 최근에는 고객이 아예 서비스 프로세스에 들어가지 못하거나 들어갈 필요가 없는 경우도 드물지 않다.

특히 뒤에서 설명하겠지만, 제품과 서비스의 통합이라는 개념이 등장하면서 제품과 서비스의 특성을 따로 떼어서 생각하기 어려워지고 있다. 자동차의 예를 보자. 자동차를 하나의 제품(product)으로만 보던 시대에는 서비스의 특성을 고려할 필요가 없었다. 하지만 할부판매라는 금융 서비스가 포함되고, 판매 후의 AS 서비스가 포함되고, 아예 판매가 아니라 리스라든가 Car-sharing 같은 새로운 서비스가 포함되면서 어디까지가 제품의 특성이고 어디부터 서비스의 특성인지를 분간하기 어려운 현상도 나타나고 있다. 제품과 서비스의 경계가 무너지면서 전통적인 서비스의 특성이 불분명해지고 있는 것이다.

제3절 서비스의 분류

서비스의 정의가 다양하고 복잡할수록 서비스의 종류도 늘어난다. 따라서 서비스의 정의가 어려운 것처럼 서비스를 분류(classification)하는 것도 쉬운 일이 아니다. 분류의 관점과 기준에 따라 분류의 결과가 달라지기 때문이다. 여기에서는 [그림 2-1]에 나타나 있는 것처럼, 시간의 흐름을 따라 서비스의 분류 체계(classification scheme)가 어떻게 변화하였는지에 초점을 맞추어 설명하기로 한다.

가장 오래 전에 나온 분류 체계는 거시적 산업분류 개념에서 제시된 것이다. 산업혁명 이후 많은 종류의 산업들이 생겨나면서, 그 산업들을 몇 가지의 영역으로 나누는 과정에서 처음 서비스 산업이라는 분류가 만들어졌다.

그 다음의 분류 체계는 서비스 산업 자체를 세분하는 과정에서 나온 것들이다. 서비스 산업이 제조업에서 분리된 후 서비스 산업 내부를 좀 더 잘게 나누는 과정에서 새로운 분류들이 만들어졌다.

서비스 분류의 또 다른 전환기는 온라인 개념이 등장한 시점이다. 전통적인 오프라인 방식에 대비한 온라인 서비스 개념이 나오면서 자연스럽게 새로운 분류들이 만들어지게 된 것이다.

마지막 계기는 온라인 자체의 분류가 더 잘게 나뉘어지는 현상으로 인한 것이다. 기술적 진보와 시장 환경의 변화에 의해 온라인 개념이 기존의 웹 개념을 넘어 모바일이나 유비쿼터스 개념까지 아우르게 되면서 이러한 변화를 반영한 새로운 분류들이 나오게 된 것이다.

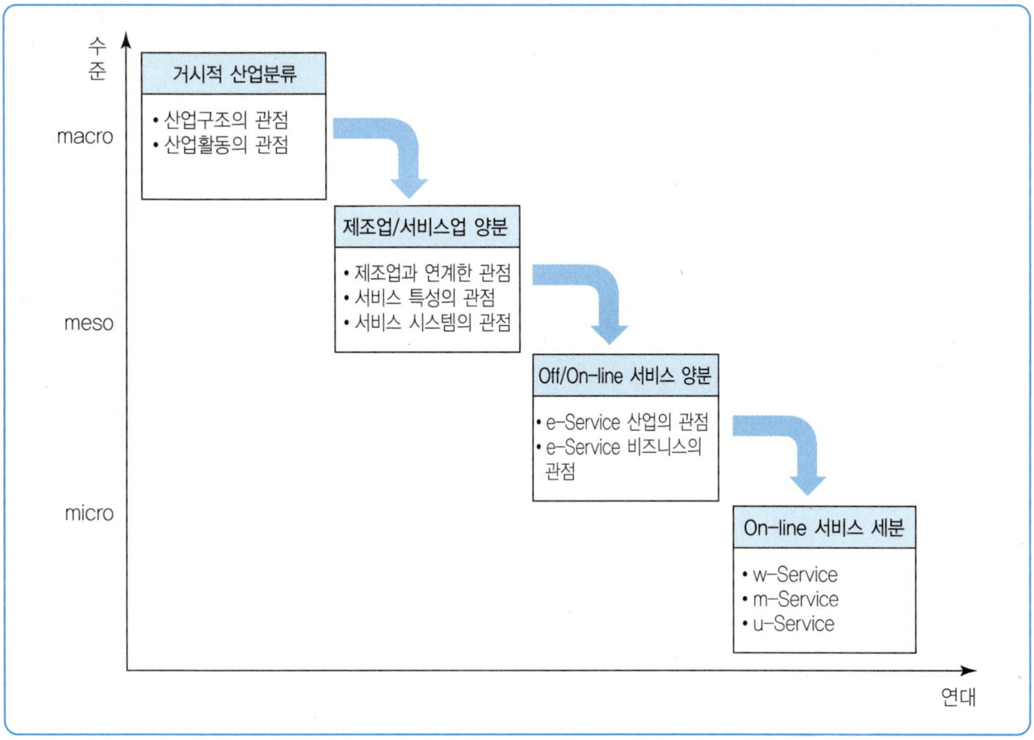

[그림 2-1] 서비스 분류에 대한 관점 및 초점의 변화

3.1 거시적 산업의 관점

(1) 산업구조의 관점

이미 앞에서 설명한 것처럼, 산업구조의 관점에서 만들어진 초기의 분류는 산업을 1차, 2차, 3차로 나누는 것이다. 이 분류는 경제학자 클라크가 제시한 '제3차 산업 증가의 법칙'을 토대로 하고 있다(Clark, 1951). 클라크는 먼저 1차 산업(농업, 광업, 어업 등)과 2차 산업(제조업, 건설업 등)을 제외한 나머지 부분을 서비스업인 3차 산업으로 규정하였다. 이 분류를 토대로, 클라크는 시간의 흐름을 따라 3차 산업 부문이 전체 고용(노동력) 속에서 차지하는 비중이 점점 높아진다는 가설을 제시하였다. 그리고 마지막에 각국의 데이터를 통계적으로 분석하여

위의 가설이 타당하다는 사실을 실증적으로 보여주었다. 하지만 나중에 다양한 산업이 새로 생겨나고 산업 내에서도 지속적인 분화가 일어나면서 이 분류의 타당성은 흔들리게 되었다. 모든 산업을 단지 세 가지 영역으로 나누는 것이 점점 어렵게 된 것이다. 이에 따라, 3차 산업을 다시 3차, 4차, 5차 산업 등으로 세분하기도 하고 2차와 3차의 중간쯤에 2.5차 산업을 넣기도 하는 새로운 분류가 제시되기도 하였다.

(2) 산업활동의 관점

가. 표준산업분류

산업활동의 관점에서 가장 널리 알려지고 가장 많이 사용되는 분류체계는 앞에서 언급한 표준산업분류(Standard Industry Classification: SIC)이다. 표준산업분류는 한편으로는 소비자의 관점에서 재화나 서비스의 특성이 얼마나 유사한지, 다른 한편에서는 생산자의 관점에서 산출물의 물리적 구성 및 가공단계가 얼마나 비슷하며 생산에 사용된 투입물(원자재)이 얼마나 유사한지를 모두 고려하여 산업을 나누게 된다.

표준산업분류의 분류 구조 및 부호 체계를 간략히 살펴보자. 우리나라의 경우, 분류 구조는 대분류(알파벳 문자 사용/sections), 중분류(2자리 숫자 사용/divisions), 소분류(3자리 숫자 사용/groups), 세분류(4자리 숫자 사용/classes). 세세분류(5자리 숫자 사용/sub-classes)의 다섯 단계로 구성된다. 〈표 2-1〉에 요약되어 있는 것처럼 대분류는 A에서 T까지 20개로 구성되고, 중분류는 63개, 소분류는 194개, 세분류는 442개, 그리고 마지막의 세세분류는 1,121개로 구성된다. 대분류를 들여다보면 서비스업이 크게 보아 어디에 속하는지를 알 수 있고 이 줄기를 따라 더 내려가면 수많은 작은 가지들을 만날 수 있다.

〈표 2-1〉 표준산업분류의 분류도

기호	대분류	중분류	소분류	세분류	세세분류
A	농업, 임업	2	6	17	29
B	어업	1	2	4	8
C	광업	3	7	12	18
D	제조업	23	71	174	473
E	전기, 가스 등	2	4	6	7
F	건설업	2	7	13	43
G	도 · 소매업	3	21	54	162
H	숙박, 음식	1	2	6	22
I	운수업	4	12	21	48
J	통신업	1	2	5	9
K	금융, 보험	3	5	15	34
L	부동산, 임대	2	5	10	21
M	사업서비스	4	16	29	70
N	행정, 국방 등	1	5	8	25
O	교육서비스	1	5	11	23
P	보건, 복지	2	4	10	22
Q	오락, 문화 등	2	7	21	55
R	공공, 개인	4	11	24	49
S	가사서비스	1	1	1	1
T	국제, 외국	1	1	1	2
20		63	194	442	1,121

주: 숫자는 분류의 총 수

나. 서비스 산업 분류

이 분류는 서비스 산업 안에서 다시 구체적인 세부 산업 내지 서비스 영역으로 나누는 것이다(Riddle, 1986). 이 분류체계는 서비스 산업의 정책 수립이나 조사 분석 과정에서 흔히 사용되는 분류로 흔히 서비스 산업을 다음 다섯 가지 분야로 나눈다.

- 비즈니스 서비스(business service): 컨설팅, 재무, 금융 등과 같이 산업활동에 필요한 자본을 중개하거나 지식을 제공하는 것을 주업으로 하는 서비스
- 교역 서비스(trade service): 도 · 소매, 유지보수 등과 같이 직접적인 서비스를 제공하거나, 상품을 유통시키는 것을 주업으로 하는 서비스
- 하부구조 서비스(infrastructure service): 정보통신, 운송 등과 같이 물리적인 하부구조를 제공하고 사용하는 것을 주업으로 하는 서비스
- 개인 서비스(personal service): 음식점, 의료 등과 같이 개개인의 욕구나 필요를 만족시키는 것을 주업으로 하는 서비스
- 공공 서비스(public administration): 교육, 행정 등과 같이 공공의 편의나 복지를 만족시키는 것을 주업으로 하는 서비스

다. 생산물 분류

생산물 분류(Central Product Classification: CPC)는 앞의 표준산업분류와 대비되는 분류 체계이다. 표준산업분류가 '생산 활동' 중심으로 산업을 나눈 것인데 반해 생산물 분류는 말 그대로 '생산물' 중심으로 나눈 것이다. UN이 만든 이 분류 체계에서는 제품의 분류 체계뿐만 아니라 서비스 분류 체계도 동시에 제공하고 있다. 9개의 기본 대분류 중 1~4번까지는 제품(product)의 분류 체계이며, 5번의 건설서비스에 이어 6~9번까지가 서비스의 분류 체계이다.

3.2 제조업과 대비한 서비스의 관점

산업이라는 거시적 관점에서 시작하여 기업이라는 미시적 관점으로 좀 더 내려가면 서비스는 다른 기준에서 분류되기 시작한다. 여기에서는 먼저 전체 산업을 서비스업과 제조업으로 분리한 후, 서비스업만을 대상으로 다양한 분류 체계를 제시하게 된다. 즉 서비스업 안에서 서비스 자체의 요인과 특성에 따라 서비스를 나누는 것이다.

(1) 제조업과 연계한 관점

서비스를 분류하려는 초기 시도는 기존의 제조업과 맞물려서 이루어졌다. 제

조 프로세스의 분류에 널리 활용되어 온 분류 기준을 서비스의 분류에도 적용한 것이다. 대표적인 예로는, 아래 〈표 2-2〉와 같이 서비스를 프로세스의 특성에 따라 크게 5가지, 프로젝트(project), 작업(job), 묶음(batch), 라인(line), 연속 프로세스(continuous process)로 구분하는 분류를 들 수 있다(Sasser, Olsen, and Wyckoff, 1978). 하지만 이 분류는 제조업의 특성에 기반한 분류이기 때문에 서비스만의 독특한 특성을 반영할 수 없다는 한계점을 가지고 있다.

〈표 2-2〉 제조 프로세스 분류 기준에 따른 분류

분류	예시
프로젝트(project) 서비스	컨설팅, 은행
개별 작업(job) 서비스	소프트웨어 개발, 컴퓨터 설계
묶음 작업(batch) 서비스	컴퓨터 판매점
라인 작업(line) 서비스	패스트푸드점의 조리 작업
연속 프로세스(continuous process) 서비스	해당 없음(N/A)

(2) 서비스 특성의 관점

서비스의 범위를 다양성이라는 관점에서 보면, 서비스는 크게 표준화 서비스(standardized service)와 맞춤화 서비스(customized service)로 나눌 수 있다. 당연히 표준화 서비스로 갈수록 서비스의 범위는 좁아지고 맞춤화로 갈수록 서비스의 다양성은 올라가게 된다.

이 분류를 좀 더 넓히면 서비스의 대상과 서비스 활동의 특성을 동시에 고려한 분류가 나올 수 있다. 대표적인 예로, 먼저 서비스의 대상을 사람과 사물로 나누고 다음으로 서비스 활동을 무형과 유형으로 나눈 후, 둘 간의 결합을 통해 서비스-사람의 신체, 서비스-사람의 정서, 서비스-유형의 재화, 서비스-무형의 재화 등의 네 가지 유형으로 구성되는 분류를 [그림 2-2]와 같이 만들 수 있다(Lovelock, 1983).

서비스 활동의 특성 \ 서비스의 대상	사람	사물
유형	서비스가 사람의 신체에 적용 • 의료 • 여객운송 • 미용 • 운동치료 • 음식점 • 이발	서비스가 유형재에 적용 • 화물수송 • 산업용 장비 보수/정비 • 건물 관리 용역 • 세탁 • 조경 • 수의업
무형	서비스가 사람의 정서에 적용 • 교육 • 방송 • 정보 서비스 • 영화 • 박물관/전시관	서비스가 무형재에 적용 • 은행 • 법률 서비스 • 회계 • 보안 • 보험

[그림 2-2] 서비스의 본질에 의한 서비스 분류

(3) 서비스 시스템의 관점

가. 서비스 기반

다음으로 서비스의 기반, 서비스를 제공하는 원천에 따라 나누는 분류를 보자. 이 기준의 대표적 분류는 서비스를 크게 장비 기반 서비스(equipment-based services)와 사람 기반 서비스(people-based services)로 나누는 것이다(Thomas, 1978). 서비스를 제공하는 데 필요한 기능을 장비가 제공하느냐 아니면 사람이 제공하느냐에 따라 〈표 2-3〉과 같이 서비스의 종류를 두 가지로 나눈 것이다.

〈표 2-3〉 서비스 제공 원천에 따른 분류

분류	예시
장비 기반 서비스	항공사, 운송, 자동판매기 등
사람 기반 서비스	경영 컨설팅, 수리, 의료 등

나. 서비스 프로세스

서비스를 제공하는 운영 프로세스(operational processes)를 기준으로 서비스를 나누기도 한다. 대표적인 분류로는 서비스를 사람 처리 서비스, 사물 처리 서비스, 정보 기반 서비스로 나누는 것이다(Lovelock and Yip, 1996). 유사한 분류로, 서비스 프로세스의 내용, 즉 무엇을 서비스 하느냐에 따라 〈표 2-4〉와 같이 사람의 서비스(processing of people), 정보의 서비스 (processing of information), 재화의 서비스(processing of goods)로 나누기도 한다.

〈표 2-4〉 서비스 대상과 내용에 따른 분류

분류	예시
사람 처리 서비스	의료, 음식, 숙박, 여행 등
사물 처리 서비스	화물, 창고, 설치 및 유지보수, 세탁 등
정보 기반 서비스	회계, 은행, 컨설팅, 교육, 보험, 법률 등

다. 고객 개입도

서비스 시스템과 고객이 얼마나 넓게 그리고 깊이 개입하느냐 하는 점도 서비스의 분류에 중요한 기준이 된다. 고객의 개입 정도는 흔히 서비스 시스템과 고객 간의 접촉(contact) 수준으로 판단한다. 서비스를 제공하는 서비스 시스템과 서비스를 받는 고객이 어떤 형태로 접촉하는지, 어느 정도로 접촉하는지를 기준으로 서비스를 나누는 것이다. 이 기준에 따라 서비스를 나눈다면, 우선 접촉의 형태에 따라 직접접촉 서비스(direct customer contact service), 간접접촉 서비스(indirect customer contact service), 미접촉 서비스(no customer contact service)로 분류할 수 있다.

고객 접촉의 개념을 서비스 시스템의 분류와 설계에 적용한 가장 대표적 분류체계로는 고객접촉 모형(customer contact model)을 들 수 있다(Chase, 1978). 이 모형은 서비스 시스템이 서비스를 창출하고 제공하는 모든 과정에서 고객과의 접촉 정도(extent of customer contact), 서비스를 제공하는데 소요되는 전체 시간에서 고객이 그 시스템에 존재해야 하는 시간의 비율에 따라 서비스 시스템을 〈표 2-5〉와 같이 크게 세 가지 형태로 나눈다.

첫 번째는 순수 서비스(pure service)이다. 이 유형은 우리가 본연의 의미로 서비스를 정의하는 경우를 가리킨다. 여기서는 고객과의 접촉빈도가 매우 높고 접촉시간도 매우 길다. 두 번째는 유사제조업(quasi-manufacturing)이다. 고객과의 접촉이 거의 없어 마치 제조업과 비슷한 시스템을 의미한다. 세 번째는 혼합 서비스(mixed service)이다. 이 유형은 위의 두 유형의 성격을 모두 가지고 있다. 따라서 고객과의 접촉 정도가 중간 정도인 시스템을 가리킨다.

〈표 2-5〉 고객 접촉 모형의 서비스 분류

고객 접촉 정도	서비스	예시
높은 접촉 수준 (high-contact)	순수 서비스 (pure service)	회원제 헬스 센터, 고급 호텔 레스토랑, 소규모 전문교육 시스템, 개인 서비스
중간 접촉 수준 (medium contact)	혼합 서비스 (mixed service)	은행 지점, 자동차 수리 센터
낮은 접촉 수준 (low-contact)	유사제조업 서비스 (quasi-manufacturing)	은행 본사, 우편 서비스, 홈쇼핑, 도매업

뒤의 서비스 설계 쪽에서 다시 자세히 설명하겠지만, 서비스 시스템은 크게 front office(전면 공간)와 back office(배후 공간)로 구성된다. 대부분의 서비스 시스템은 고객이 서비스 시스템에 들어가면 바로 만나면서 오래 머무르게 되는 앞부분이 있고, 고객에게 잘 안 보이고 또 고객이 들어갈 필요가 없는 뒷부분이 있다. 앞에서 고객과 바로 접촉하는 공간이 front office이고 고객과의 접촉이 거의 없는 뒤쪽의 공간이 back office이다.

이들이 어떤 형태로 나뉘어지고 또 어떤 형태로 연결되는가에 따라 앞에서 분류한 각각의 서비스 시스템은 [그림 2-3]과 같이 그 모양이 달라지게 된다. 순수 서비스 시스템에는 front office에서만 고객과의 접촉이 일어나고 back office는 사실상 존재하지 않는다. 이에 반해 유사제조업 서비스 시스템에는 back office는 중요하지만 front office에서 고객과의 접촉이 일어날 일은 거의 없다. 한편 혼합 서비스 시스템에서는 front office와 back office 모두 균형적으로 존재하게 된다.

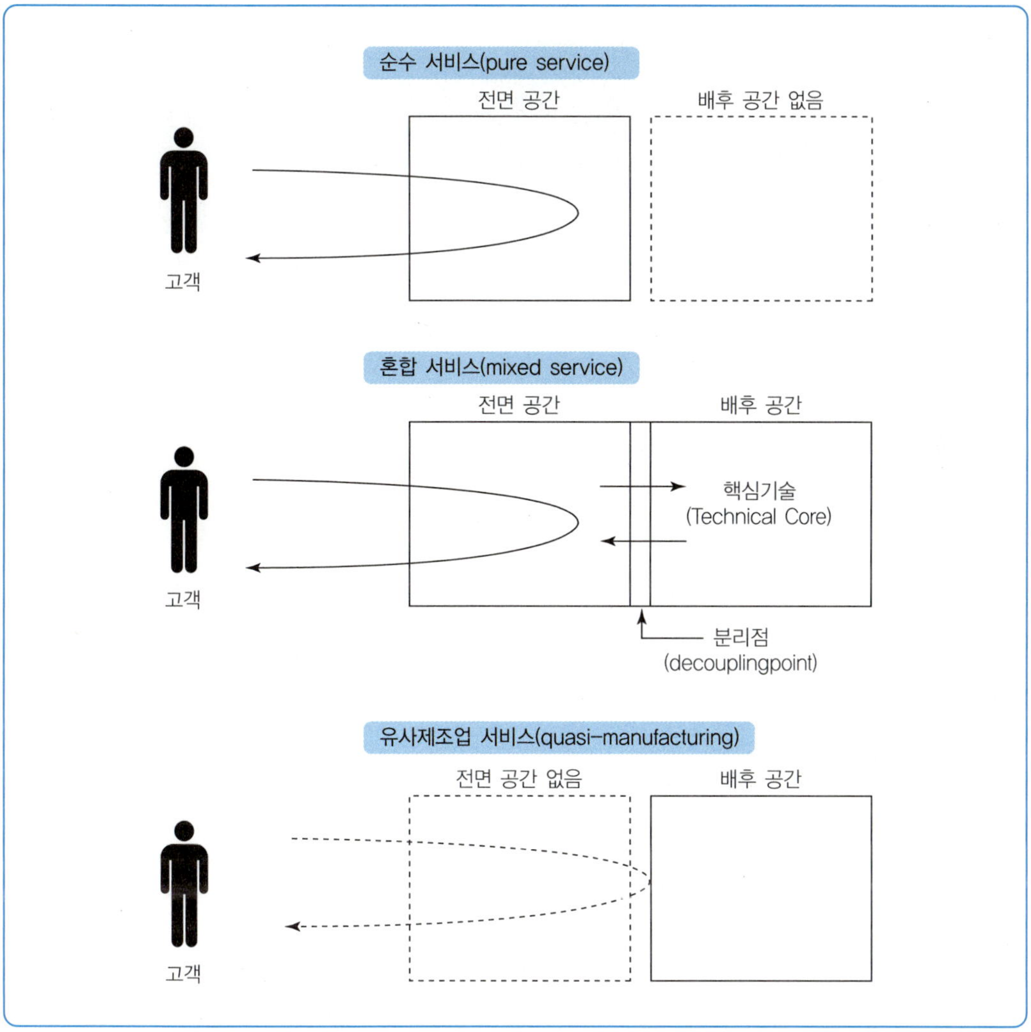

[그림 2-3] 서비스 시스템의 분류와 비교: 전면 공간과 배후 공간의 구성

[그림 2-4] 서비스 시스템의 분류와 비교: 실제 사례

(4) 복합적 관점

서비스 시스템의 요소와 서비스 특성의 요소를 결합하면, 좀 더 구체적이면서 동시에 좀 더 복잡한 분류들이 만들어진다. 이러한 분류들은 대부분 위의 두 가지 요소를 묶어서 2×2 매트릭스를 만든 후, 각 분면 위에 서로 다른 유형을 올려놓는 방식으로 만들어진다. 이러한 접근으로 만들어진 분류들은 서비스 시스템을 분석하거나 설계하는데 유용하게 사용될 수 있다.

먼저 고객과의 접촉 정도가 높은지 낮은지, 고객화의 정도(extent of customization)가 높은지 낮은지를 기준으로 만든 분류를 보자. [그림 2-5]에서 보듯이, 서비스는 위의 두 가지 기준의 결합으로 만들어지는 2×2 매트릭스 위에서 네 가지 형태의 서비스로 나뉘어진다(Maister and Lovelock, 1982).

고객과의 접촉 정도 \ 고객화 정도	낮음	높음
낮음	공장 (Factory)	개별 공정 (Job shop)
높음	대량 서비스 (Mass service)	전문 서비스 (Professional service)

[그림 2-5] 복합적 분류: 고객접촉 정도와 고객화 정도

여기서는 낮은 수준의 고객 접촉 정도와 낮은 수준의 고객화 정도를 보이는 '공장(factory)', 낮은 고객 접촉 정도와 높은 고객화 정도를 보이는 '개별 공정(job shop)', 높은 고객 접촉 정도와 낮은 고객화 정도로 설명되는 '대량 서비스(mass service)', 마지막으로 높은 고객 접촉 정도와 높은 고객화를 보이는 '전문 서비스(professional service)'의 네 가지 형태로 서비스를 나눈다.

위의 분류와 유사하면서 널리 알려진 분류 체계로는 서비스 프로세스 매트릭스 모형(service process matrix model)을 들 수 있다(Schmenner, 1986). 이 기준은 고객화의 정도(degree of customization)와 노동 집약도의 정도(degree of labor intensity)라는 두 가지 요소에 의해 서비스 시스템을 분류한다.

[그림 2-6]에 도시되어 있는 것처럼, 프로세스 매트릭스도 네 가지 형태의 서비스를 제시하고 있다. 낮은 노동 집약도/낮은 고객화를 보이는 '서비스 공장(service factory)', 낮은 노동 집약도/높은 고객화를 보이는 '서비스숍(service shop)', 높은 노동 집약도/높은 고객화를 갖는 '전문 서비스(professional service)', 높은 노동 집약도/낮은 고객화로 설명되는 '대량 서비스(mass service)'의 네 가지 형태로 구성되는 것이다.

		고객화 정도 LOW	고객화 정도 HIGH
노동집약도	LOW	서비스 공장 (service factory) 항공사, 운송업, 호텔, 레크리에이션 시설	서비스 숍 (service shop) 병원, 수리센터, 정비시설
노동집약도	HIGH	대량 서비스 (mass service) 도 · 소매업, 교육기관, 은행	전문 서비스 (professional service) 의료시설, 법률서비스, 회계사, 건축설계사

[그림 2-6] 서비스 프로세스 매트릭스에 의한 분류체계

두 가지 기준에 또 다른 기준을 더하면 좀 더 복잡한 매트릭스가 만들어진다. 예를 들어, 고객 접촉 유형(type of customer contact), 규칙화 정도(degree of routinization), 서비스 처리 대상(object of service processes)의 세 가지 변수를 바탕으로 만든 서비스 프로세스 분류도(service process taxonomy)를 보자(Wemmerlov, 1990). 우선 고객 접촉 유형은 비접촉(no contact), 간접 접촉(indirect contact), 상호작용이 있는 직접접촉(direct contact with interactions), 상호작용이 없는 직접접촉(direct contact without interaction)의 네 가지로 구분된다. 규칙화 정도는 유동적(fluid) 형태와 경직적(rigid) 형태의 두 가지로 나뉘어진다. 마지막 서비스 처리 대상은 상품(goods), 정보/이미지(information/images), 사람(people)의 세 가지로 구성된다. 이것들을 모두 묶으면, 〈표 2-6〉과 같이 총 24(=4×2×3)개의 셀(cell)이 존재하는 분류도가 만들어지고, 각 셀 위에 적합한 서비스들을 위치시킬 수 있다.

〈표 2-6〉 서비스 프로세스 분류도

		경직적			유동적		
		상품	정보/이미지	사람	상품	정보/이미지	사람
비접촉		드라이클리닝, 자동판매기 재고관리	호텔체크인, 신용카드 지불		자동 수리, 옷 재단	프로그래밍, 건축설계	
간접접촉			홈쇼핑 주문, 폰뱅킹			TV 경매	
직접 접촉	상호작용 있음	자동판매기 운영, 가구조립	ATM을 이용한 현금인출, 스튜디오에서의 사진촬영	엘리베이터, 에스컬레이터	뷔페, 장보기	의료기록문서화, 도서관 탐색	임대 자동차 운전, 운동 시설 사용
	상호작용 없음	음식 시중, 자동차세탁	교육, 은행	대중교통, 예방접종	카펫 청소	초상화, 카운셀링	이발, 외과 수술

3.3 온라인 서비스의 관점

(1) 온라인 서비스의 기본개념

온라인 서비스에 대한 논의를 위해서는 먼저 온라인이라는 용어의 기본 개념을 명확하게 정의할 필요가 있다. 말 그대로 해석하면 온라인(on-line)이라는 용어는 오프라인(off-line)이라는 용어와 대비되는 개념이다. 전자가 라인이 필요하거나 라인과 연결되어 있는 반면 후자는 라인이 불필요하거나 라인과 연결되어 있지 않는 것을 의미한다. 따라서 둘 사이의 차이를 결정하는 핵심적 요인은 라인(line)이 과연 무엇이냐에 달려있다.

역사적으로 라인 개념의 시작은 PC의 등장이라고 할 수 있다. 그러나 실제로 라인 개념이 본격적으로 자리잡게 된 것은 인터넷의 확산에 의해서이다. 웹(World Wide Web: WWW)의 등장은 인터넷이라는 라인의 연결을 통해 물리적 접촉 없이도 개인적 또는 사회적 활동이 이루어지는 이른바 온라인 개념을 탄생시켰다. 이에 반해 오프라인은 인터넷이라는 연결 라인이 없기 때문에 반드시 물리적 접촉을 통해야만 어떤 활동이 이루질 수 있다는 전통적 개념을 뜻한다.

온라인 기술의 발전과 온라인 방식의 확산은 서비스의 패러다임을 근본적으로 바꾸는 계기가 되었다. 정보의 교환 방식은 물론 재화의 거래와 교환 방식도 달라지게 되면서 서비스 비즈니스에도 근본적인 변화가 일어나고 있다. 또한 서비스의 영역도 훨씬 넓어지고 있다. 기존의 오프라인 방식을 온라인 방식으로 바꾼 서비스 비즈니스는 말할 것도 없고 오프라인 시대에는 아예 없었던 새로운 방식의 비즈니스도 만들어지고 있다. 이러한 변화를 바탕으로, 서비스를 기존의 오프라인 서비스와 새로운 온라인 서비스로 나누는 분류 체계가 제시되는 것이다.

그러나 온라인 서비스의 방식과 대상은 지금도 확대되고 또 진화하고 있다. 특히 최근에는 라인의 개념이 훨씬 더 넓어져서 유선 라인을 대신하는 무선 라인이 빠른 속도로 증가하고 있다. 유선 라인으로 연결된 기존의 웹(Web) 서비스에 더해 무선 라인으로 연결된 앱(Applications) 서비스도 폭발적으로 늘어나고 있는 것이다.

이러한 추세에 맞추어 온라인 서비스라는 용어를 보다 폭넓게 해석한 e-Service라는 용어가 널리 사용되게 되었다. 다양한 방식의 라인을 모두 아우르는 전자(electronic) 라인이라는 용어를 바탕으로 모든 형태의 온라인 서비스를 묶어서 e-Service로 부르고 있는 것이다. 따라서 서비스의 분류도 자연스럽게 온라인 서비스의 분류라는 말보다는 e-Service의 분류라는 말을 더 자주 사용하게 되었다. 물론 저자에 따라서는 인터넷 서비스까지를 e-Service로, 인터넷 이후를 mobile(m)-Service로 부르는 경우도 있다. 그러나 이 책에서는 모든 경우를 통칭하는 개념으로 e-Service라는 용어를 쓰기로 한다.

이미 앞에서 언급한 것처럼, 정보통신 기술(ICT)의 발전에 따라 e-Service의 기법과 내용은 지금도 계속 확장 및 변형되고 있다. 그러므로 e-Service에 대한 분류 체계를 한 가지로 제시하기는 불가능하다. 여기에서는 자주 인용되는 기본적 분류 체계만을 간단히 소개하고, 보다 자세한 내용은 다음 장의 전략 부문에서 살펴보기로 한다.

(2) e-Service 산업 분류

먼저 가장 상위의 산업 차원에서 보면, e-Service 관련 산업은 〈표 2-7〉과 같이 네 가지로 나눌 수 있다. 하지만 여기서 주의할 것은 넓은 의미의 e-Service

라고 말하기는 하지만 아직까지는 좁은 의미의 유선 인터넷 서비스를 주요 대상으로 한다는 것이다.

첫째는, 인터넷 기반 서비스이다. 이 계층의 서비스는 네트워크의 인프라를 구축하는데 필요한 접속 서비스와 하드웨어를 공급하는 산업을 포함한다. 주로 IP 기반의 네트워크 인프라에 관련된 분야로서 인터넷 백본망 사업자, ISP, 보안 산업 등으로 구성되어 있다.

둘째는, 인터넷 애플리케이션 서비스이다. 이 계층은 위의 인터넷 인프라 계층을 기반으로 온라인에서 비즈니스를 할 수 있도록 기술적으로 지원해 주는 애플리케이션 서비스 사업자나 애플리케이션 소프트웨어 제품을 제공하는 기업들을 포함한다. 구체적인 관련 업종으로는 인터넷 컨설팅, 전자상거래 솔루션업, 멀티미디어 솔루션업, 웹사이트 개발업 등이 있다.

셋째는, 인터넷 중개업 서비스이다. 이 계층은 말 그대로 인터넷상에서 중개역할을 해주는 분야로서 광고, 아웃소싱 수수료, 회원 가입비, 커미션 등을 주요 수익원으로 하고 있다. 또한 대부분의 기업들이 인터넷을 기반으로 비즈니스 활동을 하고 있다. 관련 업종으로는 인터넷 여행 대행업, 콘텐츠 제고업, 포털 사이트업 등을 들 수 있다.

마지막으로는 인터넷 상거래 서비스이다. 여기에는 직접 제품을 생산하여 인터넷 채널을 통해 판매하는 기업도 있고 외부에서 제품을 조달한 후 인터넷을 통해 판매만 하는 기업도 있다. 따라서 이 유형에 속하는 기업들은 기존의 오프라인상의 전통적 사업자와 순수 인터넷 사업자로 구분된다. 취급하는 상품도 물리적 상품은 물론 디지털 상품도 포함된다. 그런가 하면 법률, 의료, 교육 등 제품이 아니라 전문 지식 서비스를 제공하는 기업도 여기에 속하게 된다.

〈표 2-7〉 e-Service 관련 산업 분류

대분류	소분류	사례
인터넷 기반 (Internet Infrastructure) 계층	인터넷 백본 제공자	Quest, MCI Worldcom
	인터넷 서비스 제공자(ISP)	Mindspring, AOL, Earthlink
	네트워킹 하드웨어 및 소프트웨어 회사	Cisco, Lucent, 3Com
	PC 및 서버 제조회사	Dell, Compaq, HP
	보안 관련 벤더	Axnet, Checkpoint, Network Associates
	광통신 회사	Corning
	라인 접속 하드웨어 제조업자	Ciena, Tellabs, Pairgain
인터넷 애플리케이션 (Internet Application) 계층	인터넷 컨설턴트	USWeb/CKS, Scient
	인터넷 상거래 애플리케이션	Netscape, Microsoft, Sun, IBM
	멀티미디어 애플리케이션	RealNetworks, Micromedia
	웹 확장 소프트웨어	Adope, NetObjects, Allaire, VigNette
	서치 엔진 소프트웨어	Inktomi, Verity
	온라인 교육 회사	Sylvan Prometric, Assymetrix
	웹 데이터베이스	Oracle, IBM DB2, Microsoft SQL Server
인터넷 중개업 (Internet Intermediary) 계층	수직적 산업 내의 시장 창출자	VerticalNet, PCorder
	온라인 여행 대행사	TravelWeb.com, 1Travel.com
	온라인 브로커	E*trade, SchWab.com, DLJDirect
	콘텐츠 사업자	Cnet, ZDnet, Broadcast.com
	포털, 콘텐츠 제공자	Yahoo, Excite, Geocities
	인터넷 광고 브로커	Doubleclick, 24/7 Media
	온라인 광고	Yahoo, ESPNSportszone
인터넷 상거래 (Internet Commerce) 계층	전자 상점	Amazon.com, eToys.com
	온라인 판매 제조업자	Cisco, Dell, IBM
	요금 및 가입비 기반 회사	trestreet.com, WSJ.com
	온라인 항공권 판매 항공사	AA(America Airline)
	온라인 엔터테인먼트 및 전문적 서비스	

(3) e-Service 비즈니스 분류

산업 차원에서 비즈니스 차원으로 내려가면, 인터넷 상의 사업 방식이나 사업 비중에 따라 e-Service를 분류할 수 있다. 가장 대표적인 분류 기준으로는 아래의 세 가지를 들 수 있다.

가. 사업 주체에 의한 분류

우선 누가 거래의 주체로서 비즈니스에 참여하는가에 따라 여러 유형으로 나눌 수 있다. 이 기준에 의해 [그림 2-7]에 도시되어 있는 것처럼, 기업간(Business to Business: B2B) 거래, 기업과 소비자간(Business to Customer: B2C) 거래, 기업과 공공기관간(Business to Government: B2G) 거래, 개인과 공공기관간(Customer to Government: C2G) 거래, 개인과 개인간(Customer to Customer: C2C) 거래 등으로 나뉜다.

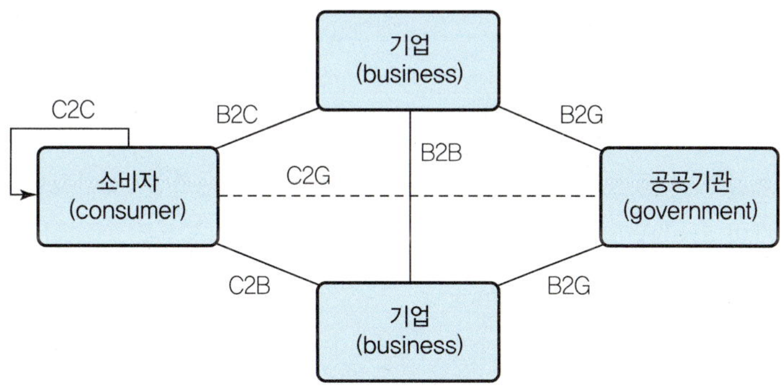

[그림 2-7] 사업주체간 관계에 따른 e-Service 분류도

나. 시장 주도권에 의한 분류

이 분류는 참여주체뿐 아니라 그 시장을 통제하는 시장 주도권이 누구에게 있는가에 따라 여러 유형으로 나눈다. 여기서 말하는 주도권이란 제품 및 서비스에 대한 시장 구매력, 가격 결정력 등을 나타낸다. [그림 2-8]에서 보듯이, 비즈니스는 크게 판매자 주도형 시장(seller-controlled marketplace), 구매자 주도형 시장(buyer-controlled marketplace), 중개상 주도형 시장(neutral marketplace)의 세 유형으로 나뉜다.

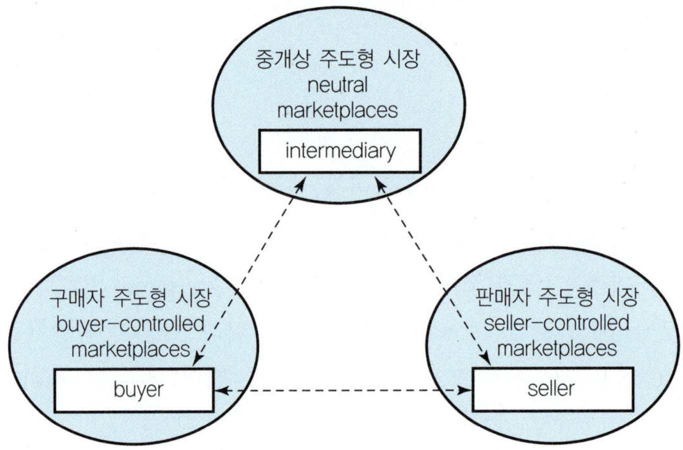

[그림 2-8] 시장 주도권에 의한 e-Service 분류도

다. 제품 및 정보의 흐름에 따른 분류

제품이나 정보의 근원지인 공급자로부터 최종적인 소비자에게까지 전달되는 과정의 차이에 따라, 크게 세 가지의 e-Service 유형을 제시할 수 있다(Julta 외, 1999). 여기서 보여주는 분류는 가장 기본적인 형태로서 세 가지 유형의 결합에 따라 끊임없이 새로운 모델이 창출될 수 있다.

첫째는 전자 브로커(e-broker) 모델로서, 공급자와 소비자 사이에서 중개인 역할을 하는 비즈니스 유형을 의미한다. 둘째는 제조업체(manufacturer) 모델로, 특화된 제품을 직접 생산하고 동시에 전문적인 마케팅 부서를 가지고 있는 제조업체의 비즈니스를 가리키는 모델이다. 셋째는 경매형(auction) 모델로, 상품을 구매하고자 하는 측에서 먼저 제품의 구입가격을 제시한 후 공급자가 그 가격에 동의하는 일련의 절차에 의해 제품의 거래가 이루어지는 비즈니스를 의미한다.

여기서 제시한 분류도를 앞에서 시장 주도권에 의해 만들어진 분류도와 대비시키면 1:1의 연계가 가능하다. 앞의 판매자 주도형 거래는 여기의 제조업체 모델과 연결되고, 앞의 구매자 주도형 거래는 여기의 경매형 모델과 연결되며, 앞의 중개상 주도형 거래는 여기의 전자 브로커 모델과 연결된다.

3.4 온라인 서비스 진화단계의 분류

이미 언급한 것처럼, 무선 기기(wireless device)와 무선 네트워크(wireless network)의 급속한 발전과 확산으로 인하여 기존의 e-Service는 또 한 번의 큰 변화를 맞이하고 있다. 이에 따라 e-Service의 동태적 변화를 설명하는 새로운 분류 체계가 제시되기도 한다.

이런 맥락에서 최근에 가장 자주 언급되는 분류 체계는 유선기반 웹 서비스(w-Service), 모바일 서비스(m-Service), 유비쿼터스 서비스(u-Service)로 나누는 것이다. 발전이나 진화의 관점에서 보면, 초기의 유선 웹(web) 서비스에서 출발하여 이제 모바일(mobile) 서비스 단계로 진입하고 있고 앞으로 유비쿼터스(ubiquitous) 서비스를 향해 나아갈 것으로 보인다.

처음부터 중심에 있었고 아직까지도 가장 큰 비중을 차지하고 있는 것은 물론 웹 서비스(w-Service)이다. 이것은 인터넷의 웹을 유선으로 연결하여 서비스를 제공하는 형태이다. 인터넷 기반 서비스는 폭 넓은 고객층을 대상으로 저렴한 비용과 빠른 속도로 서비스를 창출한다. 최근 떠오르고 있는 m-Service는 무선, 즉 모바일 서비스를 가리킨다. 모바일의 장점을 기반으로 하여 선별화된(targeted) 고객층을 대상으로 이동성(mobility)과 개인화(personalization)에 기반을 둔 서비스를 제공한다. 차세대 유형으로 주목받고 있는 서비스는 유비쿼터스 서비스(u-Service)이다. 유비쿼터스는 모바일에서 더욱 진화한 개념으로 언제, 어디서나 서비스의 제공이 가능한 서비스를 지향한다. 여기에서는 시간적, 공간적 제약을 넘어 서로 이질적인 고객 집단을 대상으로 확산성(pervasion)과 융합성(convergence)에 초점을 맞춘 서비스를 제공한다. 각각의 구체적 특성과 이와 관련된 비즈니스 모델의 자세한 내용은 다음 장에서 다루기로 한다.

요약

1. 서비스의 정의는 다음 세 가지 중의 하나를 뜻한다:
   - 첫째는 서비스 행위 또는 서비스 활동을 가리키는 경우이다.
   - 둘째는 서비스 자체 내지 서비스 내용을 가리키는 경우이다.
   - 셋째는 위의 두 가지를 모두 포함하는 패키지를 가리키는 경우이다.

2. 제품과 비교하여, 서비스의 차별적 특성은 무형성, 동시성, 소멸성, 이질성 등으로 요약할 수 있다.

3. 고객의 참여, 소유권 이전의 불명확성 등도 서비스의 특성이다.

4. 서비스의 특성은 두 가지의 상반된 의미를 지닌다. 한편으로, 서비스의 특성은 제조업과 비교하여 서비스 조직의 설계 및 운영을 어렵게 만드는 요인으로 작용한다. 그러나 다른 한편으로, 서비스의 특성은 서비스 비즈니스의 새로운 기회나 영역을 찾아낼 수 있는 가능성을 제공한다.

5. 최근에는 서비스의 특성이 부분적으로 변하면서 새로운 특성들도 나타나고 있다.

6. 서비스의 분류는 산업의 분류 체계 안에 서비스 산업이라는 영역이 만들어진 데에서 비롯되었다.

7. 서비스의 특성, 서비스의 범위, 서비스의 프로세스, 고객의 개입도 등의 기준에 따라 다양한 서비스 분류들이 제시되었다.

8. 전통적인 오프라인 방식에 대비한 온라인 서비스 개념이 나오면서 새로운 분류들이 도출되었다.

9. 온라인 서비스 개념은 웹 개념을 넘어 모바일이나 유비쿼터스 개념으로 넓어지고 있다.

핵심 키워드

- 서비스의 정의
- 서비스의 무형성, 동시성, 소멸성, 이질성
- 고객 참여
- 서비스의 소유권
- 서비스 산업 분류
- 서비스 시스템 분류
- 서비스 프로세스 분류
- 온라인 서비스 분류
- 웹 서비스, 모바일 서비스, 유비쿼터스 서비스

연습문제

개념형-이론형 문제

1. 서비스는 범위가 넓고 의미도 다양하기 때문에 보는 관점에 따라 그 정의가 다를 수 있다. 서비스를 정의하는 세 가지 관점에 대해 설명해 보자.

2. 서비스를 제품과 다르게 만드는 서비스의 핵심적 특성 네 가지를 알아보고 각 특성을 실제의 예를 들어 설명해 보자.

3. 고객 접촉 모형에서는 서비스 시스템을 세 가지 유형으로 나누고 있다. 각 유형의 특성을 설명하고 각각의 장단점을 비교해 보자.

4. 서비스를 분류하기 위한 두 가지 기준에는 무엇이 있을 수 있는지 생각해 보고, 각각의 기준에 따라 서비스를 다양한 유형으로 나누어 보자.

5. e-Service를 나눌 수 있는 분류 기준에는 어떤 것들이 있는지를 토론해 보자.

6. e-Service를 w-Service, m-Service, u-Service로 나눌 때, 각각의 기술 특성과 고객 특성의 차이를 설명해 보자.

탐구형-실습형 문제

7. 본문에서 제시된 서비스의 정의 외에 어떤 새로운 정의를 내릴 수 있을지를 함께 토론해 보자.

8. 서비스의 전통적 특성이 잘 적용되는 사례와 잘 적용되지 않는 사례를 하나씩 골라 그 원인과 의미를 비교해 보자.

9. 본문에서 제시된 서비스의 분류 외에 어떤 새로운 분류들이 제시될 수 있는지를 함께 토론해 보자.

10. 서비스는 오프라인 서비스에서 온라인 서비스로 진화했으며, 앞으로 더 다양한 형태로 진화할 것이다. 기술진보나 사회변화에 따라 향후 서비스가 어떤 형태로 변화해 나갈지를 토의해 보자.

조사형-검색형 문제

11. 서비스의 본질적 특성 및 부수적 특성 6가지를 가장 잘 나타낼 수 있는 서비스 사례를 하나씩 검색하여 각각의 특성에 대하여 자세히 설명해 보자.

12. 순수 제조기업, 오프라인 서비스 기업, 온라인 서비스 기업을 하나씩 선정하여 그 기업들 각각

이 표준산업분류 위의 어디에 속하는지를 조사하고, 그 의미를 토의해 보자.

13. 고객 접촉 정도에 따라 서비스 시스템을 전면 공간과 배후 공간으로 구분한 후 각각의 공간에 서로 다른 설계 및 운영전략을 적용한 사례를 조사하여 그 배경과 의미를 토의해 보자.

14. e-Service 비즈니스의 분류와 관계된 사례를 조사하고, 그 특징을 정리해 보자. 또한 기존 분류에 포함되지 않는 새로운 비즈니스 유형과 사례를 발굴해 보자.

PART

02

Strategy of Service

서비스 전략

Framework of Strategic Analysis

CHAPTER

03

전략 분석의 틀

구성도

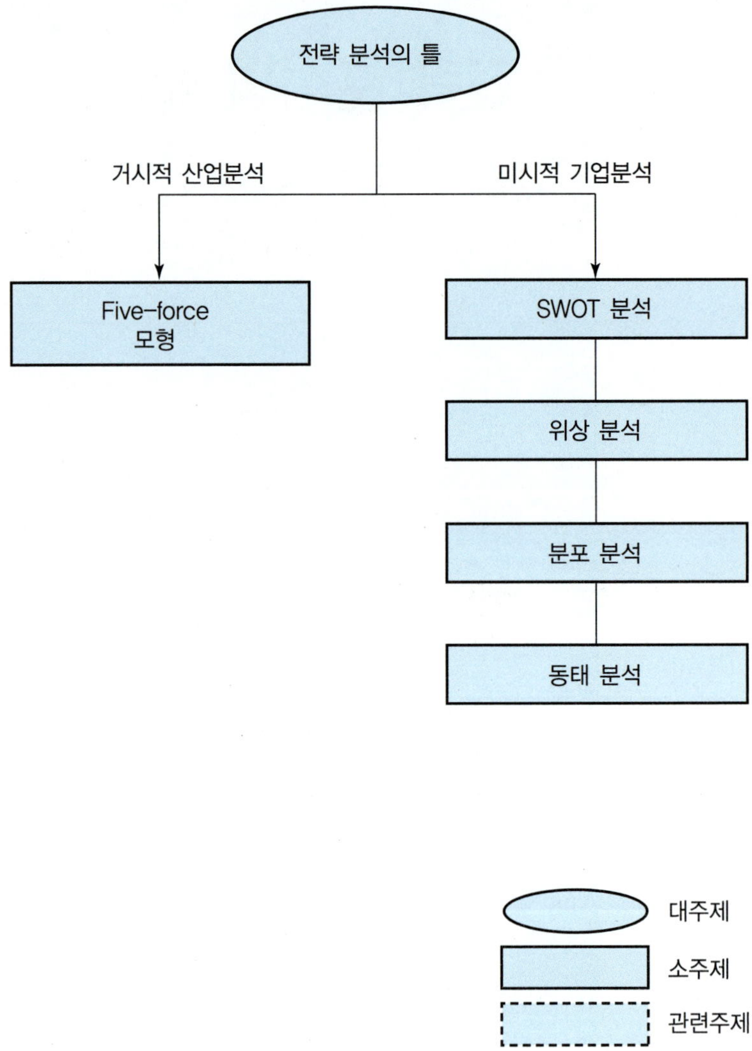

전략 분석의 틀
거시적 산업분석
미시적 기업분석
Five-force 모형
SWOT 분석
위상 분석
분포 분석
동태 분석
대주제
소주제
관련주제

배경과 주요 내용

서비스도 엄연히 비즈니스의 대상이다. 따라서 모든 서비스는 비즈니스의 모습을 갖추어야 시장에 출시될 수 있고 또 수익성이 확실한 비즈니스여야만 시장에서 살아남을 수 있다. 어떤 비즈니스든 성공을 위해서는 전략이 필요하다. 특히 서비스는 본질적으로 무형의 특성을 가지고 있기 때문에 서비스 비즈니스의 성공을 위해서는 제품 비즈니스와는 다른 전략을 구사해야 한다. 서비스 엔지니어링도 궁극적으로는 서비스 비즈니스를 위한 것이기 때문에 기술적 요소에 앞서 전략적 요소를 고려해야 한다.

직관적인 경험과 감각만으로 전략을 만들 수는 없다. 전략을 수립하기 위해서는 먼저 전략적 분석이 이루어져야 한다. 전략 자체의 수립 이전에 전략의 수립을 위한 사전 분석이 필요한 것이다. 본 장에서는 먼저 전략 분석을 위한 틀(framework)에는 어떤 것들이 있는지를 알아보고, 이를 토대로 다음 장에서는 구체적인 서비스 비즈니스 전략들에 대해서 살펴보도록 한다.

전략, 특히 서비스 전략이라는 주제가 본질적으로 지니고 있는 특성 때문에 분석의 틀을 정형화 내지 표준화하는 것은 매우 어려운 일이다. 따라서 여기에서는 지금까지 전략 분석에서 많이 사용되어 온 분석의 틀을 크게 거시적(macro) 산업차원의 틀과 미시적(micro) 기업차원의 틀로 나누어 알아본다.

먼저 산업차원의 전략적 분석을 위해 자주 이용되는 틀로 Five-force 모형을 들 수 있다. 이 모델은 산업의 시장구조를 설명하고 비교할 수 있는 유용한 틀로 지금도 많이 활용되고 있다.

다음으로 기업차원의 전략 분석의 틀은 크게 네 가지로 구성된다. 첫째는 기본적인 SWOT 분석, 둘째는 서비스의 상대적 위치를 분석하는 위상 분석, 셋째는 서비스 비즈니스의 구성을 분석하는 분포 분석, 넷째는 시간의 변화에 따라 서비스의 미래 성장성이 어떻게 바뀔 것인가를 분석하는 동태 분석이다.

학습 목표

1. 서비스 비즈니스 전략의 기본 개념과 필요성을 이해한다.
2. 전략을 수립하기 전에 사전 분석 작업이 왜 필요한지를 이해한다.
3. 서비스 전략의 분석에 사용되는 틀(framework)에는 어떤 것들이 있는지를 살펴본다.
4. 산업 차원의 전략 분석 틀인 Five-force 분석의 내용을 이해하고 실제로 특정 서비스 산업을 대상으로 이를 적용할 수 있는 능력을 키운다.
5. 기업 차원의 전략 분석 틀 가운데 SWOT 분석의 내용을 이해하고 실제로 특정 기업(서비스)을 대상으로 이를 적용할 수 있는 능력을 키운다.
6. 기업 차원의 전략 분석 틀 가운데 위상 분석의 내용을 이해하고 실제로 특정 기업(서비스)을 대상으로 이를 적용할 수 있는 능력을 키운다.
7. 기업 차원의 전략 분석 틀 가운데 분포 분석의 내용을 이해하고 실제로 특정 기업(서비스)을 대상으로 이를 적용할 수 있는 능력을 키운다.
8. 기업 차원의 전략 분석 틀 가운데 동태 분석의 내용을 이해하고 실제로 특정 기업(서비스)을 대상으로 이를 적용할 수 있는 능력을 키운다.
9. 교과서에 제시되지 않은 분석의 틀에는 어떤 것들이 있는지를 알아본다.
10. 자기 자신의 주관적 견해와 경험적 지식을 바탕으로 나름대로 전략 분석의 틀을 만들어 본다.

사례 - IBM의 전략

위기의 도래

한때 IBM은 전성기를 누렸다. 컴퓨터 업계의 선도자이자 하드웨어의 강자로서 브랜드 가치가 세계 1, 2위를 다투는 글로벌 기업이었다. 그러나 80년대 중반 이후, 침체의 조짐이 나타나기 시작하였다. 증가율이 둔화되더니 급기야 90년대 초반에는 수십억 불 적자를 내는 위기를 맞았다. 주가는 폭락했고 시장점유율도 큰 폭으로 떨어졌다. 이런 총체적 위기는 컴퓨터 통신의 발달로 인한 대형컴퓨터 수요의 감소, 사용자 요구의 다변화, 하드웨어 중심에서 소프트웨어 중심으로의 변화 등의 요인에 기인한 것이었다.

위기 극복의 전략 1: 구조조정(Restructuring)

IBM은 과감한 구조조정과 조직혁신을 단행하였다. 핵심사업이 아니라고 판단되는 사업과 자산을 신속히 처분했다. 명예퇴직 제도를 시행하여 인력을 감축했으며 관리자의 수와 단계를 줄이고 핵심인력을 외부에서 영입하여 효율성을 높였다. 조직혁신도 이루어졌다. 모든 사업 분야와 전 세계적으로 분산된 국가별 조직을 하나의 글로벌 IBM 조직으로 통합하였다.

위기 극복의 전략 2: 사업영역 조정(Repositioning)

다음으로 변화된 시장에 맞추어 사업전략을 수정하고 핵심역량을 재조정하는 작업에 착수하였다. 우선 지역적으로 분산된 영업 조직을 고객중심의 산업별 솔루션 조직으로 재구성하였다. 고객이 속한 산업을 더 깊이 이해하고, 고객을 만족시킬 수 있는 기술력을 확보하여, 고객중심의 차별적 가치를 제공한다는 전략이었다. 그러나 가장 큰 전략적 변화는 하드웨어 중심의 제조기업에서 '서비스 기업'으로의 변신이었다. end-to-end 솔루션과 맞춤형 서비스의 제공에 집중한 결과, 1993년 당시 총 매출의 27%에 불과하던 서비스 사업 비중이 2002년에는 총 매출의 45%로 올라가면서 국제적인 '서비스 기업'으로 변신하는 데 성공하였다.

위기 극복의 전략 3: 업무 프로세스 혁신(Reengineering)

다음으로는 프로세스 중심으로 업무를 혁신하였다. 전 세계에 산재한 방대한 고객지원 조직과 다양한 사업 조직을 효율적으로 관리하기 위해 공통의 관리시스템을 도입하였다. 또 핵심 업무 프로세스를 웹에서 재통합하고, 시장과 고객중심으로 재설계함으로써 어떤 고객의 요구에도 언제 어디서든 유연하게 대처할 수 있는 체제를 갖추었다.

위기 후의 도전

오늘날 IBM은 세계 최대의 서비스 및 컨설팅 회사, 세계 최대의 e-비즈니스 회사라는 평가를 받고 있다. 단순한 정보기술 제공업체를 넘어 컨설팅과 서비스로 사업 중심이 빠르게 옮겨가고 있다. '경영과 기술혁신의 파트너'로서, 기술을 경영에 접목시켜 고객을 위한 가치를 창출하고 고객만족을 구현하는 목표를 향해 나아가고 있다.

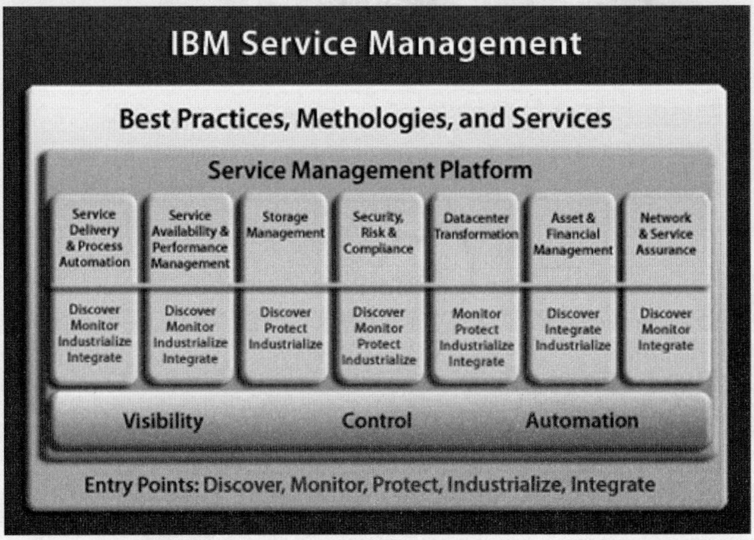

[그림 3-1] IBM의 서비스 사업 부문(출처: http://www-01.ibm.com)

03 전략 분석의 틀

제1절 서비스 전략의 기본

대부분의 제품은 수요와 공급, 구매와 판매가 분명하기 때문에 '비즈니스'를 만들기가 쉽고 단순하다. 또 돈을 내고 제품을 사면 그 순간 제품의 소유권도 얻게 되므로 거래의 범위와 대상도 분명하다. 그러나 눈에 보이지도 않고 손에 잡히지도 않는 서비스를 사고 파는 것은 어렵고 애매한 일이다. 또 돈을 내고 서비스를 제공받았다고 해도 그 서비스의 권리를 전부 넘겨받은 것도 아니다. 하지만 서비스도 엄연히 비즈니스의 대상이다. 그것도 그 범위가 갈수록 넓어지고 그 가치가 갈수록 올라가는 비즈니스의 대상이다. 따라서 모든 서비스는 비즈니스의 모습을 갖추어야 시장에 출시될 수 있고 수익성이 확실한 비즈니스만이 시장에서 살아남을 수 있다. 서비스 엔지니어링도 궁극적으로는 서비스 비즈니스를 위한 것이기 때문에 기술적 요소에 앞서 전략적 요소를 고려해야 한다.

물론 서비스가 처음부터 비즈니스 중심으로 발전해 온 것은 아니다. 앞 장에서 살펴본 것처럼, 초기의 서비스 마케팅이나 서비스 관리는 이미 존재하고 있는 경영시스템 안에서 경영 기능의 효율성을 높이는데 초점을 맞추었다. 즉 제품이나 서비스를 만들어내는 공정과 프로세스의 효율을 올리거나 이미 만든 제품과 서비스를 판매하는 방식을 바꾸는 지원 서비스(supporting service)가 중심이었다. 실제로 서비스의 종류와 방식이 많지 않았던 시절에는 서비스가 비즈니스가 될 수 있는 기회도 많지 않았다.

그러나 점차 서비스 자체의 종류가 다양해지고 서비스를 비즈니스로 만들 수 있는 기회도 늘어나면서, 서비스가 단순한 지원 서비스에서 한걸음 나아가 본격적인 비즈니스의 대상이 되는 일이 많아졌다. 말 그대로 서비스를 고객에게 직접 판매하여 수익을 얻는 서비스 비즈니스(service business)가 생겨난 것이다.

어떤 비즈니스든 성공을 위해서는 전략이 필요하다. 서비스 비즈니스도 예외가 아니다. 특히 서비스는 본질적으로 무형의 특성을 가지고 있기 때문에 서비스 비즈니스는 제품 비즈니스와는 상이한 특성을 보인다. 유형의 제품이 아닌 무형의 서비스를 판매하기 때문에 이를 마케팅하기 위해서는 서비스 자체가 아니라 서비스가 고객에게 제공할 수 있는 잠재적 가치를 활용하게 된다. 예를 들어 의료 서비스를 마케팅할 때, 의료 서비스 자체보다는 의료 서비스를 제공받은 환자들이 느끼는 만족감을 활용한다. 이런 특성을 전략적으로 이해하지 못하면 비즈니스가 성공할 확률은 낮아진다.

서비스 비즈니스는 제조업에 비해 상대적으로 적은 자본금을 가지고 시작할 수 있기 때문에 많은 사람들이 서비스업은 쉽게 시작하여 빨리 성공할 수 있으리라 믿고 있다. 간단한 예로, 퀵 배송 서비스는 관련 기술과 도구만 있다면 큰 자본금 없이 시작할 수 있고 비즈니스도 곧 자리를 잡을 것으로 생각한다. 그러나 그런 생각을 하는 사람들이 많을수록 그만큼 경쟁자가 많아지고 그럴수록 실패의 확률도 높아진다. 서비스 비즈니스의 규모가 큰 경우도 마찬가지이다. 규모가 커졌다고 해서 모든 고객들을 대상으로 모든 서비스를 제공하는 것은 좋은 서비스 경영 전략이 될 수 없다. 성공한 서비스 기업들의 특성을 살펴보면 고객 계층을 선택하고 선택된 고객 계층만을 상대로 차별화된 서비스를 제공해 왔다. 예를 들어 페덱스(FedEx)사는 고비용에도 불구하고 빠른 배송을 원하는 고객들을 대상으로 24시간 배달 비즈니스를 제공하여 큰 성공을 거두었다. 그런가 하면, 유럽의 저가 항공사 이지젯(EasyJet)사는 대형항공사들과는 다른 틈새시장(niche market)을 공략하면서 저비용 비즈니스 전략을 구사하였다.

[그림 3-2] 고속 배달 전략을 구사하는 페덱스사(출처: http://luciebartlett.wordpress.com)

[그림 3-3] 저비용 전략을 구사하는 이지젯사(출처: http://en.wikipedia.org/wiki/EasyJet)

실제로 서비스 비즈니스의 성공 확률은 매우 낮다. 대부분의 서비스 비즈니스가 실패하는 것이다. 실패의 가장 큰 이유는 서비스 비즈니스를 너무 쉽게 생각하여 적절하고 명확한 서비스 전략을 세우지 못했기 때문이다. 따라서 서비스를 개발하고, 서비스 시스템을 설계 및 운영하기에 앞서 어떤 시장에 무슨 서비스를 어떻게 제공할 것인가를 정하는 전략의 수립이 반드시 필요하다.

그렇다고 무턱대고 전략을 만들 수도 없다. 전후를 알지 못한 채, 좌우를 보지 않고 만든 전략은 쉽고 빠른 만큼 실패의 위험성도 높다. 따라서 서비스 전략을 수립하기 위해서는 먼저 전략적 분석이 이루어져야 한다. 구체적인 전략의 수립 이전에 전략의 수립을 위한 사전 분석이 필요한 것이다. 밑그림을 잘 만들어야 그 위에 좋은 그림을 얹을 수 있기 때문이다. 본 장에서는 먼저 전략 분석을 위한 틀(framework)에는 어떤 것들이 있는지를 알아보고, 이를 토대로 다음 장에서는 시장과 고객을 선택하고 서비스 개념을 창출하며, 가격을 설정하여 마케팅을 하는 서비스 비즈니스의 구체적 전략들에 대해서 살펴보도록 한다.

제2절 전략 분석의 틀

앞에서 강조한 것처럼, 경영전략의 수립을 위해서는 먼저 '전략적 분석'이 선행되어야 한다. 전략 분석은 경영전략의 수립을 위한 사전 활동이므로 당연히 분석의 목적과 방향이 '전략적'이어야 하지만, 동시에 다분히 '주관적'이고 '직관적'이 될 수도 있다. 자칫하면 논리적이고 과학적인 기준이나 체계 없이, 순전히 경험이나 직관에 의존하여 '그럴듯한 그림'을 그리는 수준에 그칠 수 있는 것이다. 따라서 전략 분석을 좀 더 체계적이고 과학적으로 하기 위해 다양한 분석의 틀(framework)이 개발되고 사용되어 왔다.

그러나 전략이라는 주제가 본질적으로 지니고 있는 특성 때문에 전략 분석의 틀을 정형화 내지 표준화하는 것은 매우 어려운 일이다. 또 하나의 기본적 틀이 존재한다고 하여도 그 구체적인 방법이나 내용은 기업의 특성이나 환경의 변화에 따라 달라질 수 있다. 여기에서는 지금까지 전략 분석에서 많이 사용되어 온 분석의 틀을 크게 거시적(macro) 산업차원의 틀과 미시적(micro) 기업차원의 틀로 나누어 살펴보고자 한다.

2.1 산업차원 분석 틀: Five-force 분석

전략적 산업분석의 목적으로 자주 이용되는 틀로 'Five-force 모형'을 들 수 있다(Porter, 1980). 이 모형은 산업의 시장구조를 설명하고 비교할 수 있는 유용한 틀로 제시된 후 지금도 널리 활용되고 있다.

[그림 3-4]와 〈표 3-1〉에서 볼 수 있듯이, 이 모형은 산업 조직의 전체적 구조와 상태를 5개의 핵심적인 요소로 표현하고 있다. 각각의 요소는 내부경쟁자(internal rivalries), 잠재경쟁자(potential entrants), 공급자(supplier), 수요자(buyer), 대체품(substitutes)이다. 이 요소들이 해당 산업(기업)의 미래 성장성을 유인하는 정도에 따라, 현재의 수익성을 위협하는 수준에 따라 그 산업 조직의 위상과 특성을 파악할 수 있다. 나아가 이 틀을 다른 산업에도 적용하게 되면, 산업 간의 상대적 위치와 상황을 비교할 수도 있다.

첫째로 내부경쟁자를 보자. 흔히 하나의 산업 내에는 경쟁관계에 있는 여러 기업이 존재한다. 이들의 경쟁 수준이나 강도가 어느 정도인가 하는 문제는 산업의 구조를 설명할 수 있는 중요한 기준이 된다. 경쟁기업의 다양성, 제품의 차별화 정도, 진입과 퇴출의 신축성 등이 구체적인 분석 요소들이 된다.

둘째로 잠재경쟁자를 보자. 잠재경쟁자는 아직 산업(시장)에 존재하지는 않지만 새로이 진출할 가능성이 높은 기업을 의미한다. 산업에 따라 후발기업들이 신규시장에 진출하기가 아주 용이한 경우가 있는가 하면, 그 반대의 경우도 있다. 새로 시장을 개척하기 위해 획기적인 신기술과 신제품의 개발이 필요하다면, 또 대규모 설비투자나 집중적인 마케팅 투자가 필요하다면 신규시장에 진출하기가 그만큼 어려워질 수밖에 없다. 진입 장벽의 높이를 결정하는 요소들로는 규모의 경제, 기업의 인지도, 자본투자의 규모, 가격경쟁력, 유통채널 관리능력 등을 들 수 있다.

셋째로 공급자를 보자. 공급자는 원자재나 부품을 공급하는 기업들을 가리킨다. 공급자 집단의 힘, 협상력이 어느 정도인가 하는 문제도 산업의 구조를 결정하는 요인이 된다. 구체적으로 공급자의 독과점 능력, 제품에 대한 원자재나 부품의 의존도와 차별성, 원자재의 대체나 교체비용 등이 주요 요소가 된다.

넷째로 수요자를 보자. 수요자는 완제품이나 부품을 구매하는 소비자들이나 기업들을 뜻한다. 수요자 집단의 힘, 즉 협상력이 어느 정도인가 하는 문제도 산업 구조를 결정할 때 매우 중요한 요소가 된다. 세부적인 요소를 본다면, 구매자 집단의 집중도, 구매제품의 표준화 수준, 대체재의 존재 여부, 구매정보의 유통 수준 등을 들 수 있다.

마지막으로 대체품을 보자. 대체품은 그 산업이나 시장에서 생산 및 거래되는 제품의 대체품이 얼마나 다양하게 존재하는가를 가리킨다. 어느 제품에 대해 대체품이 많으면 많을수록 가격이나 품질은 더 큰 영향을 받게 되고 경쟁 수준은 더욱 올라가게 된다. 구체적으로는 대체품의 상대적 가격과 품질, 대체품에 대한 고객 선호도, 교체 비용과 시간 등이 핵심적인 요소가 된다.

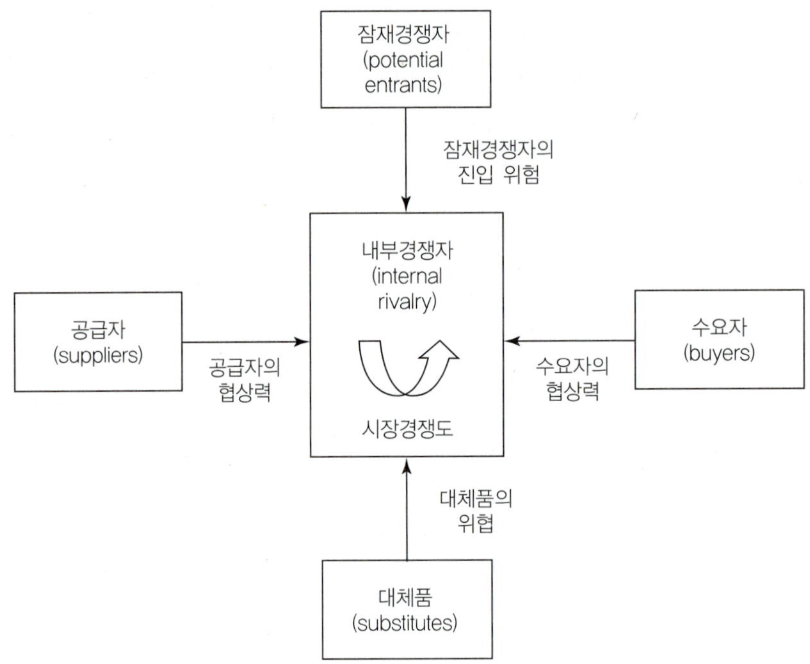

[그림 3-4] Five-force 모형의 기본 구조

〈표 3-1〉 Five-force 모형의 핵심 요소와 분석 요소

핵심 요소	분석 요소
내부경쟁자	경쟁기업 다양성, 제품 차별성, 진입/퇴출 신축성
잠재경쟁자	규모의 경제, 기업 인지도, 투자 규모, 가격경쟁력
공급자	공급자 독과점, 원자재/부품 의존도, 원자재/부품 교체비용
수요자	구매자 집중도, 구매품 표준화, 대체재 존재, 구매정보 유통
대체품	대체품 가격, 대체품 품질, 대체품 선호도, 교체비용/시간

Five-force 모형을 토대로 실제의 서비스 산업조직을 분석하는 사례로 병원을 중심으로 한 의료 서비스 산업의 경우를 보자. 아래의 〈표 3-2〉와 같이, 1980년대와 현재를 비교함으로써 의료 서비스 산업의 동태적 변화를 분석할 수 있다.

우선 내부경쟁자를 보자. 1980년대와 비교할 때 경쟁자의 수와 규모가 엄청나게 커지면서 경쟁이 갈수록 치열해지고 있다는 것을 알 수 있다. 개인병원과 대학병원은 물론이고 일부 대기업까지 대규모 종합병원을 개설하였다. 거기다 대부분의 병원은 유사한 의료 서비스를 비슷한 의료 수가로 제공하고 있어 제품 차별화가 거의 이루어지지 않고 있다.

전체적으로 의료시장이 이미 포화상태라고 하지만 잠재경쟁자의 위협도 만만치 않다. 국제화의 조류 속에서 의료시장의 개방은 가속화될 것이고, 이러한 추세에 따라 의료수준이 뛰어난 외국계 병원, 규모와 내용에서 차별성을 지향하는 국내 특수병원 등이 계속 생겨날 것이다.

공급자의 협상력은 중간 정도의 수준에서 별다른 변화가 없을 것으로 보인다. 의료산업의 공급자로는 전문인력 공급자, 의료장비 기업, 제약회사 등을 들 수 있는데 이들의 협상력이 갑자기 바뀔 가능성은 낮아 보인다.

한편 수요자의 협상력은 최근에 크게 높아지고 있다. 과거의 의료산업은 전형적인 공급자 중심 시장이었다. 그러나 환자들의 권익 주장이 갈수록 높아지고 있고 차별화된 의료서비스를 원하는 수요도 늘어날 것으로 예상된다.

마지막으로 대체품을 생각해 보자. 서양의학 중심의 의료산업에서 한의학이 부분적인 대체품 역할을 해 왔으며 그 비중은 더욱 커지고 있다. 또 정보기술의 발전으로 홈닥터 시스템, 원격 진료 등이 활성화될 것이다. 따라서 대체재의 수준은 현재의 중간 수준에서 앞으로 높은 수준으로 바뀔 것으로 예상된다.

〈표 3-2〉 의료서비스의 산업조직 변화도

요 소	1980년대	현재
시장경쟁도	낮음(Low)	높음(High)
잠재경쟁자의 진입 위험	낮음(Low)	중간(Medium)
공급자 협상력	중간(Medium)	중간(Medium)
수요자 협상력	낮음(Low)	높음(High)
대체품 위협	중간(Medium)	높음(High)

Five-force 분석은 크게 다음의 두 가지 목적으로 수행된다. 첫째는 서비스 비즈니스 투자에 대한 의사결정이다. 위의 5가지 요소를 모두 고려해 보았을 때, 그 산업이 유망한 산업분야라는 판단이 들어야만 그 서비스 산업에의 신규 진출이나 추가적 투자를 결정하게 된다. 둘째는 전략적 대응방안의 수립이다. 앞으로 경쟁자가 출현한다거나 대체품이 등장한다는 판단이 들었을 때, 그에 대비하는 전략적 방향을 정하고 실천적 대안을 마련하게 된다.

2.2 기업차원 분석의 틀

상위의 산업차원에서 하위의 기업차원으로 내려오면 어떤 분석이 필요할까? 기업마다 특성이 다르고 환경이 다르기 때문에 기업 나름대로 사용하는 분석의 틀이 필요할 것이다. 실제로 많은 기업이 나름대로의 틀을 가지고 있고 또 컨설팅 기업에서도 다양한 틀을 사용하고 있다. 그렇다고 그 많은 틀을 모두 알아볼 수는 없기 때문에 여기서는 가장 핵심적이고 또한 가장 자주 사용되는 대표적인 틀들만을 살펴보기로 한다.

기업차원의 전략 분석의 틀은 [그림 3-5]에 제시되어 있는 것처럼 크게 네 가지로 구성된다. 첫째는 가장 일차적이고 공통적인 기본 분석인 SWOT 분석, 둘째는 서비스 기업과 서비스 비즈니스의 상대적 위치를 분석하는 위상 분석, 셋째는 서비스 비즈니스의 구성을 분석하는 분포 분석, 넷째는 시간의 변화나 수명주기의 진화에 따라 미래의 잠재적 성장 동력이 어떻게 바뀔 것인가를 분석하는 동태 분석이다.

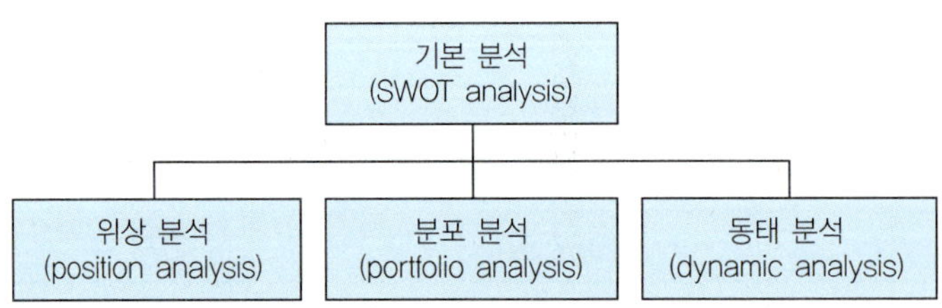

[그림 3-5] 기업차원 전략 분석의 틀

(1) 기본 분석: SWOT(TOWS) 분석

전략 분석 하면 가장 먼저 떠오르고 실제로 가장 자주 수행되는 분석이 SWOT 분석이다. SWOT 분석은 전략 분석의 출발점이자 기본이 되는 분석으로, 모든 전략 수립에서 반드시 그리고 가장 먼저 수행되는 작업이다. SWOT는 영어의 Strength, Weakness, Opportunity, Threat 앞 단어를 딴 이름으로(거꾸로 하면 TOWS), 기업내부의 강점과 약점, 외부환경의 기회와 위협 요인을 종합적으로 분석한다는 것을 뜻한다. 따라서 SWOT 분석을 위해 수집한 기업 내부 및 외부의 관련 정보와 SWOT 분석을 통해 도출된 기본적 전략 방향과 지침은 후속적으로 이루어지는 다양한 세부 전략의 수립에도 활용된다.

SWOT 분석의 과정은 크게 외부환경의 분석, 내부능력의 분석, 전략방향의 도출로 나눌 수 있으며, 구체적으로는 다음의 일곱 단계로 이루어진다.

1 단계: 기업 프로필 분석

서비스 기업의 전체적 프로필을 분석하는 단계로 업종, 시장 영역, 경쟁 상황, 최고경영층 능력과 비전 등의 기본 정보를 살펴본다.

2 단계: 외부환경 분석

서비스 비즈니스의 외부환경을 분석하는 단계로 시장 요인, 경쟁 요인, 경제 요인, 기술 요인, 사회 요인 등을 살펴본다.

3 단계: 기회-위협요인 도출

2 단계의 외부환경 분석을 토대로 기회(O) 요소와 위협(T) 요소를 도출하는 단계이다.

4 단계: 내부조건 분석

내부요인을 분석하는 단계로 마케팅 능력, 재무 능력, 연구개발 능력, 생산/물류 능력, 관리 능력 등을 살펴본다.

5 단계: 강점-약점요인 도출

4 단계의 내부요인 분석을 토대로 강점(S)과 약점(W)을 도출하는 단계이다.

6 단계: SWOT 매트릭스 도출

위의 단계를 종합하여 [그림 3-6]에 도시되어 있는 SWOT 매트릭스(SWOT Matrix)를 도출하는 단계이다. 이 매트릭스는 기회와 위협, 강점과 약점의 조합으로 이루어진 4가지 영역(cell)으로 구성된다.

7 단계: 전략 방향 제시

마지막으로 각 영역에 가장 적합한 전략 방향과 대안을 도출하는 단계이다. 구체적인 전략 방향과 지침은 서비스 시장의 환경과 경영시스템의 특성과 상황에 따라 달라지겠지만, 기본적인 전략 방향은 다음 네 가지로 요약된다. 첫째, 기회-강점의 영역에 대해서는 강점을 극대화하여 기회를 최대로 활용하는 Max-Max 전략을 수립한다. 둘째, 기회-약점의 영역에 대해서는 약점을 최소화하여 기회를 최대로 활용하는 Min-Max 전략을 수립한다. 셋째, 위협-강점의 영역에 대해서는 강점을 극대화하여 위협을 최소로 줄이는 Max-Min 전략을 수립한다. 넷째, 위협-약점의 영역에 대해서는 약점을 최소화하여 위협을 최소로 줄이는 Min-Min 전략을 수립하게 된다.

외부조건 \ 내부조건	강점	약점
기회	강점 : 기회 Max-Max 전략	약점 : 기회 Min-Max 전략
위협	강점 : 위협 Max-Min 전략	약점 : 위협 Min-Min 전략

[그림 3-6] SWOT 매트릭스

예를 들어 이미 보유하고 있는 오프라인의 브랜드 이미지가 뛰어나다는 강점(S)과 온라인 시장이 커지고 있다는 기회(O)를 결합하면, 기존의 오프라인 브랜드를 활용하여 온라인 비즈니스를 새로 시작하는 것이 하나의 전략적 대안이 될 수 있다. 여기서 주의할 것은 각각의 요소를 1:1로 결합하는 것만 생각할 필요가 없다는 점이다. 경우에 따라서는 강점이 되는 요소에서 두 가지, 기회가 되는 요소에서 세 가지, 거기다 위협이 되는 한 가지 요소를 묶어서 전략적 방향을 설정하고 대안을 도출하는 것이 더 종합적이고 실질적인 선택이 될 수 있다.

사 례 - 온라인 금융 서비스의 SWOT 분석

FINA사는 인터넷을 통해 금융 서비스(financial service)를 제공하는 회사이다. 비즈니스 모델은 다음의 몇 가지를 토대로 하고 있다. 먼저 게시판(bulletin board) 등을 통해 금융상품의 종류, 주식시장의 시황정보, 상장기업의 프로파일 등을 무료로 제공한다. 다음으로 금융상품의 거래를 알선하는 온라인 중개 서비스(online brokerage service)는 가입자(subscriber)들에게만 유료로 제공한다. 또한 광고주들을 유치하여 방문자(visitor)들의 웹사이트(web site) 방문횟수에 비례하여 광고료를 받는다.

이 회사의 전략기획팀은 새로운 경영전략의 수립을 위해 우선 SWOT 분석을 수행하기로 하고 다음과 같이 기본 정보를 정리하였다. 이 정보를 토대로 구체적인 SWOT 분석을 실시하고 전체적인 전략 방향을 도출할 차례이다.

내부 강점(Internal Strength)

- 웹디자인(web design) 기술의 비교우위
- 내부 솔루션(internal solutions) 강점
- 금융시장 및 금융서비스에 관한 풍부한 경험과 지식
- 거래 기술(trading knowledge)과 외부 네트워크의 강점

내부 약점(Internal Weakness)

- 영업인력(sales staff)의 부족
- 재무자원(financial resources)의 부족
- 상대적으로 취약한 브랜드

외부 기회(External Opportunity)

- 금융 서비스 온라인 시장의 확대

- 상대적으로 저렴한 마케팅 비용
- 거대한 국제금융 시장의 존재
- 인터넷 기업에 대한 외부 잠재투자자들의 증가

외부 위협(External Threat)

- 경쟁의 심화
- 경기침체에 대한 우려
- 유료 서비스 발굴의 어려움
- 인터넷 보안 기술과 시설의 취약

(2) 위상 분석: position 분석

기본 분석을 마친 다음에 수행하는 전략 분석으로는 위상 분석을 들 수 있다. 위상 분석은 분석과 조사의 대상이 되는 중요한 요인들에 대해서, 우리 기업이나 우리 서비스 비즈니스가 다른 기업이나 다른 서비스와 비교하여 상대적으로 어떤 위상(position)을 차지하고 있는지, 어느 영역(area)에 존재하고 있는지를 살펴보는 관점이다.

위상 분석의 목적과 용도는 크게 두 가지로 요약할 수 있다. 첫째는 우리 기업(서비스)의 상대적 경쟁력을 파악하는 일이다. 상대비교의 핵심이 되는 요인을 기준으로, 여타 기업(서비스) 특히 경쟁 기업(서비스)과 비교한 우리 기업(서비스)의 위치가 어디에 있는지를 알아보는 것이 중요한 목적이다. 둘째, 벤치마킹(benchmarking)을 통해 앞으로 나아가야 할 방향과 거리를 결정하는 일이다. 서비스 시장을 선도하거나 서비스 기술이 뛰어난 기업이 서비스 시장 위의 어느 위치에 있으며, 앞으로 그 위치로 발전하기 위해서는 어느 경로를 통해 이동할 것인지를 정하는 것도 중요한 목적이다.

실무적으로 위상 분석을 수행하는 과정을 한 가지 방식이나 절차로 정형화하기는 어렵다. 그러나 크게 다음 네 가지 단계로 이루어지는 것이 일반적이다.

1 단계: 요인의 선정

첫 번째 단계는 분석대상이 되는 핵심 요인을 선정하는 일이다. 핵심 요인은 분석의 목적이나 대상에 따라 달라진다. 예를 들어 온라인 게임 서비스 시장을 분석하는 경우라면 경제성(서비스 비용), 편의성(웹사이트 디자인과 안정성), 콘텐츠(게임의 종류와 서비스 품질) 등이 중요한 요인이 될 수 있다.

2 단계: 격자/매트릭스 구성

두 번째 단계는 여러 가지 핵심 요인들 가운데 두 가지 요인(특성)을 선정하여, 이 두 요인을 축으로 하는 격자(grid)나 매트릭스(matrix)를 구성하는 일이다. 위에서 예를 들었던 온라인 서비스 시장의 경우로 돌아가 보자. 여기서 경제성을 X 축으로 하고 편의성을 Y 축으로 하면 두 요인을 두 축으로 하는 격자(grid)가 그려질 수 있다. 이 격자나 매트릭스는 분석 대상의 상대적 위치를 표현하는 지도(map)의 역할을 하게 된다.

3 단계: 매핑

세 번째 단계는 실제로 우리 기업(서비스)과 비교대상이 되는 다른 기업(서비스)들의 수준을 측정하여 위의 격자 위에 각각의 위상을 표시하는 매핑(mapping) 작업을 수행하는 일이다. 이렇게 그려진 지도를 위상 지도 또는 포지션 맵(position map)이라고 부른다.

4 단계: 전략방향 제시

마지막 단계는 우리 기업(서비스)의 상대적 위상을 파악하고, 현재의 위상에서 앞으로 어느 위상으로 어떻게 이동할 것인가를 결정하는 일이다. 예를 들어 가능한 이동경로(path)가 일직선으로 움직일 수도 있고, 위쪽으로 돌아갈 수도 있고, 아래쪽으로 돌아갈 수도 있을 때 어느 길로 이동하는 전략적 선택을 할 것인가를 결정하는 것이 중요한 과제가 된다.

[그림 3-7]에 도시되어 있는 것처럼, 어떤 서비스에 대해 첫 번째 특성이 높고 낮음, 두 번째 특성이 높고 낮음을 기준으로 격자를 구성한 후, 자사 서비스와 경쟁 서비스 1, 2, 3의 상대적 위상을 그려보면, 우리 기업과 다른 기업들이 시장에서 어떤 위치에 놓여있는지를 알 수 있다.

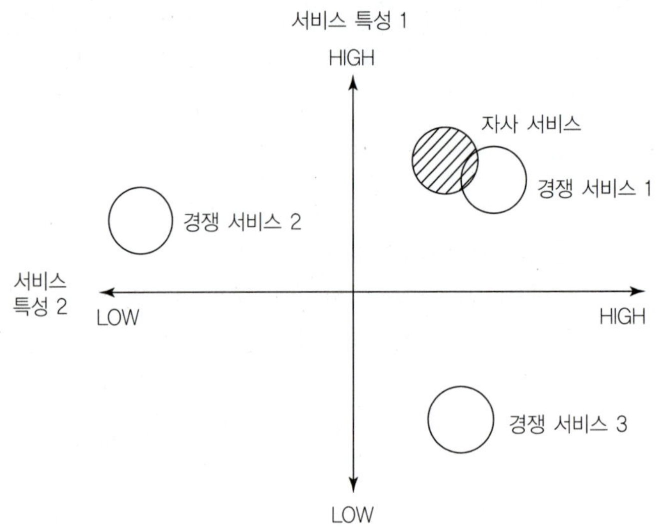

[그림 3-7] 위상 지도의 예시

위상 분석의 실무에서 가장 중요하고 어려운 일은 앞의 1 단계에서 어떻게 핵심적인 요인을 파악하고 선정할 것인가 하는 문제이다. 이 문제가 중요한 이유는 전략적으로 가장 유용하고 가치 있는 요인, 차원(dimension)이 제시되어야만 그 다음의 분석 결과가 의미를 가질 수 있기 때문이다. 더구나 대부분의 위상 분석은 2차원(two-dimensional)의 공간 위에서 자사 서비스와 경쟁 서비스의 위상을 비교하기 때문에 두 가지 요인, 차원을 찾아내는 것이 필수적이다.

그렇다고 분석의 초점이 되는 요인을 찾아내는 방법이나 기준이 따로 정해져 있는 것은 아니다. 핵심적 요인은 시장마다 다르고 시점마다 다르고 때로는 지역마다 다르기 때문이다. 그러나 실무에서 자주 사용되는 방법들을 정리해 보면, 크게 직관적 방법과 체계적(정량적) 방법으로 나눌 수 있다.

우선 직관적(intuitive) 방법은 실제로 가장 자주 사용되는 접근으로, 전략 분석에 참여하고 있는 전문가들이 직관이나 경험을 토대로 요인을 결정하는 방법이다. 앞의 예로 다시 돌아가 보면 온라인 게임 서비스의 경우 경제성, 편의성, 콘텐츠 등이 핵심 요인이 된다는 것은 직관적으로도 쉽게 알 수 있다. 따라서 경제성과 편의성을 두 축으로 하거나 편의성과 콘텐츠를 두 축으로 하여 격자를 그릴 수 있다. 이 방법은 쉽고 간단하지만 동시에 객관적, 과학적 근거가 취약하고 분석의 범위가 제한적이라는 단점을 안고 있다.

다음으로 체계적(systematic) 또는 정량적(quantitative) 방법은 전문가들의 인터뷰나 토론, 대규모 설문조사(survey) 등을 통해 데이터베이스를 만든 다음 여러 가지 통계적 분석 기법을 사용하여 요인을 도출하거나 차원을 설정하는 방법이다. 여기에도 다양한 방법들을 사용할 수 있지만 대표적인 방법인 요인 분석과 다차원 척도법을 간략히 살펴보기로 하자.

설명의 편의를 위해 하나의 예제를 들어보자. 한 항공사가 경영전략의 수립과 신 서비스 개발 아이디어의 도출을 위해 주요 서비스 속성에 대한 고객들의 중요도 조사를 실시하였다. 서비스의 속성으로는 친절도, 복장, 고객 응대 등의 열 가지를 선정하였고, 200명의 고객들을 대상으로 각 속성에 대한 중요도를 1점(전혀 중요하지 않다)에서 5점(매우 중요하다)까지의 5점 척도로 평가하도록 하였다. 〈표 3-3〉은 설문조사의 결과를 보여주고 있다. 지금부터 할 일은 이 정보를 토대로 위상 지도를 그리는 것이다.

〈표 3-3〉 서비스 속성 중요도 조사결과표

고객	친절도	복장	고객 응대	기내 서비스	기내 쾌적성	좌석 편안함	서비스 정확성	서비스 신속성	변경 용이성	서비스 안정성
1	5	1	4	2	2	1	2	4	5	5
2	4	2	4	1	1	2	2	4	4	5
3	1	4	2	4	4	5	4	2	1	2
4	2	5	2	4	5	5	5	2	2	2
5	2	5	5	3	4	4	5	1	2	5
·										
·										
100	5	2	5	1	2	2	3	4	5	5

가. 요인 분석

요인 분석(Factor Analysis: FA)은 변수들의 수가 너무 많을 때, 변수들의 수를 줄이는데 사용되는 다변량 통계분석(multi-variate statistical analysis) 기법의 하나이다. 요인 분석의 기본 아이디어는 변수들간의 상관 관계를 측정하여 상관성이 높은 변수들을 모아서 하나의 요인(factor)으로 묶는 데 있다. 만일 변수가 20개라고 하면, 그중에는 상관 관계가 높은 변수들도 있고 거의 없는 변수들도 있을 것이다. 예를 들어 인간의 특성을 20가지의 변수들로 표현하는 경우, 선 키, 앉은 키, 팔 길이 등과 같이 사람의 몸을 나타내는 변수들은 서로 밀접하게 관련되어 있고, 지능지수, 수리능력, 학업성취도 등과 같이 사람의 두뇌를 나타내는 변수들은 또 자기들끼리 깊이 관련되어 있을 가능성이 높다. 이때, 상관성이 높은 변수들끼리 묶어서 신체요인, 두뇌요인 등의 5개의 요인으로 줄일 수 있다면, 20개의 변수들을 그대로 두고 분석하는 것보다 5개의 요인을 새로운 변수들로 간주하여 분석하는 것이 훨씬 용이할 것이다.

수리적으로 보면, 아래의 식과 같이 각각의 요인(F_i)은 기존 변수(x_i)들의 선형결합(linear combination)으로 이루어지는 새로운 변수가 된다.

$$F_i = a_1 x_1 + a_2 x_2 + \cdots + a_n x_n$$

위 식에서 각 변수의 계수(a_i)를 요인 적재량(factor loading)이라고 부른다. 요인 적재량은 각 변수와 요인간의 상관 관계를 나타낸다. 만일 이 값이 크면 변수와 요인간의 상관성이 높은 것이고 작으면 상관성이 낮다는 의미이다. 따라서 각 요인에 대해 적재량이 높은 변수들만을 남기고 나머지 변수들을 제외하면, 남은 변수들로 구성되는 하나의 요인이 만들어지는 것이다. 예를 들어 변수가 다섯 개인 경우, F_1과 F_2가 다음과 같다고 하자.

$$F_1 = 0.855x_1 + 0.8321x_2 + 0.9123x_3 + 0.2314x_4 + 0.1873x_5$$
$$F_2 = 0.3125x_1 + 0.2367x_2 + 0.4005x_3 + 0.8525x_4 + 0.7908x_5$$

각 변수들의 요인 적재량을 보면, 첫 번째 요인은 처음 세 변수의 적재량이 높은 반면 마지막 두 변수의 적재량은 아주 낮다. 반대로 두 번째 요인을 보면 처음 세 변수의 적재량은 낮은 반면, 끝의 두 변수의 적재량은 매우 높다. 따라서 첫 번째 요인 F_1은 요인 적재량이 높은 x_1, x_2, x_3을 포함하게 되고, 두 번째 요인 F_2는 요인 적재량이 높은 x_4, x_5를 포함하게 된다. 이렇게 함으로써 두 개의 요인이 만들어지게 된다. 즉 원래의 5개의 변수가 2개의 요인으로 줄어들게 된 것이다.

위의 예제를 다시 살펴보자. 이 문제는 변수가 10개인 경우이다. 모든 변수를 쌍(pair)으로 묶어 위상 분석을 위한 격자를 구성하기에는 변수의 수가 너무 많다. 따라서 먼저 요인 분석을 실시하였다. 요인 분석의 결과, 친절도, 복장, 고객 응대의 세 변수가 하나의 요인으로 묶이고, 기내 서비스, 기내 쾌적함, 좌석 편안함이 또 하나의 요인으로 묶이고, 정확성, 신속성, 변경용이성, 안정성이 마지막의 요인으로 묶이는 것으로 나타났다. 따라서 3개의 요인이 추출되었다. 이제는 각 요인에 대해 적당한 이름을 붙일 차례이다. 각 요인의 특성을 살펴본 결과, 첫 번째 요인은 인적 서비스, 두 번째 요인은 물적 서비스, 세 번째 요인은 운영체계로 부를 수 있다. 결국 위상 분석에 사용할 수 있는 핵심적 요인을 인적 서비스, 물적 서비스, 운영체계로 요약할 수 있는 것이다.

요인 분석을 토대로 인적 서비스, 물적 서비스, 운영체계의 세 요인 중 두 요인을 이용하여 2차원의 위상 지도를 그린 후, 각 고객을 측정값에 따라 지도 위의 적절한 위치에 배치시킬 수 있다.

나. 다차원 척도법

다차원 척도법(Multi-Dimensional Scaling: MDS)도 여러 차원(변수)으로 측정된 관찰 대상들의 복잡한 관계를 2차원 혹은 3차원 공간으로 시각화하여 주는 통계적 기법이다. 만일 변수가 n개라면 각각의 대상은 n차원 공간 위에 위치하게 된다. 하지만 n차원 공간을 시각적으로 표현할 방법은 없다. 다시 말해 두 개의 대상이 있을 때 이들이 얼마나 멀리 떨어져 있는지 아니면 얼마나 가까이 있는지를 보여줄 길이 없는 것이다. 유일한 방법은 n차원 공간에 있는 두 점을 2차원 공간으로 옮기는 수밖에 없다.

다차원 척도법의 기본 아이디어는 원래의 다차원 공간에서 측정한 관찰대상간의 거리(distance)가 2차원 내지 3차원 공간으로 줄어든 후에도 여전히 의미가 있도록 하는 데 있다. 즉 원래의 다차원 공간에서 두 대상이 가졌던 거리가 이차원 공간에서도 최대한 유지되도록 만들어야 한다. 이를 수리적으로 설명하면, p-차원의 공간에서 나타나는 개체간의 거리 d_{ij}와 차원이 축소된 k-차원의 공간에서의 거리 δ_{ij}가 최대한 서로 일치되도록 하는 것이다. 두 거리, d_{ij}와 δ_{ij}의 차이를 스트레스 값(stress value)이라고 부르는데, 다차원 척도법은 이 스트레스 값을 최소화하는 방법이라고 요약할 수 있다.

위의 예제로 돌아가 보자. 주어진 변수가 10개이므로 먼저 10차원 공간에서 각 고객간의 차이(거리)를 측정한다. 예를 들어 고객 1과 고객 2 사이에 반응이 같거나 유사한 변수가 많으면 거리가 짧은 것이 되고 적으면 거리가 멀어지는 것이다. 모든 고객들간의 거리를 각 셀(cell)에 표시하면, 하나의 매트릭스 형태로 나타낼 수 있다.

다음의 과제는 변수의 수, 분석 차원의 수를 축소하는 일이다. 이 작업은 위의 요인 분석에서처럼 많은 수의 변수를 적은 수의 요인으로 줄이는 것과 같은 아이디어이다. 차원의 수가 늘어나면 각 개체들의 위치를 보다 정확하게 정할 수 있는 반면, 분석자의 인지 능력이 떨어지게 된다. 이 관계를 앞에서 말한 스트레스 값으로 설명하면 차원의 수가 늘어날수록 스트레스 값은 내려가고, 줄어들수록 스트레스 값은 올라간다. 따라서 스트레스 값의 변화율을 보면서 그 값이 큰 폭으로 변화하는 수준에서 차원의 수를 정하는 것이 좋다. 물론 2차원 공간의 지도로 그리기 위해서는 스트레스 값이 다소 높다고 하더라도 차원의 수를 2로 줄여야 한다.

위에서 설명한 모든 작업은 SAS나 SPSS와 같은 대부분의 통계 소프트웨어를 이용하여 수행할 수 있다. [그림 3-8]은 위의 예제에 대한 2차원의 위상 지도를 보여주고 있다. 만일 주어진 예제에서 조사대상을 고객이 아니라 경쟁기업으로 하면 보다 유용한 전략 분석의 정보를 얻을 수 있을 것이다.

그러나 다차원 척도법에서 유의할 점은 차원의 방향이 아무런 의미를 가지지 않으며 단지 형상만이 의미를 가진다는 점이다. 고객들의 상대적 위치가 어떻게 다른지는 알 수 있지만 어떤 요인의 차이 때문에 위치가 달라지는지는 알 수 없다는 것이다. 따라서 주어진 차원에 대한 구체적이고 실질적인 의미를 해석하기 위해서는 원래의 자료를 세심하게 검토하여야 한다.

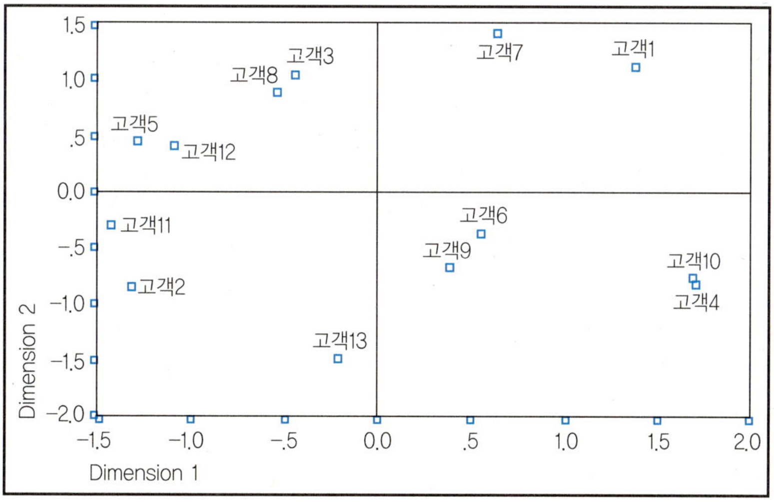

[그림 3-8] MDS에 의한 2차원 위상 지도의 예시

(3) 분포 분석: portfolio 분석

위상 분석과 유사한 성격을 보이지만 실제로는 상당히 다른 성격과 목적의 분석으로 분포 분석을 들 수 있다. 분포 분석은 기업이 현재 수행하고 있는 경영 과제와 미래에 수행할 과제들이 전체적으로 어떻게 분포되어 있는가를 살펴보는 분석이다. 따라서 다른 용어로는 흔히 포트폴리오(portfolio) 분석이라고 불린다.

분포 분석의 목적과 용도는 크게 두 가지로 요약할 수 있다. 첫째는, 기업이 보유 내지 운영하고 있는 서비스 라인이나 서비스 비즈니스 내용이 얼마나 균형적으로 구성되어 있는가를 알 수 있는 분포도를 작성하는 일이다. 포트폴리오 그림을 보면 전체적인 구성을 한눈에 파악할 수 있다. 둘째는, 현재의 포트폴리오를 개선 내지 조정할 수 있는 전략적 방향과 구체적 비율을 결정하는 일이다. 어느 부분의 비중을 얼마나 늘린다거나 반대로 얼마나 줄임으로써, 전체적인 포트폴리오를 어떻게 바꿀 것인가를 결정하는데 필요한 기본 정보를 얻을 수 있는 것이다.

포트폴리오를 분석하는 대상은 분석의 목적에 따라 다양하게 설정될 수 있다. 제조업의 경우라면 제품(사업)이 대상이 될 수도 있고, 기술(R&D 프로젝트)이 대상이 될 수도 있다. 다양한 종류의 서비스를 제공하는 기업의 경우라면 서비스 유형이 대상이 된다. 전체적 분포도를 매트릭스(matrix)나 지도(map) 형태로 도시할 때, 분포도 위에 나타난 동그라미들이 각각의 서비스 비즈니스를 의미한다. 동그라미의 크기를 달리함으로써 서비스 비즈니스의 매출액, 자원투입, 투자비용 등의 차이를 시각화할 수도 있다.

분포 분석 가운데 가장 오랫동안 사용되어 이제는 교과서적 표준이 된 것이 이른바 BCG 매트릭스이다. 미국의 컨설팅 회사인 Boston Consulting Group(BCG)이 제안하여 유명해진 이 매트릭스는 [그림 3-9]에 나타나 있는 것처럼, 시장 성장율(성장성)과 시장 점유율(경쟁력)을 두 축으로 하는 매트릭스 위에 그 기업이 수행하고 있는 서비스 사업부(SBU)들이 어떻게 분포되어 있는가를 분석하는데 이용된다.

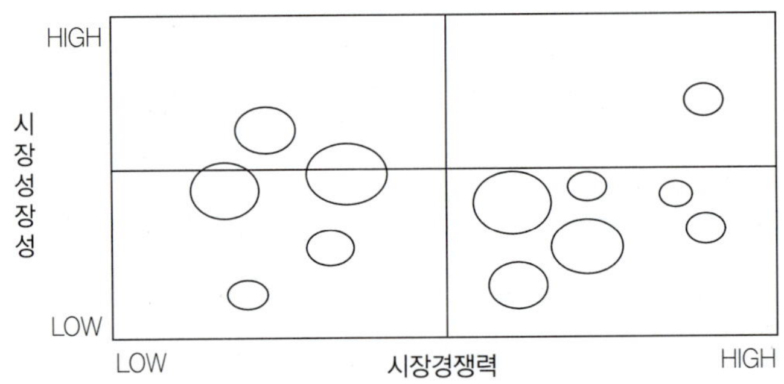

[그림 3-9] 서비스(사업) BCG 포트폴리오 매트릭스의 예시

BCG 매트릭스를 토대로 분포분석을 수행하는 절차를 다음의 몇 단계로 나누어 살펴보자.

1 단계: 요인의 선정

위상 분석과 마찬가지로 첫 번째 단계는 분석대상이 되는 핵심 요인을 선정하는 일이다. 핵심 요인은 물론 분석의 목적이나 대상에 따라 달라진다. [그림 3-10]의 BCG 매트릭스에서 볼 수 있는 것처럼, 미래를 의미하는 시장의 성장성과 현실을 뜻하는 시장의 점유율은 요인을 구성하는 좋은 예로 들 수 있다.

2 단계: 매트릭스 구성

두 번째 단계는, 두 가지 요인(특성)을 선정하여 이 두 요인을 축으로 하는 매트릭스를 구성하는 일이다. 예를 들어, 성장성을 열(column)로 하고 점유율을 행(row)으로 하면 하나의 매트릭스가 구성되고, 이를 각각 높음(high), 낮음(low)으로 나누면 다시 2×2의 4분면(cell)으로 세분할 수 있다. [그림 3-10]에 도시되어 있는 것처럼, 각 분면은 특성도 다르고 의미도 다르다. BCG 분석에서는 흔히 성장성과 점유율이 모두 높은 분면을 'Star' 서비스, 잠재적 성장성은 높으나 점유율에 문제가 많은 분면을 'Problem Child' 서비스, 중장기적인 성장성은 이미 소진되었지만 현재의 점유율과 수익성이 높은 분면을 'Cash Cow' 서비스, 마지막으로 성장성과 수익성이 모두 낮은 분면을 'Dog' 서비스로 명명한다.

3 단계: 매핑

세 번째 단계는, 분석 대상이 되는 개별 서비스나 기술의 수준을 측정하여 매트릭스 위의 적절한 위치에 배치시키는 매핑(mapping) 작업을 통해 분포도를 만드는 일이다. 일단 분포도가 작성되면, 현재의 포트폴리오에 대해 전반적인 평가를 할 수 있다. 분포도의 좋고 나쁨에 대해 절대적인 기준을 말할 수는 없지만, 가장 바람직한 구조는 현재의 수익성이 좋은 Cash Cow 분면과 미래의 잠재적 수익원이 되는 Star 분면에 많은 서비스 사업부가 배치되어 있는 형태이다. 반대로

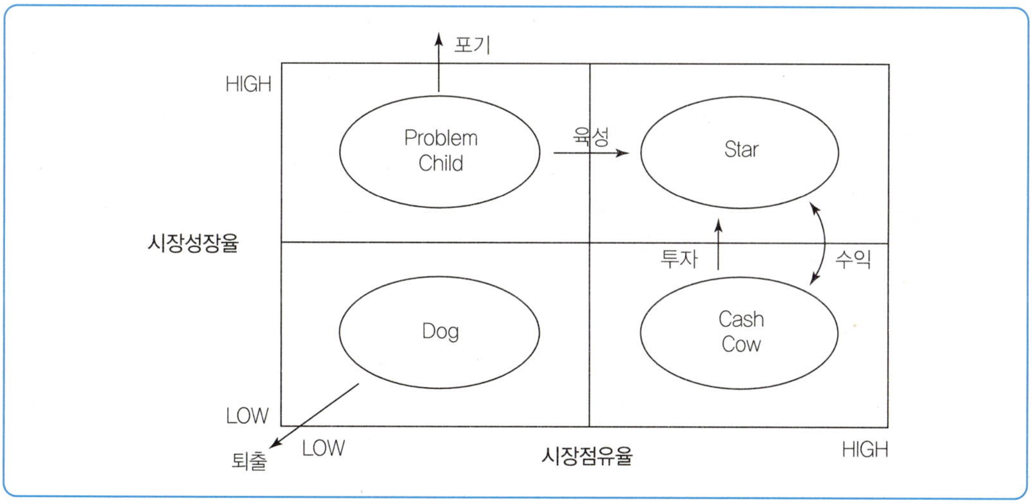

[그림 3-10] 서비스(사업) 포트폴리오 매트릭스의 예시

Star 분면과 Dog 분면에만 서비스들이 집중되어 있으면 문제가 많은 포트폴리오라고 할 수 있다. 예를 들어 [그림 3-9]에 나타나 있는 형태는 전체적으로 Cash Cow가 많아서 긍정적인 반면, Dog은 많지만 미래의 성장 동력이 되는 Star 서비스는 거의 없어서 상당한 문제를 안고 있는 것으로 평가할 수 있다.

4 단계: 전략방향 제시

다른 분석과 마찬가지로 마지막 단계는 포트폴리오를 개선 내지 조정할 수 있는 전략적 방향과 대안을 도출하는 일이다. 구체적인 실천전략은 달라질 수 있지만 기본적인 원칙과 지침은 다음과 같다. 우선 아무 쓸모가 없는 Dog 서비스는 가능한 한 빠른 시간에 철수시키고, Problem Child 서비스는 포기하든지 아니면 Star로 키우든지 선택의 결정을 해야 한다. 한편 Cash Cow 서비스에서 벌어들이는 현금은 Star의 육성에 투자하고, 동시에 Star 서비스는 빠른 시간 내에 Cash Cow가 될 수 있도록 관리함으로써 지속적인 '선순환' 구조를 만들어야 한다.

포트폴리오 분석은 분석 대상과 분석 요인을 바꾸어 가면서 다양하게 수행할 수 있다. 앞의 BCG 매트릭스는 서비스 사업부를 대상으로 하였지만, 유사한 분석을 보유하고 있는 서비스 기술을 대상으로 할 수도 있다. 예를 들어 서비스 기술의 경쟁력과 성장성을 양축으로 하는 포트폴리오 매트릭스가 [그림 3-11]에 도시되어 있다.

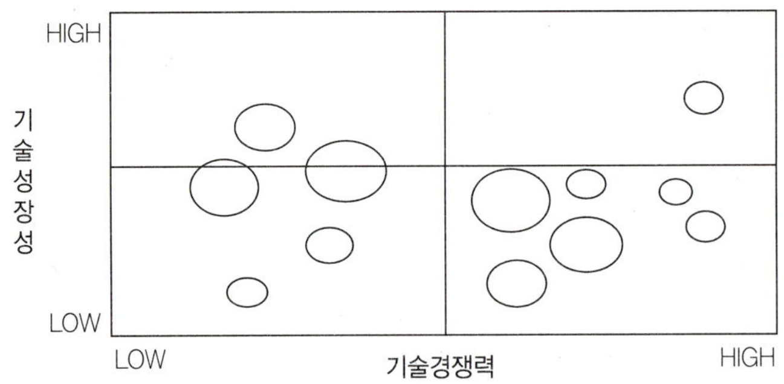

[그림 3-11] 서비스 기술 포트폴리오 매트릭스의 예시

분포 분석의 실무에서 가장 어려운 일은 앞의 2단계에서 각 요인의 수준을 높다(high), 낮다(low)로 나누는 작업이다. 도대체 어디를 기준으로 높고 낮음을 결정할 것인지 그 기준이 애매한 것이다. HIGH와 LOW를 결정하는 기준은 주관적인 문제이기 때문에 일률적으로 정할 수는 없지만, 분석 요인의 성격이 절대적 크기를 가리키는 것인지 상대적 크기를 가리키는 것인지에 따라 서로 다른 기준과 방식을 적용해야 한다는 점은 유의하여야 한다. 좀 더 구체적인 지침을 알아보자.

– 절대 크기의 요인

분석 요인의 수준을 절대적 크기의 값으로 측정할 수 있는 경우에는, 전체의 평균(average)을 기준치로 해서 높으면 HIGH, 낮으면 LOW로 나누는 기준을 적용할 수 있다. BCG 매트릭스에서 시장의 성장성은 모든 기업이나 서비스에 대해 그 값을 바로 계산할 수 있는 절대 크기의 값이다. 따라서 해당산업이나 시장 전체의 성장률을 기준치로 하여 산업평균보다 높으면 HIGH, 낮으면 LOW로 하면 된다. 예를 들어 분석 대상 사업의 평균 성장률이 15%인데 비해 시장(산업) 전체의 평균이 10%라면, 이 사업의 성장성은 HIGH 영역에 위치하게 된다. 이 과정을 좀 더 자세히 설명하면 다음과 같다.

1 단계: 성장성 지표의 정의

- 시장성장성 = [(금년도 매출액 – 전년도 매출액) / 전년도 매출액]×100 %

2 단계: 양분점(cut-off point) 결정

- 양분점은 시장(산업) 평균 성장률 또는 GNP(GDP) 성장률
- 1 단계에서 측정한 시장성장성이 양분점보다 크면 HIGH, 작으면 LOW로 판정

– 상대 크기의 요인

분석 요인의 값이 상대적 비교의 의미를 지니는 경우에는 HIGH-LOW를 나누는 기준과 방법이 간단치 않다. BCG 매트릭스의 예에서 시장점유율은 상대적 크기의 개념이다. 예를 들어 어느 서비스 사업의 시장 점유율이 20%라고 하면, 다른 기업(사업)들과 비교했을 때 점유율이 높다고 할 수도 있고 낮다고 할 수도 있다. 따라서 이 경우에는 시장의 최대 경쟁 기업을 기준으로 하여, 그 기업보다 점유율이 높으면 HIGH, 낮으면 LOW라고 하는 식의 접근을 해야 한다. 이 과정을

좀 더 자세히 설명하면 다음과 같다.

1 단계: 점유율 지표의 정의

- 시장점유율 = 금년도 매출액 / 금년도 최대 경쟁 기업의 매출액

2 단계: 양분점(cut-off point) 결정

- 양분점은 위의 시장점유율 1.5를 기준으로 설정
- 1 단계에서 측정한 시장점유율이 양분점보다 크면 HIGH, 작으면 LOW로 판정

위에서 양분점을 1.5로 설정한 것은 절대적인 기준은 아니다. 그러나 최대 경쟁기업과 비교하여 1.5배 이상의 점유율을 확보하고 있어야 진정한 의미에서 점유율이 높다고 할 수 있기 때문에 이 값을 사용하는 것이다. 여기에서 유의할 점은 시장 점유율 값은 상대적인 비율이기 때문에 로그 값(log scale)의 성격을 지닌다는 사실이다. 예를 들어 시장에서 선두를 달리고 있는 두 기업의 시장 점유율이 같다면 두 기업간의 점유율 비(比)는 1.0이 된다. 만일 어느 기업의 시장 점유율이 1위로 2위 기업보다 2배 더 높다면 점유율 비(比)는 2.0이 된다. 하지만 만일 점유율이 2위로서 1위 기업의 절반 밖에 안 된다면 점유율 비(比)는 0.5가 된다. 즉 1이라는 중간 값을 기준으로, 위로는 1.0의 차이가 나고 아래로는 0.5의 차이가 나는 log 값의 비율로 대칭이 되는 것이다.

(4) 동태 분석: dynamism 분석

지금까지 살펴본 분석의 차원들은 기본적으로 정해진 시점에서의 상황을 살펴보는 정태(static) 분석의 성격을 지니고 있다. 그러나 전략 분석의 차원은 시간의 흐름에 따라 상황이 어떻게 변해왔으며, 앞으로 어떻게 변할 것인가를 살펴보는 동태(dynamic) 분석도 매우 중요하다.

동태 분석은 시간의 흐름을 하나의 축으로 설정하고, 분석대상이 되는 요인의 상태가 시간의 흐름에 따라 어떻게 변화하고 있는지를 살펴보는 분석이다. 동태 분석은 크게 두 가지의 문제에 초점을 맞춘다. 첫째는 분석대상 요인의 변화방향과 변화율이다. 그 요인의 상태가 올라가고 있는지 아니면 내려가고 있는지, 또

어떤 비율로 변하고 있는지를 알아본다. 둘째는 분석대상 요인의 중장기적 성장성이나 경쟁력이다. 현재의 추세가 이어질 경우, 과연 우리 기업이 미래에도 발전하고 생존할 수 있는지를 예측하는 것이다.

동태 분석 역시 수행 과정이나 방식을 정형화하기는 어렵다. 그러나 어느 경우라고 하더라도 다음 두 가지의 단계는 반드시 포함되어야 한다.

1 단계: 시간(time horizon) 축의 결정

첫 번째 단계는 분석 시간의 축을 정하는 일이다. 우선 얼마나 오랜 기간(duration)을 다룰지, 다음으로는 얼마나 자주 분석할지(interval)를 결정해야 한다. 간단한 방법으로는 데이터의 수집이 가능한 기간을 통틀어 매년, 매월 등과 같이 일정한 간격으로 분석하는 접근을 생각할 수 있다. 그러나 전략 분석에 자주 사용되는 다른 접근은 도입(introduction)-성장(growth)-성숙(maturation)-쇠퇴(declining)라는 수명주기(life cycle) 개념을 도입하는 것이다. 수명주기 개념은 원래 제품에서 나온 것이다. 그러나 서비스의 경우도 분명히 수명주기가 존재하기 때문에 같은 기준에서 분석할 수 있다.

2 단계: 분석 요인의 결정

두 번째 단계는 핵심적인 분석 요인을 결정하는 일이다. 물론 분석 요인은 분석의 목적이나 성격에 따라 달라진다. 또 한 가지 요인만을 대상으로 하지 않고 다양한 요인들을 바꿔가면서 분석의 범위와 종류를 다양화할 수도 있다.

분석의 시간 축과 분석 요인이 결정되면 이 두 가지를 축으로 하여 구체적인 분석의 형태가 결정된다. 실무에 있어 양축을 어떻게 배치하느냐에 따라 매트릭스 형태의 분석을 할 수도 있고, 그래프 형태의 분석을 할 수도 있다.

– 동태적 경쟁력 분석

예를 들어 [그림 3-12]는 도입, 성장, 성숙, 쇠퇴 네 단계의 수명주기를 한 축으로 하고, 다른 축은 경쟁력을 분석요인으로 하는 매트릭스를 보여주고 있다. 따라서 이 매트릭스는 수명주기의 축을 통해 동태 분석을, 경쟁력의 축을 통해 포트폴리오 분석을 결합한 것임을 알 수 있다.

우선 우리 기업이 제공하고 있는 서비스들을 4×4의 16분면 가운데 가장 적합한 분면에 배치한 후, 각 분면의 매출 비중(%)을 계측한다. 직관적으로 보아도, 거의 모든 서비스들이 수명주기 상에서 성숙기 내지 쇠퇴기에 몰려 있어 미래의 경쟁력이 우려되는 상황임을 알 수 있다.

수명주기 (단위: %)

		도입	성장	성숙	쇠퇴
기술경쟁력	매우 강		1.9		30.7
	강		3.0	16.7	10.3
	보통	3.5	8.0	10.8	
	약	4.7	4.5	5.3	

[그림 3-12] 수명주기 포트폴리오 매트릭스

다른 형태의 매트릭스로, 시간 축을 기간(period)으로 하고 분석 대상을 서비스 개발 프로젝트로 설정한 예를 살펴보자. [그림 3-13]에 제시되어 있는 것처럼 시간 축은 1년 미만의 단기, 2~3년의 중기, 3년 이상의 장기로 나뉘어져 있고, 다른 축은 개발비로서 1억 원 이하의 소규모, 1억~3억 원의 중규모, 3억 원 이상의 대규모로 구분된다. 그림에서 알 수 있듯이, 2/3의 프로젝트가 1년 이내의 단기 과제에 편중되어 있다(65%). 반면에 장기 프로젝트는 10%도 안 되는 실정으로

(단위 : %)

기간 / 규모	단기 (1년 미만)	중기 (2~3년)	장기 (3년 이상)	계
소규모	41	11	2	54
중규모	24	11	4	39
대규모	0	4	3	7
계	65	26	9	100

[그림 3-13] 서비스 개발 프로젝트 포트폴리오 매트릭스

미래의 경쟁력이 매우 취약해질 위험이 높다. 더구나 반 이상의 프로젝트가 소규모 과제여서 잠재적 파급 효과가 낮을 것으로 예상된다.

– 진입–퇴출 전략

동태 분석의 또 다른 주제로는 시장 진입(entry)–퇴출(exit) 전략을 들 수 있다. 진입–퇴출전략은 제품의 수명주기 상에서 어느 시점에 시장에 들어갈 것이며, 어느 시점에서 빠져나올 것인가를 결정하는 문제를 다룬다.

수명주기 상에서 진입과 퇴출의 시점을 결정하는 전략적 선택으로는 크게 조기 진입(enter early)–후기 퇴출(exit late), 조기 진입(enter early)–조기 퇴출(exit early), 후기 진입(enter late)–후기 퇴출(exit late)의 세 가지를 들 수 있다. 각각의 전략을 좀 더 자세히 알아보자.

가. 조기 진입(enter early)–후기 퇴출(exit late) 전략

이 전략은 수명주기 상의 도입기에 선도기업으로 시장에 진출하여 쇠퇴기까지 계속 시장에 남아있는 전략이다. 즉, 출발점에서 먼저 앞으로 뛰쳐나간 후 끝까지 선두그룹에 머무르는 전략을 말한다. 도입기에서부터 시장에 진입하기 위해서는 신서비스나 신기술을 개발하여 새로운 시장을 개척해 나가는 것이 필수적이다. 일단 선도기업으로 자리를 잡게 되면, 시간의 흐름에 따라 기업의 규모를 키우고 수명주기의 변화에 맞추어 끊임없는 서비스 혁신을 이루어야 한다.

이 전략의 장점으로는 브랜드 이미지를 확보할 수 있다는 점, 시장표준을 선도할 수 있다는 점, 서비스 개발이나 마케팅의 경험과 네트워크를 활용할 수 있다는 점 등을 들 수 있다. 그러나 수명주기의 변화에 따라 지속적으로 서비스 시스템을 바꾸는데 드는 전환비용(transition cost)이 크다는 단점이 있다.

나. 조기 진입(enter early)–조기 퇴출(exit early) 전략

이 전략은 수명주기 상의 도입기에 선도기업으로 시장에 진출한 후 초기시장의 선점효과가 없어지거나 줄어드는 성장기 후반 내지 성숙기 초반에 시장에서 빠져나오는 전략이다. 한 마디로 처음에 앞으로 뛰쳐나간 후 적당한 시점이 오면 바로 선두 그룹에서 빠져 나온 후 재빠르게 새로운 서비스를 준비한다는 것이다.

앞의 전략과 마찬가지로 도입기에 시장에 진입하기 위해서는 신서비스나 신기

술을 개발하여 새로운 시장을 개척해 나가는 것이 필수적이다. 그러나 성숙기로 접어들면 일단 기존 시장에서 빠져 나온 후, 기존 시장의 성장기 동안 확보한 수익을 토대로 새로운 기술과 서비스를 개발하여 신시장을 개척하는 방향으로 경영 방식과 사업내용을 전환하게 된다. 이 전략은 기술집약적인 벤처형 서비스 기업들이 주로 사용하는 전략이다.

이 전략의 장점은 무엇보다 신축성과 적응성에 있다. 또 수명주기의 변화에 대응하는 전환비용(transition cost)이 거의 없다는 점도 장점이다. 그러나 위험도와 불확실성이 크고, 기업의 성장과 서비스시장 확대에 따른 규모의 경제(economies of scale) 효과를 활용하기 어렵다는 단점이 있다.

다. 후기 진입(enter late)–후기 퇴출(exit late) 전략

이 전략은 수명주기 상의 성장기에 후발기업으로 시장에 진출한 후, 쇠퇴기까지 계속 시장에 남아있는 전략이다. 다시 말해 선도기업들이 앞에서 열심히 뛰는 것을 지켜보다가 시장이 충분히 커졌다는 판단이 들 때, 또 선도기업들의 힘이 빠졌다 싶을 때 전력을 다해 시장에 뛰어들면서 단번에 추월한다는 속셈이다. 남보다 늦은 성장기에 시장에 진입하기 위해서는 신서비스나 신기술보다는 강력한 가격 경쟁력과 마케팅 능력, 탄탄한 유통망, 풍부한 자금력 등이 필수적이다. 따라서 이 전략은 후발의 대기업이 기술집약적 중소기업이 이미 개척한 서비스 시장을 잠식할 때 주로 선택하는 전략이다.

이 전략의 가장 큰 장점은 시장의 불확실성이 낮다는 점이다. 이미 서비스의 수명주기는 성장기로 접어들었기 때문에 기술적, 시장적으로 위험성이 거의 없다. 그러나 대규모 초기투자(initial investment)가 필요하다는 점이 큰 단점으로 지적된다. 또 대외적으로 부정적인 기업 이미지를 안게 된다는 점도 부담으로 작용한다.

요약

1. 서비스를 고객에게 직접 판매하여 수익을 얻는 활동을 서비스 비즈니스라고 한다.
2. 성공적인 서비스 비즈니스를 위해서는 서비스 전략이 필요하고 서비스 전략의 수립을 위해서는 먼저 사전 분석이 선행되어야 한다.
3. 사전 분석에 주로 사용되어 온 분석의 틀은 크게 거시적 산업차원의 틀과 미시적 기업차원의 틀로 나눌 수 있다.
4. 거시적 산업차원에서 자주 이용되는 틀로 Five-force 모형이 있으며, 이는 산업조직을 다섯 개의 핵심요소 — 내부경쟁자, 잠재경쟁자, 공급자, 수요자, 대체품 — 로 설명한다.
5. 미시적 기업차원에서 이용할 수 있는 분석 틀에는 SWOT 분석, 위상 분석, 분포 분석, 동태 분석 등이 있다.
6. 기본적인 SWOT 분석(SWOT analysis)은 외부환경의 분석과 내부능력의 분석을 통해 향후 세부전략의 수립을 위한 기본 방향을 설정하기 위해 수행된다.
7. 위상 분석(position analysis)은 경쟁기업(서비스)과 비교한 자사(자체 서비스)의 상대적 경쟁력을 파악하고 벤치마킹 전략을 수립하기 위해 수행된다.
8. 분포 분석(portfolio analysis)은 현재 운영 중인 다양한 서비스 비즈니스가 얼마나 균형적으로 구성되어 있는지 파악하기 위해 수행된다.
9. 동태 분석(dynamism analysis)은 시간의 흐름에 따른 서비스 경쟁력의 변화를 분석하거나 서비스 시장의 진입-퇴출 전략을 수립하기 위해 수행된다.

핵심 키워드

- 서비스 비즈니스 전략
- 전략 분석의 틀
- 경쟁력과 경쟁우위
- Five-force 모형
- SWOT 분석(SWOT analysis)
- 위상 분석(position analysis)
- 분포 분석(portfolio analysis)
- 동태 분석(dynamism analysis)
- 매트릭스(matrix), 격자(grid), 지도(map)

연 습 문 제

개념형-이론형 문제

1. 서비스 비즈니스가 생겨난 배경에 대해 설명하고 제품 비즈니스와 서비스 비즈니스의 특성을 비교해 보자.

2. 서비스 비즈니스에 있어 전략 수립과 전략 분석의 중요성을 설명해 보자.

3. Five-force 분석에서 활용되는 다섯 가지 주요 핵심요소를 나열하고, 각 요소가 어떠한 특성을 가질 때 해당산업의 매력도가 높아지는지를 설명해 보자.

4. SWOT 분석의 내용과 순서를 주요 단계로 나누어 설명해 보자.

5. 위상 분석에서 통계적 분석 기법을 사용하여 분석대상 요인을 도출하는 방법들에 대해 설명해 보자.

6. 어느 시장에서 어느 기업(서비스)의 '성장성이 높다/낮다', '점유율이 높다/낮다'를 결정하는 기준에 대해 설명해 보자.

7. 시장 진입 및 퇴출에 관한 세 가지 기본전략을 설명하고, 각 전략의 장점과 단점을 비교해 보자.

8. 전략 분석에서 2차원(two-dimensional) 공간으로 표현할 수 있는 시각화 모양에는 어떤 것들이 있는지를 찾아보고, 시각화의 장점과 단점에 대해 토의해 보자.

탐구형-실습형 문제

9. 다음 서비스 산업 중 하나를 선택하여 Five-force 분석을 수행하고, 과거 10년 전과 비교하였을 때 해당 산업의 특성이 어떻게 달라졌는지를 분석해 보자.

   - 항공서비스, 교육서비스, 금융서비스

10. SWOT 분석의 궁극적인 목표는 기업 내부의 강점과 약점, 기업 외부의 기회와 위협을 분석하여 적절한 전략을 수립하는 것이다. 본문의 FINA 사례에서 SWOT 분석의 결과를 활용하여 해당 기업의 서비스 비즈니스 전략을 수립해 보자.

11. 이동통신(휴대전화) 서비스를 제공하는 A사는 자사의 주력 서비스가 경쟁사의 서비스와 비교하여 상대적으로 어떤 위상을 차지하고 있는지 분석하고자 한다. 이를 위해 시장-제품 격자를 작

성하기로 하고, 사전작업으로 자사의 주력 서비스와 주요 경쟁사의 서비스에 대한 고객 인지도를 다음 여섯 가지 관점에서 분석하였다.

	통화품질	휴대폰 단말기	지원 서비스	부가 서비스	지원설비	비용
자사서비스	상	중	중상	중	중상	상
경쟁서비스1	상	상	중하	중하	중하	중
경쟁서비스2	중하	상	상	상	상	중
경쟁서비스3	중	중	중	중하	중	하

(1) 이동통신 서비스의 경쟁력을 결정하는 가장 중요한 요인이라 생각하는 3가지를 선택하여 가능한 2차원의 시장-제품 격자(grid)를 작성해 보자. 각각의 격자 위에서 자사 서비스와 경쟁서비스들의 위상을 비교해 보자.

(2) 2차원 공간에서 위상 분석을 하기 위해서는 요인 분석이나 다차원 척도법을 이용하여 6개의 변수를 2~3개의 요인으로 묶어야 한다. SPSS, SAS 등의 통계 패키지를 활용하여 요인 분석을 실시한 후 위상 분석을 실시해 보자. (단, 분석을 위해 고객인지도에 다음과 같이 점수를 부여해 보자: 상-5점, 중상-4점, 중-3점, 중하- 2점, 하-1점.)

조사형-검색형 문제

12. Five-force 모형은 산업분석을 위해 가장 많이 활용되고 있는 모형이지만 다섯 개의 요소만으로 산업구조를 분석한다는 측면에서 한계점도 존재한다. 논문 검색 사이트인 http://scholr.ndsl.kr/index/do에 접속하여 Five-force 모형에 대한 2개 이상의 논문을 검색해서 읽어보고, 산업구조를 파악할 때 다섯 개 요소 이외에 어떤 요소가 포함될 수 있을지 조사해 보자.

13. 국내외의 다양한 SNS(Social Network Service)들을 조사한 후, 어떤 기준으로 SNS들의 상대적 차이를 비교할 수 있는지를 제시하고, 그 기준을 토대로 위상 분석을 수행하면 어떤 결과를 얻을 수 있는지를 토의해 보자.

14. 분포 분석은 분석대상과 분석요인에 따라 다양한 형태가 있을 수 있다. 실제 전략 분석에 분포 분석을 활용한 다양한 사례를 찾아보자. 특히 각 사례별로 분석요인의 수준(높다/낮다)을 결정하는 기준을 어떻게 적용하였는지 조사해 보자.

15. 시장 진입 및 퇴출에 관한 세 가지 기본전략과 관련하여, 각각의 전략이 사용된 대표적 서비스 사례들을 한 가지씩 발굴하여 각 사례들의 배경과 목적을 비교해 보자.

CHAPTER

04

서비스 전략의 수립

구성도

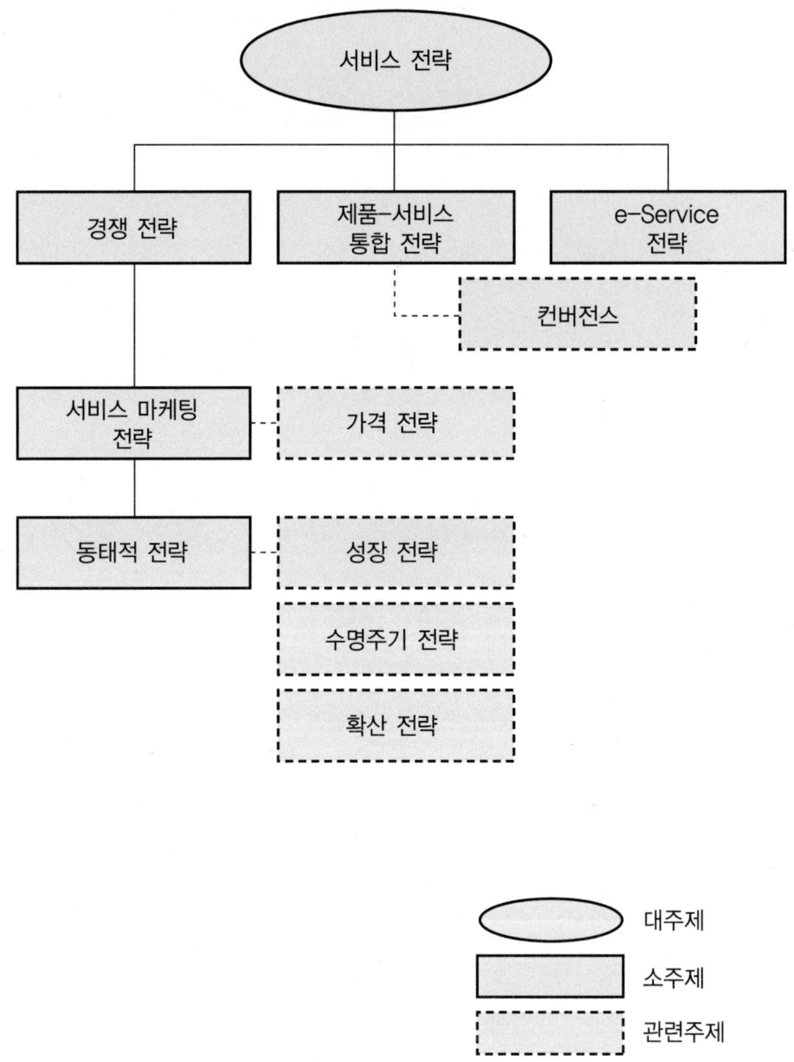

서비스 전략
경쟁 전략
제품-서비스 통합 전략
e-Service 전략
컨버전스
서비스 마케팅 전략
가격 전략
동태적 전략
성장 전략
수명주기 전략
확산 전략
대주제
소주제
관련주제

배경과 주요 내용

하나의 전략이 완성되기 위해서는 우선 누구를 대상으로 어떤 비즈니스를 할 것인지에 대한 의사 결정이 이루어져야 한다. 그 다음에는 보다 구체적이고 실천적인 행동 계획이 제시되어야 한다.

가장 먼저, 그리고 가장 기본적으로는 경쟁 전략을 세워야 한다. 경쟁을 위한 기본 전략으로, 원가우위 전략, 차별화 전략, 집중화 전략에 대해 알아본다.

이어서 경쟁 전략을 뒷받침하는 서비스 마케팅 전략을 살펴본다. 시장 조사와 소비자 분석을 바탕으로 오늘날 서비스 마케팅의 핵심이 되는 STP 전략의 수립과 4P의 마케팅 믹스 결정 과정을 다룬다. 서비스 가격 전략의 주요 유형도 알아본다.

시간의 흐름에 따라 시장 구조와 경쟁 환경은 변화하게 된다. 따라서 서비스가 시장에 출시된 이후 내부 조건과 외부 환경의 변화에 대응하는 동태적(dynamic) 전략도 필요하다. 구체적으로 지속적 성장 전략, 수명주기 전략, 확산 전략 등의 내용을 알아본다.

순수 서비스 비즈니스 전략과 함께 제조기업의 서비스화, 특히 제품-서비스의 통합(PSS) 전략도 중요한 의미를 갖는다. 제품과 서비스를 묶어서 기획하고 설계하는 전략의 배경과 사례에 대해 살펴본다.

서비스 전략의 패러다임에 근본적인 변화가 일어난 가장 큰 요인으로는 온라인 서비스의 등장이라고 할 수 있다. 기존의 오프라인 서비스를 뛰어넘는 온라인 서비스의 비중은 갈수록 커지고 있다. e-Service로 대변되는 온라인 방식의 서비스 전략은 전통적인 오프라인 방식의 서비스 전략과 매우 다르다. 따라서 e-Service 비즈니스 모델의 구조와 특성에 대해서도 자세히 살펴보기로 한다.

학습 목표

1. 서비스 전략의 기본 개념과 전체적인 틀을 이해한다.

2. 서비스 경쟁우위 전략인 원가우위 전략, 차별화 전략, 집중화 전략의 특징과 장단점을 비교하여 설명할 수 있다.
   - 실제 사례들을 하나씩 찾아 장단점을 비교해 본다.

3. 서비스 마케팅 전략의 기본개념을 이해하고 시장조사와 소비자 분석을 토대로 STP 전략을 수립하며 4P의 마케팅 믹스를 결정할 수 있다.
   - 사례를 하나 골라 위 과정을 실습해 본다.

4. 서비스 가격의 특성을 이해하고 가격 결정의 주요 요소를 토대로 가격 전략을 수립할 수 있다.

5. 서비스의 동태적 경쟁 전략인 지속적 성장 전략, 수명주기 전략, 확산 전략의 개념을 이해하고 이를 실제 사례에 적용해 본다.

6. 제품–서비스 통합 전략의 개념과 유형을 이해한다.
   - 제품–서비스 통합의 사례들을 조사하여 정리해 본다.

7. 온라인 서비스 전략의 등장 배경과 발전 과정을 이해한다.

8. e–Service 비즈니스 모형의 유형과 특성을 이해한다.
   - 실제 사례들이 어느 유형에 속하는지를 알아본다.

사례 - 애플(Apple)의 변신

Apple은 원래 컴퓨터 회사였다. 컴퓨터는 말 그대로 계산하는 '기계'이다. 하지만 오늘날 Apple을 컴퓨터라는 하드웨어를 만드는 제조업체라고 생각하는 사람은 별로 없다. 그 변신의 과정은 극적일 만큼 흥미진진하다.

변신의 시작: 새로운 사업 영역(domain)을 찾아서

PC 시장에서 Microsoft와 IBM이 주도한 개방형 플랫폼(Open Platform) 전략에 맞서 폐쇄적인 매킨토시 플랫폼(Macintosh Platform) 전략으로 경쟁한 싸움에 지면서 Apple은 존폐 위기에 처하게 된다. 당연히 생존을 위해 새로운 사업 영역을 찾아야 했다. 그리고 답은 '작지만 분명한 서비스'에 있었다. 그 당시 다른 대부분의 H/W 제조업체들은 모든 기능을 Handset 하나로 통합시키는 융합(convergence) 개념에 사로잡혀 있었다. 그러나 구원투수로 경영에 복귀한 Apple의 CEO 스티브 잡스는 과감하게 모바일(mobile) 기기의 분화(divergence)를 주장하며 음악을 보다 편리하게 듣는 서비스만을 지향하는 아이팟(iPod)을 출시하였다. 결과는 대성공이었고 Apple은 기사회생하였다.

변신의 한계: 좁은 시장을 넘어서 넓은 시장으로

그러나 곧 Apple은 또 다른 고민에 빠지게 된다. iPod의 MP3 플레이어 '서비스' 시장은 너무 좁아서 성장에 한계가 있었다. 돌파구는 작은 시장에서 얻은 경쟁력을 바탕으로 더 큰 시장으로 뛰어드는 것이었다. Apple은 iPod이 만들어낸 브랜드 이미지와 노하우를 기반으로, 훨씬 더 다양한 '서비스'를 제공할 수 있는 핸드셋(Handset) 시장으로의 진입을 결정하게 된다.

새로운 장벽: 전혀 다른 비즈니스 구조와 시장환경에 부딪쳐

그런데 Handset 시장은 iPod과는 시장환경이 전혀 달랐다. '서비스 망'을 보유하고 있는 이동통신사(Mobile Network Operator: MNO)의 영향력이 절대적이었던 것이다. Handset 사용에 필요한 서비스 애플리케이션도, 애플리케이션이 구동 가능한 플랫폼도 H/W 업체가 아닌 MNO의 플랫폼을 따라야 했다. 이러한 환경과 조건은 '서비스와 결합된 H/W'의 판매라는 Apple의 기본 전략과는 상반된 것이었다.

또 다른 도전: 새로운 패러다임을 만들어

이에 Apple은 혁신적 Handset 모델인 아이폰(iPhone)을 출시하면서 기존의 주종관계, 즉 MNO는 시키고 제조회사는 따라가는 계약구조를 과감히 파괴하는 전략을 취한다. H/W 제조업체 위에 군림하던 MNO를 그저 망(network)을 제공하는 사업자(Pipe Provider) 역할만 하는 파트너로 정의한 것이다. 물론 이 전략이 가능했던 것은 Macintosh와 iPod을 통해 만들어 놓은 확고한 브랜드 가치와 만만치 않은 Apple 매니아들이 있었기 때문이다.

비즈니스 모델의 혁명: 모두가 Win-Win하는 시장을 향해

먼저 Apple은 서비스 시장의 주인은 공급자가 아니라 사용자, '고객'이라고 생각하였다. 사용자들은 다양한 애플리케이션을 쉽게 그리고 싸게 이용하기를 원한다는 평범한 진리에 주목한 것이다. 해답은 다양한 '서비스 개발자'와 수많은 '서비스 이용자'가 만날 수 있는 오픈 마켓, 앱스토어(App Store)에 있었다. 한편으로는 수많은 애플리케이션을 올려 '서비스의 다양성'을 확보한다. 다른 한편으로는 PC와 iPhone을 연결하여 '하드웨어의 다양성'을 확대한다. 그러기 위해서는 모두의 참여가 필요했다. 우선 많은 '개발자'들이 돈을 벌 수 있는 길을 열어야만 했다. Apple은 판매된 금액의 70%를 개발자에게 제공하는 수익분배(revenue share) 모델을 도입한다. 'MNO'도 얻을 게 있어야 한다. Apple은 모바일 네트워크를 통해 다양한 애플리케이션을 이용하게 함으로써 iPhone 이용자의 통화료가 다른 폰 이용자보다 오히려 더 높아지게 하는 방식으로 MNO도 수혜자로 만들었다. 그러면 당사자인 Apple은 무엇을 얻는가? 오늘날 Handset 제조사들은 하드웨어 매출은 제자리인데 경쟁은 더욱 치열해지는 이중고를 겪고 있다. 이 와중에 Apple은 앱스토어의 운영을 통해 새로운 시장을 찾아내었다. 기존의 'H/W 시장'에다가 애플리케이션 판매라는 새로운 '서비스 시장'을 창출한 것이다. 제조업과 서비스업이 결합되면서 사용자-개발자-중개자 모두가 win-win할 수 있는 새로운 패러다임이 출현한 것이다.

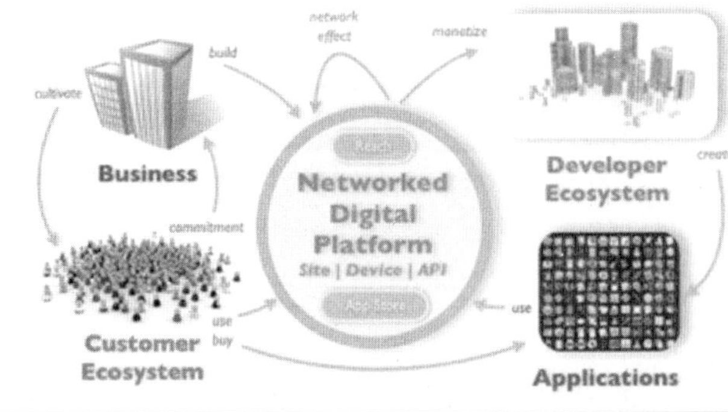

[그림 4-1] 애플 앱스토어 비즈니스 모델(출처: http://blogs.zdnet.com/Hinchcliffe)

04 서비스 전략의 수립

제1절 서비스 전략의 틀

앞 장에서 우리는 전략분석의 다양한 틀을 살펴보았다. 하지만 분석은 예비 단계에 불과한 것으로 그 자체로서 바로 전략이 될 수는 없다. 하나의 전략이 완성되기 위해서는 문제를 분석하는 작업을 넘어 보다 구체적이고 실천적인 행동 계획이 제시되어야 한다.

그렇다면 실제의 전략에는 무엇이 담겨야 할까? 여기에도 정답이 있을 수는 없다. 전략은 기업의 목표에 따라, 외부의 환경이나 조건에 따라 다양한 형태나 내용으로 제시될 수 있기 때문이다. 이 책에서는 [그림 4-2]에 도시된 틀(framework)을 따라 서비스 비즈니스 전략을 다루고자 한다.

먼저, 경쟁에서 살아남기 위해서는 어떤 경쟁 전략이 가장 기본적으로 필요한지를 알아본다. 본격적인 시장 경쟁은 마케팅 활동을 통해 이루어진다. 따라서 다음에는 경쟁 전략을 뒷받침하는 서비스 마케팅 전략을 살펴본다. 서비스 가격은 제품 가격과는 다른 특성을 지니기 때문에 가격 전략도 서비스 전략의 중요한 주제가 된다.

기술의 진보와 사회의 변화에 따라 경쟁조건과 시장환경은 늘 바뀌기 마련이다. 그러므로 시간의 흐름에 대응하는 동태적(dynamic) 전략에 대해 알아본다. 보다 구체적으로는 지속적 성장 전략, 수명주기 전략, 확산 전략 등을 다루게 된다.

순수 서비스 비즈니스 전략과 함께 제조기업의 서비스화, 특히 제품-서비스의 통합(PSS) 전략도 중요한 의미를 갖는다. 제품과 서비스를 묶어서 기획하고 설계하는 전략의 배경과 사례에 대해 살펴본다.

온라인 서비스의 등장은 서비스 전략의 패러다임이 근본적으로 변화하는 계기가 되었다. 실제로 오프라인 서비스와 비교하여 온라인 서비스의 비중이 갈수록 커지고 있는 추세이다. e-Service로 대변되는 온라인 방식의 서비스 전략은 전통적인 오프라인 방식의 서비스 전략과 다를 수밖에 없다. 따라서 e-Service 비즈니스 모델의 구조와 특성에 대해서도 자세히 살펴보기로 한다.

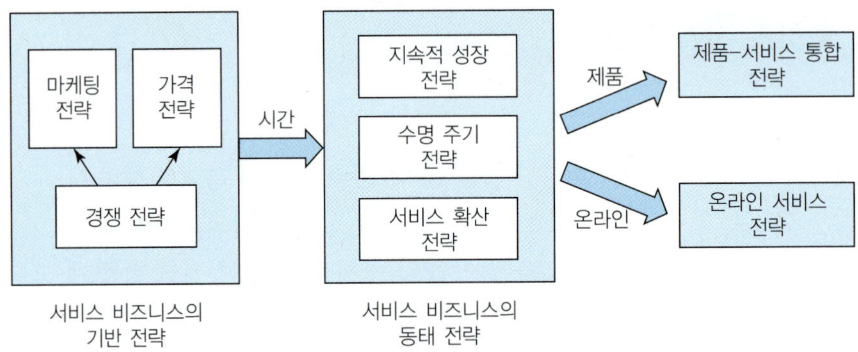

[그림 4-2] 서비스 전략의 전체적 틀

제2절 기본적 경쟁 전략

모든 기업은 시장에서 다른 기업들과 경쟁하고, 그 경쟁에서 살아남아야 한다. 이는 전통적인 제조기업은 물론 서비스기업에도 마찬가지이다. 따라서 서비스 비즈니스 전략을 수립하고 새로운 서비스의 콘셉트를 도출하는 과정에서 고려해야 할 여러 요소 가운데 가장 먼저 그리고 가장 기본적으로 결정해야 할 주제는 서비스의 경쟁우위(competitive advantage)를 어떻게 획득할 것인가 하는 문제이다. 이 결정은 서비스 전략의 바탕이자 중심이 된다. 왜냐하면 기본적 경쟁 전략의 선택에 따라 이어지는 구체적이고 세부적인 전략의 내용과 방향이 정해지기 때문이다.

서비스 기업이 선택할 수 있는 경쟁우위 전략 중 가장 많이 사용되는 세 가지 기본 전략은 첫째, 남들보다 싸게 서비스를 제공하든지, 둘째, 남들과 다른 서비스를 제공하든지, 셋째, 남들과 비교하여 한두 가지 서비스는 뛰어나게 잘 하든지 중에 하나를 선택하는 것이다. 이 전략들을 경영 전략에서는 각각 원가 우위(cost leadership) 전략, 차별화(differentiation) 전략, 집중화(focused) 전략이라고 한다.

2.1 원가 우위 전략

원가 우위 전략은 말 그대로 서비스에 들어가는 원가를 줄이고, 서비스의 가격을 낮추어 경쟁우위를 확보하는 전략이다. 이 전략은 다른 말로는 저가격 전략이라고 부를 수 있다. 예를 들어, 이지젯(EasyJet) 항공사나 맥도널드(McDonald)는 타 경쟁업체들에 비해 낮은 가격을 책정함으로써 경쟁우위를 확보하였다. 또한 미국의 대표적인 유통업체 월마트(Wal-Mart)의 성공비결은 ELP(Everyday Low Price)라고 불리는 저비용-저가격 정책에 있다.

이 전략은 개념적으로는 가장 쉬운 선택이지만 실제로는 쉽지 않은 선택이다. 우선 저가격 서비스를 이용하고자 하는 확실한 고객집단을 찾아야 한다. 또 서비스 원가를 줄이고 서비스 가격을 낮추기 위해서는 규모의 경제(economies of scale) 효과를 가져올 수 있는 서비스 시설을 구축해야 한다. 또한 철저한 원가 관리와 간접비 관리를 통해 비용을 통제해야 한다. 서비스를 표준화하여 서비스 비용을 감소시키기도 하고 기술혁신을 통해 효율성을 올리고 원가를 절감하기도 한다. 온라인 서비스의 활용도 좋은 대안이 될 수 있다. 기차표나 버스표의 자동예약 및 발권 서비스 기술은 운영 비용을 획기적으로 절감한 예라고 할 수 있다. 따라서 저가격 전략을 구사하기 위해서는 최신 장비와 하이테크에 대한 높은 투자비용과 시장점유율을 확보하기 위한 초기손실을 감수해야 한다. 또한 공격적인 가격정책에 따른 수익성의 하락도 견딜 수 있어야 한다.

서비스 시장의 경우, 저가격 전략을 쓸 수 있는 범위가 제한적이라는 점도 주의해야 한다. 제품과는 달리, 대부분의 서비스는 가격의 높고 낮음을 판정하기가 쉽지 않은 경우가 많다. 왜냐하면 서비스의 가격은 서비스 제공 시에 지불하는 명목 가격보다는 그 서비스를 체험하는 고객이 느끼는 '체감 가격'의 성격이 강하기 때문이다. 어떤 서비스는 가격 자체는 낮지만 서비스의 품질이나 수준에 비해 고객이 느끼는 가격은 낮지 않을 수 있다. 반대로 가격 자체는 높지만 고객이 체감하는 가격은 오히려 낮을 수도 있다. 따라서 서비스 경쟁의 저가격 전략은 경쟁기업(서비스)에 비해 가격 자체의 수준을 낮게 가져간다는 단순한 의미가 아니라 서비스 품질 대비 체감 가격을 낮게 한다는 전략적 의미가 담겨 있음을 이해하는 것이 중요하다.

또한 저가격 전략이 안고 있는 잠재적 위험성도 고려해야 한다. 제품과 비교하여 서비스는 브랜드의 이미지가 훨씬 더 강한 영향을 미친다. 일단 저가격 서비스라는 브랜드로 자리잡으면 이미지를 바꾸기가 매우 어렵다. '싼 게 비지떡'이라고 하는 의미의 서비스로 인식될 수 있다는 점을 명심해야 한다.

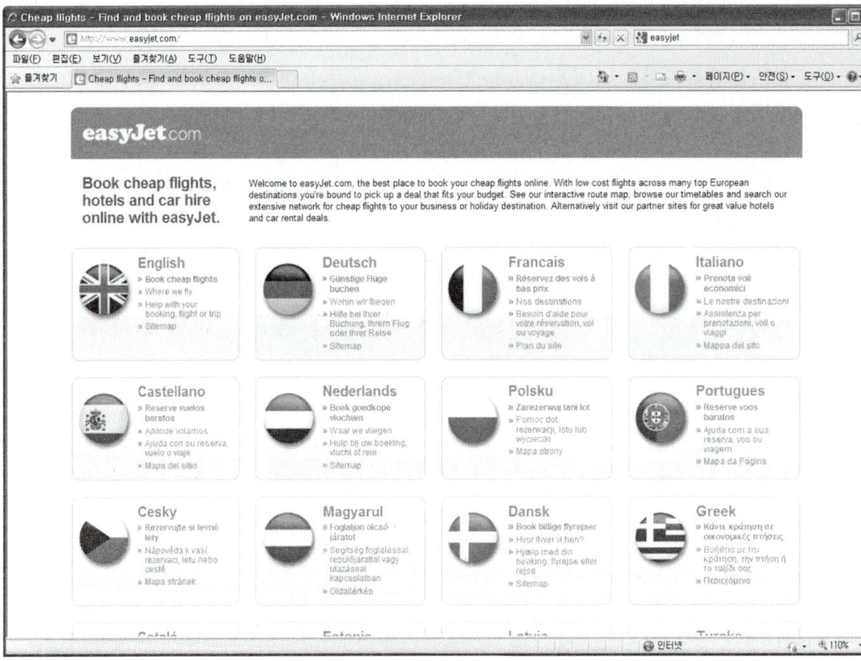

[그림 4-3] 원가절감 전략을 활용하고 있는 이지젯 사

2.2 차별화 전략

차별화 전략은 소비자(사용자)가 다른 서비스와는 다르다는 인식을 가질 수 있는 독특한 서비스를 제공함으로써 경쟁력을 확보하는 전략이다. 앞의 저가격 전

략이 비슷한 서비스 가운데 가장 가격이 낮은 서비스에서 경쟁력을 찾는다면, 차별화 전략은 가격이 낮지 않더라도 다른 서비스들과는 무엇인가 분명하게 차이가 나는 서비스로부터 경쟁력을 찾는다. 한마디로 표준화된 서비스 대신 차별화된 서비스를 제공하는 것이다. 예를 들어, 스타벅스(Starbucks)의 녹색마크와 같은 브랜드 이미지, 서비스 패키지와 같은 차별화된 여행 서비스, 6성급 호텔의 고객 개인별 맞춤형 서비스, 센츄리 21(Century 21)의 전국적인 부동산 네트워크와 같은 중개인 네트워크 등은 차별화 전략을 보여주는 좋은 예라고 할 수 있다.

그렇다고 차별화 전략이 서비스 비용이나 가격을 무시한다는 것은 아니다. 원칙적으로, 서비스를 차별화하는데 들어가는 비용의 수준은 차별화된 서비스에 대해 고객이 기꺼이 지불하고자 하는 추가비용의 수준을 넘어서는 안 된다. 적정한 비용 안에서 차별화된 서비스를 찾는 충성고객을 만들기 위해서는 다음과 같은 전략들이 사용되기도 한다. 우선, 서비스의 무형적 요소를 유형화하여 고객에게 서비스에 대한 기억을 남긴다. 예를 들어 서비스와 더불어 기념품을 주는 것도 좋은 방법이다. 또 서비스와 관련된 정보를 사전에 제공하여 서비스의 즐거움을 최대로 느끼게 하거나 서비스 과정에서 생길 수 있는 문제점이나 위험을 줄일 수도 있다. 자동차 수리 서비스의 경우 수리를 시작하기 전에 미리 충분한 설명을 제공하면 만족도가 크게 올라갈 수 있다.

2.3 집중화 전략

집중화 전략은 크기는 크지만 성격이 다양한 전체 시장을 노리기보다는 크기는 작지만 성격이 분명한 목표시장에 집중하는 전략이다. 집중화 전략을 사용하는 서비스 기업들은 기술력이나 마케팅 네트워크에서 전문화가 가능한 경우가 대부분이다. 따라서 넓은 범위의 시장에 표준화된 서비스를 제공하기보다는 목표시장에 차별화된 서비스를 효율적으로 제공할 수 있다는 전제를 기반으로 하고 있다.

먼저 목표시장이 정해지면, 그 시장 안의 고객들이 원하는 특별한 요구를 만족시키는 서비스를 개발하여 제공한다. 예를 들어 10대의 어린 고객들만을 대상으로 하는 특정 구매집단에 집중하거나, 중산층이 거주하는 신도시와 같이 특정 지역 거주자에 집중하는 것이 집중화 전략의 예이다. 또, 허리디스크 전문병원, 치질전문 병원 등과 같이 특정 서비스 분야에 집중하는 경우도 들 수 있다.

얼핏 보면, 여기서 말하는 집중화 전략과 앞에서 말한 차별화 전략은 비슷한 전략으로 인식될 수도 있다. 그러나 차별화 전략이 서비스 자체의 성격이나 이미지의 차이를 강조한다면, 집중화 전략은 서비스가 제공되는 시장이나 범위의 분해를 강조한다. 또한 집중화 내지 차별화 전략을 쓴다고 해서 반드시 서비스 가격이 올라간다는 것은 아니다. 다시 말해 앞에서 말한 여러 전략들이 서로 상충적이라는 것은 아니라는 말이다. 오히려 많은 경우 복수의 전략을 결합하여 사용할 수도 있다. 집중화 전략을 통해 시장을 나누고 각 시장의 차이를 고려하여 시장마다 서로 다른 차별적 서비스를 제공하면서 원가도 높지 않게 관리하는 전략을 쓸 수도 있는 것이다.

예를 들어, 항공 운송업체인 페덱스(FedEx)는 저가격 익일 배달 서비스(overnight service)의 개념을 도입하여 급성장하였다. 경쟁업체들이 모든 것을 두루 잘 한다는 전략을 쓰는 동안 다른 영역을 과감히 포기하고 오로지 속달 서비스 부문에만 집중하면서 동시에 가격경쟁력도 유지함으로써 경쟁업체들과의 차별화에 성공하였다. 따라서 집중화 전략은 전체시장이 아닌 특정 목표시장 안에서의 저가격 전략 또는 차별화 전략이라고도 할 수 있다.

제3절 서비스 마케팅 전략

기본적인 경쟁 전략에 이어서 이제부터는 서비스 마케팅 전략을 살펴보자. 제품이든 서비스든 실질적인 비즈니스는 마케팅에서 출발한다. 앞의 경쟁 전략을 실제로 뒷받침하는 것은 마케팅 전략이 되는 것이다. 동시에 마케팅 전략은 서비스 비즈니스의 성공 여부를 결정하는 열쇠가 된다. 새로운 비즈니스를 누구에게 어떻게 제공할 것인가에 대한 전략적 분석과 결정에 따라 비즈니스가 성공의 길로 갈 수도 있고 반대로 실패의 길로 갈 수도 있기 때문이다. 서비스 마케팅은 어떤 주제를 다루고 있으며, 어떤 내용으로 이루어지는지를 알아보자.

3.1 서비스 마케팅의 구조

제품 마케팅도 그렇지만 서비스 마케팅 활동도 과학적이고 체계적인 방식으로 이루어져야 한다. 그렇다고 한 가지 방식만을 사용하고 한 가지 절차만을 따를 필요는 없다. 실제로 서비스 시장의 특성과 서비스 기업의 전략에 따라 다양한 이론과 접근이 개발되어 사용되어 왔다. 하지만 교과서적인 마케팅 이론과 보편적인 마케팅 실무의 관점에서 서비스 마케팅의 구조와 내용을 한마디로 표현한다면 STP 전략의 수립과 4P의 마케팅 믹스(marketing mix)를 결정하는 과정이라고 할 수 있다. 따라서 서비스 전략 수립의 기본적이고 일반적인 절차는 우선 시장조사와 소비자 분석을 토대로 STP 분석을 수행한 후, 최종적으로 4P 믹스를 결정하는 순서라고 할 수 있다. [그림 4-4]에 마케팅 전략 수립의 전체적 과정이 도시되어 있다.

먼저 STP 전략은 시장세분화(Segmentation: S), 표적시장 선정(Targeting: T), 포지셔닝(Positioning: P)으로 이어지는 마케팅 전략을 가리킨다. 다음에는, 이 전략을 토대로 흔히 4P로 불리는 제품(product), 가격(price), 유통(place), 촉

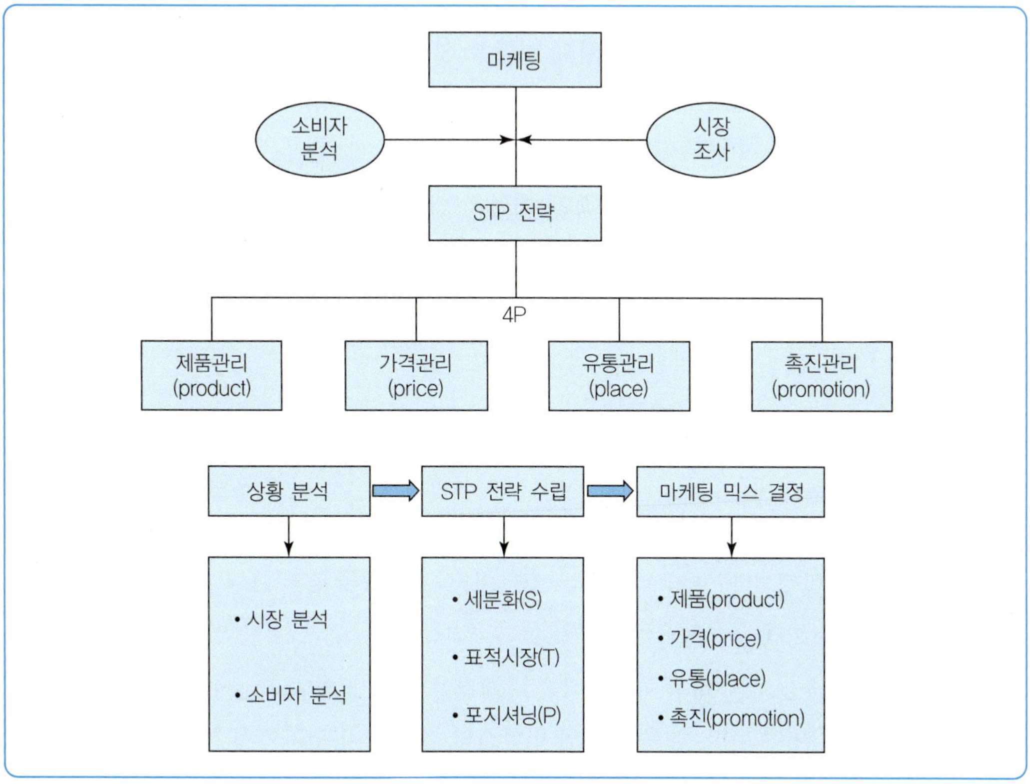

[그림 4-4] 마케팅 전략 수립의 구조와 과정

진(promotion)의 구성을 결정하게 된다. 이러한 마케팅 전략 수립 기법은 주로 제품을 중심으로 개발되어 왔으나 서비스에도 동일하게 적용할 수 있다.

3.2 시장 조사와 소비자 분석

시장 조사(market research)와 소비자 분석(consumer analysis)은 마케팅 활동을 전개하기에 앞서 사전 준비로 수행하는 활동들이다. 소비자 분석이라는 용어는 마케팅이나 경영 전략에서 널리 쓰이는 말이다. 그러나 엄밀하게 말한다면 서비스는 제품과 달라서 소비자(consumer)라고 부르기보다는 사용자(user)라고 부르는 것이 더 적합할 수 있다. 또 구매라고 하기보다는 사용 또는 선택이라고 하는 것이 더 맞을 수도 있다. 그러나 사용자든 소비자든 기본적인 행태는 유사하기 때문에 소비자 분석이라는 용어를 같이 쓰기로 한다.

(1) 시장 조사

시장 조사는 시장의 특성과 현황을 설명하는 정보를 수집, 분석 및 보고하는 활동을 의미한다. 시장 조사의 구체적 내용으로는 시장 가능성의 평가, 시장 점유율의 분석, 시장 특성의 분석, 지역별 특성의 조사, 점포의 조사 등을 들 수 있다.

시장 조사보다 더 포괄적인 개념은 마케팅 조사(marketing research)이다. 마케팅 조사는 시장 조사뿐 아니라 나아가 경제 및 사회환경 조사, 경쟁기업 조사, 제품 특성 및 유통 시스템 조사 등을 포함한다. 마케팅 조사에 자주 사용되는 대표적인 조사 방법을 간략히 소개하면 다음과 같다.

가. 설문 조사

설문 조사(survey research)는 조사 방법 가운데 가장 폭넓게, 가장 자주 사용되는 방법으로, 대규모의 일반 소비자들을 대상으로 설문지를 통해 정보를 수집하는 방법이다. 이때 수집하는 정보의 주요 내용으로는 크게 서비스 관련 변수와 소비자의 인구통계학적 변수를 들 수 있다.

설문 조사는 매우 과학적이고 체계적인 조사 설계(research design)를 토대로 수행되어야 한다. 설문 조사의 일반적인 절차와 각 단계에서 해야 할 세부 과제가 [그림 4-5]에 도시되어 있다. 설문 조사에 대한 구체적인 이론은 이 책의 범위를 벗어나므로, 기초 통계학의 자료측정 및 수집방법, 표본추출방법, 통계분석 방법 등을 참조하는 것이 필요하다.

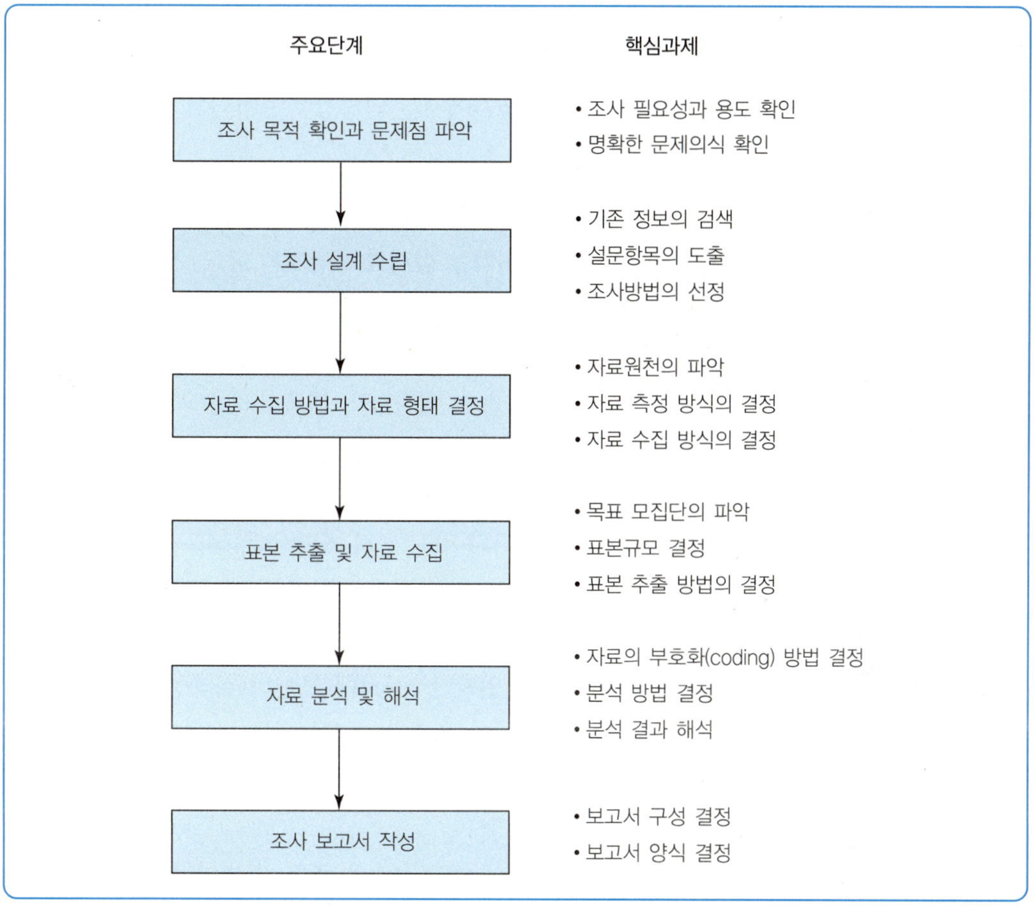

[그림 4-5] 설문 조사의 설계

전통적인 설문조사는 주로 우편이나 전화를 통해 이루어진다. 그러나 1990년대 이후 빠르게 확산되면서 폭넓게 사용되는 방식은 온라인을 통한 조사이다. 온라인 설문조사(online survey)의 대표적 채널은 이메일과 웹을 들 수 있다.

온라인 조사의 장점은 어떤 것들이 있을까? 아무래도 가장 큰 장점은 시간과 비용의 절약을 들 수 있다. 조사 자체뿐 아니라 조사 결과의 정리나 분석에 소요되는 시간도 줄일 수 있다. 다양한 미디어 도구의 사용을 통해 조사 효과를 올릴 수 있는 장점도 있다. 예를 들어 기존의 문장(텍스트)뿐만 아니라 영상, 오디오 등을 동시에 제공함으로써 설문의 의도를 보다 분명하게 전달할 수도 있고 응답자의 참여도를 높일 수도 있다. 나아가 응답자에게 일방적으로 질문하는 수준을 넘어 조사자와 응답자간의 상호작용도 가능해진다. 응답자의 익명성을 보장할 수 있는 것도 장점이다. 자신의 이름이나 얼굴을 밝히면서 조사에 참여하는 것을 꺼리는 경우가 많다. 그러나 온라인 조사에서는 익명성이 보장되기 때문에 편한 마음으로 설문에 참여하게 된다.

하지만 단점도 적지는 않다. 우선 조사에 참여한 모집단(population)의 구성이나 특성을 알기 어렵다. 설문에 참여하는 잠재적 응답자의 규모, 장소, 배경 등을 사전에 알기도 어렵고 조사과정에서 조정하기도 어려운 것이다. 표본(sample)의 대표성을 확보하기 어려운 단점도 있다. 우선 온라인 기술을 사용하고 온라인 기기를 보유한 고객만이 설문에 참여할 수 있다. 또, 대도시 중심으로 조사가 이루어지다 보니 지역적 한계가 있을 수도 있다. 때로는 응답자가 너무 적어 신뢰성 있는 조사결과를 얻기 어려운 경우도 발생한다. 응답자 개인의 관심이나 전문성 중심으로 응답하는 문제도 단점의 하나이다. 흔히 자기선택(self-selection) 현상이라고 부르는 문제로, 자신이 잘 모르는 주제이거나 별 관심이 없는 주제의 경우에는 아예 참여하지 않거나 왜곡된 대답을 하는 경향이 나타나는 것이다. 앞서 언급한 익명성의 보장이라는 장점도 있지만 동시에 보안의 취약성이라는 단점도 있다. 응답자의 개인정보나 조사결과가 유출될 수 있는 위험이 존재하는 것이다.

나. 면접 조사

설문 조사가 대표적인 정량적(quantitative) 조사 방법이라면, 면접 조사(interview)는 대표적인 정성적(qualitative) 조사 방법이다. 이 방법의 장점은 핵심적인 정보에 대한 심층적인 조사와 분석이 가능하다는 점이다. 또 설문 조사에서 얻을 수 없는 심리적, 개인적 정보를 얻을 수 있다는 점도 장점이 된다. 반면에 단점으로는 조사 범위가 한정적이고, 결과에 대한 객관성을 확보하기 어렵다는 점을 들 수 있다.

다. 패널 조사

패널 조사(panel research)는 말 그대로 패널(panel)을 대상으로 하는 조사 방법이다. 패널은 기업과 일종의 계약을 맺은 후, 정기적으로 지속적으로 시장정보를 제공하는 소비자 집단을 말한다. 그때그때 필요할 때마다 일회성으로 조사 그룹을 만드는 것이 아니라 한번 그룹을 만든 후 오랫동안 유지하면서 조사하는 방식을 말한다. 이 방법은 한 개인이 아니라 하나의 집단으로부터 반복적으로 정보를 수집하기 때문에 일관성이 유지되고, 동시에 시간의 흐름에 따른 변화 과정과 추세(trend)를 파악할 수 있다는 장점이 있다.

라. 포커스 그룹 조사

포커스 그룹(focus group)은 외부에서 초청한 소수의 전문가 내지 고객 집단을 가리킨다. 조정자(moderator)의 진행 하에 이들의 자유로운 토론 즉 브레인스토밍(brain-storming)을 유도함으로써 시장에 관한 정보와 의견을 수집하는 방법이다. 참여자의 수에 대한 절대적 기준은 없으나, 일반적으로 8 명 내외가 가장 적절한 것으로 알려져 있다. 이 방법은 토론의 주제와 진행 방식을 사전에 설계하기 때문에 효과적인 정보 수집이 가능하다는 장점이 있다. 그러나 조사 대상자의 수가 한정되어 있기 때문에 조사결과를 시장 전체의 의견으로 보기 어렵다는 한계가 있다.

마. CLT 조사

CLT(Central Location Test) 조사는 정해진 공간에 면접 장소를 설치한 후, 몇 명의 면접원들이 선별된 소비자들을 대상으로 직접 면접을 하는 방식이다. 따라서 설문 조사와 면접 조사의 장점을 적절히 결합한 방법이라고 할 수 있다. 이를 통해 정량적 조사로서 대표성을 가질 수 있으며 동시에 정성적 조사로서 심층적 정보 분석이 가능하다.

(2) 소비자 분석

시장 조사가 거시적이고 외형적인 시장 환경을 다루는데 비해, 소비자 분석(consumer analysis)은 소비자 개개인의 개별적이고 내면적인 특성과 경향을 다룬다. 따라서 소비자 분석은 마케팅 활동의 일부이기도 하지만 동시에 새로운 서비스 기획 및 개발 활동과도 밀접한 관련을 맺고 있다.

소비자 분석이 중점적으로 다루는 연구 주제는 누가, 무엇을, 어디서, 언제, 어떻게, 왜 구매하는가 하는 등과 같이 겉으로 드러나는 소비자 행동의 외적 패턴을 분석하는 것이다. 예를 들어, 어떤 서비스에 대해 1) 어떤 연령, 직업, 성별을 가진 사람이 선택 내지 구매하는가? 2) 소비자들은 어떤 용도와 혜택을 기대하고 선택 내지 구매하는가? 3) 서비스를 구매하는 지역은 어떻게 분포되어 있으며 특정 지역에서는 어느 주거(생활) 지역에서 주로 선택 내지 구매하는가? 4) 소비자들은 얼마나 자주 구매를 하며 어떤 제품/서비스와 다른 제품/서비스 간에는 구매 패턴이 비슷한가, 아니면 상이한가? 5) 구매자와 비구매자간에 성향, 학력, 소득, 직업 등의 유사점과 차이점은 무엇인가? 등이 구체적인 분석 주제가 된다.

소비자 분석의 또 다른 연구 주제는 지각, 기억, 태도 등과 같이 겉으로 드러나지 않는 소비자 행동의 내적 요소를 분석하는 것이다. 예를 들어, 1) 신서비스에 대한 정보가 소비자에게 어떤 경로와 방식으로 전달되는가? 2) 신서비스에 대한 정보가 어떤 메커니즘에 의해 지각되고 기억되는가? 3) 어떤 요인과 기준에 의해 구매 동기가 유발되는가? 4) 어떻게 마케팅에 유리한 태도를 유지하도록 하고 반면에 불리한 태도를 바꾸도록 유도할 것인가? 등이 구체적인 분석 주제가 된다.

가. 소비자 행동 분석

소비자 분석의 다양한 주제 가운데 중요한 하나는 소비자 행동(consumer behavior) 분석이다. 소비자 행동은 크게 배분 행동, 구매 행동, 사용 행동으로 나뉜다. 첫째, 배분 행동(allocation behavior)은 소득이나 자원을 크게 저축과 소비로 나누는 기준과 성향, 소비를 다시 세부적인 항목으로 나누는 행동 양식을 뜻한다. 둘째, 구매 행동(buying behavior)은 소비자 행동의 중심적인 주제로, 크게 서비스 선택 행동, 구매량 및 구매시기 결정 행동, 구매지역(상호) 선택 행동 등으로 나눌 수 있다. 마지막으로 사용 행동(use behavior)은 고객이 서비스를 구매한 후 실제 사용 과정에서 보여주는 반응이나 다음의 구매 활동으로 연결시키는 경향을 말한다.

마케팅 활동의 실무에서는 소비자 행동에 대한 분석을 토대로, 각 행동 단계에 적합한 마케팅 전략을 수립해야 한다. 먼저 배분 활동을 분석하여 개별 소비자의 구매 성향과 추세에 맞추어 전체적인 매출액과 서비스 라인별 매출 규모를 예측해야 한다. 다음으로 구매 활동을 분석하여 상품별, 시기별, 지역별 마케팅 전략을 차별적으로 수립하게 된다. 마지막으로 사용 행동에 대한 분석을 토대로 사후 관리 전략 및 시장 확대 전략을 세워야 한다.

나. 구매결정 과정 분석

소비자 분석의 또 하나 중요한 주제는 구매결정 과정을 분석하는 것이다. 구매를 결정하는 과정을 유형화하는 기준에는 여러 가지가 있을 수 있지만 학습(learn: L), 감성(feel: F), 사용(do: D), 이 세 가지 행동의 순서와 우선순위의 차이에 따라 나누는 접근을 생각해 보자:

- L-D-F 유형

먼저 서비스에 대한 상세한 정보를 수집한 후 실제 사용을 해 보고 마지막으로 감성적인 느낌에 따라 구매하는 유형이다. 기술적 내용이 복잡하고 용도가 전문화된 서비스나 새롭게 출시된 신서비스의 구매가 이 유형에 해당된다.

- F-L-D 유형

먼저 서비스로부터 감성적으로 좋은 인상을 받고 이에 대한 정보를 토대로 신뢰도를 얻은 후 사용한 경험에 따라 구매하는 유형이다. 성능보다는 서비스 제공 환경 등 감성적인 요소가 중요한 서비스의 구매가 여기에 속한다.

- D-L-F 유형

먼저 사용을 해 보고 제품 정보를 확인한 후 느낌에 따라 구매하는 유형이다. 비싸지 않은 생활서비스의 구매가 이 유형에 속한다.

물론 위에서 제시한 세 유형 외에도 다른 유형들이 있을 수 있다. 따라서 마케팅 활동의 실무에서는 다양한 유형들을 분류한 후, 해당 서비스가 어느 유형에 해당되는지를 파악하고, 그 유형에 맞는 구매 행동의 순서와 우선순위를 결정하는 전략을 구사해야 한다

3.3 STP 전략의 수립

세계적 호텔 체인인 스타우드(Starwood Hotels & Resorts)는 Sheraton, Le Meridien, Westin, W, Aloft 등의 다양한 호텔 브랜드를 보유하고 있다. 우선 Sheraton, Westin, Le Meridien의 공통점은 최고급도 아니고 그렇다고 대중적도 아닌 '고급스러운' 수준의 호텔이라는 점이다. 하지만 그 안에서 보면, Sheraton은 가족 단위의 고객을 타깃으로 차분한 분위기 속에서 조용히 쉴 수 있는 호텔을 지향한다. 반면에 Le Meridien은 젊은 고객들을 대상으로 현대적인

인테리어로 내부를 꾸미고 다양한 즐거움을 줄 수 있는 상품들을 제공한다. Westin은 중간 정도에서 비즈니스맨을 주 고객으로 하여 편의성과 실용성을 강조한다. 그런가 하면 W는 앞의 호텔들보다 한 등급 위의 '최고급' 호텔에 속한다. 유행을 선도하는 젊은이들을 위한 호텔이라는 이미지를 추구하면서 뉴욕의 라이프 스타일에 맞추어 인테리어를 디자인하고 고급스러움과 화려함을 강조한다. 반대로 Aloft는 한 등급 밑의 '중저가' 영역에 위치한다. 그러면서 대중적 이미지와 합리적 가격을 경쟁력으로 내세운다. 브랜드마다 타깃 고객이 다르고, 강조하는 이미지가 다르며, 제공하는 서비스가 다르다. 이렇게 함으로써 브랜드간의 충돌을 피할 수 있는 것이다.

시장과 고객을 여러 영역으로 나누고, 그 가운데에서 집중적으로 공략할 영역을 선택하며, 선택한 영역에서 자기만의 차별적인 서비스를 제공하는 기준과 절차를 다루는 것이 바로 STP 분석이다. STP 분석은 한마디로 목표 시장(target market)을 찾기 위해 수행하는 작업이다. 보다 구체적으로, 시장 세분화(segmentation), 목표 시장 선정(targeting), 포지셔닝(positioning)의 세 단계를 거쳐 수행되며 세 단계 각각의 앞 글자를 모아 STP 분석이라 일컬어진다. 각 단계별 분석 내용에 대해 살펴보자.

첫째, 시장 세분화 단계에서는 전체 시장을 몇 개로 구분하기 위한 기준을 결정한 뒤 세분시장의 특징을 기술한다. 효과적인 시장 세분화를 위해서는 각각의 세분 시장이 적정규모 이상이 되면서 서로 다른 니즈(needs)를 가지고 있어야 한다. 만일 규모가 너무 크다면 다시 한 번 나누어야 하고 반대로 너무 작으면 다른 것과 묶어야 한다. 그러기 위해서 세분 시장은 그 규모를 정확히 측정할 수 있어야 한다. 또 각 시장은 마케팅이나 서비스 판매를 위한 접근이 가능해야 한다. 시장 세분화에 사용될 수 있는 기준으로는 우선 연령이나 성별과 같은 인구통계학적 기준을 들 수 있다. 나이대가 비슷한 고객들로 나누든지, 남성과 여성으로 나누든지, 강남과 강북으로 나누든지 하는 식이다. 하지만 그 외에도 심리학적 기준, 구매행동 기준, 세분시장의 니즈 기준 등도 유용한 기준이 될 수 있다.

둘째, 목표 시장 선정 단계에서는 세분 시장별로 매력도를 측정하여 목표 시장을 선정한다. 목표 시장은 앞으로 집중적으로 진출해야 할 세분 시장을 가리키는 것으로, 다른 말로는 표적 시장(target market)이라고도 한다. 대부분의 경우, 시장의 매력도는 주로 시장규모와 성장률, 경쟁우위, 자사와의 적합성 등으로 평가한다. 물론 시장의 규모가 크고, 성장률이 높으며, 자사와 적합성이 높고 자사가 경쟁우위를 보유하고 있는 시장일수록 매력도가 높다. 매력도가 높을수록 당연히 목표 시장으로 선정될 확률도 높아진다. 하지만 주의할 점은 우리에게 매력도가 높은 시장은 남들에게도 매력도가 높을 가능성이 크다는 사실이다. 따라서 매력도를 평가하는 기준을 전략적으로 잘 선택하는 것이 매우 중요하다.

마지막으로 포지셔닝 단계에서는 목표 시장 내 고객들에게 인지될 자사의 위치(position)를 결정한다. 포지셔닝이란 '시장 내에서 다른 경쟁 기업과 대비한 우리 기업의 상대적 위상을 정하는 것'이라고 할 수 있다. 제품의 경우에는 위상을 정하는 기준이 비교적 분명하다. 주로 성능, 가격, 품질 등과 같은 정량적 수치로 비교할 수 있기 때문이다. 그러나 서비스의 경우에는 고객들의 '마음' 속에 우리 서비스의 위치를 잡는 것이라는 의미를 갖는다. 기업명이나 서비스의 이름을 들었을 때 가장 먼저 떠오르는 브랜드 이미지가 바로 포지셔닝의 결과라고 할 수 있다. 예를 들어, 이지젯(EasyJet)사는 저가항공사라는 이미지로, 페덱스(FeDex)는 빠른 배송서비스라는 이미지로 W호텔은 최고급 호텔이라는 이미지로 고객들에게 포지셔닝하고 있다. 그러므로 포지셔닝 전략에서는 고객은 누구이며(목표시장), 그들에게 어떤 이미지를(서비스 콘셉트), 어떤 방법으로(마케팅 전략) 인식시키려고 노력할지를 정하게 된다.

3.4 마케팅 믹스의 결정

(1) 기본 개념

STP 분석 등을 통해 서비스 포지셔닝 전략이 수립되면, 그 전략에 따라 서비스를 고객들에게 홍보하고 판매하기 위한 세부적인 프로그램들이 준비되어야 한다. 이 세부적 프로그램들이 바로 마케팅 믹스이다. 그런 관점에서 보면, 서비스가 시장에 출시되기 전의 마케팅 전략이 STP 분석이라면 출시된 이후의 마케팅 전략이 4P 믹스의 결정이다. 마케팅 믹스는 구체적이고 실천적인 행동 계획(action plan)을 의미한다고 할 수 있다.

마케팅 믹스의 핵심 요소가 무엇인가는 기업 특성이나 환경 조건에 따라 달라질 수 있다. 그러나 마케팅 실무에서 가장 일반적으로 사용되는 요소는 흔히 4P라고 불리는 제품(product), 가격(price), 유통(place), 촉진(promotion)의 네 가지이다. 4P 개념이 나오기 이전의 마케팅은 위의 네 가지 가운데 촉진, promotion 중심이었다. 그러나 나머지 3가지 P도 promotion 못지않게 중요하다는 인식이 퍼지면서 4P 개념이 나오게 되었다.

〈표 4-1〉에 4P에 대한 설명이 요약되어 있다. 물론 서비스의 4P인 경우, 제품은 곧 서비스를 의미한다. 결국 마케팅 믹스는 위의 네 요소에 대해 매출액이나 수익성을 극대화시킬 수 있는 최적의 수준이나 방식을 선택하는 의사결정을 뜻한다.

〈표 4-1〉 4P 분석 - 기본모형

P	전략	분석요소
Product	서비스 전략	서비스 종류, 서비스 특성, 서비스 상표 등
Price	가격 전략	가격 설정, 가격 조정/변경 등
Place	유통 전략	유통 형태, 유통 경로, 물류 관리 등
Promotion	촉진 전략	광고/홍보 방식, 판매원 관리 등

짧은 사례

이동통신 서비스의 4P는 무엇일까?

이동통신 서비스의 4P는 무엇이라고 할 수 있을까? 시대에 따라 달라질 수도 있고 기업마다 전략이 다를 수도 있겠지만 흔히 생각할 수 있는 것들을 정리하면 다음과 같을 것이다:

1. 제품(Product) - 음성통화, 영상통화, Mobile 웹, 로밍 서비스

2. 가격(Price) - 음성통화 요금제, 영상통화 요금제, 로밍 요금제, 대용량 요금제, 가족 요금제, 맞춤형 요금제

3. 유통(Place) - 대리점, 인터넷 쇼핑몰, 홈쇼핑, 백화점, 대형마트

4. 촉진(Promotion) -포털 광고, 옥외 광고, 스타 광고, 신문 광고, 잡지 광고

제품이든 서비스든 4P의 최적화는 성공적인 마케팅에 필수적인 조건이 된다. 그러나 다음 몇 가지의 문제 때문에 4P 전략을 서비스에 적용하기 위해서는 약간의 수정이 필요하다. 첫 번째 문제는 4P라는 개념이 너무 오래되었다는데 있다. 4P 개념은 이미 60년대에 처음 나왔기 때문에 오늘날의 마케팅 환경과는 거리가 있다는 비판이 있다. 물론 이 문제는 제품에도 똑같이 적용된다. 두 번째 문제는 서비스는 무형의 성격을 지닌다는데 있다. 따라서 서비스는 고객들이 그 서비스를 경험하기 전에 어떤 방식으로든 서비스의 구체적인 내용과 형태를 보여주는 것이 필요하다. 세 번째 문제는 4P는 공급자 입장만을 반영하여 만든 것이라는데 있다. 하지만 서비스 마케팅은 공급자 중심이 아니라 고객이나 사용자 중심이 되어야 한다.

이러한 서비스의 특성을 반영하여, 전통적 마케팅 믹스에 물리적 표식(physical evidence), 프로세스(process), 사람(people)을 포함한 확장된 마케팅 믹스가 제시되기도 한다. 확장된 마케팅 믹스는 기존의 4P에 추가된 3P를 포함하여 7P라고 일컬어진다. 〈표 4-2〉는 서비스 마케팅 믹스에 추가된 새로운 3P에 대한 설명을 보여주고 있다.

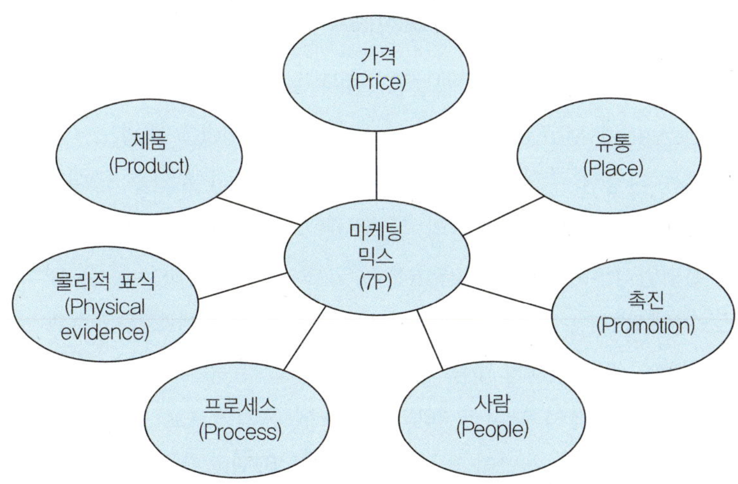

[그림 4-6] 7P 분석 요소

〈표 4-2〉 7P 분석 – 확장 모형

P	전략	분석요소
Process	프로세스 전략	서비스 활동의 흐름(표준화/개별화), 서비스 전달단계의 수(단순/복잡), 고객의 참여수준 등
Physical evidence	물리적 표식 전략	설비의 설계/장비, 표지, 종업원 복장, 명함/팜플렛/계산서 등
People	사람 전략	종업원 선발/교육, 고객의 교육/의사소통/문화/가치 등

공급자가 아니라 고객의 입장에서는 기존의 4P 대신 4C를 사용해야 한다는 의견도 있다. 여기서 4C는 Customer(고객), Cost(비용), Convenience(편의), Communication(소통)을 말한다. 우선 Customer는 고객의 니즈, 고객과의 관계 등을 뜻한다. Cost는 고객이 그 서비스에 대해 지불하는 기회비용, 고객이 다른 서비스로 바꾸는데 들어가는 전환비용 등을 가리킨다. Convenience는 고객이 구매 또는 사용 과정에서 느끼는 편리함을 의미한다. 마지막으로 Communications은 고객과의 상호작용, 고객으로부터의 피드백 등을 말한다. 4P 개념과 4C 개념을 비교하면, 기존의 4P 개념이 공급자가 소비자에게 일방적으로 전달하는 마케팅 중심이었다면 새로운 4C는 제공자와 고객간의 양방향 상호작용 중심이라는 것을 알 수 있다.

전통적 마케팅 믹스 개념을 더욱 확장시킨 통합적 마케팅 커뮤니케이션(Integrated Marketing Communication: IMC) 개념도 이해할 필요가 있다. IMC는 다양한 수단들을 통합하여 커뮤니케이션 효과를 극대화하는 총괄적 마케팅 계획을 의미한다. 기존의 4P에서는 각각의 P가 독립적인 기능이나 수단으로 인식되었다. 특히 Promotion은 광고를 중심으로 하는 좁은 의미의 홍보 기능으로 이해되었다. 그러나 이제는 모든 마케팅 프로세스가 고객과 소통하는 접점이자 채널이 되고 있다. 제품 따로, 가격 따로, 유통 따로, 촉진 따로 하는 식의 기능별 마케팅 전략이 아니라 개별 기능들이 유기적으로 연결된 통합형 마케팅 전략과 커뮤니케이션 방법이 요구되는 시대로 바뀌고 있는 것이다.

(2) 마케팅 믹스의 구성

다시 4P의 마케팅 믹스로 돌아가 보자. 이론적으로 존재할 수 있는 마케팅 믹스는 무수히 많다. 예를 들어 각 요소마다 가능한 대안이 10개씩이라고 하면, 기본 모형에서 가능한 믹스의 수는 10×10×10×10 = 10,000가지, 확장 모형에서 가능한 믹스의 수는 10×10×10×10×10×10×10 = 10,000,000가지가 된다. 특히 가능한 대안의 내용을 정성적이 아니라 정량적인 수치로 표현한다면 가지 수는 훨씬 많아진다.

따라서 마케팅 믹스를 구성하는 과정은 아래와 같이 몇 개의 단계로 나누어 수행된다.

1) 1 단계: 마케팅 믹스를 구성하는 핵심 요소를 결정한다.

2) 2 단계: 각 요소에 대한 정량화를 통해 가능한 대안을 설정한다

3) 3 단계: 목적함수를 극대화하는 각 요소의 최적값이나 방식을 결정한다.

4) 4 단계: 요소간 상호관계를 고려하여 전체적인 믹스를 조정한다.

예를 들어, 마케팅 믹스를 다음과 같은 집합 형식으로 나타내 보자. 여기에서는 마케팅 믹스의 핵심 요소로서 서비스 특성, 서비스 가격, 유통비용, 촉진비용의 네 가지를 선정하였다.

마케팅 믹스(marketing mix) = (P_1, P_2, P_3, P_4)

P_1 = 서비스 특성의 수준

P_2 = 서비스 가격의 수준

P_3 = 유통비용의 수준

P_4 = 촉진비용의 수준

다음으로 각 요소의 값을 정량화하여 가능한 대안의 수를 줄인다. 위 예제에 대해, 각 요소를 정량적인 수치로 나타내었다고 가정하자. 예를 들어 촉진비용 P4는 신문, 잡지, TV의 세 가지 광고매체 가운데 어느 것을 선택하느냐에 따라

그 값이 금액으로 결정된다. 이렇게 하면 촉진비용에 대해 가능한 대안의 수는 세 가지가 된다. 같은 방법으로 서비스 특성, 서비스 가격, 유통비용에 대해서도 정량화를 통해 가능한 대안의 수를 한정한다.

일단 각 요소의 수준이 결정되면, 전체적인 수익성이나 매출액을 계산할 수 있는 목적 함수(objective function)를 설정한 후, 목적함수의 값을 극대화하는 요소별 최적값을 찾는다. 즉 다양한 마케팅 믹스의 조합 가운데 목적함수를 극대화시키는 조합을 찾는 것이다. 이를 위해서는 뒤의 부록에서 설명하는 선형 계획(Linear Programming: LP) 모형이 이용될 수 있다. 물론 정교한 수리 모형을 동원하지 않고 정성적이고 직관적인 방법으로 최적의 조합을 결정할 수도 있다.

마지막으로 개별 요소들의 관계를 고려하여 부분적인 조정을 한다. 이 단계가 필요한 이유는, 경우에 따라 요소들간에 종속적이거나 상충적인 관계가 존재하기 때문이다. 예를 들어 서비스 특성이 우수해지면 가격도 올라가게 되고, 고가의 서비스인 경우에 촉진비용도 커지는 게 일반적이다. 따라서 한 요소의 수준이 결정되면 다른 요소의 값이 가질 수 있는 범위가 제한되어, 최종적으로 조정을 해야 하는 경우가 생길 수 있다.

사례 – 아웃백 스테이크 하우스의 포지셔닝 전략

패밀리 레스토랑의 도입과 성장 과정

패밀리 레스토랑은 말 그대로 가족동반 고객을 겨냥한 전문 외식업소를 말한다. 미국의 외식산업이 커지면서 등장하였고 국내에는 80년대 중반부터 들어오기 시작하였다. 미국에서 패밀리 레스토랑은 메뉴가 10달러 이하로 이루어져있고 목표 고객이 29~49세까지 가족을 중심으로 최소 2인 이상이 이용할 수 있는 음식점이다. 그런 의미에서 패스트푸드점과 스페셜 레스토랑을 혼합한 형태라고 할 수 있다. 패밀리 레스토랑에서는 테이블 서비스가 기본이다. 따라서 호텔 레스토랑의 음식보다는 낮은 가격이지만 호텔 품격에 가까운 서비스와 시설을 갖춘 나름대로 특색있는 외식업소이다.

아웃백 스테이크 하우스의 이미지

패밀리 레스토랑의 하나인 아웃백은 미국에서 1987년에 설립되었고, 국내에는 1997년에 1호점을 개점한 이래 약 100개의 영업점을 운영할 만큼 크게 성장하였다. 아웃백(OUTBACK)이란 말은 호주식 영어로 '오지'란 뜻이다. 따라서 아웃백은 야생 자연 속에서 푸짐하고 신선한 스테이크를 전문으로 제공하는 디너 하우스라는 이미지를 추구한다. 실제로 캥거루, 부메랑, 코알라 등 호주의 야생 동물들을 배경으로 하는 인테리어

속에서 기존 패밀리 레스토랑보다 한 차원 높은 차별화된 음식과 서비스를 즐길 수 있도록 하는 것을 모토로 하고 있다.

경쟁 전략 1: 시장 세분화

아웃백은 서구식 음식을 주 메뉴로 하지만 한국인들이 고객이라는 점을 고려해 크게 한식과 양식으로 음식 메뉴를 나누었다. 그 다음에 양식을 선호하는 고객 시장을 다음의 세 가지 기준을 토대로 세분하였다. 첫째는 음식의 맛과 질, 위생 및 청결 등의 기본적 속성이다. 둘째는 종업원의 친절이나 주차시설 등의 편의성이다. 셋째는 전반적 분위기, 명성과 이미지, 메뉴의 다양성, 건물외관, 기념일 서비스 등 문화적 속성이다. 더 나아가 고객이 음식점을 선택하는 행동 기준에 따라 일상생활의 일부로 음식점을 찾는 고객과 생일, 파티 등 특별한 목적으로 음식점을 이용하는 고객으로 세분화하였다.

경쟁 전략 2: 목표고객 선정

이러한 작업을 통해 '가족 화합 집단'과 '문화적 가치 추구 집단'의 두 가지 고객층을 목표 고객으로 선정하였다. 가족 화합 그룹에는 비싼 외식은 하지 않더라도 가족이 함께 식사할 수 있는 단란한 분위기를 가장 중요하게 생각하는 근로자 가족, 대학교육 이상의 높은 교육수준의 중상층이 속한다. 문화적 가치를 추구하는 고객 그룹은 주로 2~30대의 젊은 층으로 식사를 단순히 먹는 것 이상으로 생각하며 영양보다 음식의 맛과 서비스에 중점을 둔다. 또 식사하는 것 이외에 이벤트나 여러 나라의 새롭고 다양한 음식을 먹음으로써 얻을 수 있는 문화적 경험을 중요시한다.

경쟁 전략 3: 전략적 포지셔닝

외식산업은 현재 포화상태에 다다르고 있다. 치열한 경쟁 속에서 살아남기 위해서는 아웃백만의 고유 특성을 개발하고 강조해야 한다. 차별화된 서비스 콘셉트를 개발하기 위해서는 경쟁업체와의 비교분석이 필수이다. 아래 표는 아웃백과 비슷한 시기에 국내에 들어와 유사한 서비스를 제공하고 있는 대표적인 패밀리 레스토랑들을 비교 · 분석한 결과를 보여주고 있다.

	아웃백(OUTBACK)	빕스(VIPS)	티지아이(T.G.I)
개점 시점	1997년	1997년	1992년
로고의 콘셉트	풍성한 대자연의 느낌	고객 존중	즐거움, 옛 서부 연상
이름의 의미	호주의 오지에서 직접 굽는 스테이크	VIP고객에게 최상의 스테이크 제공	매일매일 금요일처럼 즐겁게
대표 메뉴	립스 온더 바비	빕스 스테이크	케이준 치킨 샐러드
차별화 서비스	부쉬맨 브레드(무료빵) 페이저(Pager) 서비스	샐러드바/씨푸드 메뉴 웨이팅 푸드 서비스	퍼피독(Puppy Dog) 서비스

[그림 4-7] 아웃백 스테이크 하우스의 차별화 서비스: 부쉬맨 브레드(출처: http://work-link.rankup.co.kr)

제4절 서비스 가격 전략

고객들이 자신들의 필요와 욕구를 충족시키기 위해 서비스를 구매하고자 할 때에는 이에 상응하는 대가를 지불해야 한다. 서비스 시장에서 고객이 지불하는 금전적 대가가 곧 서비스의 가격이다. 따라서 서비스 가격은 다음 두 가지의 의미를 지닌다. 첫째는, 시장에서 결정되는 서비스의 교환 가치를 가리킨다. 둘째는, 고객들이 특정 서비스를 구매함으로써 얻게 되는 효용(utility)에 부여된 가치를 뜻한다.

이 책에서 서비스 가격 전략을 따로 다루는 이유는 제품과 달리 서비스의 가격은 주관적이고 이질적인 성격이 강하기 때문이다. 표준화된 제품의 경우는 원가도 비교적 명확하게 알 수 있고 또 수요와 공급의 움직임에 따라 자연스럽게 시장 가격이 매겨진다. 하지만 서비스는 원가도 불분명하고 수요와 공급도 균형을 이루지 않는 경우가 많다. 따라서 서비스 가격은 자연스러운 시장 원리보다 기업의 전략적 판단에 따라 달라질 수 있다. 즉, 서비스 가격은 경쟁 전략의 중요한 의사결정 요소가 되는 것이다.

4.1 서비스 가격 결정 요소

서비스의 가격을 결정하는 요소는 상황에 따라 달라진다. 그러나 가장 일차적인 기준과 방향은 서비스 기업의 경영 목표에 의해 결정된다. 그 기업의 목표가 시장점유율을 늘리는 것인지, 아니면 이익을 늘리는 것인지에 따라 가격은 달라진다. 이윤의 극대화를 꾀하는 기업은 가장 높은 이윤을 가져오는 수준으로 가격을 채택할 것이고, 매출의 극대화를 목표로 하는 기업은 매출을 최대로 할 수 있는 수준으로 가격을 책정할 것이다. 예를 들어, 한 이동통신회사에서 기본사용료를 책정하는 전략을 생각해 보자. 만일 이 기업이 이윤을 극대화한다는 목표를 추구한다면 월별 기본사용료를 20,000원으로 하고, 매출을 최대로 올린다는 목표를 세웠다면 15,000원으로 하며, 시장점유율을 최대로 늘린다는 목표를 달성하기 위해서는 13,000원으로 하고, 경쟁사의 수준에 맞추기 위해서는 16,000~17,000원 사이로 할 것이다. 이와 같이 기업의 경영 목표에 따라 다양한 의사결정을 내릴 수 있다.

경영 목표에 따라 기본적인 가격정책이 결정되면, 그 다음에는 보다 구체적이고 세부적인 가격 결정 단계로 넘어가게 된다. 서비스를 제공하는 데 드는 원가의 수준이 어느 정도인지, 경쟁사들은 얼마 정도의 가격을 설정하고 있는지, 고객들이 원하는 수요 곡선은 어떠한지에 따라 적절한 가격을 결정하게 된다. 결국 서비스 가격을 결정하는 핵심적 요소는 [그림 4-8]에서 볼 수 있듯이, 원가(cost), 경쟁사(competitor), 고객(customer)이라고 할 수 있다.

이 중 원가는 특정 서비스에 부과될 가격의 가장 낮은 수준, 하한선이 된다. 원가 이하로 가격을 매길 수는 없기 때문이다. 이에 반해 고객이 생각하는 서비스의 가치는 가격의 가장 높은 수준, 상한선이 된다. 고객이 생각하는 가치 이상으로 가격을 매길 수는 없기 때문이다. 한편 유사 서비스나 대체 서비스에 대해 경쟁사가 부과하는 가격은 상한과 하한 사이의 중간 수준의 결정에 영향을 미친다.

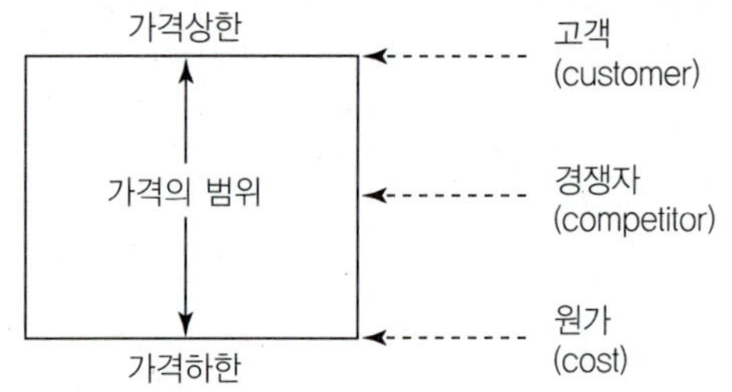

[그림 4-8] 가격 전략의 세 가지 결정 요소

4.2 가격 전략의 유형

앞에서 제시한 세 가지 핵심 요소를 근거로 서비스 가격을 결정하는 전략은 크게 세 가지로 나눌 수 있다. 첫째는 원가 기반 가격 전략이다. 서비스의 제공에 들어가는 비용을 토대로 가격을 정하는 전략이다. 둘째는 경쟁자 기반 가격 전략이다. 한마디로 남들이 하는 것을 보고 가격을 정한다는 전략이다. 셋째는 고객 기반 내지 시장 기반 가격 전략이다. 고객의 반응을 보면서 최적의 가격을 찾는다는 전략이다. 각각의 전략을 좀 더 자세히 살펴보자.

(1) 원가 기반 가격 전략

기업의 궁극적인 목적이 이윤의 추구인 이상, 기업은 서비스의 생산과 마케팅 등에 사용된 모든 원가를 서비스 판매를 통해 반드시 회수해야 한다. 원가기반 가격 전략은 서비스에 사용된 원가를 기반으로 그 위에 필요한 이익을 부과하는 방식으로 서비스의 가격을 책정하는 전략이다. 따라서 서비스의 가격은 재료비와 인건비로 구성되는 직접비(direct cost), 간접비(overhead cost), 이윤(profit)으로 구성된다.

원가를 가격의 바탕으로 삼는 전략은 가장 기본적이고 합리적인 전략이다. 그러나 이 전략의 문제는 원가 추정의 어려움에 있다. 제품과 달리 서비스 원가를 계산하는 것은 그리 쉬운 일이 아니다. 그 이유는 다음 두 가지 요인에 있다. 첫째, 서비스는 최종 생산물이 아니라 그것을 얻기 위해 투입되는 투입요소를 기준으로 가격이 정해지는 경우가 많다. 예를 들어 교육서비스, 상담서비스 등 전문

서비스들은 주로 서비스를 제공하는데 소요되는 시간을 기준으로 시간당 얼마의 방식으로 수수료가 청구된다. 따라서 동일한 서비스 결과에 대해서도 서로 다른 원가가 책정되는 경우가 많다. 둘째, 대부분의 서비스 원가는 재료가 아니라 사람으로 구성되기 때문에 그 크기를 측정하거나 비교하기가 쉽지 않다. 예를 들어 같은 시간이라 하더라도 경험이 많은 서비스 제공자는 보다 효율적으로 양질의 서비스를 제공할 가능성이 높다. 그러나 이러한 상대적 효율성을 서비스의 가격 결정에 그대로 반영하기는 어렵다. 또 더 적은 시간을 투입하여 더 높은 만족도를 제공한다고 하여도 원가를 기반으로 한다면 더 높은 가격을 책정할 수 없는 문제가 생기기도 한다.

(2) 경쟁자 기반 가격 전략

또 다른 가격 전략은 경쟁 가격을 기준으로 삼는 것이다. 즉, 동일 업종 내 다른 경쟁기업들이 부과한 가격을 토대로 비슷한 수준이나 일정한 차이를 갖는 수준에서 가격을 결정하는 것이다. 특히 서비스가 표준화되어 있는 경우나 과점시장의 경우에는 경쟁 서비스의 가격이 가격 전략의 주요 요소로 작용한다. 예를 들어 표준화된 세탁 서비스나 소수의 업체가 과점의 형태를 이루고 있는 항공/렌터카 서비스들은 주로 경쟁기업의 가격을 고려하여 자사의 가격을 결정한다.

이 때 주의할 것은, 경쟁의 개념을 반드시 직접적으로 경쟁하고 있는 기업들뿐만 아니라 보다 넓은 의미의 경쟁 개념을 고려해야 한다는 점이다. 예를 들어, 대한항공은 고객운송에 있어 아시아나 항공이나 국내 저가항공사 및 유사한 노선을 운항하는 외국 항공사들과 직접적으로 경쟁한다. 그러나 동시에 대한항공은 고객운송 사업 및 화물운송 사업에 있어 철도청이나 고속버스 업체들과도 경쟁하고 있다. KTX의 도입으로 항공서비스를 이용했던 고객 중 다수가 보다 저렴한 가격의 철도서비스로 전환한 것이 좋은 예이다. 따라서 경쟁 가격을 기반으로 서비스 가격을 결정할 때에는 직접 경쟁과 간접 경쟁을 모두 고려할 필요가 있다.

(3) 고객 기반 가격 전략

서비스의 궁극적인 목표가 고객 만족에 있다면, 고객의 수요와 고객이 서비스에 부가하는 가치를 반영하여 가격을 설정할 수도 있다. 일반적으로 지나치게 낮은 가격에서는 소비자들이 서비스의 품질을 신뢰하지 못하는 반면, 지나치게 높은 가격에서는 서비스의 효용을 느끼지 못한다. 따라서 가격 변화에 따른 수요의 변화를 분석하여 최적의 가격을 결정해야 한다.

이 전략은 서비스 수요가 서비스 가격에 민감하게 반응하는 시장에 적합한 전략이다. 따라서 이 전략을 사용하여 최적의 가격을 설정하기 위해서는 가격에 따라 수요(demand)가 어떻게 변화하는지에 대한 정보가 필요하다. 다음 〈표 4-3〉의 사례를 보자.

〈표 4-3〉 서비스 가격별 가입자 수 변화

가격(월)	80,000원	60,000원	40,000원	30,000원	10,000원
가입자수	100명	120명	140명	130명	110명

이 가상의 예는 5가지 서비스 가격이 달라질 때 서비스 수요를 변화를 나타낸 것이다. 수요는 가격이 하락하여 40,000원이 될 때까지는 증가하고 30,000원 이하가 되면 다시 감소한다. 가격의 결정은 기업의 전략적 선택에 따라 달라질 수 있다. 만약 기업의 목표가 시장점유율을 극대화하는데 있다면 40,000원의 가격으로 최고의 수요를 얻는 것이 바람직할 것이다. 반면, 매출 극대화나 이윤 극대화가 가격 결정의 기준이라면, 총 매출, 원가, 이익 등을 계산한 후 매출이 최대로 되는 때의 가격이나 이윤이 최대로 되는 때의 가격을 선택하면 될 것이다.

4.3 가격책정의 방식

그러면 실제로 가격을 책정하는 방식에는 어떤 것들이 있을까? 서비스 기업의 목표나 서비스 자체의 특성에 따라 가격을 정하는 방식도 달라질 수 있다. 대표적인 방식 몇 가지 만을 생각해보면 다음과 같다.

(1) 고정 가격법

고정 가격법(fixed pricing)은 모든 고객에게 동일한 요금을 적용하는 방식이다. 가장 간단하면서 실제로 가장 많이 사용되는 기본적 방식이다. 이 방식의 장점은 당연하지만 쉽고 공평하다는데 있다. 물론 단점은 전략적 신축성이 없다는 것이다. 하지만 현실적으로 고객의 성향이나 배경에 대해 일일이 파악하기 힘든 경우가 많기 때문에 가격을 따로따로 매긴다는 것이 쉬운 일은 아니다. 이 방식은 서비스 공급 능력이나 서비스 네트워크 자원에 한계가 없을 때 주로 사용된다.

(2) 차별 가격법

차별 가격법(discriminatory pricing)은 고객에 따라 다른 요금을 책정하는 방식이다. 예를 들어 서로 다른 고객이 같은 시간대에 같은 종류의 서비스를 요청할 경우, 고객의 프로파일을 고려하여 어떤 고객 그룹에게는 높은 가격을, 또 다른 그룹에게는 낮은 가격을 요금으로 부과할 수 있다. 물론 이 방식을 쓰기 위해서는 서비스 제공자가 고객의 프로파일에 대해 충분한 데이터를 보유하고 있고 또 그 데이터를 정확하게 분석할 수 있는 기술을 보유하고 있어야 한다. 특히 서비스 공급 능력이나 서비스 네트워크 자원에 한계가 있을 때이거나, 서비스 자체가 주관적이고 이질적인 성격이 강할 때 이 방식을 많이 사용한다.

(3) 다중 가격법

다중 가격법(multiple pricing)은 서비스의 품질이나 유효성에 따라 가격 수준을 달리 책정하는 방식을 가리킨다. 같은 서비스라고 하더라도 내용이나 품질을 달리하여 다양한 가격대로 제공할 수 있다. 예를 들어 건강진단 서비스의 경우, 진단의 종류나 진단의 방법을 다르게 하여 여러 종류의 진단 메뉴를 제공할 수 있다. 또는 같은 내용과 품질의 서비스라고 하더라도 서비스를 요청한 시간대나 지역에 따라 다른 가격을 부과할 수도 있다.

(4) 동적 가격법

동적 가격법(dynamic pricing)은 서비스 시스템의 용량이나 고객의 도착률 등에 따라 수시로 다른 가격을 책정하는 방식이다. 쉽게 말해, 가장 일손이 부족할 때 가장 많은 고객이 몰리면 가장 높은 가격을 부과하고 그 반대의 경우에는 가장 낮은 가격을 부과하는 식이다. 따라서 미리 책정한 고정 가격이 없는 경우가 대부분이다. 음식점에서, 어떤 메뉴에 대해서는 가격 없이 그냥 '시가(時價)'라고 써 놓은 것도 이 방식의 예라고 할 수 있다. 따라서 이 방식은 서비스 공급 가격이나 조달 능력이 불안정할 때 자주 쓰게 된다.

제5절 동태적 경쟁 전략

5.1 지속적 경쟁 전략

서비스 기업이 생존하기 위해서는 경쟁우위 전략을 잘 선택하는 것도 중요하지만 경쟁우위를 지속적으로 유지할 수 있어야 한다. 시간이 흐르면서 처음에 확보한 경쟁력의 효과는 점점 약해질 수밖에 없다. 지속적 경쟁우위(sustainable competitive advantage)는 초기의 경쟁 전략에 덧붙여 새롭게 개발한 경쟁력이나 기존의 서비스를 바꾸면서 만들어낸 경쟁력을 의미한다.

그렇다면 지속적 경쟁우위를 유지하기 위해 무엇을 해야 할까? 당연한 얘기지만 먼저 남들과 다른 무엇을 만들어내야 한다. 설사 처음에는 별 차이가 없다고 하더라도 시간에 지나면서 확실히 다른 차별적 특성을 찾아야 한다. 또 남들이 치고 들어올 수 없는 높은 장벽을 구축해야 한다. 아무나 쉽게 뚫고 들어올 수 있다면 경쟁력을 오래 유지할 수 없다.

(1) 새롭고 독특한 가치의 창출

제품 시장도 그렇지만 서비스 시장에서도 시간이 흐를수록 표준화 현상이 일어나게 된다. 모든 서비스가 비슷해지는 것이다. 따라서 지속적 경쟁력을 위해서는, 시간이 지날수록 제공되는 서비스가 경쟁사와는 분명히 다르며 그 차이는 확실한 가치를 가진다는 사실을 고객들에게 인식시킬 수 있어야 한다. 예를 들어 여행서비스를 보자. 대부분의 여행서비스 기업이 표준화된 여행상품만을 판매한다. 그러나 개인의 독특한 취향이나 특수한 니즈에 맞추어 주는 컨시어지 여행상품을 개발한 것은 새로운 경쟁력의 원천을 잘 찾은 사례라고 할 수 있다. 또 여행에 필요한 하나하나의 개별 서비스를 원스톱으로 제공하는 패키지 서비스를 개발한 경우도 또 다른 예이다.

(2) 대체가 어려운 서비스의 확보

지속적 경쟁우위를 유지하기 위해서는 현재 제공하고 있는 서비스가 다른 서비스로 쉽게 대체될 수 있어서는 안 된다. 시간이 흐르면서, 이미 존재하고 있는 경쟁자나 새로 시장에 진입하는 잠재경쟁자가 유사한 서비스를 제공하기 어렵게 만들어야 하는 것이다. 예를 들어, 새로운 서비스 기술을 개발하여 다른 경쟁자가 기술적으로 모방할 수 없는 새로운 개념이나 방식의 서비스를 제공하는 것을 들 수 있다.

(3) 서비스 인프라의 구축

서비스 인프라를 확충하는 전략도 가능하다. 일반적으로 대리점이 많은 서비스 기업은 그렇지 못한 기업들에 비해 강력한 경쟁우위를 확보할 수 있다. 남보다 앞서서 서비스 네트워크를 지속적으로 늘려나가면, 나중에는 경쟁사들이 쉽게 대리점을 늘릴 수 없는 상황이 된다. 대리점의 위치도 중요할 수 있다. 전철역 부근의 병원이나 은행과 같이 접근성이 좋은 위치에 소재한 대리점의 경우 지리적인 강점을 갖게 된다. 따라서 이러한 서비스 네트워크를 보유한 기업의 경우 근접한 지역에 경쟁사의 대리점이 생기지 않는 한 지속적 경쟁우위를 누릴 수 있다.

(4) 진입장벽이 높은 서비스의 제공

어느 서비스 시장이나 시간이 흐르면서 새로운 서비스의 출현을 맞게 된다. 새로운 서비스가 시장에 들어올 때는 진입장벽(entry barrier)을 넘어야 한다. 이때 이 장벽을 높이 쌓을 수 있다면 잠재경쟁자가 쉽게 시장에 들어올 수 없어 그만큼 지속적 경쟁력을 유지할 수 있다.

진입장벽을 높이기 위해서는 먼저 서비스의 특성을 잘 이해해야 한다. 어느 재화의 속성은 그 재화를 구매하기 전에 미리 알 수 있는 것들도 있고 그 재화를 구매하여 사용해 봐야만 알 수 있는 것들도 있다. 컴퓨터, 책, CD 등과 같은 제품은 사기 전에 이미 그 제품의 속성이나 품질을 비교적 잘 알 수 있지만 대부분의 서비스는 직접 사용해 보고 나서야 그 속성과 품질을 평가할 수 있는 경험적 속성이 강하다. 이러한 서비스의 경험적 속성 때문에 구매자가 기존의 서비스로부터 다른 서비스로 바꾸는데 들어가는 비용인 전환비용은 제품보다 서비스에서 더욱 중요하다. 바로 이 전환비용을 토대로 진입장벽을 구축할 수 있다.

우선, 전환비용은 서비스 기업이 고객과의 관계를 오래 유지할수록 더욱 높아진다. 예를 들어, 회계법인 또는 법률회사와 같이 고객과 긴밀한 관계를 개발하고 고객에 대한 많은 지식을 축적하게 되면 보다 높은 전환비용을 창출할 수 있다. 또한, 서비스의 유통채널을 통제함으로써 전환비용을 높일 수 있다. 게임 포털 사이트가 게임 콘텐츠 개발업체들과 독점적인 계약을 맺어 타 포털 사이트에 콘텐츠를 제공하지 못하도록 통제하는 것이 그 예이다. 마지막으로, 서비스 산업의 가장 큰 진입장벽 중 하나이자 서비스 모방에 있어 가장 큰 걸림돌은 서비스 제공업체들이 보유한 경험이다. 서비스 기업들은 경험을 통해 다른 기업들이 모방하기 힘든 경쟁력을 확보할 수 있다. 예를 들어, 오랫동안 특정 기술(시장) 분야에 특화된 리서치/컨설팅 업체의 경험과 지식은 일반 컨설팅 업체들이 모방할 수 없는 지속적 경쟁우위의 토대가 된다.

5.2 서비스 확산 분석

서비스 마케팅의 직접적인 활동을 의미하는 것은 아니지만, 서비스의 확산 과정과 양상의 분석도 마케팅 전략의 수립에 중요한 정보를 제공한다. 신서비스(신제품)가 시장에 나와서 어떤 방향과 속도로 퍼져나가는지를 예측할 수 있다면 마케팅 전략을 세우는데 큰 도움이 될 것이다. 따라서 시간의 흐름에 따라 신서비스(신제품)가 어떤 양상으로 확산되는가를 정량적으로 추정하고 예측하려는 시도가 계속되어 왔다.

신서비스(신제품) 확산의 정량적 모형은 기본적으로 '신서비스(신제품)의 확산은 커뮤니케이션 채널을 통해 이루어진다'는 가정을 기반으로 한다. 새로운 것이 사람들 사이에 알려지고 받아들여지는 과정에는 사람들 사이에 커뮤니케이션이 일어날 수 있도록 매개체의 역할을 하는 채널이 존재한다는 것이다. 이 채널은 다시 외부의 매스미디어 채널과 내부의 대인 채널이라는 두 가지 채널로 구성된다. 예를 들어 스마트폰을 이용한 새로운 서비스가 시장에 나오면, 사람들은 한편으로는 광고나 전문사이트를 참고하여 나름대로 관련정보를 얻기도 하고 다른 한편으로는 이미 스마트폰을 구매하여 그 서비스를 사용한 사람들의 입소문을 듣기도 한다. 전자가 외부의 매스미디어 채널이고 후자가 내부의 대인 채널이다. 이 두 가지 채널이 확산 과정에 어떤 영향을 미치는가를 정량적으로 분석한 모형인 함수 모형을 가지고 미래에 얼마나 많은 사람들이 그 서비스(제품)을 받아들일 것인가를 예측하는 것이 확산 모형의 주요 주제이다.

(1) 기본 모형

확산 모형의 기본적 아이디어나 방법은 비교적 간단하다. 과거의 자료들을 플로팅(plotting) 하여 곡선(curve)을 만든 후, 그 곡선에 가장 잘 맞는 함수를 찾는 식이다.

그렇다면 확산의 패턴은 어떤 요인에 의해 어떻게 달라질까? 앞에서 설명한대로, 확산 모형은 외부와 내부의 두 가지 커뮤니케이션 채널을 기반으로 한다. 여기서 확산을 유인하는 각 채널의 역할에 따라 다음 세 가지의 경우가 나타날 수 있다. 첫째는, 확산이 외부 채널만을 통해 일어난다고 보는 경우이다. 즉, 광고나 인터넷 등을 통해 얻은 정보만을 가지고 그 서비스를 구매를 할 것인지 말 것인지를 결정한다고 보는 것이다. 둘째는, 반대로 서비스의 확산이 내부 채널만을 통해 일어난다고 보는 경우이다. 즉, 이미 그 서비스를 사용하고 있는 사람들의 입소문을 통해서만 구매 여부가 결정된다고 보는 것이다.

셋째는, 확산이 외부 채널과 내부 채널 모두의 영향을 받아 일어난다고 보는 경우이다. 가장 현실적이고 균형적인 모형이다. 이 때 사용되는 대표적인 함수 모형이 Bass 모형이다(Bass, 1969). 물론 Bass 모형 외에도 여러 가지 모형들이 있지만 수리적으로 복잡할 뿐만 아니라 대부분 Bass 모형을 부분적으로 변형한 것이기 때문에 여기서는 Bass 모형을 자세히 알아보기로 한다. 독자에 따라서는 여기서 나오는 수리적 내용들을 이해하기 어려울 수도 있다. 그런 경우에는 세세한 수리적 부분보다는 전체적 개념을 이해하는데 초점을 맞추면 된다.

(2) Bass 모형

가. 개념적 모형

앞에서 언급한 것처럼, Bass 모형은 잠재적인 새로운 서비스의 채택자들이 두 가지 형태의 커뮤니케이션 채널에 의해 영향을 받고, 그 영향의 차이에 따라 크게 두 그룹으로 나눌 수 있다고 가정한다. 외부 채널에 영향을 받는 그룹은 남의 얘기와 상관없이 본인이 얻은 객관적 정보를 토대로 독자적인 구매 결정을 한다. 따라서 이 그룹을 혁신자(innovator)라고 한다. 이에 반해 내부 채널에 영향을 받는 그룹은 이미 구매한 다른 사람들을 모방하여 구매 결정을 하기 때문에 모방자(imitator)라고 부른다.

[그림 4-9]에서 보는 것처럼, 채택자의 수는 외부 채널의 그룹과 내부 채널의 그룹을 합한 값이 된다. 시간의 흐름에 따라 채택자의 수가 어떻게 변하는가를 보여주는 분포 곡선은 종모양 곡선(bell-shaped curve)으로 나타난다. 채택자의 수는 지속적으로 증가하다가 최고점에서부터 서서히 감소하기 시작한다. 최고점 T*는 채택자의 수가 가장 많은 시점이다. 시간의 흐름에 따라 채택자의 수를 누적함수로 표현하면 S-curve를 얻을 수 있다. 종모양 곡선에서 최고점인 T*는 S-curve에서는 변곡점에 해당한다. 또한 확산 초기에 일정 상수만큼의 채택자가 존재하며, 시점 0에서 2T*까지의 분포는 T* 시점을 중심으로 대칭(symmetric)이라고 가정한다.

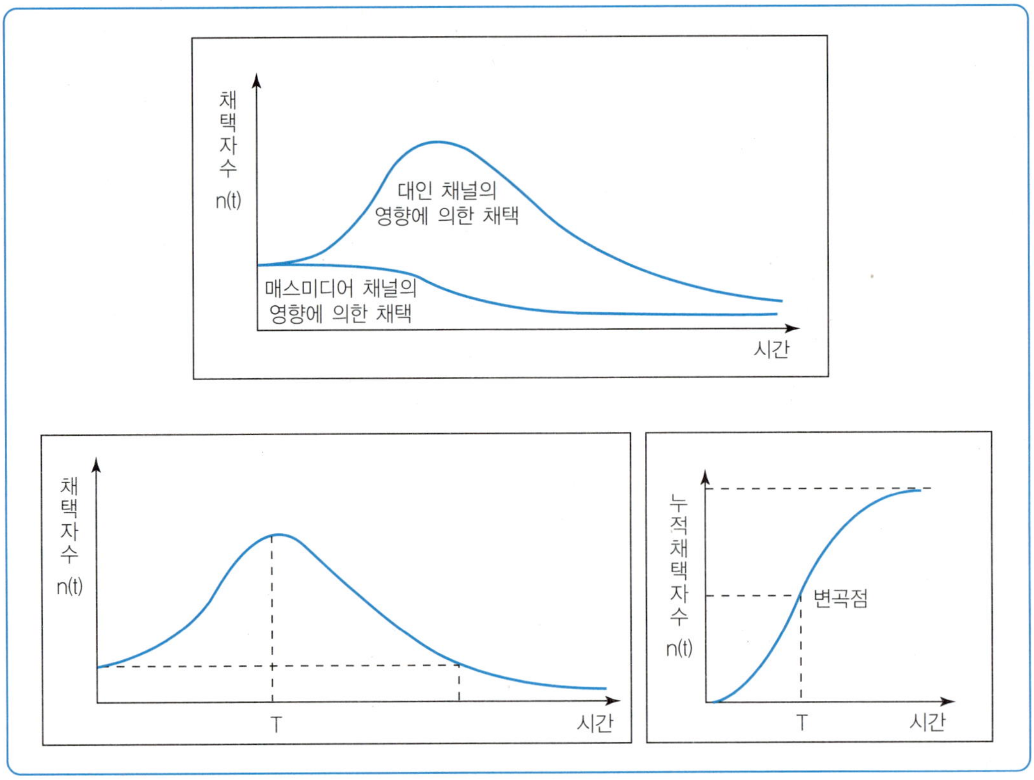

[그림 4-9] Bass 모형의 개념적 구조

나. 수리적 모형

정량분석을 위해서는 개념적 모형을 수리적 모형으로 변환해야 한다. 이 과정은 이 책의 범위를 넘어서는 수리 지식을 필요로 하기 때문에 간략히 요점만 설명한다.

우선 어느 시점에서 고객이 그 서비스를 구매할 가능성은 하나의 확률(probability) 문제가 되므로 함수(function)로 표현할 수 있다. 서비스가 처음 시장에 출시된 시점을 0이라고 하고, 시점 0에서 시작하여 그 서비스를 구매를 하게 될 t 시점까지 걸리는 시간의 누적함수를 F(t)라고 하자. 따라서 누적함수 F(t)의 밀도함수는 f(t)가 된다(누적함수와 밀도함수에 대한 기본적인 지식은 기초통계학 교과서를 참조하길 바람). 한편 신서비스(신제품)를 채택할 수 있는 잠재고객의 총 수, 모집단(population)을 m이라고 하자. 그러면 시점 t에서의 채택자 수는 mf(t) = n(t)로 나타낼 수 있다. 그러므로 누적 채택자 수는 mF(t) = N(t)로 쓸 수 있다. 또한 n(t)는 N(t)의 미분값이 된다.

그렇게 되면 다음과 같은 Bass 모형의 기본식이 성립한다.

$$n(t) = \frac{dN(t)}{dt} = p[m - N(t)] + \frac{q}{m} N(t)[m - N(t)]$$

이 식을 잘 들여다 보면 어느 시점에서 서비스가 확산되는 비율은 모집단 안에서 이미 그 서비스를 채택한 고객과 아직 채택하지 않은 고객의 크기가 어떻게 변하는가에 따라 결정된다는 사실을 알 수 있다. 즉 아직 채택하지 않은 고객의 크기인 $m-N(t)$가 변화율을 결정하게 되는 것이다. 그 이유는 매우 분명하다. 아직 서비스가 확산될 여지가 많이 남아있을 때는 빠른 속도로 퍼져 나가다가 더 이상의 여지가 없어지는 수준에 오면 천천히 확산될 것이기 때문이다.

어느 특정 시점에서 보면, 모집단까지 남은 값인 $m-N(t)$는 바로 계산이 되는 값이다. 하지만 이 값을 '변화율'로 표현하려면 그 앞에 계수가 붙어야 한다. 문제는 이 변화율의 계수를 어떻게 정량적으로 나타낼 것인가에 있다. 이 계수가 어떻게 결정되는가에 따라 함수의 모형이 달라지기 때문이다.

위에서 설명한 것처럼, Bass 모형은 외부 채널로부터 영향을 받는 혁신자 그룹과 내부 채널로부터 영향을 받는 모방자 그룹은 계수가 다르다고 가정한다. 먼저 앞의 $p[m-N(t)]$는 이미 채택한 사람의 수인 $N(t)$의 영향을 받지 않는 혁신자 그룹의 채택을 나타내며, 다음으로 뒤의 $\frac{q}{m}N(t)[m-N(t)]$는 이전의 채택자 수인 $N(t)$의 영향을 받는 모방자 그룹의 채택을 의미한다. 그러므로 앞의 계수 p를 혁신계수(coefficient of innovation)라고 하며, 뒤의 계수 q를 모방계수(coefficient of imitation)라고 부른다.

다. 모수 추정

이제 위의 식에 들어있는 세 개의 모수, 외부영향의 혁신계수(p), 내부영향의 모방계수(q), 잠재시장 규모(m)를 추정해야 한다. 이 작업은 주로 과거의 데이터를 수집한 후 회귀분석(regression analysis)을 이용하게 된다.

라. 예제

S사는 이동통신 서비스를 제공하는 기업으로 최근 새로운 서비스 상품을 출시하였다. S사는 다양한 마케팅 활동을 통해 신서비스의 출시를 알렸으며, 그 결과 서비스의 초기 판매량은 매우 양호한 것으로 나타나고 있다. 아래 〈표 4-4〉는 지난 21주간의 서비스 가입자 수에 대한 자료이다. S사 기획실에서는 서비스 설비 투자와 관련된 의사결정을 내리기 위해 초기 판매 자료를 이용하여 Bass 모형을 만들고, 그 결과를 토대로 미래 수요를 예측하고자 한다.

〈표 4-4〉 S사의 신서비스 가입자 수

주(시간)	누적가입자 수(N(t))	가입자 수 (n(t)=N(t)-N(t-1))
1	108,398	66,063
2	181,798	73,400
3	277,862	96,064
4	454,622	176,761
5	662,825	208,202
6	881,100	218,275
7	1,112,008	230,908
8	1,347,294	235,286
9	1,628,972	281,678
10	1,911,804	282,832

11	2,211,165	299,361
12	2,543,117	331,952
13	2,885,009	341,892
14	3,245,181	360,172
15	3,609,419	364,238
16	3,989,215	379,796
17	4,373,477	384,262
18	4,758,789	385,312
19	5,145,513	386,724
20	5,533,536	388,023
21	5,927,397	393,861

회귀분석을 수행한 결과, 결정계수 R^2의 값이 0.9605로 모형의 설명력이 높으며, 모수들도 모두 통계적으로 유의한 것으로 나타나고 있다. 따라서 이 결과를 토대로 잠재시장 m, 혁신계수 p, 모방계수 q를 구하면, 다음 〈표 4-5〉와 같다.

〈표 4-5〉 Bass 모형의 추정 결과 (p, q, m)

모수	p	q	m
추정치	0.008586157	0.14	10,047,517

표에서 보면, 올해 S사가 출시한 신서비스의 혁신계수는 약 0.0086, 모방계수는 약 0.14, 잠재시장의 규모는 10,047,517 정도로 나타났다. 또 [그림 4-10]에서와 같이, 추정한 모수를 토대로 미래 시점에서의 누적 가입자 수를 예측할 수도 있다.

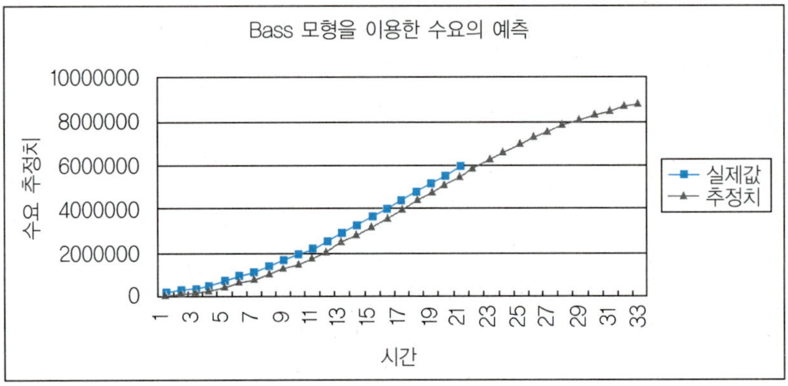

[그림 4-10] Bass 모형의 예측치

한편, 모형의 설명력과 예측의 정확도가 얼마나 높은지를 검증하기 위해 예측값과 실제값을 비교한 결과가 [그림 4-11]에 도시되어 있다. 그림에서 보면 실제값과 추정치가 거의 일치함을 알 수 있다.

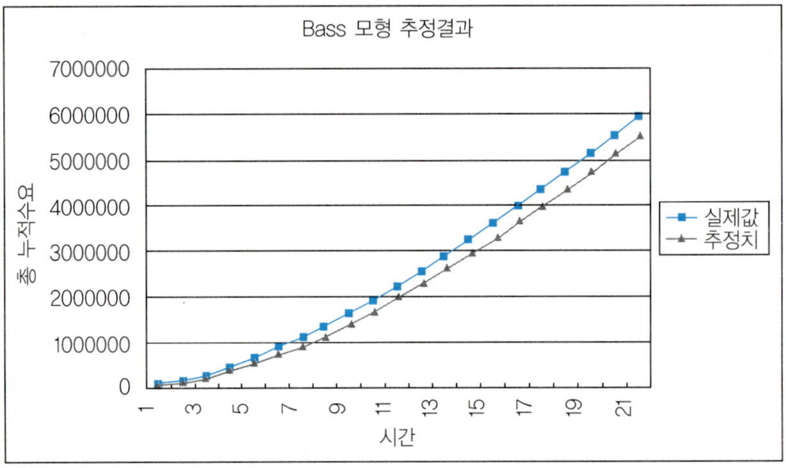

[그림 4-11] Bass 모형의 실제값과 추정치

제6절 제품-서비스 통합 전략

6.1 기본 배경

서비스의 발전에 있어서 가장 최근에 등장하고 있는 주제로는 제품과 서비스의 결합을 들 수 있다. 앞에서 살펴본 것처럼, 전통적으로 시장과 기업의 관리 대상이 된 것은 제품이었다. 따로 밝히지 않아도 '기업' 하면 제품을 생산하는 기업을 가정하였고, '마케팅' 하면 상품의 마케팅을 가정하였고, '생산' 하면 공산품의 생산을 가정하였다. 그러다가 제품과는 그 성격과 형태가 다른 서비스에 대한 관심이 커지기 시작하면서 서비스 마케팅, 서비스 프로세스, 서비스 비즈니스 등이 연구와 실무의 주제로 등장하였다. 한마디로 먼저 나온 제품은 제품대로, 나중에 나온 서비스는 서비스대로 각각의 특성을 반영한 독자적인 이론과 기법을 발전시켜 온 것이다.

하지만 산업 전반에서 차지하는 서비스의 비중이 커지고 그 중요성이 더욱 강조되면서, 전통적 제조기업 역시 제품과 서비스를 묶어서 하나의 패키지로 제공하는 새로운 전략을 시도하고 있다. 이러한 전략적 변화는 좁게는 단순히 서비스를 제품에 추가하여 제공하는 것에서부터, 넓게는 근본적인 핵심역량을 제조 중심에서 서비스 중심으로 바꾸는 경우까지 다양하게 나타나고 있다. 제품을 만들어 판매하던 제조기업이 서비스를 활용하여 제품과 서비스를 동시에 제공하거나, 서비스만을 제공하던 서비스업이 제품을 활용하여 서비스의 가치를 향상시키는 사례들이 등장하기 시작한 것이다.

좁은 의미이자 소극적인 방식의 서비스화로는 고객 서비스 전략(customer service strategy)을 들 수 있다. 제품을 판매하는 시점에서 정보서비스, 운송서비스, 결제서비스 등의 서비스를 추가적으로 제공함으로써 제품의 가치를 올리는 전략을 말한다. 사후 서비스 제공(after sales service provider)도 자주 사용되는 전략이다. 제품을 판매한 이후에 교체품 제공, 고장 수리, 제품사용을 위한 교육훈련 등의 서비스를 제공하여 고객 만족을 올리는 방식이다. 고객 지원서비스 제공(customer support service provider)도 많이 쓰이는 전략이다. 가능하면 고장이 발생하지 않도록 고장 점검, 프로세스 최적화, 유지보수 계약 등의 지원 서비스를 제공한다.

그러나 보다 넓은 의미이자 적극적인 방식은 제품과 서비스를 통합하는 접근이다. 아예 제품을 설계할 때 서비스와의 연계를 고려한다든가 새로운 서비스를 개발할 때 특정 제품을 염두에 두고 프로세스를 설계하는 방식을 사용하는 것이다. 실제로 오늘날 거의 모든 제품은 서비스를 제공하기 위한 도구로 볼 수 있으며 반대로 오늘날 거의 모든 서비스는 제품이라는 도구 없이는 제공이 불가능하다고 볼 수 있다. 이러한 추세를 반영하여 제품과 서비스의 통합을 표현하는 다양한 용어들이 제시되었다. 그 가운데 오늘날 가장 널리 사용되는 용어가 PSS(Product-Service System)이다.

[그림 4-12] 제품-서비스 결합상품의 예: 스마트 폰(출처: http://itviewpoint.com)

제품과 서비스를 통합하는 전략, 즉 PSS 전략을 구사하게 된 가장 큰 원인은 비즈니스 모델과 소비 추세의 변화라고 할 수 있다. 과거에는 대부분의 부가가치와 수익이 제품에서 만들어졌고 따라서 제품의 품질과 성능이 비즈니스 경쟁력의 핵심이었다. 그러나 가치의 창출이 서비스 부분으로 이동하고, 동시에 단기적인 수익창출이 아니라 장기적인 고객만족이 중요한 기업 목표로 인식되면서, 고객만족을 위한 서비스가 새로운 비즈니스 모델의 원천으로 떠오르고 있다. 다시 말해 제품의 효용과 기능은 품질이나 성능이 좋은 것에 의해 평가되는 것이 아니라 고객이 원하는 서비스를 제공할 수 있는가에 따라 결정된다는 것이다.

사례 – 애플의 앱스토어

애플(Apple)은 음악을 듣기 위한 mp3 플레이어인 아이팟(iPod)을 출시하면서, 아이튠즈(iTunes)라는 인터넷 웹사이트를 함께 제공하였다. 고객이 궁극적으로 원하는 것은 제품의 구매가 아니라 구매 후 편리하게 음악을 검색하고 다운받는 것이라는 소비자 니즈를 제대로 파악한 것이다. iTunes를 통해서 원하는 파일을 손쉽게 mp3 플레이어로 다운받아 들을 수 있게 되면서, iPod과 iTunes는 서로 훌륭한 보완재 역할을 하게 되고 결과적으로 서로의 고객도 늘게 되었다. iPod이라는 제품과 iTunes라는 서비스가 결합되면서 강력한 시너지 효과를 창출해 낸 것이다.

제품과 서비스를 통합하여 새로운 가치를 창출하는 애플의 노력은 여기서 그치지 않았다. 애플은 아이폰(iPhone)을 출시하면서 앱스토어(App Store)라는 서비스를 같이 제공하였다. 앱스토어는 말 그대로 어플리케이션을 사고 팔 수 있는 온라인 시장으로, 소비자들이 다양한 형태의 어플리케이션을 만들어 사고 파는 것을 중개하는 곳이다. 앱스토어는 아이폰 뿐만 아니라 어플리케이션 다운로드가 가능한 기존의 iPod과도 호환된다. 따라서 소비자들은 앱스토어에서 원하는 어플리케이션을 다운받아서 iPod 또는 아이폰에서 쉽게 사용할 수 있게 되었다. 이미 앱스토어에서 거래되고 있는 어플리케이션은 수십만 개에 이르고 있으며, 지금도 계속 늘어나고 있다.

앱스토어 사례에서 눈여겨 볼 것은, 고객이 아이폰을 사는 이유가 아이폰 휴대전화의 성능이 뛰어나서가 아니라 다양한 애플리케이션을 구매하고 이를 활용할 수 있다는 확장성 때문이라는 점이다. 즉, 아이폰을 구매하는 고객이 기대하는 것은 아이폰이라는 제품 그 자체가 아니라 앱스토어로부터 제공받을 수 있는 다양한 형태의 서비스라는 것이다. 결국 아이폰의 경쟁우위는 제품 자체가 아니라 제품에 추가되어 제공되는 다양한 서비스에 있다.

6.2 용어와 개념

엄밀히 말해서, 세상에 100% 제품인 것도 100% 서비스인 것도 없다. 제품이라고 하여도 거기에는 약간의 서비스적인 부분이 있고 서비스라고 하여도 거기에는 약간의 제품적인 요소가 섞여 있다. 다음 [그림 4-13]에서 보는 것처럼, 전체를 100이라고 했을 때, 제품과 서비스가 차지하는 비중에 따라, 제품과 서비스가 제공하는 역할에 따라, 아니면 제품과 서비스가 이어지는 위치에 따라 다양한 형태의 제품-서비스 통합이 만들어지게 된다.

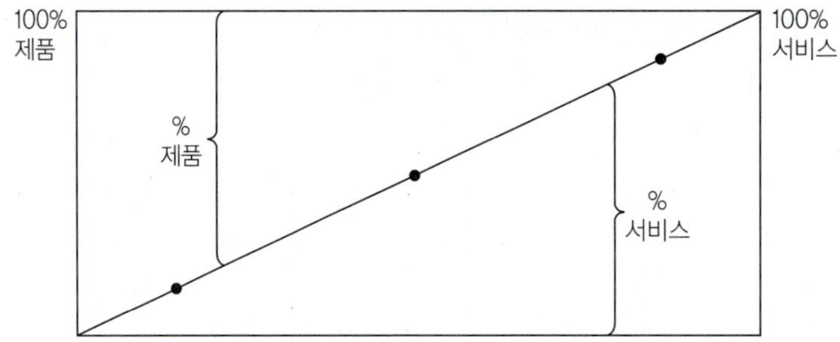

[그림 4-13] 제품과 서비스의 비중에 따른 연계

제품-서비스의 통합과 관련하여, 다른 이름의 다양한 개념(concept) 및 용어(terminology)들이 사용되어 왔다. 최근에 가장 널리 사용되는 용어가 PSS이긴 하지만 그 외에도 여러 가지 개념과 용어들이 제시되었다. 이러한 개념들은 세부적인 특징이나 사용되는 용어만 다를 뿐, 대부분 같은 개념을 다르게 표현한 것들이다. 그러나 그 중에는 실제로 특성이나 내용의 변화를 나타내는 개념과 용어들도 있다. 이 개념과 용어의 차이를 크게 마케팅 관점과 환경적 관점으로 나누어 살펴보자.

(1) 마케팅 관점

마케팅 관점에서 보면, PSS는 제품의 판매를 위해 서비스를 보조 수단으로 이용하는 것을 가리킨다. 이런 목적으로 마케팅 분야에서 널리 활용되어 온 용어로는 Bundling을 들 수 있다. Bundling은 '둘 또는 그 이상의 제품과 서비스를 함께 하나의 패키지(package)로 판매하는 행위' 를 말한다. 이 때 Bundling은 결합하는 행위를 뜻하는 동사이며, 결합된 제품 및 서비스로서의 명사는 bundle 또는 package로 불린다. Bundling은 제품과 서비스의 결합뿐만 아니라 제품과 제품의 결합에도 사용되는 용어이다. 따라서 Bundling은 제품의 판매촉진을 목적으로 서비스를 부가적으로 제공하는 것을 전제로 하는 제품 중심의 개념이라고 할 수 있다.

System Selling 역시 Bundling을 기본 전제로 하고 있는 개념이다. 이 용어는 '보다 확장된 고객 니즈를 만족시키기 위해 제공되는 제품과 서비스의 결합' 으로 정의된다. 즉, 개별적으로 판매될 수 있는 하드웨어 및 소프트웨어 등을 묶어서 '하나의 시스템으로 판매하는' 것이다. 대부분의 System Selling은 규모가 크고 구성이 복잡하기 때문에 B2C(Business to Customer)보다는 B2B(Business to Business) 분야의 판매에 초점을 두고 있다.

Bundling을 전제로 하는 또 다른 유사 개념으로 Full Service를 들 수 있다. Full Service는 '특정 문제와 관련된 고객의 니즈를 총체적으로 만족시키기 위한 제품 및 서비스의 포괄적인 bundle' 로 정의된다. Full Service는 보다 많은 고객 니즈를 한꺼번에 충족시킨다는 점에서 Bundling보다 더 깊고 넓은 개념이다. 따라서, Package – Systems Selling – Full Services으로 갈수록 충족시키는 고객의 니즈 수준이 보다 깊어지고 넓어진다고 할 수 있다.

서비스를 강조하기 위해 한 걸음 더 나아간 개념으로는 Product Service를 들 수 있다. Product Service는 '타 경쟁 제품과의 차별화를 목적으로 제품과 함께 제공하는 추가적인 서비스의 집합' 으로 정의된다. 마케팅 관점에서 우리 제품을 다른 제품과 차별화하기 위한 수단으로 부수적으로 제공되는 각종 서비스를 의미하는 것이다.

(2) 환경적 관점

제품과 서비스 통합의 또 다른 배경과 동기는 환경 요인이다. 환경 문제가 시장 경쟁의 핵심적 변수로 부각되면서, 서비스와의 통합을 통해 자원절약형 제품 또는 친환경 제품을 개발하는 노력이 시작되었다. 이 과정에서 만들어진 개념이 바로 Product-Service System(PSS)이다.

환경 요인에서 출발하기는 하였지만, PSS는 오늘날 제품-서비스 통합을 표현하는데 가장 널리 사용되는 용어이다. PSS의 핵심은 제품과 서비스를 결합하여 고객의 니즈를 충족시킬 수 있는 기능(function)을 제공하는데 있다. PSS는 제품이나 서비스 자체를 판매하는 것이 아니라 제품과 서비스의 결합을 통해 기능을 판매하는 것에 초점을 맞춘다. 물론 그 기능 가운데는 친환경 기능, 자원절약 기능 등이 포함된다.

기능의 판매를 핵심으로 하는 또 다른 개념으로는 Functional Sale을 들 수 있다. Functional Sale은 '고객 니즈를 만족시키기 위해 시스템, 사물, 서비스가 결합된 솔루션을 수명주기 전반에 걸쳐 제공하는 행위' 로 정의된다.

PSS나 Functional Sale 등은 첫째, 서비스와 제품이 통합되고, 둘째, 서비스 측면이 설계 단계에서부터 반영되며, 셋째, 제품의 제공보다는 기능을 제공하는 것에 초점을 맞춘다는 공통점을 가지고 있다.

6.3 사례

지금까지 제품-서비스 통합이라는 개념과 용어들이 어떻게 제시되고 또 어떻게 변화해 왔는지를 살펴보았다. 이러한 제품-서비스 통합의 흐름은 비단 이론적 분석뿐 아니라 실제 사례의 관찰을 통해서도 인식할 수 있다. 여기서는 우리 주변에서 볼 수 있는 다양한 제품-서비스 통합 사례를 살펴보고, 그 의미에 대해 논의하도록 한다.

짧은 사례 - 카 인포테인먼트

인포테인먼트는 영어의 Information과 Entertainment의 합성어로, 운전자가 차 안에서 다양한 정보화 기기를 통해 받을 수 있는 여러 가지 서비스를 통칭하는 용어이다. 인포테인먼트의 수준이 올라가고 범위가 넓어지면서 이제는 자동차라는 제품을 인포테인먼트라는 서비스와 떼어놓고 생각할 수 없는 시대가 되고 있다.

우선 기본 기능인 구동 및 조작과 관련해서는 내비게이션/멀티미디어 기기들이 자동차와 융합되어 새롭고 편리한 서비스들을 제공하고 있다. 제품 관점에서는 디지털화, 고속 통신화 등의 혁신이 일어나고 서비스 관점에서는 텔레매틱스, 오프라인 서비스와의 연결, 교통정보 및 모바일과의 융합 등의 혁신이 일어나고 있다. GPS 및 무선통신을 이용하여 운전자에게 교통 정보와 엔터테인먼트 콘텐츠를 제공하는 서비스가 제품-서비스의 통합을 보여주는 대표적 사례이다.

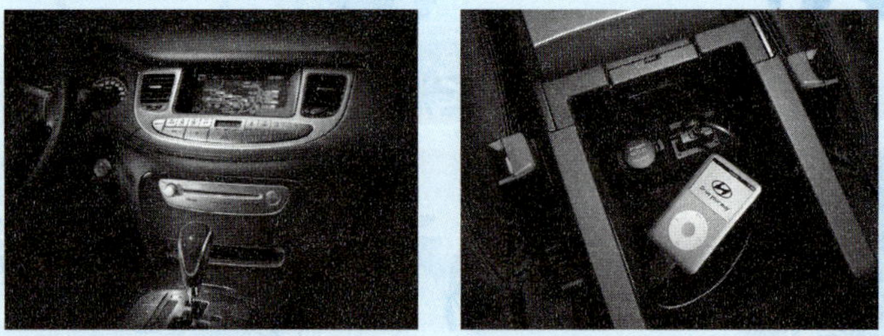

[그림 4-14] 카 인포테인먼트의 예(출처: http://www.carserviceup.com)

(1) 애플 아이폰 – 앱스토어

앞의 사례에서 본 것처럼, 고객이 아이폰을 사는 이유는 휴대전화의 성능이 뛰어나서가 아니라 다양한 애플리케이션을 구매하고 이를 활용할 수 있다는 확장성 때문이다. 아이폰을 구매하는 고객이 기대하는 것은 아이폰이라는 제품 그 자체가 아니라, 앱스토어로부터 제공받을 수 있는 다양한 형태의 서비스라는 것이다.

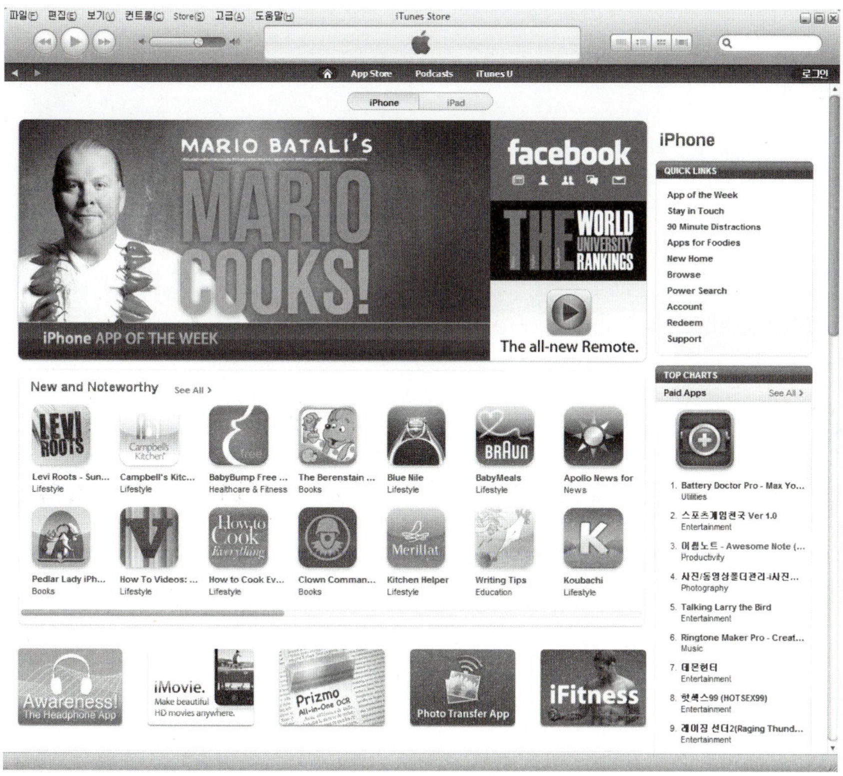

[그림 4-15] 앱스토어 홈페이지

(2) 카쉐어링

제품을 지원하기 위한 서비스라는 개념에서 한발짝 나아가 제품이 가지고 있는 기능 자체를 제공하는 것에 초점을 둔 경우도 있다. 카쉐어링(car-sharing) 서비스가 대표적으로 이 경우에 해당된다.

카쉐어링은 자동차 의존도가 비교적 낮은 시민들에게 필요한 시점에 개인 자동차 이용을 가능하게 하는 서비스이다. 개인의 자동차 보유로 인한 부담을 줄이고 나아가 사회적 비용도 낮추고 환경 문제도 완화시키는 목적으로 등장한 서비스이다. 실제로 카쉐어링 서비스는 70년대 유럽에서 시작된 이후 전 세계로 퍼져 2006년 기준, 전 세계 18개 국 약 600개 도시에서 약 35만 명이 이용하고 있다.

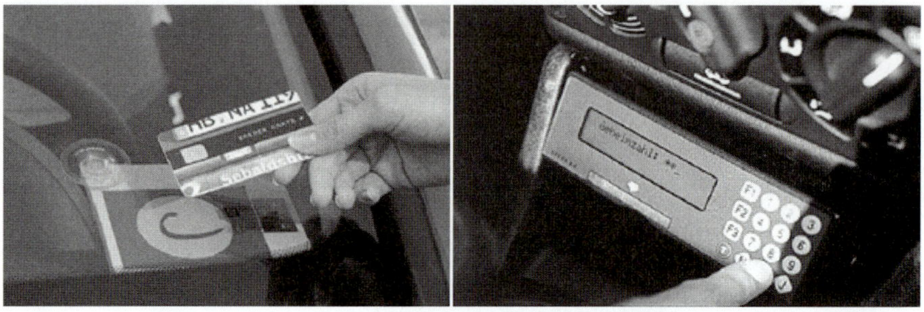

[그림 4-16] 카쉐어링 시스템의 스마트카드 및 도난방지 시스템

카쉐어링에서 가장 중요한 것은 구매되는 대상이 무엇인가 하는 것이다. 카쉐어링은 자동차라는 제품의 소유권을 제공하는 것이 아니라 이동성이라는 서비스를 제공하는 개념이다. 고객은 자동차라는 제품 자체를 구매하는 것이 아니라 자동차가 제공하는 기능인 '이동성'을 구매함으로서 제품을 소유하지 않은 상태에서 그 제품의 가치를 보유하게 되는 것이다. 카쉐어링은 제품 자체만을 판매하는 전략으로부터 제품의 기능을 서비스화하여 판매하는 전략으로 전환된다는 의미에서 제품-서비스 통합의 사례로 볼 수 있다.

(3) 델 맞춤화 서비스

델(Dell)사의 맞춤화(customization) 서비스도 대표적인 제품-서비스 통합 사례로 볼 수 있다. 델은 표준화된 PC의 제조 및 판매 방식을 고객 개개인에게 맞춤형 서비스를 제공하는 방식으로 바꾸어 큰 성공을 거두었다.

이 과정에서 소비자는 델의 웹사이트에 접속하여 자신이 원하는 부품을 하나씩 선택하여 개별적으로 차별화된 PC의 사양을 구성하게 되고 델은 이러한 고객 요구사항을 받아 고객이 원하는 대로 컴퓨터를 주문 제작하는 것이다. 결국 모든 고객에게 동일 제품을 싸게 파는 개념에서 다양한 고객에게 각자가 원하는 맞춤형 서비스를 파는 개념으로 바뀐 것이다.

[그림 4-17] 델 홈페이지

(4) 제록스 글로벌 서비스

잘 알려진 것처럼, 제록스(Xerox)는 복사기를 생산하고 판매하는 대표적인 제조회사이다. 그러나 복사기는 수명주기가 상대적으로 길고 제품의 차별화가 어려워 제품 판매만으로는 지속적으로 가치를 창출하기가 쉽지 않다. 이 문제를 해결하기 위해, 제록스는 사업구조를 변경하여 제록스 글로벌 서비스(Xerox Global

Service)라는 사업부문을 신설하였다.

이 사업부는 제록스가 제조하는 하드웨어를 활용하여, 문서와 관련된 정보를 관리하는 다양한 활동을 대행하는 컨설팅 부서이다. 또한 사무실의 복사기나 프린터 등의 위치를 최적화하여 고객이 적은 비용으로도 고효율의 인쇄 서비스를 받을 수 있도록 하는 컨설팅 서비스도 제공하고 있다. 이러한 변화를 통해 제품 자체의 판매보다 제품을 통해 제공할 수 있는 솔루션의 제공이 가장 큰 부가가치를 창출하는 구조가 되고 있다.

6.4 제품-서비스 시스템

앞에서 제품-서비스 시스템(PSS)의 배경과 특성에 대해 알아보았다. 그렇다면 제품-서비스 시스템의 구체적 유형에는 어떤 것들이 있으며 각각의 차이는 무엇일까? 크게 보면, PSS는 제품 중심 PSS, 사용 중심 PSS, 결과 중심 PSS로 나눌 수 있다. 각 유형의 특성과 내용에 대해 좀 더 자세히 살펴보도록 하자.

(1) 제품 중심 PSS

제품 중심 PSS(Product-oriented PSS)는 제품을 판매하거나 사용하는 것을 촉진시키기 위해 서비스가 부가적으로 추가되어 제공되는 형태를 의미한다. 제품 판매를 위한 서비스 제공, 제품의 효율적 사용을 위한 서비스의 제공이 주 목적이 되는 것이다. 따라서 다양한 형태와 방식의 A/S 서비스 제공이 중심이 된다. 유지보수 계약 서비스가 대표적 예라고 할 수 있다. 또 정수기를 고객에게 판매하고 주기적으로 A/S 및 필터 교체 서비스를 제공하는 경우도 좋은 예가 된다.

(2) 사용 중심 PSS

사용 중심 PSS(Use-oriented PSS)는 제품을 판매하는 대신 사용 그 자체, 다시 말해 제품의 기능을 판매하는 제품-서비스 시스템을 의미한다. 여기서 중요한 것은 고객이 구매하는 것은 유형적 제품이 아니라 그 제품이 제공하고 있는 기능이라는 점이다. 자동차를 사는 대신 이동성을, 세탁기를 사는 대신 세탁기능을, 에어컨을 사는 대신 시원한 공기의 공급 자체를 사는 것이다.

제품이 아닌 기능을 제공하기 때문에 고객이 기능을 구매하였다고 하더라도 소유권은 고객에게로 이전되지 않으며 제품의 관리 및 유지보수는 공급자가 맡아서 한다. 그러므로 고객은 제품을 소유하지 않고 단지 기능을 활용할 뿐이다. 앞에서 설명한 카쉐어링의 경우가 여기에 해당한다. 카쉐어링의 경우 고객은 차를 구매하는 대신, 시간당 또는 이동거리당 일정한 금액을 내고 차를 사용한다. 바로 앞에서 제품 중심 PSS의 사례로 언급된 정수기의 경우도 고객이 만일 정수기를 구매하지 않은 상태에서 정수기를 대여하여 사용하는 경우에는 사용 중심 PSS라고 할 수 있다.

(3) 결과 중심 PSS

결과 중심 PSS(Result-oriented PSS)는 기능을 구매한다는 관점을 한 단계 넘어, 제품을 구매하거나 사용하지 않은 채 그 제품으로부터 나오는 결과물만을 이용하는 것을 가리킨다. 이 경우, 고객에게 최종적으로 전달되는 것은 서비스의 결과물이다.

다음과 같은 예를 생각해 보자. 먼저 세탁기 제조업자가 세탁기를 고객에게 판매하고 주기적으로 A/S를 제공하는 경우는, 단지 부가적 서비스의 제공이라는 면에서 제품 중심 PSS라고 볼 수 있다. 다음으로, 만일 세탁기 제조업자가 세탁기를 판매하지 않고 코인 세탁기와 같이 공용 세탁소를 운영하면서 사용량에 따라 요금을 받는 경우라면, 고객은 제품을 구매하지 않고 세탁 기능만을 구매하는 것이므로 사용 중심 PSS로 볼 수 있다. 마지막으로, 만일 기업이 고객에게 필요할 때마다 세탁된 와이셔츠를 제공하고 고객은 세탁된 와이셔츠를 사용하는 것에 요금을 지불한다면, 고객은 서비스의 결과물 자체만을 받는 것이기 때문에 이는 결과 중심 PSS로 볼 수 있다.

사례 – 닌텐도의 PSS 설계

오랫동안 게임 시장을 선도해 왔던 닌텐도(Nintendo)도 결국 시장의 왕좌를 소니(Sony)의 PS(플레이스테이션)에 넘겨 주고 말았다. 그 때까지 게임 시장은 더욱 성능이 좋은 하드웨어, 더욱 현실적인 그래픽, 더욱 복잡한 스토리의 게임을 한발 앞서 출시하는 경쟁의 연속이었고 이 싸움에서 소니에게 패하고 만 것이다. 부활을 위해 닌텐도는 어렵고 복잡한 매니아용 게임이 아니라 남녀노소 모두가 손쉽게 즐길 수 있는 게임의 개발로 발상을 전환하였다. 그러기 위해서는 '누구나 쉽게 조작할 수 있는 제품'과 '누구나 즐길 수 있는 게임(서비스)'을 동시에 개발하는 것이 성공의 관건이었다. 여기서 나온 제품이 Wii 리모컨이고 이를 이용하는 서비스로 나온 것이 Wii 스포츠였다.

제품 설계 – Wii 리모컨

누구나 게임을 즐기기 위해서는 고성능의 사양과 화려한 그래픽이 아니라 손쉬운 조작 방식을 개발하는 것이 먼저였다. 여기서 탄생한 제품이 'Wii 리모컨'이다. Wii 리모컨은 TV 리모컨과 비슷하게 생겨서 한 손으로 쉽게 잡을 수 있으며 화면에 대고 버튼을 누르며 포인터를 움직일 수 있게 되어 있다. 더구나 리모컨 자체에 스피커가 내장되어 있어 사실감 넘치는 음향효과도 제공하였다. TV 리모컨처럼 쉽게 사용할 수 있으면서 게임 속에서 자신이 실제 주인공이 되어 게임을 즐길 수 있도록 만든 것이다.

서비스 설계 – Wii 스포츠

Wii 리모컨이라는 제품의 장점을 가장 잘 체감할 수 있는 게임이 Wii 리모컨과 함께 출시된 'Wii 스포츠'라는 서비스이다. Wii 스포츠는 테니스, 야구, 골프, 볼링, 권투 등의 5종목의 미니게임으로 구성되어 있다. Wii 리모컨을 움직이는 대로 라켓이나 배트가 되어 실제로 스포츠 게임을 하는 듯한 재미를 준다. 앉은 자리에서 양손으로 게임기를 조작하는 기존의 방식에서 벗어나 연령, 성별, 경험에 상관없이 누구나 자유롭게 몸을 움직이면서 스포츠 게임에 몰입할 수 있는 방식으로 바꾼 것이다.

제7절 온라인 서비스 전략

지금까지 살펴본 서비스 전략은 주로 제품 전략을 기반으로 만들어진 전통적 전략 개념들을 서비스 전략에 활용한 것들이다. 물론 제품과 서비스의 차별적 특성을 고려하여 수정한 것도 있고 보완한 것도 있으며 아예 새로 만든 것도 일부 있다. 따라서 대부분의 서비스 전략은 제품 전략과 비교하여 공통점과 차이점을 모두 지니고 있다.

그러나 오늘날의 서비스 패러다임이 과거의 패러다임과 가장 두드러지게 다른 점은 제품과 서비스의 차이가 아니라 오프라인(off-line) 서비스와 온라인(on-line) 서비스의 차이라고 할 수 있다. 그만큼 온라인 서비스의 등장과 성장은 서비스 전략의 근본적인 패러다임을 바꾸고 있다.

그렇다면 오프라인과 비교한 온라인의 본질적 특성은 무엇일까? 그 특성을 알아야 서비스 패러다임이 왜 달라지고 나아가 서비스 전략이 어떻게 바뀌어야 하는지를 이해할 수 있다. 앞 장에서 설명한 것처럼, 온라인과 오프라인의 근본적 차이는 라인(line)으로 연결되어 있느냐 그렇지 않느냐에 있다. 그러므로 라인으로 연결되어 있는 온라인의 특성은 곧 라인이 가지고 있거나 만들어내는 특성이 된다.

온라인의 첫 번째 특성은 네트워크(network)라는 속성이다. 이 특성은 라인의 '구조' 에 관한 것이다. 물론 오프라인에도 네트워크가 없는 것은 아니다. 개인과 개인, 개인과 기업, 기업과 기업을 이어주는 네트워크는 존재한다. 그러나 물리적 접촉을 통해서만 만들어질 수 있는 오프라인의 네트워크는 그 구조가 매우 제한적일 수 밖에 없다. 이에 비해 온라인의 네트워크는 규모와 범위가 훨씬 크고 넓으며 연결의 속도도 빠르다. 두 번째 특성은 디지털의 속성이다. 이 특성은 라인의 '내용' 과 관련되어 있다. 라인을 따라 이동하고 전달되는 내용물 즉 콘텐츠가 디지털 형태로 되어있기 때문에 기존의 아날로그에 비해 담을 수 있는 콘텐츠의 용량이 엄청나게 커진다. 또한 콘텐츠 간의 결합이나 조합이 쉬워져서 그 안에서 새롭게 만들어지는 콘텐츠도 늘어난다. 세 번째 특성은 다양성이다. 이 특성은 라인의 '유형' 에 관한 것이다. 초기의 온라인은 전통적인 유선 라인에서 출발하였다. 그러나 최근에는 무선 라인, 모바일 라인에 이르기까지 라인의 형태가 점점 다양해지고 있다.

온라인의 특성 때문에 서비스의 패러다임이 달라지고, 서비스 패러다임의 변화는 당연히 서비스 전략의 변화를 가져 온다. 이러한 변화에 따라 다양한 온라인 서비스 전략이 제시되고 또 실무에 적용되고 있다. 온라인 전략도 그 범위가 매우 넓어서 한마디로 정리할 수는 없다. 하지만 앞에서 살펴본 것처럼, 온라인 서비스는 e-Service를 통해 비즈니스로 실현되기 때문에 서비스 전략의 핵심은 곧 e-Service 비즈니스 모델이 된다. 여기에서는 e-Service 비즈니스 모델을 중심으로 온라인 서비스 전략을 살펴보기로 하자.

7.1 e-Service 비즈니스 모델

(1) 기본 개념

비즈니스 모델(Business Model: BM)은 이론적, 실무적으로 많은 논의가 있었음에도 불구하고 아직 정확한 개념이 정립되어 있지 않고 따라서 보편적인 정의도 없는 실정이다. 그러나 이미 많은 전문가들의 견해와 다양한 실무 사례들이 제시되어 있기 때문에, 어느 정도 표준적이고 공통적인 이해의 기반은 형성되어 있다고 할 수 있다.

예를 들어 비즈니스 모델은 '기업이 매출을 발생시키는 사업의 방식(Rappa, 2000)', '고객에게 가치를 전달하고 이를 통해 수익을 창출하는 총체적인 시스템(Slywotzky, 1996)'이라는 포괄적 정의가 있다. 그런가 하면 보다 구체적으로 '첫째, 다양한 사업 참여자들의 정의 및 역할을 설명하고, 둘째, 제품, 서비스, 정보의 흐름 구조를 알려주고, 셋째, 참여자들의 잠재적인 수익과 이익의 원천이 표현되어 있는 내용(Timmers, 1998)'으로 비즈니스 모델을 정의하기도 한다.

어느 정의를 따르느냐에 관계없이, 오늘날의 비즈니스 모델은 온라인이라는 개념을 바탕에 깔고 있다. 기존의 오프라인 시대 비즈니스 모델이 갖는 기본적 요건과 기준을 토대로 그 위에 온라인만의 특성을 반영한 새로운 비즈니스 방식을 말하는 것이다. 이러한 점들을 종합해 보면, BM은 '기술적 가능성(technical feasibility)이라는 요소와 상업적 타당성(commercial viability)이라는 요소로 구성된 온라인 기반의 사업 구조와 절차'라고 요약할 수 있다. 비즈니스 모델로 인정받기 위해서는 과연 이 모델이 온라인 상에서 기술적으로 작동할 수 있는가

하는 기술성의 문제와 거래를 통해 필요한 수익을 창출할 수 있는가 하는 상업성의 문제에 대한 해답을 모두 제시해야 한다.

서비스의 관점에서 보면, 온라인 비즈니스 모델은 곧 e-Service를 의미한다. 다시 말해 e-Service를 통해 새로운 비즈니스 전략과 방식이 만들어지는 것이다. 따라서 우리가 온라인 비즈니스 전략이라고 말하면 그것은 곧 e-Service 기반의 비즈니스 전략을 의미한다고 할 수 있다.

(2) 비즈니스 모델의 분류

온라인 기술의 진보와 온라인 시장환경의 변화에 따라 많은 비즈니스 모델들이 개발되어 왔고 지금도 개발되고 있다. 비즈니스 모델들이 쌓이면서, 이들을 적절한 기준에 의해 분류하려는 시도들도 많이 이루어져 왔다. 여기에서는 그 가운데에 가장 대표적인 분류들을 몇 가지 살펴보기로 한다.

가. 사업운영 방식에 따른 분류

웹 상의 다양한 비즈니스 모델들을 원래 오프라인 상에 존재하던 비즈니스 모델이 웹으로 이식된 경우와 처음부터 웹 상에서 새롭게 창출된 비즈니스 모델의 두 가지로 나눈 후, 각각의 경우에 해당되는 세부적인 비즈니스 모델들을 추가하는 식의 분류도 가능하다(Bambury, 1998). 〈표 4-6〉에 구체적인 분류도가 정리되어 있다.

이 분류 기준은 다양한 비즈니스 모델을 순수 온라인 방식과 온-오프 혼합 방식으로 나누었다는 측면에서 중요한 의미를 지닌다. 온라인 기술 혁신이 상거래 방식이나 비즈니스 형태에 어떤 영향을 미칠 수 있으며, 어떤 새로운 가능성을 제공할 수 있는지를 파악할 수 있는 전략적 정보를 제공하는 것이다.

〈표 4-6〉 사업운영 방식에 따른 분류

구분	모델
인터넷에 이식된 오프라인 비즈니스 모델 (transplanted real-world model)	우편 주문형 모델(the mail-order model)
	광고 기반형 모델(the advertising based model)
	구독형 모델(the subscription model)
	무료 시험판 모델(the free trial model)
	직접 마케팅 모델(the direct marketing model)
	부동산 모델(the real estate model)
	인센티브 체계 모델(incentive scheme models)
	기업 간 거래 모델(business to business)
	모델 간 조합(combinations of the above models)
순수 인터넷 비즈니스 모델 (native Internet business Model)	도서관 모델(the library model)
	무료 소프트웨어 모델(the freeware model)
	정보 교환 모델(the information barter model)
	디지털 제품 배달 모델(digital products and the digital delivery model)
	접속 제공 모델(the access provision model)
	웹 호스팅 및 기타 인터넷 서비스(web site hosting and other internet services)

나. 가치사슬 구조에 따른 분류

가치사슬(value chain)의 요소들을 통합 내지 결합하는 방식의 차이를 기준으로 〈표 4-7〉과 같은 11가지 비즈니스 모델을 제시하기도 한다(Timmers, 1998). 이 분류체계는 비즈니스 모델의 분류 기준 가운데 가장 먼저 제시된 것으로서, 상거래의 가치(value) 내지 가치사슬(value chain)을 분류 기준으로 사용한 점에서 중요한 의미를 지닌다. 비즈니스 모델의 형태를 가치사슬의 구조라는 관점에서 유형화함으로써, 비즈니스 모델의 분석과 설계 과정에 유용한 정보를 제공하고 있는 것이다.

〈표 4-7〉 가치사슬 요소에 따른 분류

비즈니스 모델	세부 설명
e-shop	재화와 서비스 판매를 중심으로 하는 상점형 비즈니스
e-procurement	재화와 서비스의 전자적 제공 및 알선 중심의 조달형 비즈니스
e-auction	전통적 경매 방식을 전자적으로 실행하는 경매형 비즈니스
e-mall	전자소매 상점의 집합인 모형 비즈니스
3rd party marketplace	제3자 위탁 방식의 비즈니스
virtual communities	가상공동체를 구성하고 멤버로부터 나오는 가치를 활용하는 비즈니스
value chain service provider	가치사슬 내의 특정 기능을 특화 하여 제공하는 비즈니스
value chain Integrator	정보흐름 단계 사이의 부가가치를 이용하기 위해 가치사슬의 단계를 통합하는 비즈니스
collaboration platforms	기업 간 협업을 위한 전자적 환경과 tool을 제공하는 비즈니스
information Broker	네트워크 상에서 발생하는 데이터로부터 부가가치를 창출하는 정보 서비스 비즈니스
trust service	제3자에 의한 전자 인증 및 공증을 대행하는 신뢰제공 서비스 비즈니스

다. 수익창출 방식에 따른 분류

비즈니스 모델은 수익이 창출되는 방식과 수익이 존재하는 원천에 따라 여러 가지 유형으로 나눌 수 있다. 이 경우의 비즈니스 모델은 넓은 의미의 비즈니스 모델과 따로 분리하여 특히 수익 모델(profit model)이라고 부르기도 한다. 예를 들어 〈표 4-8〉에 요약되어 있는 것처럼, 비즈니스 모델을 크게 9개의 유형으로 나눈 후, 각 유형에 적합한 수익 모델을 제시할 수 있다(Rappa, 2000).

이 분류체계는 상거래의 궁극적 목적인 수익성을 분류 기준으로 제시한 점에서 가장 실용적이고 경제적인 의미를 지닌다. 즉, 비즈니스 모델이 어디에서 수익을 발견할 수 있고, 어떤 방법으로 수익을 창출할 수 있는가를 분석함으로써, 기존 비즈니스 모델의 수익성을 개선하거나 새로운 비즈니스 모델의 수익성을 확보할 수 있는 정보를 제공하는 것이다.

〈표 4-8〉 수익 창출 방식에 따른 분류

비즈니스 모델	수익의 원천	
	주요수익	세부 적용 수익
중개형 모델 (brokerage model)	거래수수료	판매자 입점 시에 상점개설 대행 수익, 제품 추가 시 리스트 게재 수익
광고형 모델 (advertising model)	광고수익	
정보중개형 모델 (infomediary model)	고객정보판매	
상인형 모델 (merchant model)	제품판매수익	
제조업체형 모델 (manufacturer model)	제품판매수익	
제휴형 모델 (affiliate model)	고객/매출 유도로 인한 일정 수수료	
커뮤니티형 모델 (community model)	광고수익, 고객정보판매	스폰서(sponsorship)
구독형 모델 (subscription model)	회원 가입비, 종량 요금(pay per use)	
실용성 모델 (Utility model)	서비스 이용료	

7.2 e-Service 비즈니스의 진화

앞에서 살펴본 것처럼, 무선 기기(wireless device)와 무선 네트워크(wireless network)의 급속한 발전과 확산으로 인하여 기존의 e-Services는 끊임없이 변화하고 또 진화하고 있다. 이 과정을 기술적, 시장적 요인의 변화에 따라 세 단계, 즉 웹 서비스(w-Service), 모바일 서비스(m-Service), 유비쿼터스 서비스(u-Service)로 나눈다. 각 단계의 특성과 차이를 간략히 정리해 보자.

e-Service의 첫 번째 유형이자 아직까지 주류를 차지하고 있는 유형은 유선 웹기반(web-based(W)) 서비스이다. 웹 서비스는 전통적인 오프라인 서비스와 비교하여 더 낮은 비용과 더 빠른 속도로 서비스를 창출한다. 또한 온라인으로 연

결될 수 있는 폭 넓은 고객층을 대상으로 서비스를 제공할 수 있다.

두 번째 유형이자 빠른 속도로 성장하는 유형은 모바일(mobile(M)) 서비스이다. 기존의 웹 기반에서는 고정 단말기를 활용하여 제한된 장소에서 유선 네트워크를 중심으로 서비스가 이루어지지만, 모바일 환경에서는 이동통신 단말기를 활용하여 무선 네트워크를 중심으로 서비스가 제공된다. 따라서 고정된 웹의 한계를 벗어난 모바일 서비스는 이동성(mobility)과 개인화(personalization)를 강조한다. 나아가 선별적(targeted)인 고객층을 대상으로 맞춤형 서비스를 제공한다.

마지막 유형이자 차세대 유형으로 주목 받고 있는 유형은 유비쿼터스(ubiquitous(U)) 서비스이다. 시간과 공간의 한계를 극복할 유비쿼터스 서비스의 가치는 확산성(pervasion)과 통합성(convergence)에 있다. 또한 다양하고 이질적인 고객 집단을 대상으로 서비스를 제공한다.

지금까지 설명한 세 가지 서비스의 비즈니스 모델을 요약하여 비교하면 아래의 〈표 4-9〉와 같다.

〈표 4-9〉 W-, M-, U-Service 비즈니스 모델의 비교

기준	웹 서비스	모바일 서비스	유비쿼터스 서비스
비즈니스 가치	- 저가(low cost) - 빠른 속도(high speed)	- 이동성(mobility) - 개인화(personalization)	- 확산성(pervasion) - 융합성(convergence)
시장(고객) 계층	- 인터넷-PC 사용자 - 넓은 고객 기반	- 모바일 기기 사용자 - 표적 고객 기반	- 다양한 사용자 - 이질적 고객 기반
잠재 수익원	- 서비스, 광고, 콘텐츠 사용료 - 낮은 네트워크 및 서비스 사용료	- 모바일 서비스 및 네트워크 사용료 - 높은 네트워크 및 서비스 사용료	- 부가가치 서비스 판매 - 낮은 네트워크 사용료 및 높은 서비스 이용료

요약

1. 서비스 전략은 비즈니스 영역, 비즈니스 대상, 비즈니스 방식에 대한 의사결정을 내리는 일이다.

2. 서비스 경쟁우위 전략에는 원가주도 전략, 차별화 전략, 집중화 전략 등이 있다.

3. 서비스 마케팅 전략 수립의 사전 작업으로는 시장 조사와 소비자 분석을 들 수 있다.

4. 서비스 마케팅 전략 수립을 위한 STP 분석은 시장 세분화, 목표시장 선정, 포지셔닝의 세 단계로 구성된다.

5. 일반적인 마케팅 믹스는 제품(product), 가격(price), 유통(place), 촉진(promotion) 전략의 4P로 구성된다.

6. 서비스의 특성을 반영한 서비스 마케팅 믹스는 위의 4P에 프로세스(process), 물리적 표식(physical evidence), 사람(people)을 추가한 7P로 구성되기도 한다.

7. 서비스 가격 전략에는 원가기반 가격 전략, 경쟁자기반 가격 전략, 고객기반 가격 전략이 있으며, 가격 책정의 방식에는 고정 가격법, 차별 가격법, 다중 가격법, 동적 가격법 등이 있다.

8. 서비스 수용 수명주기 전략에서 신서비스를 수용하는 고객집단은 수용시점과 성향에 따라 혁신자, 초기수용자, 전기다수, 후기다수, 비수용자의 다섯 그룹으로 나눌 수 있으며, 그룹과 그룹 사이에 존재하는 간격을 뛰어넘는 것이 서비스 하이테크 마케팅의 핵심이 된다.

9 서비스 확산 전략에서는 신서비스가 시장에서 어떠한 양상으로 확산되는지를 정량적으로 추정하는 문제를 다루며, 대표적인 확산 모형에는 Bass 모형이 있다.

10. 제조기업들의 서비스화 전략은 점차 제품-서비스 통합 전략으로 발전하고 있다.

11. 제품-서비스 시스템(PSS)은 제품 중심 PSS, 사용 중심 PSS, 결과 중심 PSS 등으로 나눌 수 있다.

12. e-Service 비즈니스 모델은 사업운영 방식, 가치사슬 구조, 수익창출 방식 등의 관점에서 여러 유형으로 분류할 수 있다.

13. e-Service 비즈니스는 웹기반 서비스(w-Service), 모바일 서비스(m-Service), 유비쿼터스 서비스(u-Service)의 단계로 진화하고 있다.

핵심 키워드

- 서비스 비즈니스 전략
- 서비스 경쟁 전략
- 서비스 마케팅 전략
- 시장 조사와 소비자 분석
- STP 전략
- 서비스 마케팅 믹스(4P)
- 서비스 가격 전략과 가격 결정 방법
- 서비스 수용 수명주기와 서비스 하이테크 마케팅 전략
- 서비스 확산 전략
- 제품-서비스 통합 전략
- 온라인 서비스 전략
- e-Service 비즈니스 모델

연 습 문 제

개념형-이론형 문제

1. 서비스 경쟁우위 전략의 세 가지 유형을 나열하고 그 내용을 설명해 보자.

2. 소비자 행동분석을 지식(L), 감정(F), 사용(D)의 세 가지 행동의 순서와 우선순위의 차이에 따라 나누는 접근법에 대해 설명하고, 각 유형에 적합한 서비스의 예를 제시해 보자.

3. 서비스 마케팅 믹스의 7가지 핵심 요소에 대해 간단히 설명하고, 각 요소를 분석하기 위한 세부 사항들을 제시해 보자.

4. 서비스 가격 전략의 세 가지 유형을 제시한 후, 특히 제품과 다른 서비스의 특성으로 인해 서비스의 원가를 추정하는데 발생하는 어려움을 설명해 보자.

5. 신서비스를 수용하는 고객 집단을 수용의 시점과 성향에 따라 다섯 그룹으로 분류한 뒤, 그룹과 그룹 사이에서 캐즘이 발생하는 위치와 원인을 설명하고 이를 극복하기 위한 서비스 전략을 제시해 보자.

6. 서비스 확산 모형의 유형을 제시하고, Bass 모형의 기본 개념에 대해 설명해 보자.

7. 제품-서비스의 통합과 관련하여:
   1) 제품-서비스 통합이 등장하게 된 배경을 설명해 보자.
   2) 제품-서비스 통합의 마케팅적 관점과 공학적 관점의 차이를 설명해 보자.
   3) 제품-서비스 시스템(PSS)의 정의와 특성을 설명해 보자.
   4) 제품-서비스 통합의 세 가지 유형과 그 특성을 설명해 보자.

8. 비즈니스 모델의 유형을 분류하는 중요한 기준들을 제시하고, 각 기준에 따라 구체적으로 비즈니스 모델을 어떤 유형으로 나누는지를 설명해 보자.

탐구형-실습형 문제

9. 원가우위, 차별화, 집중화 전략으로 성공한 서비스 기업을 하나씩 찾아보고, 이 기업들 사이에 마케팅 전략이 어떻게 다른지를 비교해 보자.

10. 본문 내 Apple사의 사례를 참고하여 다음 질문을 생각해 보자.
    1) Apple사의 마케팅 전략을 STP 전략 관점에서 설명해 보자.
    2) Apple사의 아이폰(iPhone)과 앱스토어(App Store) 서비스가 서비스 수용 수명주기 상 어디에 해당하는지 분석하고 이러한 환경에 적절한 서비스 전략을 제시해 보자.

11. 본문의 사례를 참고하여, 아웃백 스테이크 하우스가 지속적 경쟁우위를 창출하기 위해서는 어떠한 전략을 수립해야 하는지를 생각해 보자

12. 서비스의 가격책정 방식을 설명하고, 각 방식이 활용되고 있는 실제 서비스 사례를 제시해 보자.

13. 제품-서비스 통합의 사례인 카쉐어링에서 고객 가치 전달, 소유권 이전, 지속가능성 달성이 어떻게 이루어지는지를 설명해 보자.

14. 제품 중심 PSS, 사용 중심 PSS, 결과 중심 PSS의 사례를 하나씩 발굴하여 각각의 성격과 목적을 비교해 보자.

15. 같은 시장(산업)에 함께 존재하는 오프라인 서비스 기업과 온라인 서비스 기업을 발굴하여, 두 기업의 서비스 전략과 방식의 차이를 설명하고 각각의 장점과 단점을 비교해 보자.

조사형-검색형 문제

16. 아래의 시장(분야)에서 STP 전략의 차이가 분명하게 나타나는 기업들의 웹사이트를 조사하여 각각의 전략적 차이를 비교해 보자.
    - 호텔 서비스 시장
    - 의료 서비스 시장
    - 통신 서비스 시장

17. 같은 시장(분야)에서 온라인 서비스를 제공하고 있는 기업들을 발굴한 후, 해당 기업의 웹사이트를 방문하여 전체적인 경쟁 전략과 구체적인 운영 방식의 차이를 비교해 보자.

18. 단일 제품 또는 단일 서비스를 제공하는 기업에서 제품과 서비스를 통합하여 가치를 전달하는 기업으로 변화한 사례를 알아보고 그 과정을 설명해 보자.

19. 본문에서 제시된 다양한 온라인 비즈니스 모델에 대해, 각각의 모델에 해당하는 대표적인 온라인 기업(유형)을 조사하여 제시해 보자.

20. w-Service, m-Service, u-Service의 대표적인 사례를 조사하여, e-Service의 동태적인 변화의 추세를 기술적 관점과 비즈니스 관점에서 설명해 보자.

PART

03 Development and Design of Service

서비스 개발과 설계

CHAPTER

05

신서비스의 개발

구성도

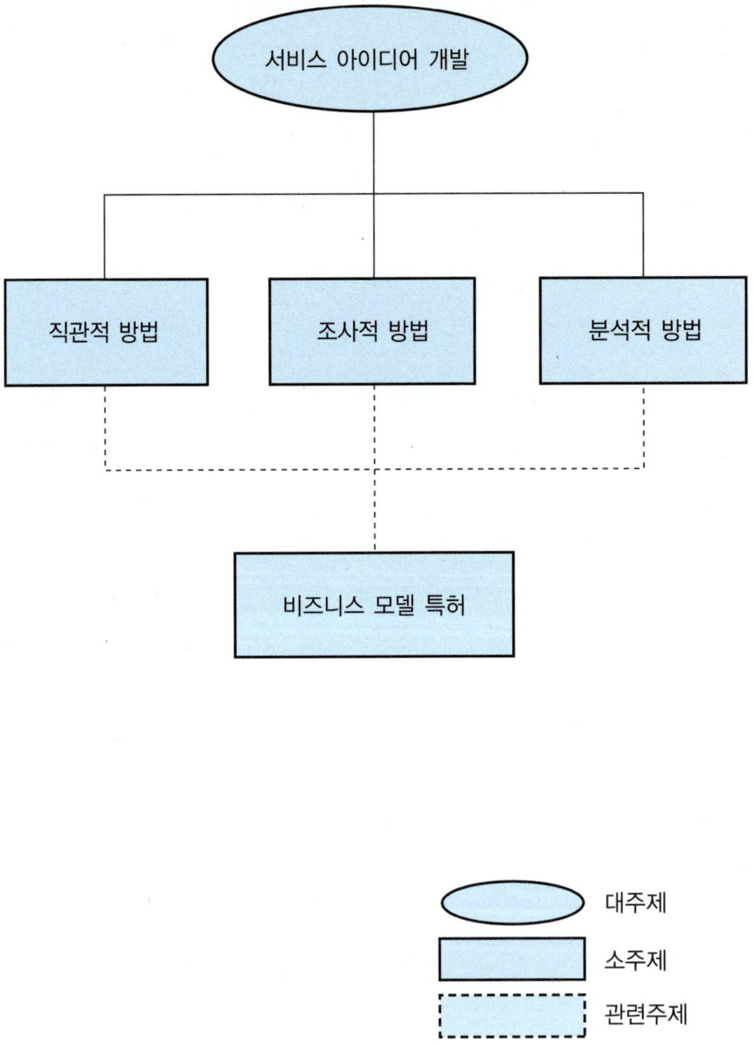

배경과 주요 내용

서비스 전략이 수립되면, 이를 바탕으로 구체적이고 실질적인 서비스가 개발되어야 한다. 새로운 서비스 콘셉트를 창출하고, 이를 평가/선정하는 것은 신서비스 개발에 있어 가장 핵심적인 역할을 하는 활동이다. 또한 서비스 공학이 본격적으로 전개되는 출발점이기도 하다.

서비스 콘셉트 창출을 위한 아이디어는 정해진 틀이나 이론에 따라 만들어질 수 있는 것은 아니다. 그러나 대부분의 새로운 아이디어의 원천은 이미 만들어진 아이디어에 뿌리를 두고 있는 것이 일반적이다. 이미 존재하고 있는 정보에서부터 새로운 아이디어가 나온다는 것이다. 하지만 개인이 보유하고 활용할 수 있는 자료나 데이터베이스는 한계가 있고, 인간이 분석하고 가공할 수 있는 능력도 제한적일 수 밖에 없다. 따라서 아이디어의 창출 과정을 전적으로 개인의 자율과 직관에 맡기기보다는, 정보의 수집과 사고의 정리를 지원하고 보조할 수 있는 도구(tool)가 필요하게 된다.

이러한 수요에 대응하여, 서비스 콘셉트 창출을 위한 다양한 기법들이 개발되어 사용되고 있다. 이 기법들은 대부분 신제품 개발 과정에서 이미 사용되어 온 것들을 신서비스 개발 과정에 적용한 것들이다. 여기에서는 다양한 방법들을 크게 직관적 방법, 조사적 방법 및 분석적 방법으로 나눈 후 각 방법의 기준과 절차를 설명하기로 한다.

서비스 곤셉트들이 만들어지면 그 다음에는 이들에 대한 평가를 통해 실제로 비즈니스로 개발할 대상을 선정하는 작업이 필요하다. 여기에서는 점수 매트릭스를 중심으로 서비스 콘셉트 평가 및 선정 과정에 대해 알아보기로 한다.

마지막으로, 아이디어의 결과물을 지적 재산(IPRs)으로 권리화하는 문제를 간략히 살펴본다. 특히 e-Service 비즈니스 모델의 특허는 서비스 아이디어가 첨단기술과 결합되면 전략적으로 중요한 경영자산이 된다는 사실을 보여준다.

학습 목표

1. 제품 아이디어 창출과 서비스 아이디어 창출의 유사점과 차이점을 말할 수 있다.

2. 서비스 콘셉트 개발 방법들의 종류와 특성을 이해한다.
   - 직관적 기법에는 어떤 것들이 있는지를 이해한다.
   - 조사적 기법에는 어떤 것들이 있는지를 이해한다.
   - 분석적 기법에는 어떤 것들이 있는지를 이해한다.
   - 각 기법들의 장단점을 비교해 본다.

3. 서비스 콘셉트 개발 방법들의 기본 이론과 수행 과정을 이해한다.

4. 서비스 콘셉트 개발 방법들을 실제로 적용할 수 있는 능력을 키운다.
   - 개인 단위로 실제 서비스 아이디어를 도출하는 실습을 해 본다.

5. 팀을 구성하여 서비스 콘셉트 개발 방법들을 적용할 수 있는 능력을 키운다.
   - 팀 단위로 실제 서비스 아이디어를 도출하는 실습을 해 본다.

6. 서비스 콘셉트 평가 및 선정 기준을 설명할 수 있다.

7. 비즈니스 모델 특허의 개념과 요건, 활용 전략을 이해한다.

사례 - 대학 구내식당 서비스 개선

문제의 배경

S 대학의 구내식당은 학생과 교직원을 대상으로 주중에 아침, 점심, 저녁 식사를 제공하고 있다. 밤 늦게나 휴일에는 식당을 열지 않기 때문에 운영 시간 연장에 대한 학생과 교직원들의 요구가 많다. 구내식당의 운영 시간 문제를 해결하고 식당 서비스의 새로운 아이디어를 찾기 위해 태스크 포스(TF) 팀이 구성되었다.

아이디어 도출 과정

S 대학의 TF 팀은 여러 가지 가능한 방법 가운데 신제품 개발에 자주 사용되는 TRIZ 기법을 신 서비스 개발에도 적용하기로 하였다.

단계 1: 문제 정의

우선 문제점 및 해결방안에 대하여 파악하기 위해 식당 운영 책임자, 운영 직원, 고객들에 대해 다음과 같은 내용에 관한 인터뷰를 실시하였다.

1) 운영시간 문제를 해결하기 위한 실현 가능한 해결방법은 무엇인가?

2) 이 해결방법의 장단점은 무엇인가?

3) 운영시간 문제를 해결하기 위한 이상적인 해결방법은 무엇인가?

4) 이 해결방법을 실행하는 과정의 특별한 제약 조건은 무엇인가?

인터뷰 정보를 취합한 후 유용한 기능과 해로운 기능들을 추출하였다. 그리고 [그림 5-1]과 같이 각 기능들간의 관계를 도식화하였다. 이를 바탕으로 총 11개의 문제 및 실현 가능한 해결방법을 도출하여 〈표 5-1〉에 나타내었다.

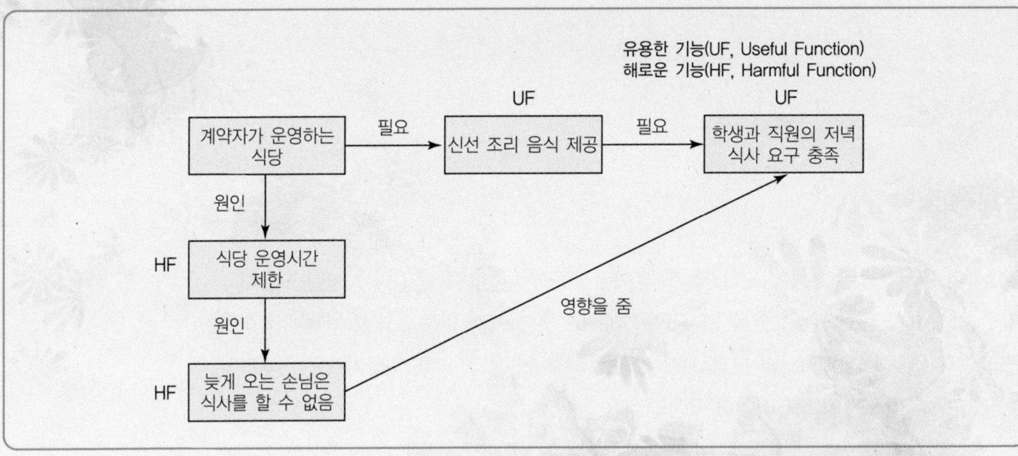

[그림 5-1] 문제의 기능 다이어그램

〈표 5-1〉 문제 및 해결 방법

문제	해결 방법
1) [신선 조리 음식]을 필요로 하지 않고 [늦게 오는 손님은 식사를 할 수 없음]에 영향을 주지 않는 다양한 방법을 찾는다.	언제든지 와서 살 수 있는 음식이나 신선한 조리 음식의 대체재를 제공하기 위한 다양한 방법을 찾는다. 예) 주문 식품 판매, 자동 판매기, 캔 음식, 학생들이 요리하거나 음식을 데울 수 있는 부엌 제공 등
2) [저녁식사 요구 충족]의 효용성을 향상시킬 방법을 찾는다.	
3) 요구 충족을 위해 제공되지만 [계약자가 운영하는 식당]을 필요로 하지 않는 [신선 조리 음식]을 제공하기 위한 다양한 방법을 찾는다.	계약자에 의존하지 않고 신선 조리 음식을 제공할 수 있는 다양한 방법을 찾는다. 예) 시간 제약이 없는 캠퍼스 밖의 운영자와 계약
4) [신선 조리 음식]의 효용성을 향상시키기 위한 방법을 찾는다.	
5) [신선 조리 음식]을 제공하고 [식당 운영시간 제한]이 없는 [계약자가 운영하는 식당]의 다양한 방법을 찾는다.	시간 제약 없이 기존 음식 판매점을 운영하기 위한 다양한 방법을 찾는다. 예) 운영시간을 연장하기 위해 기존 운영자를 독려
6) [계약자가 운영하는 식당]의 효용성 향상 방법을 찾는다.	
7) [계약자가 운영하는 식당]은 [신선 조리 음식]을 제공해야 하지만, [식당 운영시간 제한]에 직면하는 모순을 해결하기 위한 방법을 찾는다.	

<table>
<tr><th>문제</th><th>해결 방법</th></tr>
<tr><td>8) [계약자가 운영하는 식당] 조건에서 [늦게 오는 손님은 식사를 할 수 없음]을 없애기 위한, [식당 운영시간 제한]를 줄이거나 막을 방법을 찾는다.</td><td rowspan="3">시간 제약 없이 고객을 접대할 수 있는 다양한 방법을 찾는다.
예) 운영자가 주문 음식을 조리한 후 고객이 원하는 장소까지 배달하기 위한, 음식의 신선도를 유지할 수 있는 포장 방법</td></tr>
<tr><td>9) [식당 운영시간 제한]의 이점을 찾는다.</td></tr>
<tr><td>10) [식당 운영시간 한계] 조건에서 [학생과 직원의 저녁식사 요구 충족]에 나쁜 영향을 미치는, [늦게 오는 손님은 식사를 할 수 없음]을 없애거나 줄일 방법을 찾는다.</td></tr>
<tr><td>11) [늦게 오는 손님은 식사를 할 수 없음]의 이점을 찾는다.</td><td>고객의 수요 주기를 변화시킬 수 있는 방법을 찾는다. 예) 아침 할인</td></tr>
</table>

단계 2: 문제 해결

단계 1에서 제시한 문제 해결 방법에 더하여 모순 분석(contradiction analysis)을 통해 더 많은 문제 해결 방법을 도출할 수 있다. 예를 들어, 식당의 운영시간과 고객 요구 사이에는 '운영시간은 학생과 직원들의 저녁식사 요구를 충족시키기 위해 충분히 길어야 한다'와 '식당 운영자의 비용 문제 때문에 운영시간은 충분히 길 수 없다'의 모순점이 존재한다. 이러한 모순의 해결 방법은 TRIZ의 분리원칙과 발명원리의 결합을 통해 아래와 같이 도출할 수 있다.

1) 공간의 분리(separation in space): 대학 외부 업체와 계약하고 전화 주문이나 직접 배달 같이 교내에 음식을 공급할 수 있는 다른 방법을 사용하여, 음식 공급 업체에서 음식 제공 부분을 분리시킨다.

2) 전체와 부분들 그리고 각 구성들간의 분리(separation within a whole and its parts, and segmentation): 고객의 식사 요구를 각각 다른 형태와 분야로 세분한다. 늦은 저녁식사 같은 특별한 요구를 지닌 사람들을 분류하고 그들을 위한 특별 서비스를 제공한다.

3) 시간의 분리(separation in time): 식당의 운영 시간을 낮 근무시간, 밤 근무시간 같이 두 부분으로 나누어 운영직원이 교대로 근무하게 한다.

4) 셀프 서비스(self-service): 공용 부엌을 만들어 늦은 저녁식사를 먹고자 하는 사람들이

직접 요리나 음식을 데워 먹게 한다.

5) 사전 활동(preliminary action): 음식 자동판매기를 비치하거나 바쁜 시간에 고객을 분산시키고, 늦은 저녁에 식사를 하고자 하는 사람들을 위한 부엌을 만드는 것과 같이 식당을 보완할 수 있는 수단을 준비한다.

단계 3: 해결 방법 평가

최종적으로 실제 고객들의 평가과정을 통해서 위의 여러 해결 방법 중 음식 공급을 외부업체에 맡기는 방법과 밤에만 운영하는 새 음식 판매점을 개설하는 방법, 그리고 전화나 인터넷을 통해 외부업체가 음식을 제공하는 방법을 선정하였다. 이와 같이 TRIZ를 사용하여 파악한 다양한 해결 방법 중에서 고객의 평가를 거쳐 이상적인 최종결과를 도출할 수 있다.

출처: Chai, K., Zhang, J., and Tan, K. (2005), A TRIZ-based Method for New Service Design, Journal of Service Research, 8(1).

05 신서비스의 개발

제1절 서비스 개발의 기본

1.1 서비스 개발 과정

앞 장에서 살펴본 서비스 전략의 결과물은 새로운 서비스 비즈니스의 계획서이다. 언제 어디서 어떤 서비스 비즈니스를 시작할 것인가를 보여주는 지침서 같은 것이다. 이제 이 전략에 따라 실제로 비즈니스를 전개하려면 먼저 '어떤 비즈니스' 라고 할 때의 비즈니스인 '새로운 서비스' 를 만들어내야 한다. 새로운 서비스의 개발을 NSD(new service development)라고 부른다. 이 용어는 새로운 제품의 개발을 NPD(new product development)라고 불러온 전통을 서비스에서 이어받은 것이다. NSD는 앞의 서비스 전략과 뒤의 서비스 운영을 이어주는 연결고리의 역할을 한다.

새로운 서비스의 개발 NSD 과정은 몇 개의 단계로 구성된다. 이 과정은 이미 오래 전에 자리를 잡은 신제품의 개발 NPD의 과정과 매우 유사하다. 제품이든 서비스든 비슷한 흐름을 따라 만들어지기 때문이다. 따라서 NSD와 NPD는 많은 부분에서 공통적인 단계를 거치고 비슷한 작업을 수행한다. 그러나 서비스만의 차별적 특성이 있기 때문에 부분적으로는 상이한 내용을 담게 된다.

[그림 5-2]에 NPD 과정과 NSD 과정을 비교한 그림을 도시하였다. 그림에서 보는 것처럼 아이디어의 원천과 관련하여 NPD가 기술적 기회를 탐색하는데 반해 NSD에서는 사회적 요인을 분석한다. 설계 단계에서도 NPD가 제품 설계에 초점을 맞춘다면 NSD는 프로세스 설계에 초점을 맞춘다. 이어지는 단계에서도 NPD는 시제품(prototype)을 제작하지만 NSD는 시스템을 설치하는 작업을 하게 된다.

NPD와 마찬가지로 NSD의 핵심은 새로운 아이디어에 있다. 서비스 아이디어의 창출(idea generation)을 통한 서비스 콘셉트(concept)의 개발은 서비스의 개발과 설계가 시작되는 첫 번째 단계이자 가장 핵심적인 역할을 하는 활동이다. 또한 서비스 공학이 본격적으로 전개되는 출발점이기도 하다.

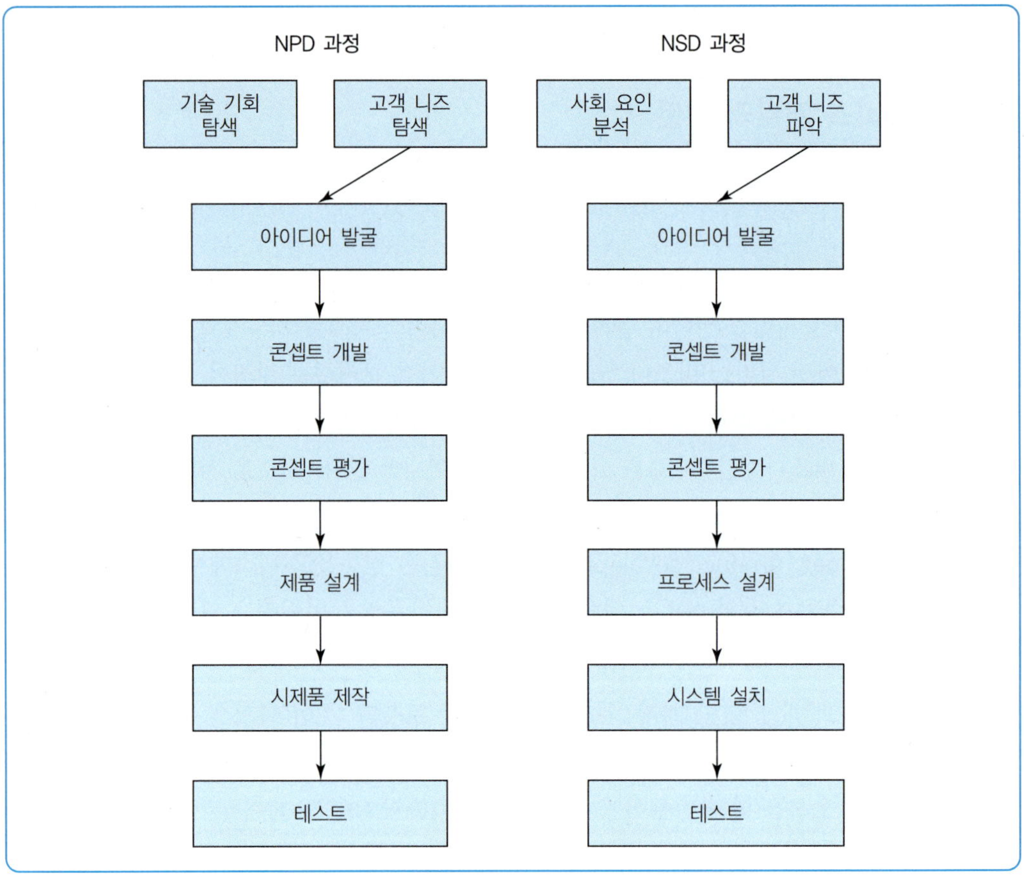

[그림 5-2] NPD 과정과 NSD 과정의 비교

1.2 서비스 아이디어와 콘셉트

서비스 아이디어란 서비스 기업이 기존의 서비스와는 다른 새로운(new) 서비스의 기본적 개념을 만들어내는 아이디어를 말하며, 서비스 콘셉트는 그 아이디어를 하나의 비즈니스로 발전시켜 좀 더 구체적인 용어나 형태로 표현한 것을 의미한다.

보다 구체적으로는, 아래의 [그림 5-3]에 도시되어 있는 것처럼, 서비스 콘셉트는 핵심 서비스(core service), 보완 서비스(supplementary services), 전달 프로세스(delivery process)로 구성된다. 핵심 서비스는 서비스가 제공할 수 있는 본질적, 중심적 기능이나 효용을 의미한다. 보완 서비스는 핵심 서비스를 제공하기 위해 보조적으로 제공하는 서비스를 뜻한다. 따라서 보완 서비스는 있을 수도 있고 없을 수도 있다. 전달 프로세스는 서비스를 어떤 과정이나 수단을 통해 고객에게 전달할 것인가를 나타낸다.

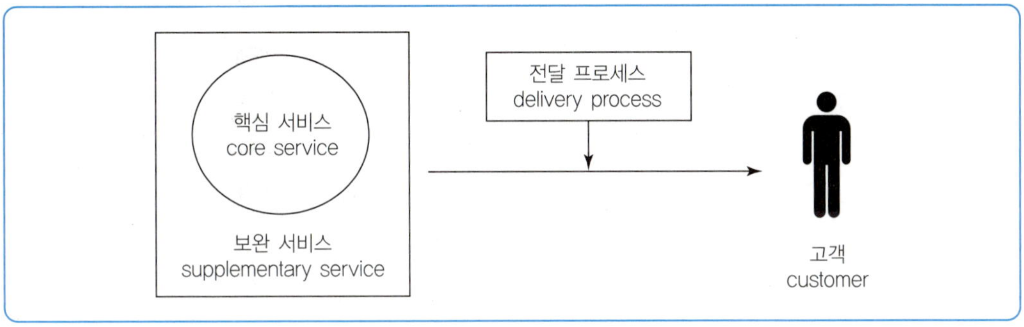

[그림 5-3] 서비스 콘셉트의 구성

1.3 아이디어 창출 기법의 분류

아이디어라는 것은 정해진 틀이나 이론에 따라 만들어질 수 있는 것이 아니다. 더구나 아이디어의 출발점은 고객이나 경쟁기업 같이 외부에 있을 수도 있고, 연구개발 부서의 연구원이나 마케팅 부서의 직원 같이 내부에 있을 수도 있다. 따라서, 현장에서 새로운 아이디어를 창출하는 과정은 정해진 절차나 이론적 알고리즘(algorithm)을 따르는 것이 아니라, 대부분 서비스 현장의 직관이나 경험에 의존하게 된다. 좀 더 적극적인 방법으로는 여러 참여자들이 자유롭게 의견을 교환하는 브레인스토밍(brainstorming)이 사용되기도 한다.

이러한 접근은 창의성과 자율성을 보장한다는 측면에서 나름대로의 장점을 가지고 있다. 그러나 대부분의 새로운 아이디어의 원천(source)은 이미 만들어진 아이디어에 뿌리를 두고 있는 것이 일반적이다. 그야말로 전혀 새로운 혁신적 아이디어가 아닌 이상에는 고객의 요구사항과 같이 이미 존재하는 사실에 대한 자료나 데이터베이스를 조사하고 분석하고 가공하는 과정에서 새로운 아이디어가 나오는 것이다.

하지만 개인이 보유하고 활용할 수 있는 자료나 데이터베이스는 한계가 있고, 인간이 분석하고 가공할 수 있는 능력도 제한적일 수밖에 없다. 따라서 아이디어의 창출과정을 전적으로 개인의 자율과 직관에 맡기기보다는, 정보의 수집과 사고의 정리를 지원하고 보조할 수 있는 도구(tool)가 필요하게 되었고, 현재 아이디어 창출을 위한 다양한 기법들이 개발되어 사용되고 있다. 이 가운데 많은 기법들은 처음부터 아이디어의 창출을 목적으로 설계되고 개발된 것이다. 그러나 상당수의 나머지 기법들은 처음에는 다른 목적이나 용도로 개발되었지만 기법의 성격이나 기능을 보았을 때 서비스 아이디어의 창출 과정에도 직접적 또는 간접적으로 활용될 수 있기 때문에 도입된 것이다.

아이디어 창출 기법들은 그 배경이나 방식이 매우 이질적이고 복합적이다. 따라서 다양한 기법들을 명확하게 몇 가지 유형으로 분류하기가 쉽지 않다. 먼저 아이디어의 원천에 따라 분류한다면 기술 중심적(technology-based) 방법, 서비스 중심적(service-based) 방법, 고객 중심적(customer-based) 방법 등으로 나눌 수 있다. 아이디어의 원천이 서비스 기술에서 나오는 것인지, 서비스 자체에서 나오는 것인지, 아니면 서비스를 이용하는 고객들로부터 나오는 것인지에 따라 분류할 수 있는 것이다.

다른 기준은 아이디어를 도출하는 방법의 차이에 따라 나누는 것이다. 여기에서는 지식의 공유나 자유로운 토론에 의한 직관적 방법, 시장이나 특허 등으로부터 정보를 수집하는 조사적 방법, 인공지능이나 형태분석 등의 알고리즘을 이용하는 분석적 방법 등으로 세분할 수 있다. 이 책에서는 다양한 방법들을 크게 직관적 방법, 조사적 방법, 분석적 방법으로 나눈 후 그 내용과 기준을 설명하기로 한다.

제2절 직관적 방법

직관적 방법은 브레인스토밍(brainstorming) 기법을 토대로 한다. 브레인스토밍은 1940년 미국의 광고회사 임원이었던 오즈본(Osborn)이 여러 사람이 모여 새로운 아이디어를 찾아내기 위해 고안한 회의 방식에서 출발한 것이다. 일반적으로는 6~12명 정도의 구성원으로 토론 그룹을 구성하게 된다. 구성원이 너무 많으면 아이디어의 범위가 넓어지고 내용이 다양해지기 때문에 오히려 역효과가 날 수 있다.

브레인스토밍은 네 가지의 기본 원칙을 바탕으로 한다. 제일 먼저 만들어진 규칙은 '비판 금지' 이다. 상대방의 아이디어를 절대로 비판하지 말라는 것이다. 그 다음에 만들어진 규칙은 '자유분방' 이다. 모든 아이디어를 환영하고 심지어는 엉뚱한 생각까지도 권장하라는 것이다. 다음의 규칙은 '수량 추구' 이다. 아이디어는 많으면 많을수록 좋다는 것이다. 마지막이자 가장 중요한 규칙은 '결합 개선' 이다. 자기 아이디어와 남의 아이디어를 결합하여 새로운 아이디어를 찾으라는 것이다.

2.1 집단 토론법

집단 토론법(focused-group discussion)은 소수의 고객들을 외부에서 관찰할 수 있게 설계된 독립적인 공간에 모아놓고, 조정자(moderator)의 진행 하에 제품개발과 관련된 자유로운 토론, 브레인스토밍을 유도함으로써 새로운 아이디어를 수집하는 방법이다. 참여자의 수에 대한 절대적 기준은 없으나, 일반적으로 8명 내외가 가장 적절한 것으로 알려져 있다. 이 방법은 토론의 주제와 진행 방식을 사전에 설계함으로써 효과적인 정보 수집이 가능하다는 장점이 있으나, 조사대상자의 수가 한정되어 있기 때문에 조사결과를 시장 전체의 의견이나 아이디어로 확대하여 해석하기 어렵다는 한계가 있다.

2.2 아이디어 개발법

아이디어 개발법은 누군가에 의해 공식적인 방법론으로 제시된 것은 아니다. 따라서 보편적으로 불리는 이름도 없다. 다만 사람들이 새로운 것을 찾아내기 위해 생각하는 방식(way of thinking)을 몇 가지의 전형적인 유형으로 정리한 것을 이 책에서 이런 명칭으로 부르는 것이다.

이 방법의 뿌리는 앞에서 설명한 브레인스토밍의 원칙 가운데 마지막 규칙인 '결합 개선'에 있다. 전혀 새로운 것을 찾지 말고 이미 존재하고 있는 것들을 잘 들여다보라는 규칙이다. 이 규칙을 바탕으로 오즈본은 새로운 아이디어를 창출할 수 있는 몇 가지 체크리스트(checklist)를 제시한 바가 있다. 여기에 보면, 있는 것들을 더한다든가 다른 것으로 바꾼다든가 하는 가이드라인들이 나열되어 있다. 이것들 가운데 중요한 몇 가지를 고르고 또 다른 몇 가지를 더하여 아이디어 개발법이라는 이름으로 정리하였다.

이 방법은 신기술이나 신제품은 무에서 유를 창조하는 식으로 만들어지는 것이 아니라, 기존에 있던 기술이나 제품을 개선하거나 변화시키는 과정에서 도출된다는 것을 기본 전제로 한다. 기존의 아이디어들을 묶어서(결합) 새로운 길을 찾아보면 더 좋은 아이디어(개선)들이 만들어진다는 것이다. 오즈본의 체크리스트를 토대로 쉽게 생각할 수 있고 또 실제로 자주 이용되는 대표적인 아이디어 도출 방법을 정리해 보면 다음과 같다.

가. 더하기 접근

더하기 접근(additive approach)은 기존에 있는 것들을 더하여 새로운 것을 만드는 접근 방법이다. [그림 5-4]에 나타나 있는 것처럼, 더하기 접근에는 기능의 추가(functional addition), 물리적 추가(physical addition), 화학적 추가(chemical addition) 등이 있을 수 있다.

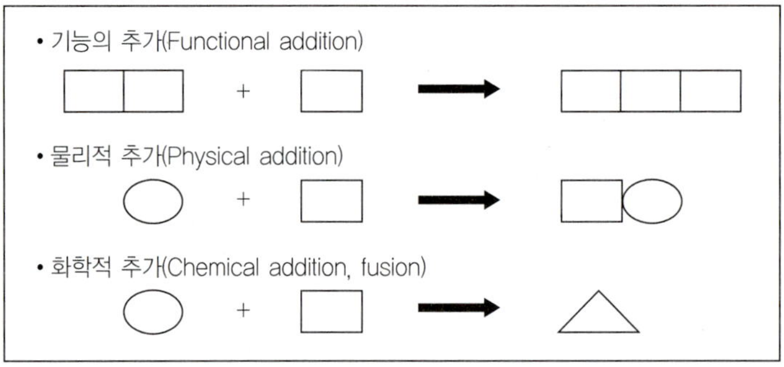

[그림 5-4] 더하기 접근의 방식

스마트 벤딩 머신(smart vending machine)이라는 기기의 예를 보자. 이 기기는 음료수 판매라는 기본 기능에 디스플레이를 통한 광고서비스, 길안내서비스, 티켓예매 등 다양한 서비스 등을 추가로 제공하는 신개념의 자동판매기이다. SNS(social network service)인 싸이월드와 메신저 네이트온을 연계한 것이나, MP3 player인 iPod과 음악 구매 및 관리 서비스인 iTunes를 연계한 것도 모두 더하기 접근의 사례라고 할 수 있다.

[그림 5-5] 더하기 접근의 예: 스마트 벤딩 머신(출처: http://blogs.sundaymercury.net)

나. 빼기 접근

빼기 접근(subtractive approach)은 반대로 기존에 있는 것을 빼서 새로운 것을 만드는 접근 방법이다. [그림 5-6]에 도시되어 있는 것처럼, 빼기 접근에는 분리(separation)와 단순화(simplification)가 있을 수 있다.

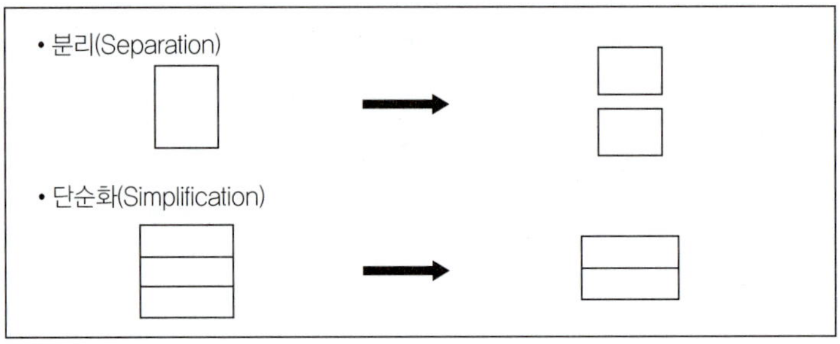

[그림 5-6] 빼기 접근의 방식

통합 검색엔진을 블로그전문 검색엔진, 여행전문 검색엔진, 사진전문 검색엔진, 중고물품전문 검색엔진 등으로 나누는 것은 분리의 예이다. 광고, 뉴스 등 다양한 정보를 제공하는 포탈 형태의 메인 페이지를 단지 검색창만으로 구성되어 있는 간편한 모양으로 바꾼 구글(Google)의 메인 홈페이지는 단순화의 사례이다.

[그림 5-7] 빼기 접근의 예: 구글 메인 홈페이지

다. 바꾸기 접근

바꾸기 접근(change approach)은 기존에 있는 것들을 바꾸어 새로운 것을 만드는 접근 방법이다. [그림 5-8]에서 볼 수 있듯이, 바꾸기 접근에는 서비스 형태 바꾸기(shape change), 서비스 방법 바꾸기(method change), 서비스 구성요소

바꾸기(component change) 등이 있다.

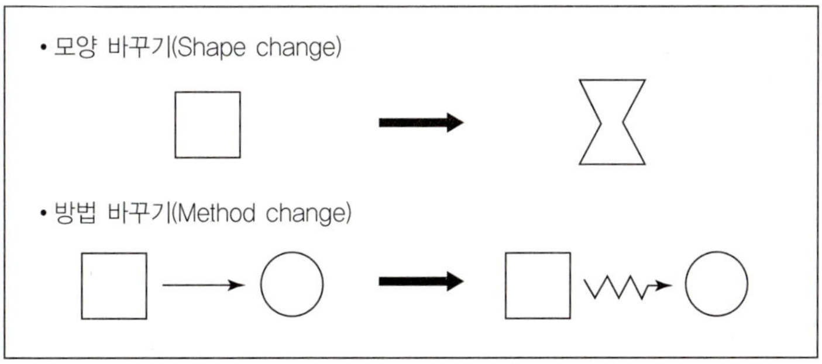

[그림 5-8] 바꾸기 접근의 방식

짧은 사례 – 구글(Google)의 애드 센스

인터넷 초창기 포털(portal)의 개념은 '검색을 기반으로 한 게이트웨이(gateway)' 로 정의되었다. 이러한 개념에 따라 지금은 기억 저편으로 사라져가고 있지만 검색 위주의 알타비스타(Altavista)나 넷스케이프(Netscape) 같은 사이트가 등장했다. 그러나 Gateway형 포털은 머지않아 커뮤니케이션 서비스를 비롯한 다양한 서비스들로 무장한 데스티네이션(destination)형 포털에 주인 자리를 내어주게 된다. Yahoo, 다음, 네이버 등이 포털의 주역으로 등장한 것이다.

Destination형 포털은 자기 사이트를 사람들이 몰려드는 destination으로 만든 후 광고를 통해 수익을 창출한다. 그러면서 검색 광고와 배너 광고라는 포털의 양대 수익 모델이 등장하였다. 결국 어떻게 하면 재미있고 유익한 서비스와 정보를 자기 사이트 안에 많이 담아서 방문한 사람들이 자기 사이트에 더 오래 머물게 하는 것이 경쟁의 핵심이 되는 것이다.

이런 상황에서 구글(Google)은 다른 생각을 하고 있었다. 만일 Google에 올라온 광고를 Google 사이트가 아닌 다른 모든 사이트에서 볼 수 있다면 광고 시장도 커지고 광고 효과도 더 좋아질 것이라는 새로운 발상을 한 것이다. 그리고 이 발상의 결과로 나온 것이 애드 센스(AdSense)라는 광고 서비스이다.

애드 센스의 가장 큰 특징은 원하는 사람은 누구나 광고주나 매체가 될 수 있는 '오픈 플랫폼(Open Platform)' 이라는 점이다. 이를 기반으로 기존의 포털에서는 광고주가 될 수 없거나 매체가 될 수 없었던 개인이나 작은 기업들도 광고주와 매체가 될 수 있는 길을 열어주었다. 이른바 롱테일 플레이어(Long-tail Player)로 불리는 이들을 비즈니스로 끌어들임으로써 기존에 없던 시장을 새롭게 창출한 것이다.

[그림 5-9] 구글 애드 센스(출처: http://www.appletvsoftware.net)

공항에서 창구 탑승 수속을 인터넷 탑승 수속이나 무인 탑승 수속 시스템으로 전환한 것이나, 카페에서 종업원이 직접 음료/음식을 고객의 자리로 가져다 주지 않고 페이저(pager) 장치로 음료/음식이 나왔음을 알려주면 고객이 카운터에서 자신의 자리로 가져가게 만든 것은 바꾸기 접근의 사례들이다.

[그림 5-10] 바꾸기 접근의 예: 페이저 서비스

라. 거꾸로 접근

거꾸로 접근(converse approach)은 기존에 있는 것들을 거꾸로 하여 새로운 것을 만드는 접근 방법이다. [그림 5-11]에 제시되어 있는 것처럼, 거꾸로 접근에는 반대 방향(reverse direction)으로 하기와 반대 동작(opposite movement)으로 하기 등이 있다.

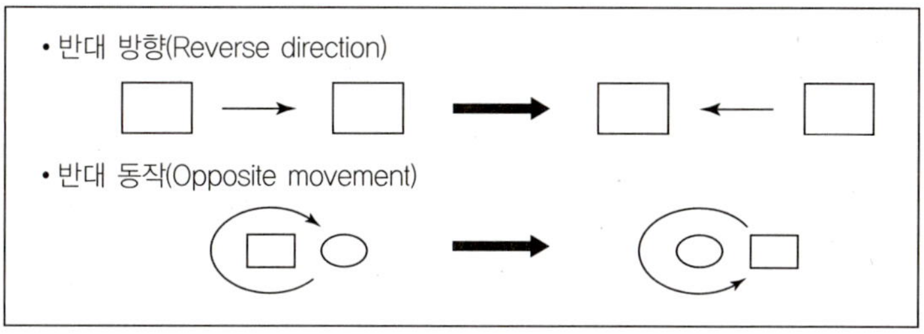

[그림 5-11] 거꾸로 접근의 방식

세탁기 자체를 구입하여 무료로 쓰게 하는 방식을 세탁기는 무상으로 지급하고 그 대신 사용량에 따라 요금을 청구하는 기능판매형 사업 방식(Pay-Per-Wash: PPW)으로 바꾼 것은 거꾸로 접근의 한 사례이다. 고객서비스 센터에 고객이 직접 방문하는 방식을 인터넷에서 고객이 예약하면 엔지니어가 고객을 방문하는 방식으로 바꾼 것도 거꾸로 접근의 예이다.

짧은 사례 – Electrolux의 PPW 방식

일렉트로룩스(Electrolux)의 PPW(pay-per-wash) 시스템은 고객이 세탁기를 구매하는 것이 아니라 사용량에 따라 비용을 지불하게 하는 새로운 사업 모델이다. 이를 위해 세탁기와 중앙 데이터베이스를 연결하는 SEM(smart energy meters)이라는 기술을 적용하였다.

실제로 Electrolux는 이 방식으로 스웨덴 안에서만 1999년에서 2000년까지 일 년 동안 7천 가구에 세탁기를 무료로 제공하였다. PPW 시스템의 도입으로 고객이 제품의 사용량에 따라 비용을 지불하는 새로운 사업 모델이 출현하였다. 또 제품의 판매가 아니라 기능의 판매(functional sales)라는 새로운 마케팅 패러다임의 등장으로 연결되었다.

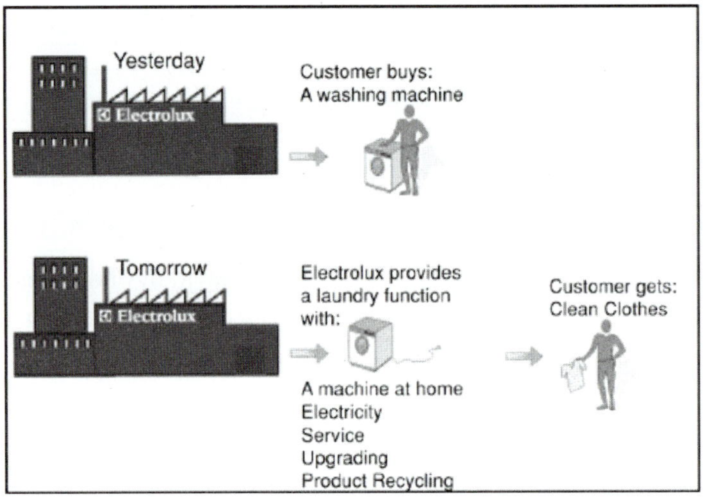

[그림 5-12] Electrolux의 기존 시스템과 PPW 시스템(출처: http://193.183.104.77/node323.asp)

마. 동시 접근

동시 접근(concurrent approach)은 기존에 여러 번에 나누어 순서대로 하던 것을 한꺼번에 동시에 하는 접근이다. 동시에 한다는 것은 시간의 개념(concurrent)일 수도 있고 공간의 개념(parallel)일 수도 있다. [그림 5-13]에 동시 접근 방식이 도형으로 설명되어 있다.

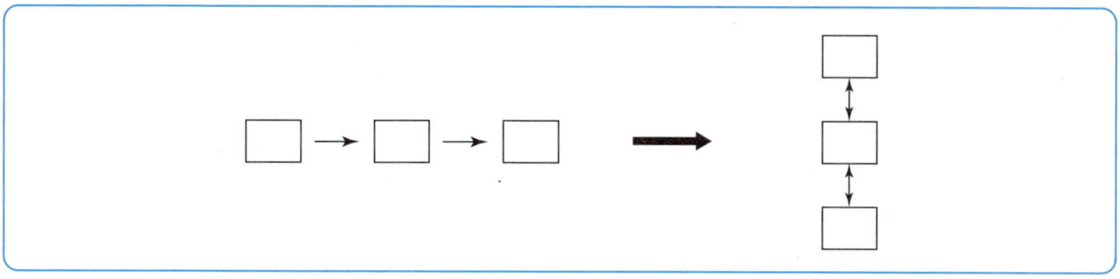

[그림 5-13] 동시 접근 방식

서비스 직원 각자가 따로따로 떨어진 자리에서 한 가지씩의 서비스만 맡아서 하는 방식을 한 사람의 다기능 서비스 직원이 같은 자리에서 여러 가지 서비스를 동시에 하게 만든 것이나, 하나하나의 요리를 순서대로 서빙하는 식당을 모든 요리를 한꺼번에 놓고 골라먹게 하는 부페 식당이나 회전초밥 식당으로 바꾼 것도 동시 접근의 예라고 할 수 있다.

제3절 조사적 방법

3.1 설문지법

이미 앞에서 설명한 것처럼 설문지법(survey method)은 신서비스 개발에 관련된 설문지(questionnaire)를 발송하고, 일정 시간이 지난 후 회수된 설문지의 응답을 토대로 고객 요구사항을 수집하는 방법이다. 많은 고객을 대상으로 한 신서비스 아이디어를 도출하는데 현실적으로 가장 많이 쓰이는 방법이 설문지법이라고 할 수 있다.

설문조사의 성공 여부는 효과적이고 효율적인 설문지의 설계에 달려 있다. 설문지는 먼저 필요한 정보의 리스트를 작성한 후 각 정보의 목적과 성격에 맞게 설문 내용, 질문 방식, 질문 순서를 결정해야 한다. 또한 설문지는 가능한 간결하게 작성되어야 하며 누구나 쉽게 이해하고 답할 수 있는 형태로 만들어져야 한다. 실제로 효과적이고 효율적인 설문지를 작성하기 위해서는 상당한 수준의 전문성과 함께 마케팅 부문과 기술 부문의 유기적인 협조가 이루어져야 한다.

설문지법은 표본설계에 따라 설문대상을 과학적으로 선별할 수 있고, 다양한 고객을 대상으로 여러 가지 정보를 수집할 수 있다는 장점이 있으나 상대적으로 비용 및 시간이 많이 든다는 단점이 있다.

최근에는 온라인을 통한 조사방법이 폭넓게 사용되고 있다. 온라인 채널을 이용하면 아이디어 수집에 들어가는 시간과 비용을 절약할 수 있고 수집의 공간적 제한도 줄일 수 있다. 또한 동영상이나 오디오 등과 같은 다양한 도구의 사용을 통해 참여도를 높일 수도 있고 조사자와 응답자간의 상호작용을 통해 좀더 구체적이고 실용적인 아이디어를 도출할 수도 있다.

3.2 관찰법

관찰법(observation method)은 고객의 행동이나 선호도 등을 직접적으로 관찰하거나 기계적인 도구를 사용하여 모니터링함으로써 자료를 수집하는 방법이다. 이 방법은 정확하고 객관적인 정보를 수집할 수 있으며, 고객의 응답과 상관없이 필요한 정보를 획득할 수 있는 장점이 있다. 그러나 겉으로 드러난 정보만을 수집하기 때문에, 그 행동을 유발한 태도나 동기 등의 내면적이고 실질적인 정보를 얻기가 힘들다는 단점이 있다.

인터넷의 이용이 보편화되면서 최근에는 기존의 오프라인 관찰법 외에 온라인 채널을 통한 관찰법도 자주 활용되고 있다. 인터넷 상에서 고객들이 검색하고, 비교하고, 구매하고, 평가하는 행위를 관찰함으로써 유용한 정보를 얻어내는 방법이다. 온라인 관찰법의 장점은 크게 두 가지로 요약할 수 있다. 첫째는 고객이 '어디서 무엇' 을 구매 또는 사용하는가 하는 결과의 정보뿐만 아니라 '어디어디를 거쳐' 그 결과에 이르렀는지에 대한 과정의 정보도 얻을 수 있다는 점이다. 예를 들어 어느 고객이 가방을 사는 모습을 관찰한다고 치자. 백화점과 같은 오프라인에서는 단지 A 백화점에서 B 브랜드의 가방을 구매한 '결과' 의 행동만 관찰할 수 있다. 그러나 인터넷 쇼핑몰과 같은 온라인에서는 A, B, C 쇼핑몰들을 방문하여 가방, 의류, 모자 등을 비교한 후 최종적으로 C쇼핑몰에서 D 브랜드의 가방을 구매한 '과정' 의 행동도 파악할 수 있다. 둘째는 매우 방대한 양의 고객 데이터를 쉽게 얻을 수 있다는 점이다. 하루에도 수많은 사용자와 방문자에 관한 데이터가 축적되면서 고객의 반복적 습관이나 심리적 반응 등을 파악할 수 있다. 나아가 고객 전체의 일반적인 성향뿐만 아니라 고객 개개인의 차별적 특성을 파악하여 개인화된 서비스를 제공하기 위한 정보로 활용할 수도 있다.

온라인 관찰은 주로 로그분석을 통해 이루어진다. 사용자가 어떤 웹사이트를 방문하면 이용 기록이 남게 되는데 이것이 바로 로그이다. 따라서 로그분석이란 로그라는 형태로 남겨진 데이터를 분석하여 유용한 정보를 얻어내는 활동을 의미한다. 이 과정은 물론 손으로 이루어지는 것이 아니라 데이터 마이닝(data mining)이라고 부르는 여러 가지 과학적 분석기법을 이용하게 된다.

3.3 선도사용자 기법

선도사용자(lead user)는 특정 서비스에 대한 전문적인 지식이나 사용 경험이 많으면서 그 분야에 있어 새로운 서비스가 개발되면 많은 혜택을 받게 되는 사람들을 말한다. 선도사용자 기법(lead user technique)은 말 그대로 선도사용자들을 대상으로 새로운 서비스의 아이디어를 찾아내는 방법이다. 일반적으로 선도사용자들은 시장의 유행을 앞서 나가며, 보통의 일반 소비자들에 비해 훨씬 요구 수준이 높다. 이들은 종종 새로운 서비스가 시장에 나오기도 전에 자신의 요구를 해결할 나름대로의 방법을 발견하기도 한다. 그러므로 이들의 아이디어를 조사하고 분석하여 전혀 새로운 혁신적 서비스(breakthrough service)를 창출하는 것이 가능하다.

선도사용자 기법은 일반 소비자를 대상으로 하는 전통적 시장조사 기법으로는 찾아내기 어려운 전혀 새로운 혁신적 서비스를 창출하는데 매우 유용하다. 하지만 상대적으로 시간이 많이 들기 때문에 아이디어를 신속하게 서비스화하여 시장에 출시해야 하는 경우나 수명주기(life cycle)가 짧은 분야의 서비스 창출에는 적용하기 어려운 단점이 있다.

3.4 면접 조사

면접 조사 인터뷰(interview)는 고객과의 일대일 접촉을 통하여 요구사항을 수집하는 방법으로, 주로 고객이 실제로 서비스를 사용하거나 시험하는 환경에서 이루어진다. 인터뷰가 성공적으로 수행되기 위해서는 고객이 능동적으로 인터뷰에 응할 수 있는 분위기나 인센티브의 제공, 조사 서비스에 대한 적절한 정보의 제공 등이 필수적으로 요구된다. 인터뷰는 다른 방법과 비교하여 직접적이고 심층적인 요구사항을 수집할 수 있다는 장점이 있으나, 시간과 비용이 많이 들고 정보수집의 대상과 범위가 매우 제한적이라는 단점이 있다.

제4절 분석적 방법

4.1 고객효용 분석: 컨조인트 분석

가. 기본 개념

컨조인트 분석(conjoint analysis)은 소비자의 욕구를 신서비스 개발에 체계적으로 반영하고자 하는 선진 마케팅 기법 중 하나이다. 이 기법의 기본 원리는 비교적 단순하다. 여러 가지 서비스 콘셉트가 있을 때 각각의 콘셉트는 중요한 속성의 차이가 있다. 이제 고객들에게 콘셉트 간의 선호도를 물어보자. 그러면 다음 두 가지를 알 수 있다. 첫째는 고객들이 상대적으로 더 좋아하고 덜 좋아하는 선호도의 순위를 알 수 있다. 이 값이 나오면 여러 콘셉트 중에 어느 것을 택하고 어느 것을 버릴지에 대한 의사결정을 할 수 있다. 둘째는 선호도의 차이에 큰 영향을 미치는 속성은 무엇이고 별 영향을 미치지 않는 속성은 무엇인지 알 수 있다. 이 정보를 토대로 어느 속성에 초점을 맞추어 신서비스를 개발해야 하는지를 정할 수 있다.

방법론으로 보면, 컨조인트 분석은 소비자가 각 속성에 부여하는 가치를 산정하여 가장 최적(optimal)의 조합을 찾아내는 통계분석 기법이다. 이때 각각의 속성과 선호도의 순위가 통계분석의 변수(variable)가 된다. 한쪽에는 개발 대상 서비스의 선호도에 대한 선호도 점수를 놓고 다른 한쪽에는 서비스를 선택할 때 소비자들이 가장 중요하게 생각하는 속성의 값을 놓은 후 둘 간의 관계를 통계적으로 분석하는 것이 이 기법의 이론적 토대이다.

예를 들어 음식점을 이용하는 소비자에 대해 생각해 보자. 소비자는 요리 방법, 주문 방식, 서빙 방식, 지불 방식 등 많은 속성들에 대해 자신이 최적이라 생각하는 조합이 있을 것이며, 이에 가장 근접한 서비스를 제공하는 음식점을 선택하게 된다. 따라서 음식점의 신서비스 개발 시에는 음식점 서비스의 여러 속성들 중 소비자들이 어떠한 속성을 보다 중시하는지를 파악하고, 이를 반영한 서비스를 개발하여야 한다. 만약 소비자들이 중요하게 생각하는 속성이 요리 방법이라면, 어떤 연령대 계층이 어떤 요리 방법을 선호하는지, 그 속성이 가격이라면 얼마까지의 가격이 수용가능한지 등을 구체적으로 파악할 수 있다. 이와 같은 정보를 토대로 기업의 신서비스 개발자는 대안이 되는 다양한 신서비스 콘셉트 중에서, 최고의 시장점유율을 기대할 수 있는 신서비스를 찾아내거나 해당 신서비스의 성공 가능성을 평가해 볼 수 있다.

나. 과정과 절차

컨조인트 분석을 제대로 이해하기 위해서는 다변량(multi-variate) 통계에 대한 기본적인 지식이 필요하기 때문에, 여기에서는 하나의 예제를 중심으로 전체적인 흐름과 개념적인 내용에 대해서만 간략히 설명하기로 한다. 예제는 은행 서비스 개발에 관한 것으로, S은행의 신서비스 개발팀은 팀 내에서 도출된 여러 개의 서비스 콘셉트 중에, 실제 소비자의 의견을 최대로 반영한 서비스를 제공하고자 컨조인트 분석을 실시한다고 하자.

단계 1: 속성과 속성수준 결정

앞에서 언급한 대로 컨조인트 분석을 실시하기 위해서는 우선 고객들이 서비스를 선택할 때 중요시하는 서비스의 속성을 파악하고 그 속성의 수준을 확인하여야 한다. 이러한 속성들은 자료분석, 인터뷰, 전문가 토론 등 다양한 방법을 통해 파악할 수 있다. 일반적으로 속성의 수는 6~7개로 결정된다. 또 각 속성이 취할 수 있는 수준의 개수는 속성별로 비슷해야 하고, 보통 2~4개로 결정된다. 이 때 각 수준은 다른 수준들과 분명히 구분할 수 있는 것들이어야 하고, 가능한 한 현재 제공되고 있는 서비스들의 수준을 반영해 주는 것이 바람직하다. 속성과 속성수준의 개수가 너무 많으면 응답자가 응답에 곤란을 겪게 되고, 반대로 너무 적으면 얻을 수 있는 정보량이 부족하기 때문에 적당한 수준으로 결정하는 것이 중요하다.

S은행의 사례를 보자. 전문가 집단과의 토론 결과, 은행을 이용하는 소비자들은 거래 장소, 처리 업무, 수수료, 부가 서비스의 네 가지 속성을 가장 중요하게 생각하고 있는 것으로 파악되었다. 또 S은행의 전략을 반영하여 각 속성에 대한 수준을 2~3개로 선정하였다. 〈표 5-2〉에 주요 속성과 각 속성의 수준이 요약되어 있다.

〈표 5-2〉 은행 서비스에 대한 속성과 속성수준의 결정

속성	거래 장소	처리 업무	수수료	부가 서비스
수준 1	은행 지점	은행	없음	헬프 데스크
수준 2	고객의 집	은행+증권	단일	음료/다과
수준 3	고객의 사무실	은행+증권+보험	차등	건강검진

단계 2: 서비스 프로파일 선정

중요한 서비스 속성들과 그 수준들이 정해지면, 다음 단계에서는 이를 조합하여 응답자들에게 제시할 서비스 프로파일을 결정해야 한다. 가장 대표적이고 보편적인 방법은 전체 프로파일 접근법(Full Profile Approach)이다. 이 방법은 가능한 모든 서비스 프로파일을 만든 후 응답자로 하여금 각 프로파일의 선호순위나 선호점수를 매기도록 하는 접근법이다. S은행의 경우 속성이 4개, 각 속성별 수준이 3개씩이기 때문에, 가능한 서비스 프로파일의 수는 $3^4 = 81$개가 생성된다. 이 방법은 모든 속성과 모든 수준들이 빠짐없이 포함된다는 장점이 있지만 평가해야 하는 프로파일의 수가 너무 많아질 위험이 있다.

따라서 많은 경우, 프로파일의 숫자를 줄일 수 있는 몇 가지 방법이 사용된다. 우선 중복되거나 비현실적인 프로파일을 제거함으로써 줄일 수 있다. 보다 과학적인 방법으로는 부분요인설계(Fractional Factorial Design)법이나 두 개의 속성씩 비교하는 쌍대 접근법을 들 수 있다. 그러나 이들 방법의 구체적 설명은 이 책의 범위를 벗어나므로 생략한다. 어쨌든 S은행의 사례에서는 81개 모두를 비교하는 것은 너무 복잡하고 시간이 걸리기 때문에 일차적으로 요인설계 방법을 통해 27개의 프로파일로 축소시켰다. 다음으로 남은 프로파일 가운데 비현실적인 프로파일 15개를 제외한 12개의 프로파일을 최종적으로 선정하였다.

단계 3: 평가 자료 수집

컨조인트 분석은 통계의 회귀분석(regression analysis)를 통해 프로파일의 속성인 독립변수(X)와 응답자의 선호도인 종속변수(Y) 간의 관계를 추정하는 기법이다. 따라서 서비스 프로파일이 선정되면 그 다음에는 응답자로부터 각 프로파일에 대한 평가 자료를 수집해야 한다. 여기서 서비스 프로파일은 독립변수(X), 그 프로파일에 대한 선호도는 종속변수(Y)의 역할을 하게 된다.

먼저 독립변수를 보자. 각각의 독립변수는 각각의 서비스 속성을 가리킨다. 여기서 주의해야 할 점은 속성의 특성에 따라 독립변수에 미치는 영향이 다르다는 사실이다. 어떤 속성은 클수록 또는 작을수록 항상 좋은 경우도 있고, 어떤 속성은 개인의 취향에 따라 큰 것을 좋아할 수도 있고 작은 것을 좋아할 수도 있다. 다시 말해 속성별 중요도를 추정하기 위해서는 각 속성의 특성에 맞는 분석 모형이 필요하다. 실무적으로 자주 사용되는 분석 모형으로는 벡터 모형(vector model), 이상점 모형(ideal point model), 부분가치함수 모형(part worth function model) 등을 들 수 있다.

벡터 모형이란 어떤 속성에 있어서 속성수준의 값이 증가할수록 혹은 감소할수록 소비자의 선호도가 높아진다는 선형(linear) 구조를 가정한다. 예를 들어 서비스 수수료는 낮을수록 좋고 서비스 품질은 높을수록 좋은 것이 일반적이기 때문에, 수수료나 품질이라는 속성에 대해서는 벡터모형을 적용하는 것이 바람직하다. 이 경우의 독립변수는 곧 그 속성의 값이 되며 종속변수에 미치는 영향도 값의 크기에 비례하여 달라지게 된다.

이상점 모형이란 소비자가 가장 선호하는 속성 수준이 존재한다는 가정 하에서 각 속성 수준이 선호도에 미치는 영향을 구하는 모형이다. 가운데에 최고값을 설정한 후 위치가 바뀌면서, 즉 속성의 수준이 달라지면서 선호도가 어떻게 변하는지를 추정하는 식이다. 예를 들어 서비스 시간대라는 속성의 경우, 너무 이르지도 늦지도 않은 이상적(ideal)인 시간대가 존재해서 고객들은 이 수준을 가장 선호한다. 따라서 나머지 수준은 이른 시간, 늦은 시간 등이 되고 이 시간대에 대한 선호도는 상대적으로 떨어진다. 이러한 성격의 속성에 대해서는 이상점 모형을 적용하는 것이 좋다. 이 경우의 독립변수는 곧 그 속성의 수준이 된다.

마지막으로 부분가치함수 모형이란 개별 속성의 각 수준에 대해 특별한 가정을 하지 않은 채 각 속성수준이 선호도에 미치는 영향을 구하는 모형이다. 이 모형은 세 모형 가운데 가장 대표적이면서 가장 자주 사용되는 모형이다. 예를 들어 고객의 취향이라는 속성을 생각해 보자. 이 속성은 영화, 음악, 스포츠 가운데 하나라는 식으로 속성의 수준이 이산적(discrete)인 값을 갖는다. 이럴 경우에는 속성수준이 높거나 낮을수록 선호된다든지, 어느 특정 수준에서 더 선호된다든지 하는 가정을 세우는 것이 불가능하다. 왜냐하면 개인적이고 주관적인 성향에 따라 선호도가 달라지기 때문이다. 따라서 이 경우에는 부분가치함수 모형을 적용해야 한다. 여기서 독립변수는 그 속성의 이산적인 카테고리 가운데 하나가 된다.

다음으로 종속변수를 보자. 종속변수는 선호도(preference)나 구매의도(buying intention)를 뜻한다. 선호도는 주로 상대평가를 한다. 서비스 프로파일들에 대해 비교평가를 수행하여, 가장 좋아하는 것을 1, 그 다음 좋아하는 것을 2 하는 식으로 순위를 매긴다.

프로파일 수가 12개, 응답자 수가 25명인 예를 살펴보자. 〈표 5-3〉에서 보는 것처럼 각각의 프로파일은 서비스 속성을 뜻하는 독립변수 X값의 차이에 따라 달라진다. 여기서는 취향, 수수료, 시간대의 세 가지 속성이 독립변수로 설정되었다. 취향은 부분가치함수 모형, 수수료는 벡터 모형, 시간대는 이상점 모형이 사용된다고 하자. 따라서 프로파일 1에서 12까지 각각의 속성에 맞는 X값을 입력한다. 이제 각각의 응답자들로부터 12개 프로파일에 대한 선호도를 뜻하는 종속변수 Y의 값을 1부터 12까지의 순위값으로 받는다. 이와 같은 표가 응답자별로 하나씩 총 25개 만들어지게 된다.

단계 4: 분석 및 결과 해석

평가 자료가 수집되면, 다음 단계는 수집된 정보를 분석하는 일이다. 이 과정

〈표 5-3〉 컨조인트 분석의 입력 데이터

프로파일	독립변수(X)			종속변수: 선호도 (Y)
	취향(X_1)	수수료(X_2)	시간대(X_3)	
1				11
2				6
3				8
.				
.				
.				
.				
.				
.				
.				
.				
12				3

은 통계의 회귀분석(regression analysis)을 통해 이루어진다. 회귀분석의 기본 이론은 이 책 뒤의 부록에 정리되어 있다. 앞에서 설명한 것처럼, 프로파일의 속성인 독립변수(X)와 응답자의 선호도인 종속변수(Y)의 값을 알고 있기 때문에 회귀분석을 통해 둘 사이의 관계를 추정할 수 있다.

앞에서 설명한 것처럼 자료 분석의 핵심은 크게 두 가지로 요약할 수 있다. 첫째는, 속성별 상대적 중요도를 추정하는 일이다. 여러 제품 속성 가운데 어느 속성이 더 중요하고 덜 중요한지를 알아내는 것이다. 둘째는, 가장 적합한 서비스 프로파일을 선별하는 일이다. 여러 프로파일 가운데 어느 프로파일을 중심으로 제품을 개발해 나갈 것인가를 결정하는 일이다.

위에서 설명한 세 가지 분석모형 가운데 가장 대표적인 부분가치함수 모형을 토대로 이 과정을 자세하게 알아보자. 부분가치함수의 기본 모형은 다음과 같다. n은 속성의 수, m_i는 i번째 속성의 속성수준 수, a_{ij}는 i번째 속성의 j번째 속성수준이 갖는 부분가치 기여도라고 하자. 그러면 서비스 프로파일 X의 효용함수(utility function)는 아래의 식으로 표현된다.

$$U(X) = \sum_{i=1}^{n} \sum_{j=1}^{m_i} a_{ij} x_{ij}$$

서비스 프로파일 X에 대한 효용은 각 속성의 속성수준 x_{ij}에 대한 부분효용 a_{ij}의 합에 의해 결정되는 것이다. 회귀분석을 통해 각 속성의 수준이 효용이나 선호도에 미치는 영향인 부분효용 값을 추정한 후, 모든 수준의 값을 합하면 제품 프로파일의 총 효용을 산정할 수 있다.

S은행 사례에 대해 실제로 부분가치함수 모형을 사용하여 컨조인트 분석을 한 결과가 [그림 5-14]에 효용 도표로 요약되어 있다.

속성	속성수준
거래장소 처리업무 수수료 부가서비스	3 3 3 3

평균중요도	부분효용	속성	속성수준
26.67	0.3333 0.6667 1.0000	거래장소	은행지점 고객의 집 고객의 사무실
13.33	0.0333 0.3333 0.3667	처리업무	은행 은행+증권 은행+증권+보험
60.00	0.7500 0 −0.7500	수수료	없음 단일 차등
0.00	0.0000 0.0000 0.0000	부가서비스	헬프 데스크 음료/다과 건강검진

[그림 5-14] 컨조인트 분석 결과: 효용 도표

위의 결과를 토대로 속성들간의 상대적인 중요도를 결정해 보자. 상대적 중요도는 효용 도표에서 부분효용 값을 이용하여 계산된다. 각 속성에 대해 가장 높은 부분효용 값과 가장 낮은 부분효용 값 간의 차를 구한 다음, 이들의 차를 비교하여 속성의 중요도를 판단하는 것이다. 여기에서 차이가 크다는 것은 속성의 수준이 변화함에 따라 소비자들의 효용에 큰 차이가 난다는 것을 의미하므로, 속성 수준별로 차이가 큰 속성이 곧 소비자들에게 중요한 속성이라 할 수 있다. 이 예제의 경우, 수수료의 중요도(S1)는 0.75−(−0.75)=1.5, 거래장소의 중요도(S2)는 1−0.3333=0.6667, 처리업무의 중요도(S3)는 0.3667−0.0333=0.3334, 부가서비스의 중요도(S4)는 0−0=0 이다. 따라서 수수료와 거래장소가 상대적으로 중요한 속성임을 알 수 있고, 이 속성들이 신서비스 개발 과정에 중점적으로 반영되어야 한다. 실제로 효용 도표를 보면, 수수료와 거래장소가 속성 수준 간에 부분 효용의 차이가 가장 크게 나타나고, 따라서 평균중요도가 가장 높다는 사실을 알 수 있다. 여기에서 평균중요도 값은 앞에서 구한 중요도 값의 합을 1로 정규화(normalize)한 상대적 중요도를 의미한다. 예를 들어 수수료의 평균중요도는 1.5 ÷(1.5+0.6667+0.3334+0)=0.6이 된다.

다음으로 12개의 서비스 프로파일 가운데 가장 적합한 프로파일들을 선별하는 작업을 해 보자. 이 결정은 앞에서 설명한대로 각 프로파일의 효용함수 값을 기준으로 하게 된다. 예를 들어 X1=[거래장소: 은행지점, 처리업무: 은행+증권, 수수

료: 없음, 부가서비스: 헬프 데스크]로 구성된 서비스 프로파일의 경우, 효용함수 값은 U(X1)=0.3333+0.3333+0.7500+0=1.4166으로 계산된다. 같은 방법으로 다른 프로파일의 효용함수 값도 계산한다. 그 결과 12가지 서비스 콘셉트 가운데 3개의 프로파일이 높은 효용값을 나타내었고, 따라서 향후의 신서비스 기획은 이들 프로파일을 중심으로 진행하기로 하였다.

지금까지 살펴본 것처럼, 컨조인트 분석은 새로운 아이디어를 찾아내는 방법의 하나로 볼 수 있다. 어느 속성이 더 중요한지, 어떤 성격의 서비스 콘셉트가 되어야 하는지를 알아내어 서비스 개발 과정에 반영할 수 있기 때문이다. 하지만 컨조인트 분석은 이미 만들어진 콘셉트들의 효용을 평가하는 방법으로 볼 수도 있다. 여러 콘셉트 가운데 고객의 선호도가 높은 콘셉트(들)를 골라낼 수 있기 때문이다. 따라서 컨조인트 분석은 한편으로는 아이디어 개발방법으로 분류되기도 하지만 다른 한편으로는 아이디어 평가방법으로 분류되기도 한다.

4.2 요구속성 접근: Kano 모형

가. 기본 개념

Kano 모형은 고객의 요구사항을 신서비스 아이디어의 창출과 설계에 반영하는데 널리 사용되고 있는 효과적인 방법이다. 1980년대 초 일본의 Kano 교수에 의해 처음 제시된 이후 최근 그 유용성에 대한 인식이 늘어나 제품 개발, 전략적 사고, 사업 계획, 서비스 관리 등 다양한 활용 가능성이 제시되고 있다. 서비스가 고객의 요구를 얼마나 잘 충족시킬 수 있는지를 바탕으로 그 제품이나 서비스의 속성을 기술하기 위한 모형으로, Kano 모형은 고객 만족에 대해 깊이 이해하는 데 도움이 될 수 있다.

나. 과정과 절차

Kano 모형의 수행은 크게 다음의 세 단계로 구성된다. 첫 번째 단계는 고객 요구사항을 수집하여 각 사항을 특성별로 분류하는 작업이다. 두 번째 단계는 고객에 대한 설문조사를 통해 각 사항을 위에서 분류한 유형 가운데 가장 적합한 유형에 배치하는 작업이다. 마지막 단계는 분석결과를 아이디어의 창출이나 서비스의 설계에 반영하는 일이다. 각 단계에 대하여 자세하게 알아보도록 하자.

단계 1: 고객 요구사항의 분류

Kano 모형은 먼저 고객의 요구사항(Customer Requirement: CR)을 네 가지 유형으로 분류하는 것에서 출발한다. [그림 5-15]에 각 요구사항의 성격과 위상이 Kano 다이어그램으로 제시되어 있다.

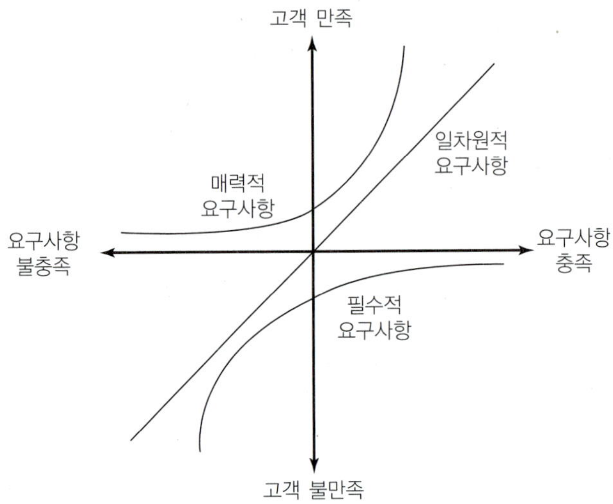

[그림 5-15] Kano 다이어그램

- 필수적 요구사항(must-be requirements): 제공되지 않으면 고객이 강한 불만을 느끼면서 서비스를 선택하지 않는 기준이 되는 요구사항을 말한다. 예를 들어 인터넷뱅킹 서비스의 안정성과 보안성은 좋으면 당연하게 느끼지만, 나쁘면 큰 불만을 갖게 되는 사항이다.
- 일차원적 요구사항(one-dimensional requirements): 기능이 제공되는 수준에 따라 고객의 만족도가 다르게 결정되는 요구사항이다. 예를 들어 은행 거래 수수료는 낮으면 만족을 느끼고, 높으면 불만을 느끼는 사항이다.
- 매력적 요구사항(attractive requirements): 기능이 제공되는 경우 고객이 강한 만족을 얻을 수 있는 요구사항이다. 예를 들어 은행 창구의 헬프 데스크나 안락한 소파는 있으면 만족하지만, 없다고 크게 불만을 느끼지는 않는 사항이다.

- 무관심 사항(indifferent requirements): 기능의 제공 여부가 고객의 만족도에 어떤 영향도 미치지 못하는 요구사항이다. 따라서 설계 과정에서 고려할 필요가 없는 사항이다.

한편, 위에서 분류한 네 가지 유형 외에 다음의 두 가지 유형이 추가적으로 제시된다.

- 모순적 요구사항(reversal requirement): 만족과 불만족에 대한 사전적(a priori) 예측과 실제 소비자 반응이 반대로(reverse) 나오는 요구사항이다.
- 회의적 요구사항(questionable requirement): 동일한 사항에 대해 상반된 반응(contradiction)을 동시에 제시하는 요구사항이다.

단계 2: 고객 반응의 조사

고객의 요구사항이 앞에서 제시한 분류체계의 어느 경우에 해당되는지를 파악하기 위해서는 실제로 설문지를 토대로 고객의 반응을 조사하여야 한다. 물론 직관적으로 판정하는 것도 가능하겠지만, 의사결정의 신뢰도를 확보하기 위해서는 현장 조사가 필요하다.

Kano 모형에서 사용하는 설문지는 고객의 요구사항이 서비스에 실현되는 경우(functional)의 반응과 실현되지 않는 경우(dysfunctional)의 반응을 각각 대칭적으로 나누어서 설계한다. 〈표 5-4〉에 은행 거래 수수료라는 사항에 대한 설문지 양식이 예시적으로 도시되어 있다.

〈표 5-4〉 은행 거래 수수료에 대한 Kano 설문지 양식

Functional 양식	거래 수수료가 낮으면 어떻게 느끼십니까?	1. 아주 좋아한다. 2. 좋다고 느낀다. 3. 모르겠다. 4. 싫다고 느낀다. 5. 아주 싫어한다.
Dysfunctional 양식	거래 수수료가 높으면 어떻게 느끼십니까?	1. 아주 좋아한다. 2. 좋다고 느낀다. 3. 모르겠다. 4. 싫다고 느낀다. 5. 아주 싫어한다.

표에서 알 수 있듯이, 거래 수수료라는 동일한 요구사항에 대해 functional 양식과 dysfunctional 양식이 동시에 주어진다. functional 양식에서는 거래 수수료가 '낮으면' 어떻게 느끼는가를 물어보고, dysfunctional 양식에서는 '높으면' 어떻게 느끼는가를 물어본다. 각 질문에 대한 응답은 주로 5점 척도에서 하나를 선택하는 방식으로 설계한다.

단계 3: 설문지의 분석

설문지가 수집되면, 그 다음 작업은 설문 결과를 분석하여 각각의 요구사항(CR)이 어느 경우에 해당되는지를 판정하는 일이다. 각각의 CR이 필수적 사항인지 아니면 매력적 사항인지 등을 결정해야 한다.

이 결정은 주어진 요구사항에 대해 functional 양식과 dysfunctional 양식에 대한 반응 두 가지를 모두 보고 판단한다. 〈표 5-5〉에 제시된 평가표(evaluation table)의 예시를 보자. 어느 고객은 거래 수수료라는 사항에 대해 낮은 것을 물어보는 functional 양식도 1로, 즉 만족한다고 말하고, 높은 것을 물어보는 dysfunctional 양식도 1로, 즉 만족한다고 답변했다고 하자. 그러면 이 사항은 동일한 사항에 대해 상반된 의견이 제시되었기 때문에 회의적 요구사항 Q로 판정한다. 두 양식 모두 5로 답변한 경우도 Q가 된다. 만일 functional

〈표 5-5〉 Kano 평가표

CR		Dysfunctional				
		1	2	3	4	5
Functional	1	Q	A	A	A	O
	2	R	I	I	I	M
	3	R	I	I	I	M
	4	R	I	I	I	M
	5	O	R	R	R	Q

주: O = one-dimensional 요구사항
A = attractive 요구사항
M = must-be 요구사항
I = indifferent 요구사항
R = reversal 요구사항
Q = questionable 요구사항

양식에서는 1로, dysfunctional 양식에서는 5로 나왔다면 이 사항은 일반적인 예상과 일치하는 일차원적인 요구사항 O로 판정한다. 다른 셀도 가장 적합한 사항으로 분류한다.

단계 4: 평가표의 작성과 활용

Kano 모형의 마지막 작업은 설문의 결과를 바탕으로 세부적인 요구사항에 대한 평가표를 작성하는 일이다. 이 평가표는 신서비스의 아이디어 창출과 구체적인 설계 과정에서 어떤 요구사항이 어떤 목적과 우선순위에 의해 반영되어야 하는지를 제시하는 기본 자료가 된다.

평가표는 설문에 참여한 모든 고객들의 응답결과를 집계하여 종합적인 평가를 한 결과이다. 즉 앞 단계에서 이미 분석한 개별 고객들의 판정 결과를 모두 모아서 전체적인 표로 정리한 것이다. 예를 들어 〈표 5-6〉은 설문에 참여한 30명의 고객이 응답한 결과를 정리한 것이다. 요구사항 1에 대해서는 O로 판정된 고객이 24명으로 압도적으로 많고, 나머지는 1명에서 2명으로 분산되어 있다. 따라서 이 CR에 대한 최종적인 판정은 O가 된다. 마찬가지로 CR 2는 M으로 평가한다.

Kano 모형의 궁극적인 목적과 용도는 위의 분석 결과를 아이디어의 창출이나 서비스의 설계에 활용하는 데 있다. 다른 모델과 비교하여 Kano 모형의 가장 큰 장점과 비교우위는 고객의 요구사항을 특성별로 나누어 접근한다는 점이다. 따라서 각각의 요구사항이 지니고 있는 특성을 토대로, 어느 사항은 어느 기준과 방향으로 아이디어를 찾거나 설계하는 것이 효과적인지에 대한 지침을 얻을 수 있다.

〈표 5-6〉 최종 평가표: 30명 고객의 분석 사례

CR	A	M	O	R	Q	I	합계	최종평가
1	1	2	24	1	1	1	30	O
2		28			1	1	30	M
⋮	⋮	⋮	⋮	⋮	⋮	⋮	⋮	⋮

다. 예제

은행 서비스를 사례를 통해 Kano 모형을 수행하는 예제를 살펴보도록 하자. 설명의 편의를 위해 은행 서비스에 대한 고객의 요구사항을 대기장소, 서비스 절차, 친절함, 거래 수수료, 안내데스크, 안전성으로 한정한다. 각각에 대하여 설문을 작성하면 다음의 〈표 5-7〉과 같다.

〈표 5-7〉 은행 서비스에 대한 Kano 설문지 양식

1. 대기 장소	Functional 양식	대기 장소가 편안하다면 어떻게 느끼십니까?	1. 아주 좋아한다. 2. 좋다고 느낀다. 3. 모르겠다. 4. 싫다고 느낀다. 5. 아주 싫어한다.
	Dysfunctional 양식	대기 장소가 불편하다면 어떻게 느끼십니까?	1. 아주 좋아한다. 2. 좋다고 느낀다. 3. 모르겠다. 4. 싫다고 느낀다. 5. 아주 싫어한다.
2. 서비스 절차	Functional 양식	서비스 절차가 간단하다면 어떻게 느끼십니까?	1. 아주 좋아한다. 2. 좋다고 느낀다. 3. 모르겠다. 4. 싫다고 느낀다. 5. 아주 싫어한다.
	Dysfunctional 양식	서비스 절차가 복잡하다면 어떻게 느끼십니까?	1. 아주 좋아한다. 2. 좋다고 느낀다. 3. 모르겠다. 4. 싫다고 느낀다. 5. 아주 싫어한다.
3. 친절함	Functional 양식	직원들이 고객의 문제 해결을 위해 기꺼이 도와준다면 어떻게 느끼십니까?	1. 아주 좋아한다. 2. 좋다고 느낀다. 3. 모르겠다. 4. 싫다고 느낀다. 5. 아주 싫어한다.
	Dysfunctional 양식	직원들이 고객의 문제 해결을 위해 잘 도와주지 않는다면 어떻게 느끼십니까?	1. 아주 좋아한다. 2. 좋다고 느낀다. 3. 모르겠다. 4. 싫다고 느낀다. 5. 아주 싫어한다.

4. 거래 수수료	Functional 양식	거래 수수료가 저렴하다면 어떻게 느끼십니까?	1. 아주 좋아한다. 2. 좋다고 느낀다. 3. 모르겠다. 4. 싫다고 느낀다. 5. 아주 싫어한다.
	Dysfunctional 양식	거래 수수료가 비싸다면 어떻게 느끼십니까?	1. 아주 좋아한다. 2. 좋다고 느낀다. 3. 모르겠다. 4. 싫다고 느낀다. 5. 아주 싫어한다.
5. 안내데스크	Functional 양식	안내데스크가 있다면 어떻게 느끼십니까?	1. 아주 좋아한다. 2. 좋다고 느낀다. 3. 모르겠다. 4. 싫다고 느낀다. 5. 아주 싫어한다.
	Dysfunctional 양식	안내데스크가 없다면 어떻게 느끼십니까?	1. 아주 좋아한다. 2. 좋다고 느낀다. 3. 모르겠다. 4. 싫다고 느낀다. 5. 아주 싫어한다.
6. 안전성	Functional 양식	은행이 고객의 자료를 안전하게 관리한다면 어떻게 느끼십니까?	1. 아주 좋아한다. 2. 좋다고 느낀다. 3. 모르겠다. 4. 싫다고 느낀다. 5. 아주 싫어한다.
	Dysfunctional 양식	은행이 고객의 자료를 안전하지 않게 관리한다면 어떻게 느끼십니까?	1. 아주 좋아한다. 2. 좋다고 느낀다. 3. 모르겠다. 4. 싫다고 느낀다. 5. 아주 싫어한다.

총 50명을 대상으로 설문조사를 실시하였으며, 각 설문지에 대해서 〈표 5-8〉 Kano 평가표를 기준으로 고객의 요구사항을 분류하였다. 이를 바탕으로 최종 평가표를 작성하면 다음과 같다.

〈표 5-8〉 은행 서비스에 대한 최종 평가표

CR	A	M	O	R	Q	I	합계	최종평가
1	32	10	5	1	1	1	50	A
2	3	45	2				50	M
3	3	3	42		1	1	50	O
4	4	2	39	2	1	2	50	O
5	34	3	11		1	1	50	A
6	2	47	1				50	M

위의 최종 평가표를 보면 친절함, 거래 수수료는 일차원적 요구사항으로 나타났고, 서비스 절차, 안정성은 필수적 요구사항으로 나타난 것을 알 수 있다. 그리고 대기 장소와 안내 데스크는 좋으나 없다고 불만을 느끼는 것은 아닌 매력적 요구사항으로 나타났다. 이러한 평가 결과는 새로운 서비스 설계과정에 반영된다. 즉, 각 요구사항이 지니고 있는 특성에 맞추어 서비스의 설계 방향과 초점이 결정되는 것이다.

4.3 요구사항 접근: QFD

가. 기본개념

QFD(Quality Function Deployment)는 고객의 요구사항을 서비스 개발의 각 단계에서 요구되는 기술적 기능으로 전환시켜, 서비스 개발이나 품질 개선에 유용한 정보를 도출하는 체계적 방법이다. QFD의 기본 개념은 1960년대 말 일본에서 품질 계획과 제품 설계 기법으로 제시되었고, 그후 1980년대에 미국과 유럽에 소개되어 많은 관심을 불러 일으키면서 다양한 분야에 활용되고 있다. 국내의 경우에는 70년대 말에 처음 소개된 후 한동안 주목을 받지 못하다가 90년대 들어 본격적인 관심을 끌기 시작했고 현재는 폭넓은 분야에서 활용되고 있다. 서비스의 QFD는 제품의 QFD를 응용하여 사용하는 것이라고 할 수 있다.

아이디어 창출이나 신서비스 설계에 활용되는 대부분의 다른 방법들과 마찬가지로, QFD의 핵심 작업은 크게 두 가지로 제시될 수 있다. 첫째는 주관적이고 정성적인 고객의 요구를 공학적이고 실질적인 서비스 변수로 전환시키는 일이다.

둘째는 다양한 변수들 간의 우선순위를 정하여 설계의 효과성과 효율성을 높이는 일이다.

좁은 의미의 QFD 프로세스는 고객의 요구사항 수집에서 서비스의 설계 단계까지 위에서 언급한 핵심적 작업을 수행하는 일들로 구성된다. 그러나 넓은 의미의 QFD 프로세스는 고객의 요구사항 수집으로부터 출발하여 이를 서비스의 개발, 서비스 프로세스 요소의 개발 및 성과 파라미터 개발의 전 과정에 체계적으로 반영되는 과정으로 이루어진다. 즉, 앞 단계의 요구사항이 다음 단계의 요구사항으로 연결됨으로써 전체적인 일관성과 연계성을 유지하는 것이다. 아래의 [그림 5-16]은 서비스 계획을 위한 전형적인 QFD 프로세스를 보여준다.

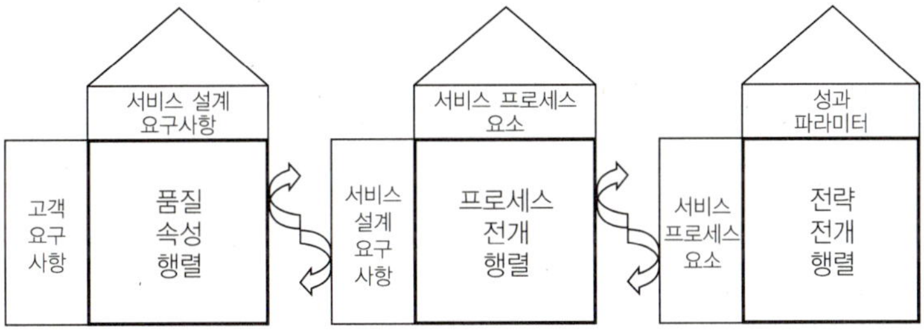

[그림 5-16] 서비스 품질 계획을 위한 전형적인 QFD 프로세스

QFD는 조직이 고객의 요구사항들의 우선순위를 정하고 경쟁자와 객관적으로 비교하고, 가장 큰 경쟁우위를 가져올 수 있는 서비스 부분에 최적화할 수 있도록 도와준다. 이러한 방법은 조직이 자신들의 서비스의 목적과 기능을 더 잘 이해하기 위한 전략 개발이나 비즈니스 운영 및 품질 관리에도 적용될 수 있다.

나. 과정과 절차

QFD 프로세스의 전개에 있어 가장 기본이 되는 작업은 품질의 집(house of quality)이라고 불리는 HoQ를 작성하는 일이다. HoQ는 고객의 요구조건이 무엇이며, 고객 요구조건에 대한 자사와 경쟁사의 서비스 능력과 수준은 어떠하며, 경쟁우위를 확보하기 위한 목표 수준은 어느 정도이며, 이러한 요구조건을 만족시키기 위해 검토해야 할 요소들은 무엇인지를 체계적으로 분석하고 도출하기 위해 만드는 일종의 매트릭스를 뜻한다.

이 매트릭스가 HoQ라고 불리는 이유는 매트릭스의 모양이 여러 개의 방과 지붕으로 구성되어 있어 집의 모양과 유사하기 때문이다. [그림 5-17]에 HoQ의 전체적인 형태와 기본적 구성 요소가 나타나 있다. 그림에서 보는 것처럼, 집의 왼쪽 축에는 고객의 요구사항이 나열되고, 위쪽 축에는 설계의 요구사항이 되는 서비스 특성들이 나열된다. 이 두 축이 결합되면 집의 중심이 되는 공간이 매트릭스 형태로 만들어진다. 마지막으로 아래쪽 부분에는 서비스 특성들간의 중요도를 표시하고, 오른쪽에는 고객 요구사항별 중요도를 표시하면 HoQ가 완성된다.

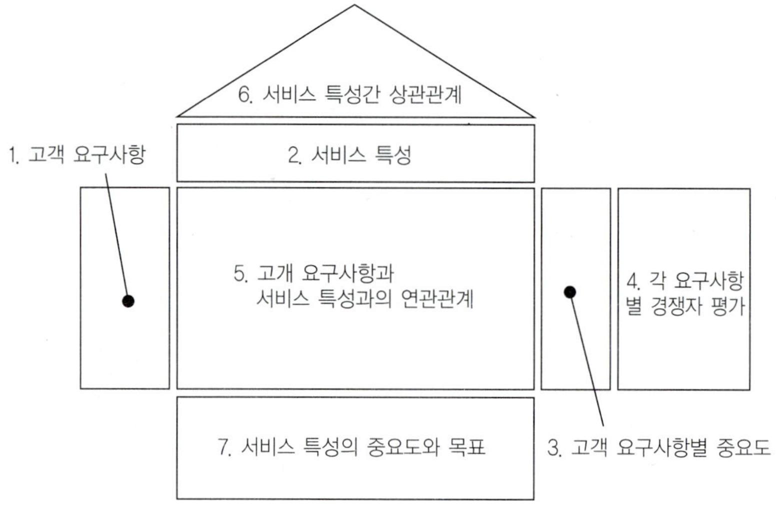

[그림 5-17] HoQ 매트릭스

QFD의 핵심이 HoQ를 작성하는 일이라고 한다면, QFD 프로세스는 한마디로 HoQ의 세부적인 내용을 완성해 나가는 과정이라고 할 수 있다. 구체적으로 HoQ를 작성하는 절차를 알아보자. 먼저 고객 요구사항과 서비스 특성과의 연관관계를 파악하고, 그 특성이 고객의 요구사항을 만족시키기 위해 얼마나 중요한 역할을 하는지를 상대적인 점수로 평가한다. 또한 서비스 특성간의 상관관계도 분석한다. 이러한 개별적인 평가 결과의 가중치 합을 구하여 최종적인 기술 특성의 중요도 점수를 구한다. 이 과정과 방법을 통해 도출된 최종적인 QFD 매트릭스는 신서비스 아이디어 도출의 핵심적인 영역을 파악하고 서비스 특성 간의 상대적 중요도를 판단할 수 있는 유용한 자료로 활용된다. 각 단계의 세부적인 내용을 자세히 살펴보자.

단계 1: 고객 요구사항의 수집과 정리

먼저 HoQ의 한 축을 구성하는 고객의 요구사항을 수집하고 이를 정리하는 작업을 수행한다. 고객의 요구를 수집하는 방법은 인터뷰, 설문조사, 전문가 집단법 등을 선택적 또는 복합적으로 사용한다. 이때 수집된 고객 요구사항의 전체 집합은 무수히 많은 항목들이 단순히 나열되어 있으므로, 설계나 생산 전문가들이 모여서 체계적으로 분류해야 한다. 분류작업은 요구사항을 몇 개의 계층적 단계로 나누는 일로 이루어진다. 먼저 고객 요구를 최상위 단계의 대항목으로 나눈 후, 각 대항목을 다시 소항목으로 나누고, 다시 세항목으로 나누는 식이다.

다음으로는 각 항목간의 상대적 중요도를 결정해야 한다. 이 작업은 앞의 고객 요구 수집과정에서 직접 할 수도 있지만, 대부분은 AHP(Analytic Hierarchy Process)와 같은 상대비교 방법이나 통계적 분석 방법을 통해 판정하게 된다. 상대적 중요도는 일반적으로 1~10점(10점이 최고로 중요함을 의미) 또는 1~7점의 가중치로 표시한다.

단계 2: 설계 요구사항의 정리

다음 단계는 고객의 요구사항을 반영할 수 있는 서비스의 특성을 정리하는 작업이다. 서비스 특성은 곧 설계 요구사항을 의미한다. 이 단계에는 물론 해당 서비스에 대한 전문성을 가진 설계 전문가들이 참여하게 된다. 또 앞에서 고객 요구사항 간의 상대적 중요도를 결정한 것처럼, 각 설계 요구항목간의 상대적 중요도도 결정되어야 한다. 상대적 중요도를 판정하고 표시하는 방법은 위의 고객 요구사항 중요도를 정하고 나타내는 방법과 같다.

단계 3: 관계 매트릭스(relationship matrix) 작성

고객 요구사항과 설계 요구사항이 정리되면, 두 요구사항을 결합하여 관계 매트릭스를 구성하는 작업을 수행하게 된다. [그림 5-18]에 도시되어 있는 것처럼 관계 매트릭스는 고객 요구사항과 설계 요구사항의 교차하는 셀(cell)들로 구성된다. 따라서 매트릭스를 작성한다는 말은 곧 각 셀에 적당한 값을 채워 넣는다는 말과 같다.

각 셀의 값은 두 요구사항간의 상관관계로 측정된다. 고객 요구사항과 설계 요구사항 간에는 높은 정(+)의 상관관계를 지닐 수도 있고, 반대로 높은 부(-)의 상관관계를 지닐 수도 있다. 정의 상관관계가 있는 셀에는 ○ 표시를, 부의 상관관계가 있는 셀에는 X 표시를 한다. 양자간에 아무런 관계가 없으면 공백으로 남겨두면 된다.

		중요도 (1~7)	서비스 설계 요구사항: 거래확인서비스	보안인증서비스	전화지원서비스	웹디자인최적화	개인화서비스	부가가치콘텐츠
고객요구사항	사용하기 편한 UI	7				◎	○	
	개방성	3				◎		
	비용절약	5			×		×	
	시간절약	7			×	○		
	최신/실시간 정보	3	◎		○			○
	보안성	7	○	◎				
	재미	1				○	◎	◎

관계: ◎ 높은 정(+)의 상관관계
○ 정(+)의 상관관계
× 부(−)의 상관관계
×× 높은 부(−)의 상관관계

[그림 5-18] 관계 매트릭스: e-banking 서비스의 예

단계 4: 지붕 매트릭스 작성

그 다음은 서비스 특성, 즉 설계 요구사항간의 상관관계를 분석하여, [그림 5-19]에 예시되어 있는 지붕 매트릭스(roof matrix)를 작성하는 단계이다. 앞에서 고객 요구사항과 설계 요구사항간의 관계를 판정한 것과 마찬가지로, 개별 서비스 특성간에 정(+)의 상관관계가 있는지, 부(-)의 상관관계가 있는지, 아니면 아무런 관계가 없는지 등을 알아본다. 지붕 매트릭스의 상관관계에 대한 표기도 관

계 매트릭스 작성시의 표기와 유사한 방식으로 하게 된다.

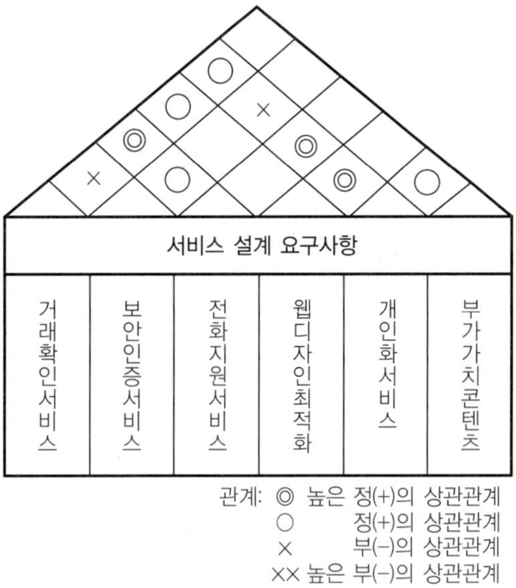

[그림 5-19] 지붕 매트릭스: e-banking 서비스의 예

단계 5: HoQ의 활용

마지막 단계는 앞에서 작성한 매트릭스들을 아이디어의 창출이나 서비스의 설계 과정에 활용하는 일이다. 요구사항이 적절히 구성되었는지, 어느 요구사항을 중점적으로 반영해야 하는지, 어느 사항은 다른 사항과 묶어서 설계한다든가 반대로 반드시 분리시켜 설계한다든가 등의 문제에 대한 지침이나 정보를 얻을 수 있는 것이다.

관계 매트릭스는 고객 요구사항의 수집이 설계 과정에 적절히 반영되고 있는지를 판단할 수 있는 유용한 정보를 제공한다. 가장 바람직한 구조는 각 셀들의 값이 골고루 균형 있게 배치되어 있는 경우이다. 그러나 만일 어느 고객 요구사항에 대해 설계 요구사항 행(row) 전체가 공백으로 되어 있다면 이는 반드시 필요한 서비스 특성이 설계 요구사항에 포함되지 않았다는 것을 뜻하며, 반대로 어느 설계 요구사항에 대해 고객 요구사항 열(column) 전체가 비어 있다면 이는 불필요한 설계 요구사항이 포함되었다는 것을 뜻한다.

지붕 매트릭스는 설계 과정에서 개별적인 서비스 특성들의 결합이나 분리에 관한 정보를 제공한다. 두 특성간에 높은 정(+)의 상관관계가 있다면 두 사항을 동시에 반영해야 성능도 더 좋아지고 설계비용도 줄일 수 있다. 반대로 부(−)의 상관관계가 있다면 설계 과정에서부터 두 특성을 분리시키는 것이 필요하다.

4.4 서비스 요소 접근: 형태 분석

가. 기본 개념

형태(Morphology)라는 용어는 고대 그리스어로부터 유래된 것으로 shape 또는 form을 의미한다. 따라서 넓은 의미의 형태 분석은 시스템 또는 개체의 형태나 패턴에 관한 연구로 정의할 수 있다. 형태 분석은 1966년 스위스의 천체물리학자 Zwicky에 의해 처음 제시된 후, 다양한 기초학문 분야에서 널리 활용되어 왔다. 대표적 활용 분야인 언어학(linguistics)에서는 각 단어의 형성 및 단어의 구성요소간의 관계를 파악하는데 사용되어 왔으며, 동물학(zoology), 식물학(botany), 지질학(geology) 등에서도 매우 유용하게 활용되어 왔다. 최근에는 미래연구와 같이 정량적 분석이 어려운 사회과학 분야에서도 활발히 적용되고 있다.

형태 분석에서는 먼저 하나의 시스템이란 이를 설명할 수 있는 몇 개의 차원(dimension)으로 구성되며, 각 차원은 다양한 형태(shape)를 가질 수 있다고 가정한다. 이 가정을 토대로 형태 분석은 시스템을 설명하는 각 차원들이 취할 수 있는 다양한 형태를 정의한 후 이 형태를 조합함으로써 시스템이 채택할 수 있는 모든 가능한 대안들을 도출할 수 있다.

이 가정과 아이디어를 신서비스 개발에 적용하면, 차원은 서비스의 속성(attribute)을 뜻하며 형태는 해당 속성의 값(value)으로 해석할 수 있다. 또 다양한 신서비스 콘셉트는 다양한 형태의 상이한 조합을 의미한다. 따라서 서비스 속성들의 수준을 바꾸어 가면서 복수의 가능한 신서비스 아이디어를 도출한 후, 불가능하거나 불합리한 대안을 제거하고 남은 대안들만을 신 서비스 개발과정에 포함시킬 수 있다.

나. 과정과 절차

형태 분석은 일반적으로 형태 매트릭스의 작성, 상호일관성 평가, 대안 도출의 3단계로 이루어진다. 각 단계의 구체적 내용을 살펴보자.

단계 1: 형태 매트릭스(morphological matrix)의 작성

형태 분석은 주어진 시스템의 속성을 설명하는 차원을 도출하고 정의하는 것에서부터 시작된다. 다음으로는 각 차원이 가질 수 있는 다양한 형태를 정의한다. 만약 차원의 수가 n개라면, 이를 통해 n-차원의 매트릭스를 구성함으로써 각 차원의 형태로 구성되는 모든 관계를 파악할 수 있다. 이때 매트릭스를 구성하는 개별 셀(cell)은 각 차원의 특정 형태의 조합(configuration)을 나타낸다.

예를 들어, 음식점 서비스 개발을 위해 형태 분석을 수행한다고 하자. 음식점 서비스의 주요한 차원으로 요리, 서빙, 지불의 세 가지 차원을 선정하였다. 요리의 형태로는 분식, 한정식, 퓨전 요리를, 서빙의 형태는 한 종업원이 여러 테이블 담당, 한 종업원이 한 테이블 담당, 셀프 서비스를 고려하기로 했으며, 지불방식으로는 주문과 동시, 식사 후 테이블, 식사 후 카운터를 선정하였다. 그러면 [그림 5-20]과 같은 3차원의 형태 매트릭스를 구성할 수 있다.

이 매트릭스에는 총 27(=3×3×3)개의 셀이 존재하며, 각각의 셀은 서로 다른 형태의 조합을 나타낸다. 예를 들어, [그림 5-20]의 색칠된 부분은 한정식을 한 종업원이 여러 테이블을 담당하여 서비스하며, 지불은 식사 후 테이블에서 하는

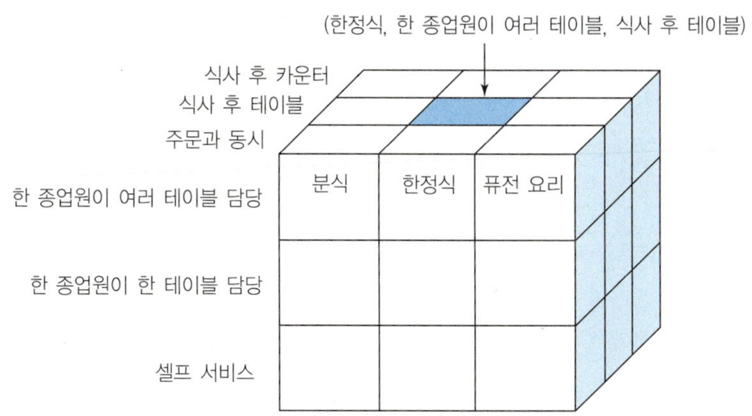

[그림 5-20] 3차원 형태 매트릭스: 음식점의 예

것에 해당한다. 하지만 이처럼 n차원 형태로 표현할 경우, 차원이 4개 이상이 되면 매트릭스를 시각적으로 표현하는 것이 불가능해진다. 그런 경우, 아래 〈표 5-9〉와 같은 2차원의 표(table)로 형태 매트릭스를 표현할 수 있다.

〈표 5-9〉 2차원 형태 매트릭스: 음식점의 예

속성	요리	서빙	지불
수준 1	분식	한 종업원이 여러 테이블 담당	주문과 동시
수준 2	한정식	한 종업원이 한 테이블 담당	식사 후 테이블
수준 3	퓨전 요리	셀프 서비스	식사 후 카운터

단계 2: 상호일관성 평가(cross-consistency assessment)

위의 예제에서는 차원이 3개임에도 불구하고, 가능한 형태의 조합이 27가지나 존재한다. 일반적으로, 형태 분석에서는 시스템의 차원 및 형태의 개수가 증가함에 따라 가능한 형태의 조합이 급격하게 증가하게 된다. 그러나 이 중에서는 어떤 이유로 인해 실질적으로 불가능한 조합이 존재할 수 있다. 따라서 이러한 조합을 미리 제거함으로써 이후의 분석에 소요되는 시간과 비용을 줄일 수 있다. 이러한 목적으로 수행하는 활동이 상호일관성 평가이다.

각 차원의 형태들 중에는 서로 공존(coexistence)할 수 없는 형태의 쌍, 즉 비일관성(inconsistency)을 가지는 형태의 쌍이 존재한다. 비일관성이 발생하는 이유로는 크게 세 가지가 있다. 첫째, 개념 자체가 근본적으로 서로 배타적인 관계를 가지고 있는 경우, 즉 논리적 모순(logical contradiction)이 존재하는 경우이다. 둘째, 논리적 모순은 없으나, 현실에서 적용하기에는 부적절하거나 구현하기 어려운 실증적 제약(empirical constraints)이 있는 경우이다. 마지막으로, 윤리적, 정치적, 법률적인 문제 등으로 인해 구현이 어려운 규범적 제약(normative constraints)이 존재하는 경우이다.

상호일관성 평가는 각 차원의 형태들을 쌍으로 비교함으로써 위에서 언급한 세 가지 이유로 인해 비일관성을 가지는 쌍을 찾아내는 작업이다. 이때, 형태들과의 인과관계 또는 시너지효과 등은 전혀 고려하지 않으며, 단지 두 형태가 공존할 수 있는가의 여부만으로 판정하게 된다. 다음 [그림 5-21]은 위의 음식점 사례에 대한 상호일관성 평가를 나타낸 것이다.

<table>
<tr><th colspan="2" rowspan="2"></th><th colspan="3">서빙</th><th colspan="3">요리</th></tr>
<tr><th>수준1</th><th>수준2</th><th>수준3</th><th>수준1</th><th>수준2</th><th>수준3</th></tr>
<tr><td rowspan="3">요리</td><td>수준1</td><td></td><td></td><td></td><td colspan="3" rowspan="3"></td></tr>
<tr><td>수준2</td><td></td><td></td><td></td></tr>
<tr><td>수준3</td><td></td><td></td><td></td></tr>
<tr><td rowspan="3">지불</td><td>수준1</td><td></td><td></td><td></td><td></td><td></td><td></td></tr>
<tr><td>수준2</td><td></td><td></td><td></td><td></td><td></td><td></td></tr>
<tr><td>수준3</td><td></td><td></td><td></td><td></td><td></td><td></td></tr>
</table>

[그림 5-21] 상호일관성 평가: 음식점의 예

단계 3: 대안 도출

앞에서 설명한 형태 매트릭스와 상호일관성 평가를 통해 최종적으로 새로운 대안이 도출된다. 모든 가능한 조합 중에서 일관성을 갖지 못한 형태의 쌍이 포함된 모든 조합을 제거하고 남은 대안들이 곧 최종 대안들이 된다. 최종 대안들로 구성된 집합을 솔루션 공간(solution spacc)이라고 부른다. 위의 예제에서는 원래의 총 27가지 형태 조합 중 13가지 대안이 솔루션 공간에 포함된다. 상호일관성 평가를 통해 이론적으로 가능한 모든 조합의 개수가 현실적으로 고려할 수 있는 반 이하의 개수로 줄어든 것이다.

반면에 이 단계에서 새로운 대안이 도출되어 그것이 최종 대안에 추가될 수도 있다. 이미 솔루션 공간에 포함된 조합에서 한 가지 형태의 값을 바꾸어서 생기는 새로운 조합이 만일 솔루션 공간에 포함된다면 그것이 곧 새로운 대안으로 추가될 수 있는 것이다.

제5절 서비스 콘셉트 평가 및 선정

5.1 기본 접근

지금까지는 새로운 서비스 콘셉트를 개발하는 방법들에 대해 알아보았다. 이 방법들을 통해 다양한 서비스 콘셉트가 개발되었다면, 그 다음 단계에서는 여러 개의 서비스 콘셉트 가운데 최적의 콘셉트를 선정하는 작업을 수행해야 한다. 이 과정에서는 기술적(technical) 측면과 경제적(economic) 측면을 동시에 고려하게 된다.

평가와 선정을 위해서는 아주 간단한 기법부터 매우 복잡하고 정교한 기법까지 다양한 기법들이 개발되어 사용되고 있다. 하지만, 실무에서 가장 많이 사용하는 방법은 점수 매트릭스(scoring matrix)를 이용하는 방법이다. 이 방법의 기본 아이디어는 일반적인 점수 모형(scoring model)과 크게 다르지 않다. 주요 평가항목을 설정하고 각 항목에 대한 점수를 매긴 후 점수의 합이 가장 높은 콘셉트를 선정하는 것이다.

5.2 주요 절차

점수 매트릭스를 토대로 서비스 콘셉트를 평가하고 선정하는 구체적인 절차는 다음의 네 단계로 이루어진다.

단계 1: 서비스 요소의 도출

먼저 설계 전문가, 시스템 개발자, 마케팅 실무자, 재무 담당자 등의 참여 하에 서비스 콘셉트를 구성하는 핵심적인 요소를 도출한다. 여기에는 기술적 요소, 경제적 요소, 감성적 요소들이 골고루 포함되어야 한다. 예를 들어 서비스 시스템 구성의 효율성이나 기능의 정확도 등은 기술적 요소이고, 서비스 가격이나 서비스 내구성은 경제적 요소이며, 사용의 편의성이나 시스템의 외양 등은 감성적 요소가 된다.

단계 2: 평점 부여

다음에는 위에서 도출한 각 요소별로 평점(score)의 스케일(scale)을 설정한다. 흔히 평점은 1~5점 사이의 값이나 1~10점 사이의 값으로 정하게 된다.

단계 3: 가중치 설정

그 다음은 각 요소의 상대적 중요도에 따른 가중치(weight)를 설정한다. 모든 요소의 중요도가 같을 수는 없다. 예를 들어 같은 3점이라고 하여도 어떤 요소의 3점은 매우 중요한 의미를 지니는 반면 어떤 요소의 3점은 상대적으로 덜 중요할 수 있다. 따라서 개별 요소의 상대적 중요도의 차이에 따라 가중치를 달리 설정하게 된다.

단계 4: 가중 평점 계산

마지막으로 가중 평점(weighted score)의 합계를 기준으로 최종적인 콘셉트를 선정한다. 가중 평점은 개별 요소의 평점을 가중치로 곱한 값이다. 먼저 하나하나의 요소들에 대해 가중 평점을 구한 후 이를 더하면 가중 평점의 합을 구할 수 있다. 이 값의 크기를 기준으로 서비스 콘셉트를 평가하고 또 가장 바람직한 콘셉트를 선정하게 된다.

5.3 예제

〈표 5-10〉에 세 가지의 콘셉트를 대상으로 평점을 합계하여 최적의 콘셉트를 선정한 점수 매트릭스의 간단한 예가 제시되어 있다.

〈표 5-10〉 콘셉트 점수 매트릭스(concept scoring matrix) 예시

기준	가중치(%)	콘셉트 A		콘셉트 B		콘셉트 C	
		평점	가중 평점	평점	가중 평점	평점	가중 평점
사용 편의성	5	3	0.15	3	0.15	4	0.2
이동 편의성	15	2	0.3	5	0.75	2	0.3
내구성	10	3	0.3	3	0.3	2	0.2
정확도	15	3	0.45	4	0.6	4	0.45
…	…	…	…	…	…	…	…
합계	100	3.0		3.5		3.2	
순위		3		1		2	

표에서 보는 것처럼, A, B, C 세 가지 콘셉트 가운데 B의 합계가 가장 높게 나타났으므로 B 콘셉트를 선정하게 된다. 물론 이 단계에서 반드시 한 가지의 콘셉트만을 선정할 필요는 없다. 여러 개의 콘셉트 가운데 점수가 높은 두세 가지로 추린 후에 다음 단계에서 다시 한 번의 평가절차와 기준을 거쳐 마지막 한 가지를 고를 수도 있다.

제6절 비즈니스 모델 특허

6.1 기본 개념

새로운 서비스 아이디어가 만들어지면, 그 결과물은 당연히 새로운 비즈니스의 개발이라는 사업화의 단계로 넘어가게 된다. 그러나 아이디어의 결과물을 지적 재산(Intellectual Properties: IPRs)으로 권리화하는 작업도 고려할 필요가 있다. 흔히 지적 재산은 제품의 경우에만 해당되는 것으로 생각하기 쉽지만 서비스도 이제는 중요한 지적 재산의 대상이 되고 있다.

다양한 서비스 아이디어 가운데 지적 재산, 특히 특허(patent)의 대상이 되는 것은 e-Service 비즈니스 모델이다. 최근 e-Service의 전략적 중요성이 올라가고 또 기술적 가치가 높아지면서, 온라인상에서 서비스를 제공하는 시스템을 권리화하기 위한 특허출원이 매우 활발하게 일어나고 있다. 온라인 상에서 새로운 비즈니스 아이디어를 만들거나 새로운 비즈니스 기술을 개발한 것도 엄연한 특허의 대상이 되는 세상이다. 예를 들어, 프라이스 라인(Priceline)사의 '역경매'는 지금까지 행하지 않던 비즈니스인 인터넷을 사용하여 최초로 가능한 비즈니스를 제공한 것이므로 새로운 비즈니스 방법을 개발한 것이라 할 수 있으며 따라서 당연히 특허의 대상이 된다. 이를 영업 방법 또는 비즈니스 모델(Business Model 또는 Business Method: BM)이라고 한다. 그러므로 이 책의 앞 부분에서 말한 비즈니스 모델의 약어인 BM은 포괄적인 개념을 뜻하는 것에 비해 여기서 말하는 BM은 특허의 관점에서 바라보는 매우 구체적인 방식을 가리킨다.

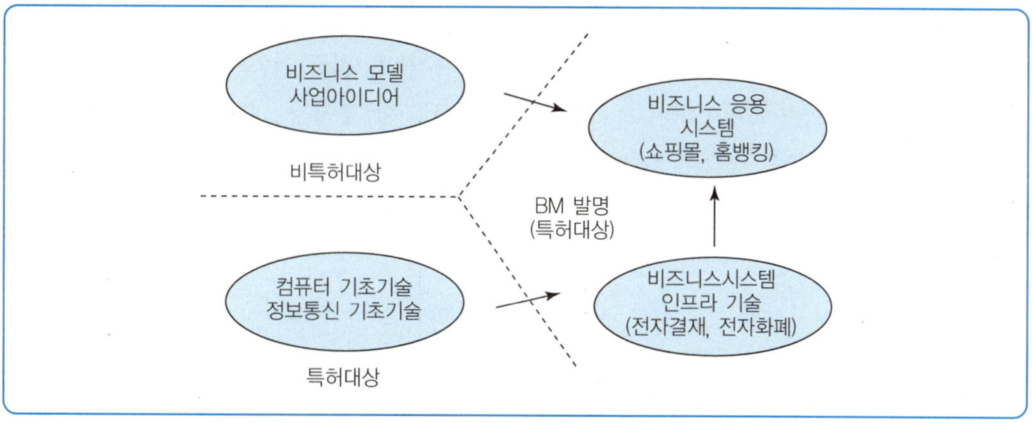

[그림 5-22] BM 특허의 범위

특히 엔지니어링의 관점에서 보면, BM 특허는 중요한 의미를 지닌다. 온라인 기술의 진보가 특허의 성격을 어떻게 바꾸어 놓았고 특허의 영역을 어떻게 넓혀 놓았는지를 알 수 있기 때문이다. 이제 새로운 비즈니스 아이디어가 온라인 기술을 토대로 하나의 특허로 완성되는 과정은 서비스 엔지니어링의 중요한 주제가 되고 있다. 더구나 최근 BM 특허의 등록건수가 크게 증가하면서 이와 관련된 분쟁도 늘어나고 있는 추세이다. 이제 온라인상의 BM 특허 침해문제는 미국, 일본 등과 마찬가지로 우리나라에서도 중요한 전략적 이슈로 부각되고 있다.

하지만 비즈니스의 아이디어나 방식을 반드시 특허의 형태로 관리할 필요는 없다. 노하우(know-how)와 같이, 특허로 등록하기는 어렵지만 권리의 보호가 필요한 경우에는 특허 대신 정보재산권을 선택할 수도 있다. 정보재산권은 흔히 영업비밀(trade secret)이라고 한다. 특허와 비교하여 영업비밀은 여러 가지의 장점이 있다. 첫째, 특허권은 반드시 등록절차를 거쳐야 하는데 반해, 영업비밀은 별도의 등록절차 없이 바로 인정된다는 점이다. 물론 영업비밀로 인정받기 위해서는 외부에 유출이 안 되도록 비밀유지가 잘 되고 있다는 사실을 입증할 수 있어야 한다. 둘째, 특허는 출원 및 보호범위가 제한적이지만, 영업비밀은 기술적 지식뿐 아니라 마케팅 방법, 경영관리 기법 등 기업이나 개인이 보유하고 있는 모든 노하우를 포함한다. 셋째, 특허권의 유효기간은 20년으로 제한되어 있지만, 영업비밀은 비밀이 유지되는 한 보호기간의 제한이 없다.

이러한 장점에도 불구하고 영업비밀의 치명적인 단점은 독점권이 없다는 사실이다. 같은 서비스 아이디어나 서비스 기술을 다른 사람이 정당한 방법으로 개발하거나 취득할 경우, 이를 제재할 방법이 없다. 결국 기업이나 개인이 보유하고 있는 서비스 아이디어나 기술을 특허로 관리할 것인지, 아니면 영업비밀로 관리할 것인지는 전략적 선택의 문제라고 할 수 있다.

6.2 핵심 요건

BM 특허도 특허이기 때문에 특허가 되기 위한 일반적인 요건인 신규성, 진보성, 경제성을 갖추어야 한다. 신규성은 '새로운 것' 이어야 한다는 요건이다. 특허권은 새로운 발명의 상세한 내용을 공개하고 그 대가로 얻는 독점권이므로 특허의 대상이 되는 발명이 새로운 것이어야 한다. 따라서, 인터넷상의 비즈니스 모델이더라도 이미 실시 중이거나 알려진 방법은 신규성이 없어 특허가 될 수 없다. 또한 새로 개발된 인터넷 비즈니스 모델은 그 모델을 개방하기 전에 우선 특허출원을 해야 한다. 출원이 되기 전에 이미 세상에 알려져 있는 기술은 특허가 되지 않기 때문이다.

다음은 진보성이다. 진보성은 '더 나은 것' 이어야 한다는 요건이다. 예를 들어 오프라인 상에 이미 나와 있던 비즈니스 모델을 인터넷(on-line)으로 바꾸어 실행한다고 해서 특허가 될 수 있을까? 새롭게 바꾸었다는 것만으로는 충분하지 않다. 새로 바꾸어 기존의 방법보다 효율성이 올라가거나 비용이 줄어들거나 하는 효과가 있어야 특허가 될 수 있다.

마지막은 경제성으로 산업상 이용 가능성이 있어야 특허로 인정받을 수 있다. 예를 들어, 인터넷상에서 개인적 취미에 관한 것이라거나 실험적 목적으로만 쓰는 발명은 특허 등록이 불가능하다. 물론 개인적 또는 실험적 동기에서 만든 것이라도 산업상 이용이 가능하다는 사실을 입증할 수 있으면 그 발명은 특허의 대상이 될 수 있다.

6.3 활용 전략

'비즈니스 모델 특허 묻지마 출원', '사업 아이디어도 특허 전쟁', 'e-Biz 특허 시장 붐빈다' 등의 기사에서 볼 수 있는 것처럼, BM 특허의 범위는 갈수록 넓어지고 전략적 중요성도 높아지고 있다. 따라서 BM 특허의 용도도 다양해지고 있는 추세이다. 실제로 BM 특허는 다음과 같은 다양한 목적으로 활용될 수 있다.

첫째는 공격적 목적이다. 기업은 서비스 시장을 선점하기 위해 또 새로운 서비스 영역을 독점적으로 개척하기 위해 BM 특허를 활용한다. 따라서 공격적 목적은 곧 가장 적극적인 특허관리 전략과 방식이라고 할 수 있다. 둘째는 방어적 목적이다. 때로는 스스로 새로운 서비스 시장을 개발하거나 새로운 서비스 상품을 출시할 계획이 없음에도 불구하고, 경쟁기업의 부상을 견제하고 새로운 서비스의 등장을 예방하기 위해 BM 특허를 관리하기도 한다. 따라서 방어적 목적은 가장 소극적인 전략과 방식이라고 할 수 있다. 셋째는 경제적 목적이다. 외부의 수요자에게 판매하기 위해서나 서로 공유하고 교환하기 위해 BM 특허를 관리하기도 한다. 넷째는 간접적 목적이다. BM 특허가 출원된 사실만으로도 기업의 홍보효과가 올라간다. 또 벤처기업 지정, 코스닥 상장, 기업 신용평가 등에서 BM 특허를 중요한 자산으로 활용할 수 있다.

사례 – 비즈니스 모델 특허 사례

인터넷상의 원격 교육 방법 및 그 장치(특허 등록 제10-191329호)

요약:

본 발명은 원격 교육 방법 및 그 장치에 관한 것이다. 특히 컴퓨터 및 네트워크상의 인터넷 월드와이드웹(WWW) 규정 및 그 관련 기술을 응용한 인터넷상의 원격 교육 방법 및 그 장치에 관한 것이다. 본 발명은 WWW를 이용한 원격 교육 장치를 구현하고, 학습 평가 및 관리 기능을 내장하여 시간과 공간의 제약을 극복하고, 사용자들의 학습을 평가 및 관리하는 효과가 있다.

청구범위:

청구항 1.

인터넷상의 WWW를 기반으로 한 원격 교육 장치에 있어서, 사용자가 원하는 데이터를 서버 장치에 요구하며 그 데이터를 화면에 디스플레이하여 검색하고, 사용자가 그 데이터를 수행하도록 한 단말 장치 및 상기 단말부로부터 요구된 데이터를 전송하며 사용자가 수행한 데이터를 평가하여 관리 및 저장하는 서버 장치를 포함하는 것을 특징으로 하는 인터넷상의 원격 교육 장치.

청구항 4.

인터넷상의 WWW를 기반으로 한 원격 교육 방법에 있어서,

(1) 사용자의 입력 데이터를 처리하는 제1단계:

(2) 사용자의 학습 데이터를 처리하는 제2단계:

(3) 사용자의 시험 데이터를 처리하는 제3단계를 포함하는 것을 특징으로 삼는 인터넷상의 원격 교육 방법.

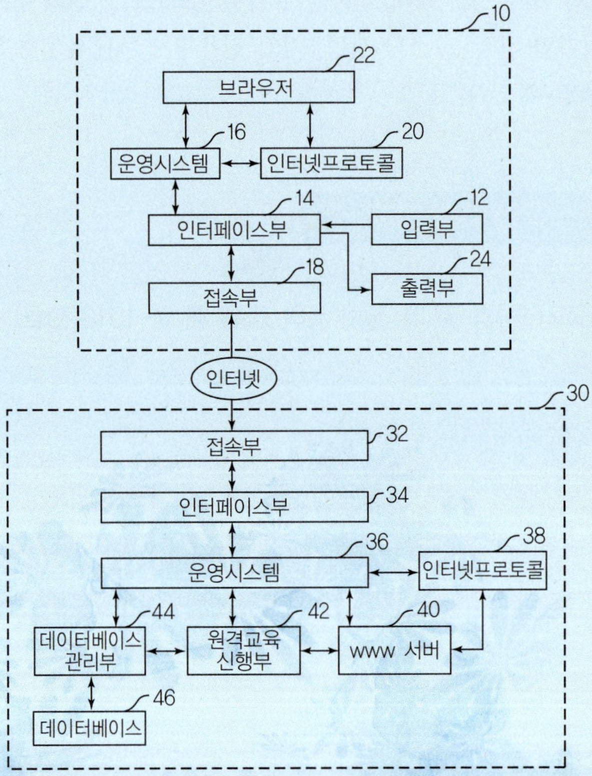

[도 1] 본 발명에 따른 인터넷상의 원격 교육 장치를 나타내는 구성도

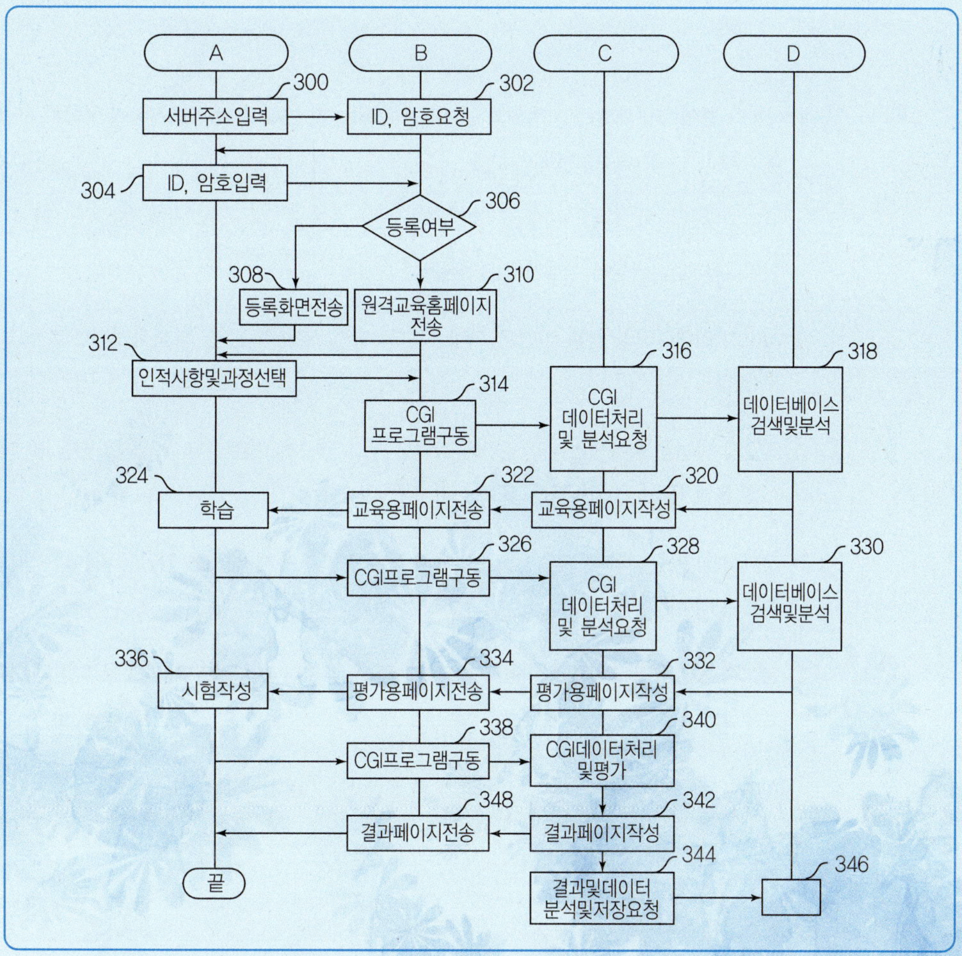

[도 2] [도 1]에 제시된 장치들 중 특정한 장치들의 동작 흐름을 나타내는 흐름도

요약

1. 서비스 콘셉트의 개발은 서비스의 설계가 시작되는 첫 번째 단계이자 서비스 공학이 본격적으로 전개되는 출발점이다.

2. 서비스 아이디어 창출 기법들은 대부분 기존의 신제품 아이디어 개발 기법들을 서비스 아이디어 개발 과정에 적용한 것들이다.

3. 서비스 아이디어의 창출 기법은 크게 직관적 방법, 조사적 방법, 분석적 방법으로 나눌 수 있다.

4. 직관적 방법은 브레인스토밍 기법에 토대를 두고 있으며 기존 아이디어들의 결합 및 개선을 통해 새로운 아이디어를 도출한다.

5. 조사적 방법은 시장과 고객 등으로부터 수집한 정보를 통해 새로운 아이디어를 생성하는 기법을 의미한다.

6. 분석적 방법은 알고리즘을 이용해 방대한 서비스 데이터베이스로부터 새로운 아이디어를 창출하는 방법을 가리킨다.

7. 서비스 콘셉트에 대한 평가와 선정은 주로 점수 매트릭스를 토대로 이루어진다.

8. 서비스 아이디어 가운데 e-Service 비즈니스 모델은 중요한 특허의 대상이 되고 있다.

핵심 키워드

- 서비스 아이디어와 서비스 콘셉트
- 직관적 아이디어 창출 방법
- 조사적 아이디어 창출 방법
- 분석적 아이디어 창출 방법
- 브레인스토밍
- 컨조인트 분석
- Kano 모형
- QFD
- 형태 분석
- TRIZ
- 서비스 지도
- 점수 매트릭스
- 비즈니스 모델 특허

연습문제

개념형-이론형 문제

1. 새로운 서비스의 창출과 새로운 제품의 창출은 그 원리와 과정에 있어 공통점도 있지만 차이점도 있다. 서비스가 가진 차별적 특성 때문에 신서비스를 개발하는 과정에서 특별히 유의해야 하는 부분은 무엇이며, 제품과 비교하여 새로운 서비스의 창출 과정의 핵심적 차이가 무엇인지 설명해 보자.

2. 서비스 아이디어 창출을 위한 방법 중 조사적 방법에는 설문지법, 관찰법, 선도사용자 기법, 인터뷰가 있다. 이들 각각의 장단점을 비교해 보자.

3. 브레인스토밍을 토대로 새로운 서비스를 창출하는 기법의 기본 원리를 설명해 보자.

4. Kano 모형은 어떤 기준으로 고객의 요구사항을 네 가지 유형으로 분류하는지를 설명하고, 이들이 서비스 아이디어 창출에 어떻게 활용될 수 있는가를 토의해 보자.

5. TRIZ 기법에서 말하는 두 가지의 상충(contradiction)을 설명하고 각각의 상충을 해결하는 기본적 접근방법을 설명해 보자.

6. 서비스 지도의 기본 개념과 작성 과정을 이해하고, 서비스 지도를 이용한 신서비스 콘셉트 개발 과정을 설명해 보자.

7. 비즈니스 모델이 특허가 될 수 있는 근거를 제시해 보자.

탐구형-실습형 문제

8. 더하기 접근, 빼기 접근, 바꾸기 접근, 거꾸로 접근, 동시 접근과 같은 아이디어 창출 방법을 통해 만들어지거나 만들어질 수 있는 신서비스들을 주변의 사례를 통해 제시하고, 각각의 개발 원리를 설명해 보자.

9. 제품 개발과 서비스 개발에 QFD가 적용된 사례를 하나씩 발굴하여 둘 사이에 어떤 차이가 있는지를 토의해 보자.

10. 웹사이트를 제작하는 K사는 고객의 만족도가 가장 높은 사이트를 제작하기 위해 컨조인트 분석을 수행하고자 한다. K사는 웹문서를 읽는 고객이 가장 중요하게 생각하는 요소가 폰트, 크기, 줄간격의 세 가지라고 가정하고 이 세 가지 요소를 컨조인트 분석의 속성으로 결정하였다. 다음으로 폰트에 대해서는 굴림체, 돋움체, 바탕체의 세 가지 수준을, 크기에 대해서는 12pt와 10pt의 두 가지 수준을, 줄간격에 대해서는 100%, 120%의 두 가지 수준을 대상으로 총 12가

지 조합에 대해 고객의 선호도를 조사하였다.

속성	속성수준	추정치
폰트	굴림체	0.51148
	돋움체	0.09331
	바탕체	−0.60479
크기	10pt	−0.18683
	12pt	0.18683
줄간격	100%	−0.85521
	120%	0.85521

① 컨조인트 분석에서 속성별 중요도를 추정하기 위해서는 분석 모형이 필요하다. 분석 모형에는 벡터 모형, 이상점 모형, 부분가치함수 모형이 있는데 이 세 가지 모형 중 어떤 모형을 이용하는 것이 좋을 것인지에 대해 생각해 보자.

② 컨조인트 분석 결과를 도출하면 다음과 같다. 결과를 토대로 우선 각 속성의 중요도 값을 추정해 보고, 이번에 제작하는 웹사이트에서는 폰트, 크기, 줄 간격을 어떻게 구성하는 것이 좋을지 판단해 보자.

11. 최근 스마트폰 이용자가 늘면서 애플의 앱스토어와 같이 스마트폰 애플리케이션을 사고팔 수 있는 시장의 규모가 폭발적으로 증가하고 있다. 이러한 상황에 발맞춰 온라인게임 전문회사인 A사는 새로운 스마트폰 게임 애플리케이션을 개발하고자 한다. QFD를 이용하여 새로운 서비스 콘셉트들을 제안하는 과정을 설명해 보자.

조사형-검색형 문제

12. 서비스 콘셉트 개발 방법들을 이용하여 실제로 신서비스 콘셉트를 개발한 사례를 알아보고 그 과정을 설명해 보자.

13. 점수 매트릭스를 이용하여 실제로 신서비스 콘셉트들을 평가 및 선정한 사례를 알아보고 그 과정을 설명해 보자.

14. 한국특허정보원 특허정보검색서비스(http://www.kipris.or.kr)에 등록된 BM 특허를 검색하여 그 중 세 개를 선정한 후, BM 특허의 구성과 내용을 비교해 보자.

CHAPTER

06

서비스의 설계

구성도

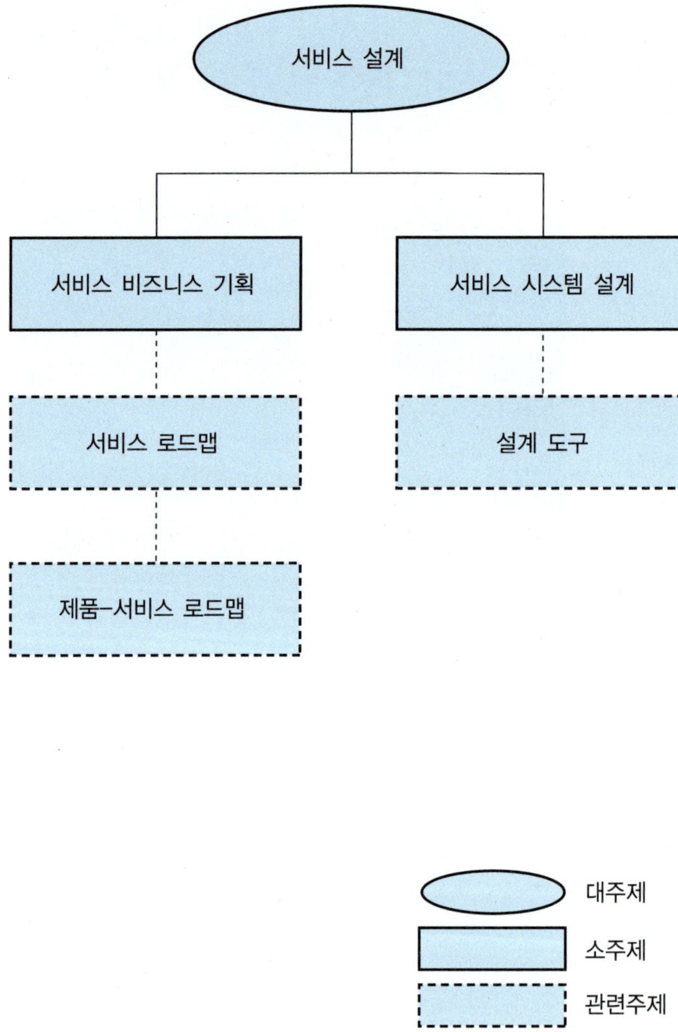

서비스 설계
서비스 비즈니스 기획
서비스 시스템 설계
서비스 로드맵
설계 도구
제품-서비스 로드맵
대주제
소주제
관련주제

배경과 주요 내용

새로운 서비스 아이디어가 도출되면, 그 다음에 해야 할 작업은 그 아이디어가 실질적인 서비스 비즈니스로 구현될 수 있는 설계도를 만드는 일이다. 서비스의 설계는 크게 두 개의 주제로 이루어진다. 첫째는 서비스 비즈니스의 기획이다. 어느 시장에 어떤 서비스를 어느 시점에 출시할 것인가에 관한 계획표를 만드는 것이다. 둘째는 서비스 시스템의 설계이다. 서비스를 만들어서 이를 고객에게 제공하는 공간과 시설을 만드는 것이다.

먼저 서비스 비즈니스의 기획에 대해 알아본다. 경영전략을 통해 서비스 비즈니스의 전체적 방향이 정해지고, 시장조사에 의해 필요한 정보를 얻게 되면, 그 다음에 할 일은 서비스 비즈니스를 기획하는(planning) 작업이다. 이 과정에서 설계의 도구이자 기획의 밑그림으로 이용하는 것이 로드맵(roadmap)이다. 기존의 제품 기획에서 사용하는 기술 로드맵(TRM)을 서비스 기획에 응용한 서비스 로드맵, 그리고 제품과 서비스가 통합된 비즈니스의 기획에 쓰이는 제품-서비스 로드맵의 구조와 형태에 대해 살펴본다.

다음으로 서비스 시스템의 설계에 대해 알아본다. 먼저 서비스 시스템의 기본 모형에는 어떤 것들이 있는지를 살펴본다. 이어서 시스템 설계 과정에 사용되는 도구(tool)인 플로차트, 서비스 청사진(service blueprint), UML(Unified Modeling Language) 등의 기본 구조와 작성 기법을 알아본다.

전통적인 서비스 시스템과 비교하여 인터넷 기반의 온라인 서비스의 가장 중요한 차이는 전달 시스템에 있다. 서비스 접점도 다르고, 운영 시간이나 접속 지점도 다르다. 이러한 차이를 토대로 온라인 서비스 시스템의 설계에서는 어떤 요인을 고려해야 하는지를 살펴본다.

학습 목표

1. 서비스 비즈니스의 기획 목적과 과정을 이해한다.

2. 서비스 로드맵을 활용하여 서비스 비즈니스를 기획할 수 있다.
   - 간단한 사례를 가지고 서비스 로드맵을 작성해 본다.

3. 제품–서비스 로드맵을 활용하여 제품과 서비스의 통합 과정을 기획할 수 있다.
   - 간단한 사례를 가지고 제품–서비스 로드맵을 작성해 본다.

4. 서비스 시스템의 기본 개념과 구성 요소를 이해한다.

5. 서비스 시스템을 분류하는 기준, 유형 및 구성요소를 이해한다.

6. 서비스 시스템 설계 요소를 이해하고, 설계에 반영할 수 있다.

7. 서비스 시스템의 설계도구를 익히고, 서비스 개발에 적용할 수 있으며, 각 설계도구의 장단점을 이해한다.
   - 간단한 사례를 가지고 서비스 플로차트를 작성해 본다.
   - 간단한 사례를 가지고 서비스 청사진을 작성해 본다.
   - 간단한 사례를 가지고 UML 설계도를 작성해 본다.

06 서비스의 설계

제1절 서비스 비즈니스 기획

1.1 기본 개념

창의적인 서비스 아이디어가 개발되면 그 다음에 할 일은 서비스 비즈니스를 기획하는(planning) 작업이다. 흔히 전략과 기획은 같은 말이라고 하기도 하고 다른 말이라고 하기도 한다. 그러나 엄밀한 의미에서, 전략과 기획은 다른 말이라고 할 수 있다. 전략은 본질적으로 선택을 뜻한다. 여러 가지 대안들(alternatives)이 있을 때, 어떤 대안을 선택할 것인가를 정하는 것이 전략이다, 할 수도 있고 안 할 수도 있는 경우(Do or Do nothing)의 선택, 직접 만들 수도 있고 밖에서 살 수도 있는 경우(Make or Buy)의 선택, 복수의 대안이 있는 경우에 하나를 정하는 선택 등이 전략 내지 전략적 선택의 일이다.

문제는 대안 간의 차이를 알기 어렵다는데 있다. 만일 대안 간의 우열이 분명해서 최선의 대안을 고르는 것이 쉽다면 굳이 전략적 선택이 필요할 이유가 없다. 그러나 대부분의 경우, 대안에 대한 자세하고 정확한 정보를 미리 알 수 없거나 아니면 지금은 이렇지만 미래에는 저렇게 될 가능성이 존재하는 것이 일반적이다. 따라서 대안 사이의 장단점과 우열을 명확하게 평가하는 것이 쉽지 않고, 모든 선택에는 불확실성과 위험이 따르게 마련이다. 이때 나오는 개념이 기획이다. 기획은 한마디로 전략의 성공 가능성을 올리고 동시에 실패 위험을 줄이기 위한 계획으로 정의할 수 있다. 성공과 실패에 관련된 내부와 외부의 핵심 요인들은 무엇이며, 그 요인들의 변화에 대응하기 위해 언제, 어떠한 활동을 수행할 것인가를 정하는 계획서를 만드는 것이 기획인 것이다.

서비스 기획은 새로운 서비스의 출시에 관련된 활동(activity)과 시점(time)을 정하는 작업이다. 언제 무엇을 할 것인가를 정하는 일은 시각적 형태로 보여주는 것이 효과적이다. 즉, 아래에 '언제'를 나타내는 시간의 축을 놓고 그 위에 '무엇'을 나타내는 활동들을 배열하여 한눈에 앞으로 진행될 일들의 내용과 일정을 알 수 있도록 하는 것이다.

이 목적으로 자주 사용되는 형태로는 [그림 6-1]에서 볼 수 있는 간트(Gantt) 차트나 네트워크(network) 차트를 들 수 있다. 간트 차트는 각 활동을 그 활동의 시작과 종료 시점을 연결한 막대 모양으로 표시한 그림이다. 따라서 간트 차트 위에는 활동의 수와 같은 수의 막대들이 그려지게 된다. 네트워크 차트는 간트 차트를 좀 더 정교하게 발전시킨 그림이다. 여기에서는 활동들간의 선후 관계를 화살표로 표시하고 그 화살표 위에 그 활동에 걸리는 시간을 나타낸다.

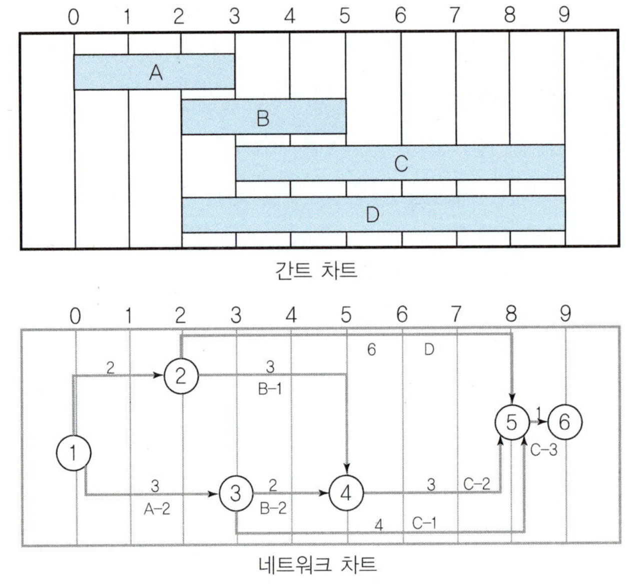

[그림 6-1] 간트 차트와 네트워크 차트의 비교

이러한 차트(chart)들은 만들기 간단하고 이해하기도 쉬운 장점이 있지만 시간 축이 길어지고 활동이 많아지면 모든 것을 하나의 그림 안에 담기에는 한계가 있다. 따라서 크고 복잡한 기획에 적합한 방식으로 최근에 각광을 받고 있는 것이 바로 기술 로드맵(Technology RoadMap: TRM)이다. TRM은 원래 제품 분야에서 기술기획을 하거나 기술전략을 수립할 때 유용하게 사용할 수 있는 개념이자 기법이다. 그러나 TRM의 기본 개념과 방식을 서비스 분야에 적용하면 서비스 로드맵을 만들 수 있고, 이 서비스 로드맵을 서비스 기획에 활용할 수 있다.

1.2 서비스 로드맵

(1) TRM의 기본 개념

앞에서 설명한 대로, TRM은 제품 분야에서 기술기획을 하거나 기술전략을 수립할 때 사용하기 위해 만든 것이다. 실제로 TRM은 1980년대 후반에 Motorola에서 처음 개발된 이래 신제품 개발 또는 기술기획의 목적으로 주로 활용되어 왔으며, 현재는 거의 모든 산업 분야에 확산되고 있다.

TRM은 그 대상 산업과 작성 주체, 대상 내용에 따라 다양한 형태로 구분될 수 있으나, 가장 대표적으로 활용되는 형태는 제품기술 TRM(product technology roadmap)이다. 제품기술 TRM은 향후 출시될 신제품과 그 제품을 생산하기 위해 확보해야 하는 필요기술을 연계한 것이다. 따라서 제품이나 공정에 대한 기술수요와 시장수요를 고려하여 작성하게 된다.

제품기술 TRM은 다양한 형태로 작성될 수 있지만, 가장 일반적으로 작성되는 형태는 [그림 6-2]에 나타난 것처럼 시간(time)과 계층(layer)을 양축으로 구성한 네트워크형 차트이다. 이 때 계층은 시장, 제품, 기술의 세 가지로 나누는 것이 보편적이다. 이 그림을 보면 언제 어느 시장을 타깃 시장으로 할 것인지, 그 시장을 공략하기 위해 언제 어떤 제품을 출시할 것인지, 그 제품을 개발하기 위해서는 언제 어떤 기술이 필요한지가 잘 드러나 있다. 한마디로 비즈니스의 이정표가 만들어진 것이다.

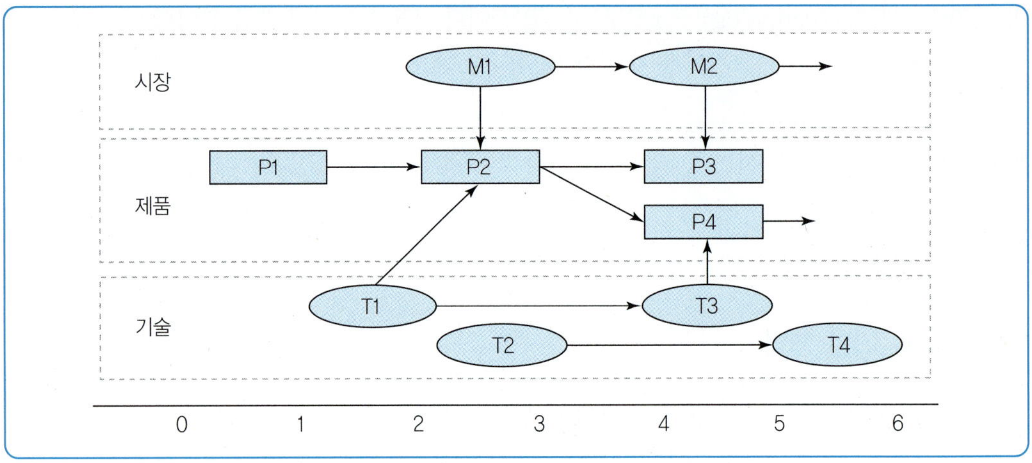

[그림 6-2] 제품기술 TRM의 일반적인 형태

(2) TRM의 예시

향후 3년간의 무선 핸드폰 신제품 기획을 위한 TRM을 작성하는 예를 생각해 보자. 시장조사를 통해 10대 고객들이 핸드폰에 있어 가장 중요하게 생각하는 요소는 '디자인', '가격', '액정의 성능', '카메라 · 화음 등의 부가기능', '총 통화 시간', '모바일 기능' 등의 순이라는 사실을 파악하였다. 따라서 TRM의 대상 분야를 '디자인이 우수한 핸드폰'에서 출발하여 나중에 '가격'으로 정의하였다. 따라서 이 단계에서는 TRM의 계층구조에서 제일 상위의 계층인 '시장'이 결정된다.

그 다음으로 향후 3년간의 제품 출시 계획을 세웠다. 출시 예정인 네 가지의 신제품 모델인 애니폰, 애니폰 1.0, 애니폰 1.1, 애니폰 1.2 각각에 대해 크기, 비용, Display, 화소 등의 측면에서 제품성능 목표치를 설정하였다. 이 단계에서는 TRM의 두 번째 계층인 '제품'이 결정된다. 이 두 계층을 묶은 TRM의 예시가 [그림 6-3]에 도시되어 있다.

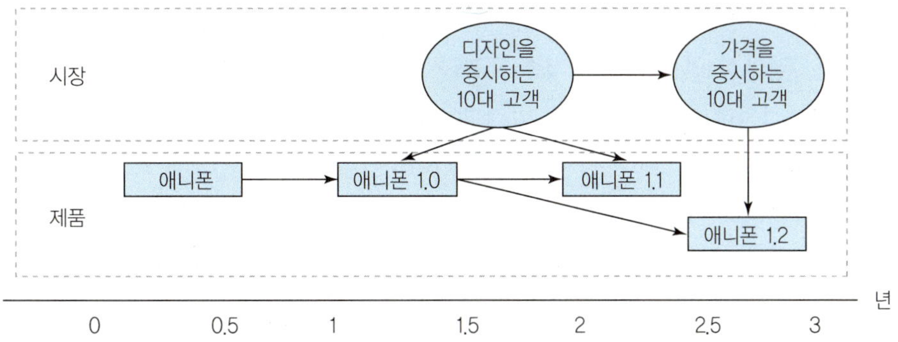

[그림 6-3] 시장계층과 제품계층을 연결한 TRM

시장계층과 제품계층에 대한 설계가 완성된 후, R&D 부문 부서원과 제조 부문 부서원의 주도로 최적의 기술대안을 선정하기 위한 정보의 수집과 분석 작업이 이루어진다. 이 단계에서는 제품의 특성에 관련된 기술 영역이 정의되고 각 기술 영역별 실현시기가 제시된다. 이 단계에서 도출된 결과는 기술 계층 TRM이 된다. 위의 세 계층을 묶으면 [그림 6-4]에서 볼 수 있는 TRM 완성도가 만들어진다.

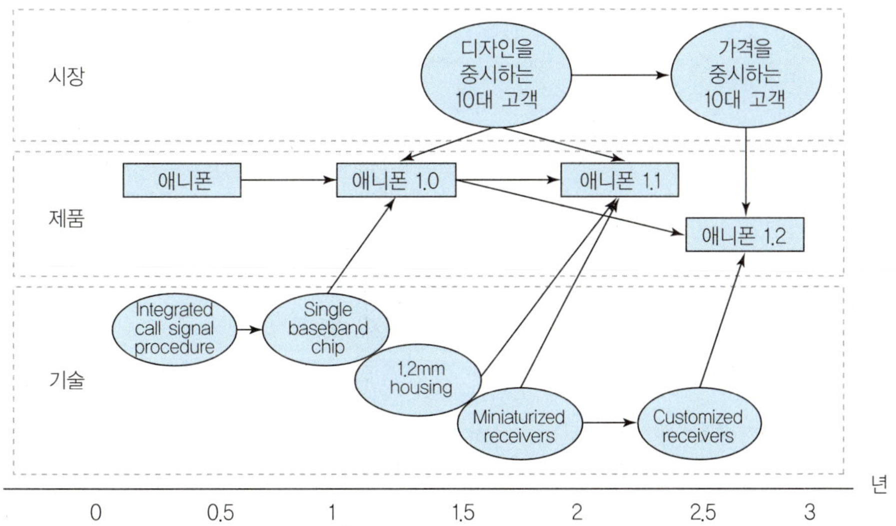

[그림 6-4] 시장계층, 제품계층, 기술계층을 연결한 TRM

(3) 서비스 로드맵의 개념 및 작성과정

앞에서 언급했듯이, 기존 TRM은 신제품의 개발을 목적으로 기술, 제품, 시장을 기획하는 데 그 목적이 있기 때문에 기본적으로 제품에 초점이 맞추어져 있다. 따라서 서비스의 기획에 기존의 TRM을 그대로 쓸 수는 없다. 물론 여기에서도 전통적인 기술 로드맵이 기본 골격의 역할을 하기는 하지만 제품과 비교한 서비스의 특성을 반영하여 수정하거나 보완해야 한다. 즉, 제품 계층을 서비스 계층으로 대체하거나, 제품과 서비스 계층을 같이 사용하거나, 서비스를 비즈니스로 간주하고 비즈니스 계층을 확대하는 식의 변화가 필요한 것이다.

서비스 로드맵이라는 개념 자체가 아직 범용적으로 받아들여지는 개념이 아닐 뿐만 아니라, 서비스 로드맵도 공통적인 구조를 가지고 있지 않기 때문에 표준화되고 정형화된 하나의 서비스 로드맵을 제시할 수는 없다. 그러나 일반적으로 가장 많이 통용되는 서비스 로드맵의 기본 모형은 다음 [그림 6-5]와 같이 나타낼 수 있다.

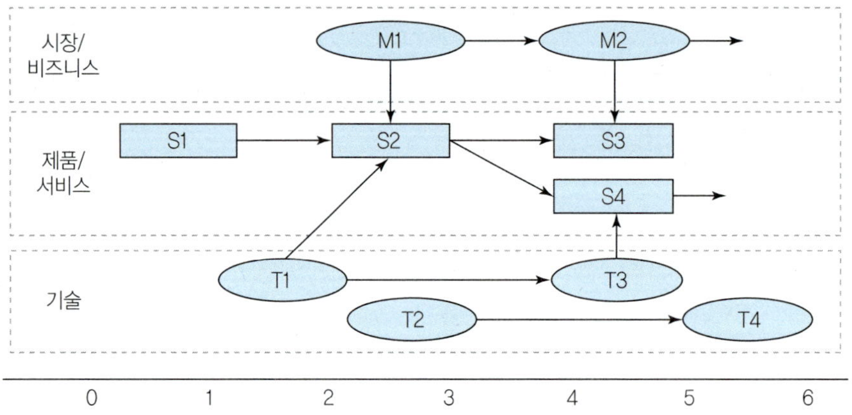

[그림 6-5] 서비스 로드맵의 기본 모형

그림에서 볼 수 있듯이, 서비스 로드맵은 제품 로드맵과 비교하여 크게 다음 두 가지의 차별적 특징을 가지고 있다. 첫 번째는 로드맵의 가운데 계층(layer)에서 기존의 제품 계층이 서비스 계층으로 바뀐다는 것이다. 이는 기획의 대상이 제품이 아니라 서비스라는 측면에서 매우 자연스러운 것이다. 또한 서비스의 경우 순수하게 서비스만 제공한다기보다 제품과 함께 제공하거나 제품의 지원을 받는 경우가 대부분이기 때문에 경우에 따라서는 서비스 계층을 제품/서비스 계층으로 바꿀 수도 있다.

두 번째는 시장 계층이 비즈니스 계층으로 확대되었다는 것이다. 기존 제품 로드맵의 시장 계층은 제품의 타깃 고객 또는 타깃 시장만을 잠재 고객으로 삼고 있다. 물론 서비스 로드맵의 경우에도 시장 계층이 들어가게 된다. 그러나 서비스는 제품에 비해 해당 시장뿐 아니라 비즈니스 전반의 변화에 더 민감하게 반응한다. 따라서 기존의 시장 계층은 시장/비즈니스 계층으로 확대되기도 한다.

많은 경우, 서비스 로드맵 안에서 기술 계층이 차지하는 비중은 다른 계층에 비해 낮은 것으로 생각한다. 이러한 경향은 대부분의 서비스들이 사람 중심의 순수 서비스에서 출발하였기 때문이다. 그러나 최근의 서비스는 직접적 또는 간접적으로 기술의 지원을 받고 있으며, 특히 신서비스는 기술집약적 성격을 띠는 경우가 많다. 따라서 기획 단계에서부터 기술 계층의 중요성이 커지고 있는 추세이다.

지금까지 기술 – 서비스(제품/서비스) – 시장(시장/비즈니스)으로 이어지는 서비스 로드맵의 일반적인 구조를 살펴보았다. 그러나 때로는 서비스의 범위에 따라 보다 확장된 형태의 로드맵을 그리는 경우도 있다. 대표적인 형태가 [그림 6-6]과 같은 확장된 형태의 매크로(macro) 서비스 로드맵이다. 제품 로드맵의 시장(market) 계층을 더 넓은 의미의 비즈니스(business) 계층으로 바꾸거나 아예 경제사회적 환경 계층을 가장 상위에 추가하여 로드맵의 전체적 범위를 확장시킬 수도 있다. 왜냐하면 서비스 기획은 제품 기획과는 달리, 비즈니스 환경 전반의 변화와 그에 따른 시장 환경, 고객 요구사항, 경제 및 사회적 변화, 이해당사자간 역학관계의 변화 등의 폭넓은 변화가 고려되어야 하기 때문이다.

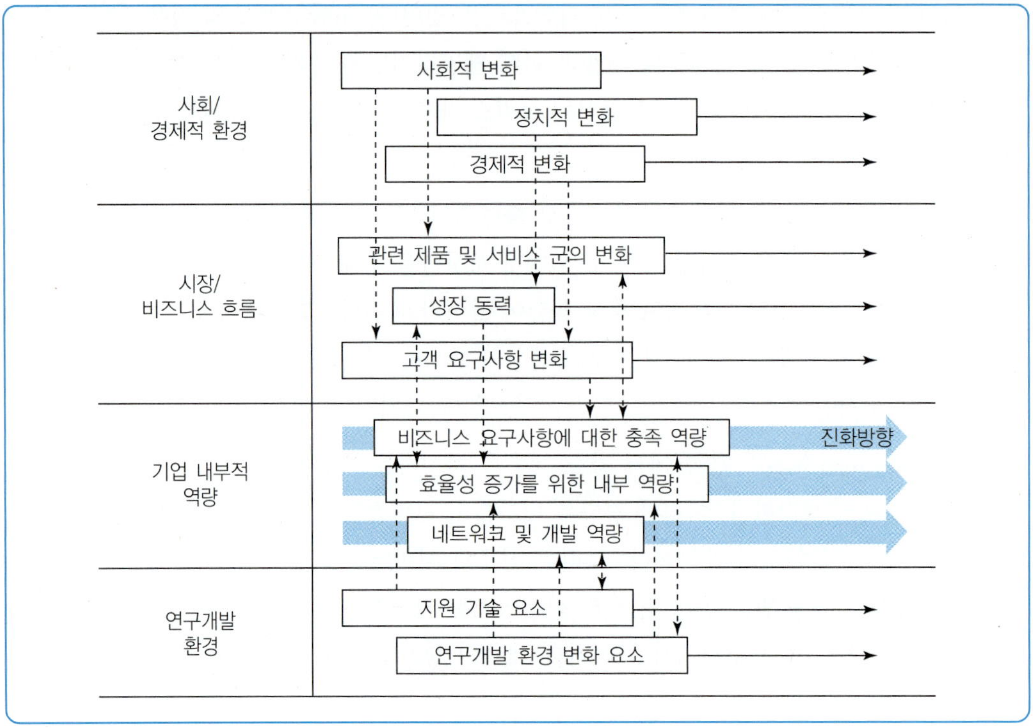

[그림 6-6] 매크로 서비스 로드맵

(4) 서비스 로드맵의 작성 예시

A사는 모바일 서비스를 제공하는 서비스 기업이다. 이 회사에서 향후 3년간의 휴대폰 모바일 서비스의 트렌드를 파악하고 이를 바탕으로 TRM을 작성하는 예를 생각해 보자.

우선 시장조사를 통해 모바일 서비스에 대해 고객의 니즈가 어떻게 변화하고 있는지를 파악한다. 시장조사 결과, 현재 모바일 서비스 시장은 대부분 이동 중 활용할 수 있는 서비스, 즉 현재의 위치 정보를 이용하는 서비스를 가장 큰 니즈로 보고 있다. 또 1~2년 후에는 건강, 안전, 보안 등에 대한 서비스 수요가 매우 높을 것으로 조사되었다. 그 이후에는 홈 네트워킹에 관련된 전문 서비스에 대한 니즈가 커질 것으로 나타났다. 이 결과를 토대로 TRM의 첫 번째 계층인 '시장'이 작성된다.

다음으로 미래의 시장 니즈에 대응하는 서비스의 출시 계획을 세운다. 구체적으로, 위치기반 서비스, 모바일 기반 맞춤화 서비스, 모바일 보안 서비스, 원격 지원 서비스 등을 새로운 서비스 라인으로 구성하였다. 또한 각 서비스에 대하여 서비스 스펙, 비용, 관련 인프라 등의 측면을 고려한 출시 시점 및 목표 성능을 설정하였다. 이 단계에서는 서비스 TRM의 두 번째 계층인 '서비스' 가 작성된다. 앞에서 도출한 시장 계층과, 이 단계에서 도출한 서비스 계층을 묶은 서비스 TRM의 예시가 [그림 6-7]에 도시되어 있다.

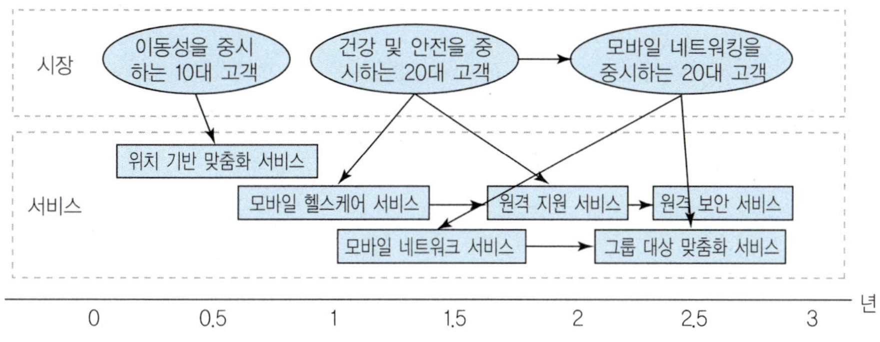

[그림 6-7] 시장 계층과 서비스 계층에 대한 기획

시장 계층과 서비스 계층에 대한 설계가 완성되면 다음으로는 서비스 출시에 필요한 기술대안을 선정하게 된다. 이 과정에서는 R&D 부서(개발 부서), 서비스 사업 부서, 마케팅 부서, 기획 부서의 협업을 통해 최적의 기술대안을 선정하기 위한 정보 수집 및 분석 작업이 이루어진다. 구체적으로, 서비스 특성을 실현할 수 있는 다양한 기술 영역이 정의되고 각 기술 영역별 도입 시기 또는 실현 시기가 제시된다. 기술 계층이 완성되면 경우에 따라서 이 기술을 개발하기 위한 R&D 영역이 추가로 제시되기도 한다. 하지만 서비스 기업의 경우 이미 만들어진 기술을 바탕으로 서비스 출시를 수행하는 경우가 대부분이며, 서비스 기업이 독자적으로 R&D를 수행하는 일은 드물기 때문에 여기서는 R&D 계층은 생략하기로 한다. 위의 세 계층, 즉 시장, 서비스, 기술 계층을 묶으면 [그림 6-8]과 같은 서비스 TRM이 만들어진다.

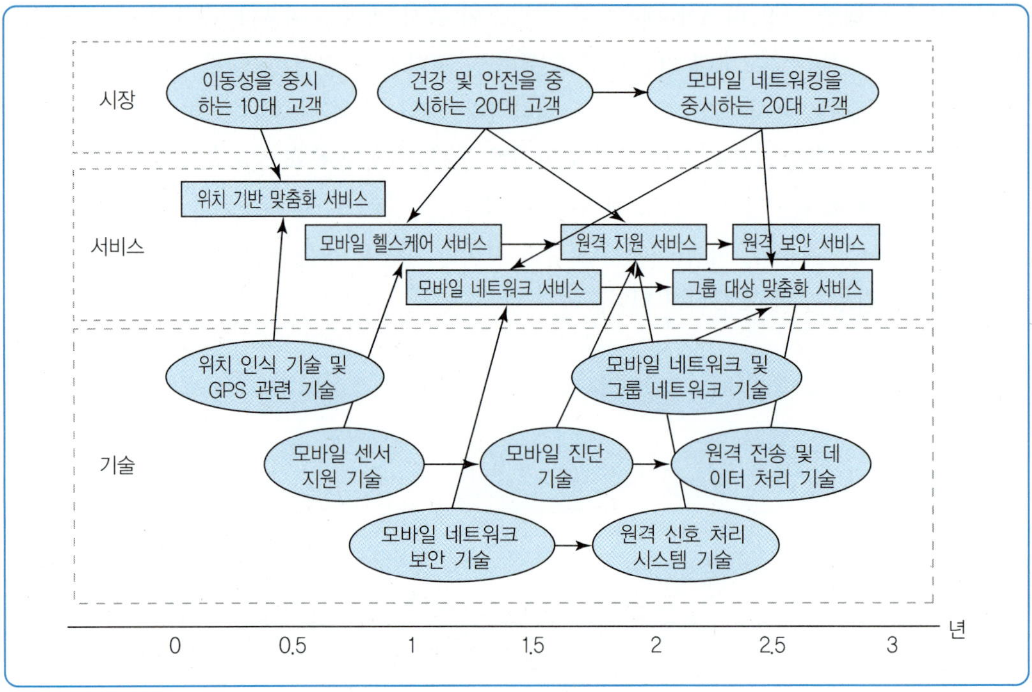

[그림 6-8] 시장 계층, 서비스 계층, 기술 계층에 대한 기획

1.3 제품-서비스 로드맵

(1) 제품-서비스 로드맵의 개념 및 작성과정

제품과 서비스가 통합된 경우의 TRM은 어떻게 작성해야 할까? 기존의 제품 중심 또는 서비스 중심의 기획에서 활용되어 온 TRM을 그대로 사용할 수는 없다. 왜냐하면 제품 중심 기획에 서비스가 부가적으로 추가되거나, 서비스 중심의 기획에 제품이 부가적으로 제공되는 형태의 TRM에 그치게 되면 제품-서비스 통합이 제대로 이루어질 수 없기 때문이다. 특히 제품과 서비스의 인터페이스가 정확하게 설치되지 못하는 문제점들이 발생할 수 있다.

그렇다면 제품-서비스 TRM은 기존의 제품 TRM 내지 서비스 TRM과 비교하여 어떻게 달라져야 하는가? 물론 여기에 절대적인 정답은 있을 수 없다. 하지만 제품-서비스 TRM은 서비스 계층이 시장 계층과 제품 계층 사이에 추가된 형태를 가본 모형으로 제시할 수 있다. 다음의 [그림 6-9]에 제품-서비스 TRM의 기본 모형이 도시되어 있다.

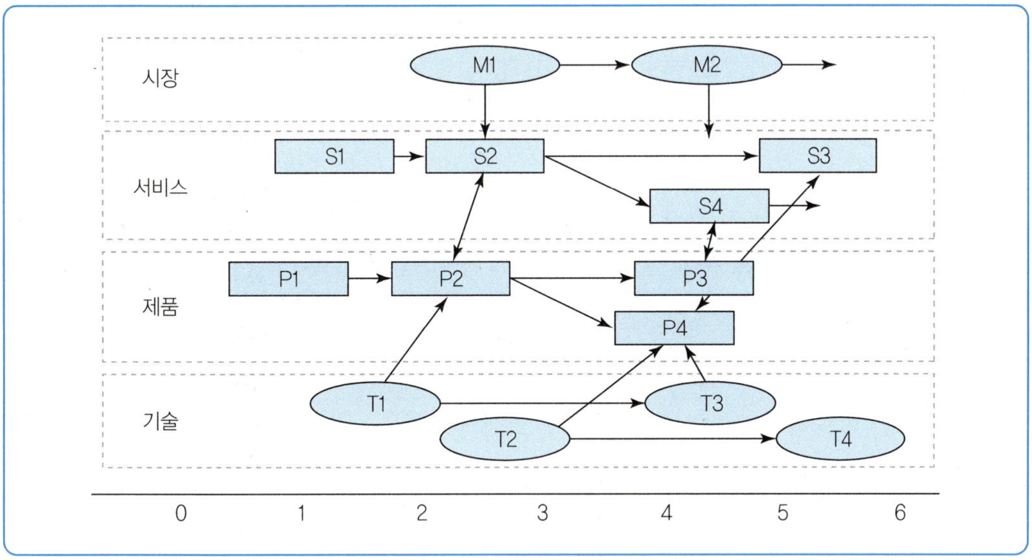

[그림 6-9] 제품-서비스 TRM의 기본 모형

그림에서 보는 것처럼, 제품-서비스 TRM은 서비스 계층이 제품 계층에 추가되거나, 제품 계층이 서비스 계층에 추가된 구조를 보인다. 하지만 단순한 구조임에도 불구하고 새로운 모형이 갖는 실질적 의미는 매우 크다. 우선은 제품과 서비스를 독립적인 두 계층으로 나눔으로써, 제품과 서비스의 기획을 별도로 수행할 수 있게 된다. 이 방식은 제품 중심 또는 서비스 중심으로 치우치기 쉬운 기획에서 둘 간의 균형을 맞추는데 매우 효과적이다. 다음으로는 제품과 서비스의 계층이 독립적으로 분리되어 있지만 각 계층이 서로 상호작용할 수 있도록 설계되어 있다는 점이다. 이를 통해 둘 사이의 통합을 위한 인과관계나 시간적 선후관계 등을 고려할 수 있다.

(2) 제품-서비스 로드맵의 작성 예시

B사는 U-healthcare 관련 제품 및 서비스를 제공하는 회사이다. B사는 급변하는 기술 변화를 받아들이고 고객 니즈를 반영하기 위해 제품 출시와 더불어 이를 위한 서비스를 함께 출시하기로 결정하였다. U-healthcare 제품 자체뿐 아니

라 제품의 수명주기(life cycle)를 따라 지속적으로 수정 및 업데이트가 가능한 서비스 패키지를 함께 출시하는 것이다. 제품 따로, 서비스 따로가 아니라 제품과 서비스가 통합되어 하나의 가치를 제공하는 형태의 산출물을 제공하는 전략이다.

먼저 시장의 트렌드를 파악한 결과, 현재 B사의 주요 고객층인 60대의 요구사항이 일회성 단순 건강검진에서 모든 건강정보의 자동 전송 및 처리 서비스로 변화하고 있다는 것을 파악하였다. 이에 B사는 현재 제공하고 있는 맥박 및 혈압관리 서비스를 넘어 개인별 운동량 관리 서비스 및 개인 식별 서비스, 병원 자동 정보처리 서비스를 출시하기로 결정하였다. 앞에서 도출한 시장 계층과, 이 단계에서 도출한 서비스 계층을 묶은 내용이 [그림 6-10]에 도시되어 있다.

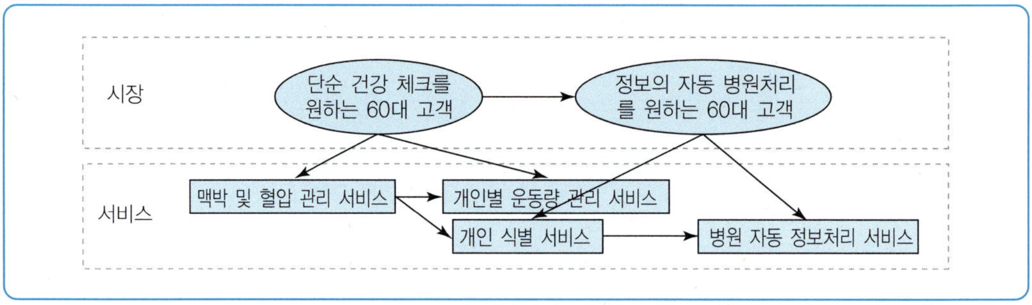

[그림 6-10] 시장 계층, 서비스 계층에 대한 기획

시장 계층과 서비스 계층이 연결되면, 이 서비스를 지원하기 위한 제품 라인을 구상하게 된다. 구체적으로, 기본 건강관리 Kit에 추가하여 운동량 관리 Toolkit, 지문인식 및 개인정보 관리 시스템, 병원정보시스템 등을 새로운 제품 라인으로 설정하였다. 이 단계에서 제품-서비스 TRM의 세 번째 계층인 '제품' 계층이 작성된다. 여기서 중요한 것은 제품 계층과 서비스 계층 사이의 상호관계를 명확하게 설정하는 것이다. 즉, 각각의 서비스 및 제품이 어떻게 시장 니즈를 지원해야 하는지를 구체적으로 파악하고 이를 기획 단계에 반영해야 한다.

제품-서비스 로드맵의 기본 형태가 있기는 하지만 기업 전략에 따라 실제로 로드맵을 그리는 과정은 탄력적으로 운영될 수 있다. 예를 들어 같은 제품-서비스 통합이라 하더라도 시장 니즈로부터 궁극적으로 도출되는 것이 서비스인지 제품인지에 따라, 즉 기업이 고객에게 전달하고자 하는 가치가 제품에 우선한 가치인지 아니면 서비스에 우선한 가치인지에 따라서 제품 계층과 서비스 계층의 위치가 바뀔 수 있는 것이다.

앞에서 도출한 시장 계층과, 이 단계에서 도출한 서비스 및 제품 계층을 묶은 제품-서비스 TRM의 예시가 [그림 6-11]에 도시되어 있다.

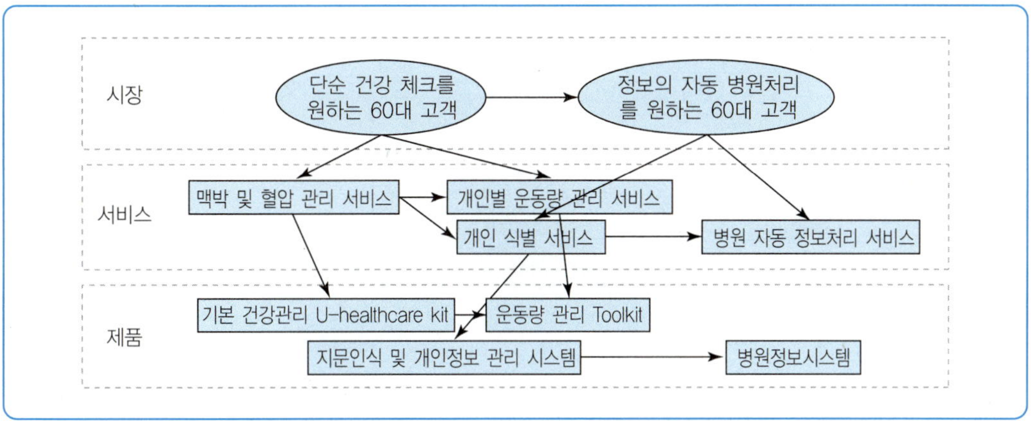

[그림 6-11] 시장 계층, 서비스 계층, 제품 계층에 대한 기획

마지막으로, 제품과 서비스를 성공적으로 출시하기 위한 최적의 기술대안을 선정하게 된다. 제품과 서비스의 특성과 기능을 실현할 수 있는 다양한 기술 영역이 정의되고, 각 기술 영역별 도입 시기 또는 실현 시기가 제시된다. 최종적으로 시장, 서비스, 제품, 기술 계층을 묶으면 [그림 6-12]와 같은 제품-서비스 TRM이 만들어진다.

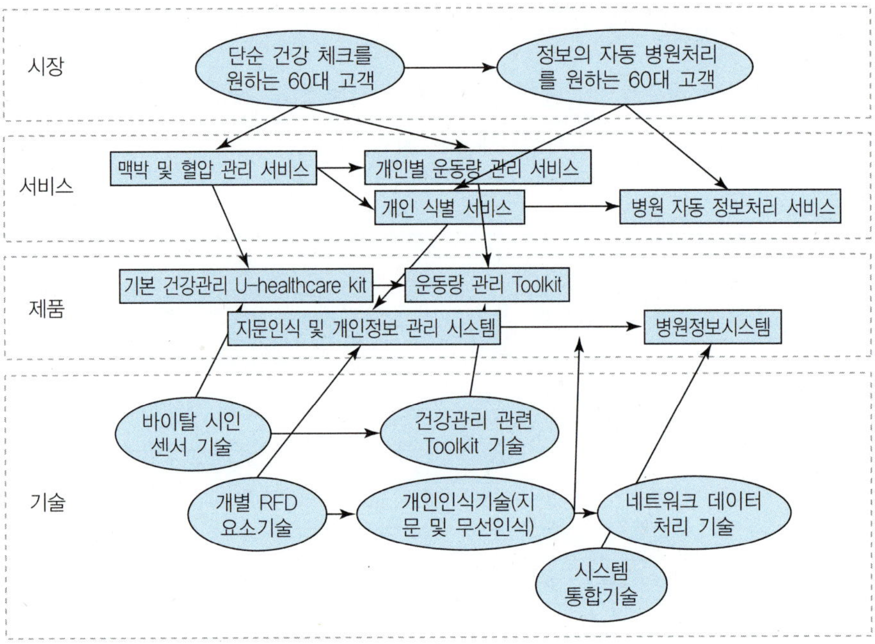

[그림 6-12] 시장 계층, 서비스 계층, 제품, 기술 계층에 대한 기획

제2절 서비스 시스템 설계

2.1 기본 개념

앞 장에서 우리는 서비스 아이디어와 콘셉트의 개발에 대해 알아보았다. 또 앞 절에서는 서비스 비즈니스의 기획에 대해 살펴보았다. 그러나 아이디어나 콘셉트만으로는 서비스 비즈니스가 될 수 없다. 또 비즈니스의 로드맵이 곧 비즈니스의 구현을 의미하는 것은 아니다. 아이디어와 콘셉트를 실제의 서비스로 만들어서 이를 고객에게 제공하는 공간과 시설이 있어야 하고 그 공간과 시설을 운영하는 인력이 있어야 한다. 이 공간과 시설이 바로 서비스 시스템이다.

좀 어렵고 딱딱한 느낌을 주지만, 일반적으로 서비스 시스템이란 '가치와 효용의 제공을 통해서 상호작용하는 서비스의 전체적 체계' 를 가리킨다. 서비스의 궁극적인 목적은 고객을 위한 가치를 창출하고 고객이 원하는 효용을 전달하는 것이다. 이를 위해 서비스를 구성하는 여러 요소들이 서로 상호작용하는 하나의 체계를 구성하게 된다.

그렇다면 서비스 시스템의 구조와 형태는 어떻게 그릴 수 있을까? 흔히 시스템 하면 제품의 생산을 위한 제조 시스템을 생각하게 된다. 왜냐하면 제조 시스템은 물리적인 형태와 가시적인 활동이 겉으로 잘 드러나기 때문에 그 모습을 쉽게 그릴 수 있기 때문이다. 이에 반해 서비스 시스템은 훨씬 더 모호하고 불투명한 개념이다. 눈에 잘 보이지도 않고 손에 잘 잡히지도 않는 서비스를 만들고 제공하는 시스템은 그만큼 그리기 쉽지 않기 때문이다.

그러나 다른 한편으로 생각하면 서비스 시스템이야말로 잘 설계되고 운영되어야 한다. 물리적 효율뿐 아니라 감성적 느낌도 중요하고, 고객과의 접촉도 많고, 또 다양한 기술적 요소가 필요하기 때문이다. 그러므로 서비스 시스템의 설계는 과학적, 체계적 방식으로 이루어져야 한다.

사례 – 서비스 설계 컨설팅 회사 Live|work

영국의 Live|work이라는 회사는 서비스 컨설팅 회사이다. 기존의 서비스를 개선하는 일은 물론, 새로운 서비스 개발의 기회를 찾아주고 그것을 수행할 수 있는 서비스 시스템 및 프로세스를 설계해 주는 일을 주요 비즈니스로 한다.

Live|work의 서비스 프로젝트는 크게 다음 4가지 정도의 활동으로 구성된다. 우선, 고객과의 인터뷰를 통해 서비스에 대한 기본 정보를 얻어낸다. 이 과정에는 고객과 직원들이 함께 참여하게 되며, 고객들이 서비스를 이용하는데 있어서의 문제점을 정의하고 이 문제들을 해결할 수 있는 서비스 기회를 찾게 된다. 두 번째는 아이디어 도출 단계로서, Live|work의 전문가들이 창의적인 도구들과 설계를 사용하여 고객 니즈를 만족시킬 수 있는 해결책을 제시하는 것이다. 세 번째는 프로토타입(prototype)을 제작하여 제공하는 단계로서, 새로운 서비스 콘셉트를 테스트하는 것을 목적으로 한다. 사용자 및 직원이 서비스 프로토타입을 직접 수행하여 하지 말아야 할 것, 제거되어야 할 요소, 인지하지 못했던 요소들을 파악한다. 마지막은 서비스 제공 단계로서 웹페이지를 만들거나, 콜센터를 구축해주거나, 핸드폰에서 구동 가능한 애플리케이션을 개발한다.

하나의 예로, Live|work이 Streetcar라는 카쉐어링 서비스를 설계한 사례를 보자. Streetcar는 자동차를 소

유하지 않고 다른 사람들과 공유함으로써 자동차 소유로 인해 지출되는 비용을 줄이고, 교통 및 주차 문제, 환경문제를 개선하기 위한 서비스이다. Livelwork은 우선 이 서비스를 활용해본 경험이 있는 고객 및 잠재적 고객들 및 내부 운영자들을 대상으로 집중적인 인터뷰를 수행하였고, 이를 바탕으로 서비스 청사진(service blueprint)을 작성하였다. 이 청사진을 토대로 고객이 Streetcar에 쉽게 가입할 수 있는 프로세스를 정의하고, 특히 쉽고 재미있고 편리한 온라인 예약 엔진을 구축해 주었다. 이를 통해 고객들은 Streetcar 서비스가 경제적으로 유용할 뿐 아니라, 자신이 거주한 곳에서 쉽고 빠르게 차를 대여할 수 있고, 필요한 경우에 이용 연장도 할 수 있으며, 또 개인 인증이나 사용료 납부도 편리하다는 사실을 알게 되었다.

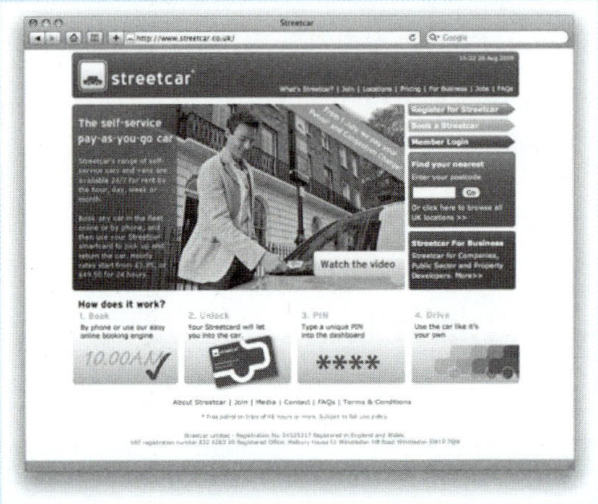

[그림 6-13] Streetcar 홈페이지(출처: http://www.livework.co.uk)

2.2 주요 모형

(1) 기본 개념

넓은 의미에서 보면, 서비스 시스템은 서비스가 창출되고 제공되는 과정과 방법으로 정의할 수 있다. 따라서 서비스 시스템은 곧 서비스 제공자와 서비스 소비자의 관계와 그들 사이의 자원 및 정보 흐름의 집합이다.

시스템 설계의 실무적이고 구체적인 단계로 넘어가면, 이러한 관계와 흐름을 물리적이고 가시적인 모습으로 표현해야 한다. 빠른 속도로 제품을 찍어내는 공장의 모습으로 설계할 수도 있고 느린 속도로 서비스를 즐길 수 있는 고급 레스토랑의 모습으로 설계할 수도 있다. 그러나 공장과 같은 시스템도 잘 들여다보면 레스토랑 같은 부분이 있고 레스토랑도 잘 살펴보면 공장 같은 부분이 있다. 바로 눈에 보이기 때문에 느낌이 좋은 모습으로 만들어야 하는 부분이 있는가 하면, 눈에 잘 띠지 않기 때문에 효율성을 올릴 수 있는 모습으로 만들어야 하는 부분도 있는 것이다.

따라서 이미 앞에서 여러 번 언급한 것처럼, 구체적인 서비스 시스템의 설계에서는 front office(전면 공간)와 back office(배후 공간)라는 용어와 개념을 이해하는 것이 매우 중요하다. 대부분의 서비스 시스템은 들어가면서 처음 만나게 되는 부분이 있고 뒤에 있어서 잘 안 보이는 부분이 있다. 앞에서 고객과 바로 접촉하는 부분이 front office이고 고객과의 접촉이 거의 없는 뒤쪽이 back office이다. 이들이 어떤 형태로 나뉘어지고 또 어떤 형태로 연결되는가에 따라 설계의 접근법들이 달라지게 된다.

(2) 기본 모형

가. 생산라인 접근법

생산라인 접근(production-line approach)은 서비스 시스템을 제조업의 생산시설과 유사한 방식으로 설계하여, 시스템의 효율성을 높이고 서비스 품질의 일관성을 확보하는 방식이다. 따라서 효율적이고 효과적인 back office 서비스 시스템 구축에 초점을 맞춘다. 이 방식에서는 고객과의 접촉을 최소화하고, 사람보다는 기술과 기계를 많이 사용하며, 작업을 세분화하여 분업을 통한 전문화와 규격에 의한 표준화를 추구한다.

생산라인 접근을 product layout(제품 배치) 접근이라고 부르기도 한다. 서비스를 마치 제품처럼 취급하여 생산과정의 효율성을 최대로 올릴 수 있도록 설계하는 것이다. [그림 6-14]와 [그림 6-15]에서 볼 수 있는 것처럼, 전통적인 제조업의 배치와 서비스업의 배치는 많은 공통점을 나타낸다.

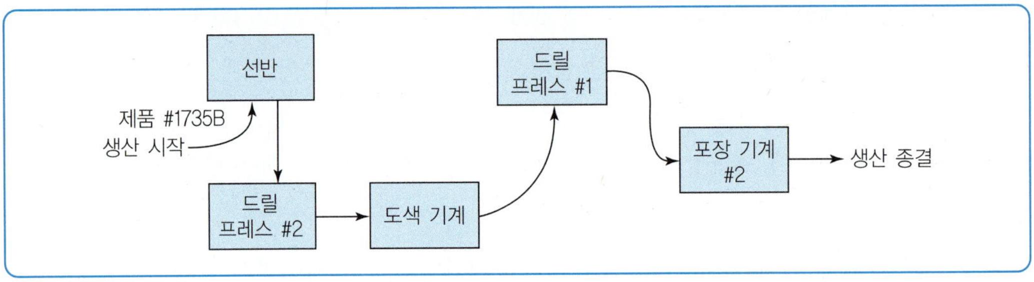

[그림 6-14] 제조업- 부품가공의 product layout

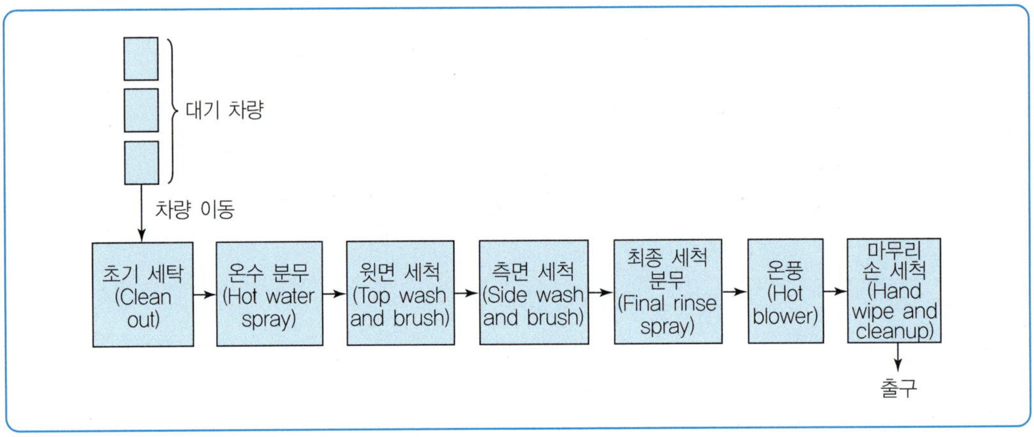

[그림 6-15] 서비스 – 세차시설의 product layout

나. 서비스라인 접근법

서비스라인 접근(service-line approach)은 서비스 시스템을 순수한 서비스 중심으로 설계하여, 시스템의 효과성과 고객의 만족도를 높이는 방식이다. 즉, front office 설계를 강조하는 전략이다. 이 방식에서는 고객과의 접촉이 일어나는 영역을 집중적으로 관리하기 위해 고객의 특성과 수요를 만족시킬 수 있는 내부구조(layout)의 설계, 전문성을 갖춘 고급인력의 배치, 신축적인 운영방식 등을 강조한다. 또 여기에서는 고객이 수동적인 서비스 이용자가 아닌 서비스의 공동 제공자로서의 역할을 하게 된다. 아울러, 고객의 적극적인 참여를 통해 고객이 원하는 맞춤화 서비스를 제공할 수도 있다.

서비스라인 접근을 process layout(공정 배치) 접근이라고 부르기도 한다. 서비스 제공 과정을 복잡한 제품의 가공 공정으로 취급하여 이 과정의 신축성과 유연성을 최대로 올릴 수 있도록 설계하는 것이다. [그림 6-16]과 [그림 6-17]에서 볼 수 있는 것처럼, 전통적인 제조업의 배치와 서비스업의 배치는 유사한 모습을 보여준다.

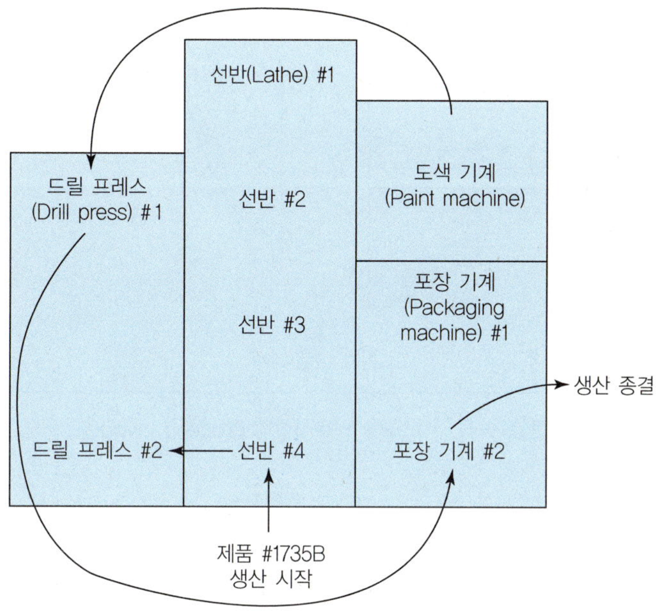

[그림 6-16] 제조업 - 가공공정의 process layout

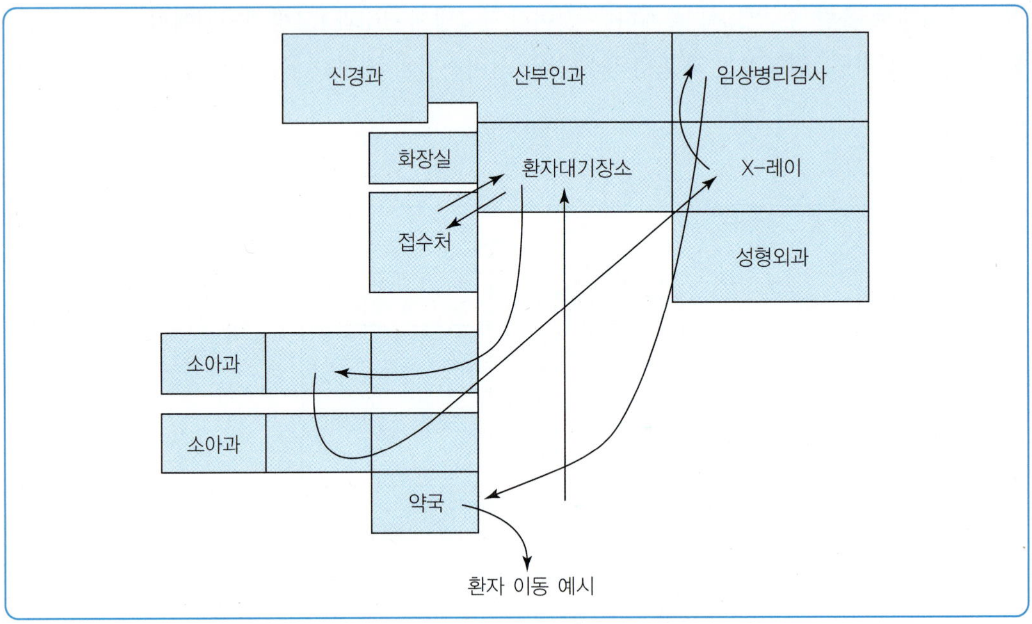

[그림 6-17] 서비스 - 의료시설의 process layout

다. 고정위치 접근법

고정위치 접근(fixed-position approach)은 서비스 대상을 한 위치에 고정시킨 후, 인력이나 장비의 위치를 바꾸어가면서 서비스를 제공하는 방식을 말한다. 이 방식은 기술적인 이유나 경제적인 이유 때문에 서비스 대상의 위치를 바꿀 수 없을 때나 옮기는 것보다는 그 자리에 고정시키는 것이 더 나을 때 사용하게 된다. 이 접근은 서비스 대상이 한 자리에 고정되어 있다는 뜻에서는 고정식이지만 서비스 인력이나 장비가 이동한다는 뜻에서는 이동식 접근법이라고 부를 수도 있다.

[그림 6-18]에 도시되어 있는 것처럼 가정이나 회사의 배관시설에 문제가 생겨 이를 수리해야 할 경우, 배관시설 자체를 뜯어서 수리센터로 옮긴 후 수리하는 것보다 배관시설은 그대로 두고 수리공이 장비를 들고 움직이면서 수리하는 것이 기술적으로나 경제적으로나 더 바람직하다.

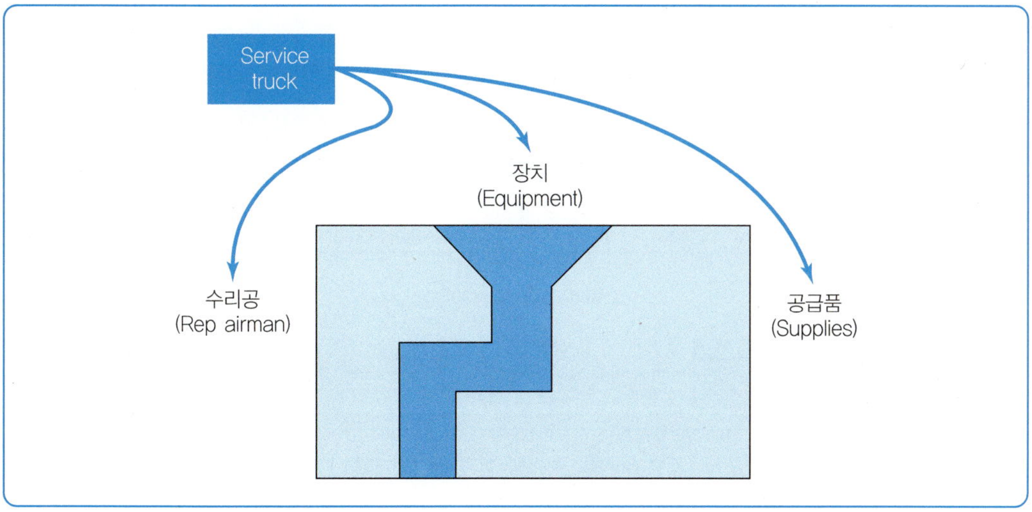

[그림 6-18] 서비스 - 배관수리 서비스의 fixed-position layout

(3) 혼합 모형

혼합 모형은 위에서 설명된 생산라인 접근과 서비스라인 접근 방식을 혼합한 것이다. 여기에서는 고객과의 접촉이 낮은 부분에 대해서는 생산라인 접근법을 취하고, 반대로 접촉이 높은 부분에 대해서는 서비스라인 접근법을 취하는 방식이다. 물론 어느 부분은 고정위치 접근법을 사용해야 할 경우도 있을 수 있다.

이 모형은 고객과의 접촉이 높은지 낮은지에 따라 접근법을 다르게 적용한다는 의미에서 고객접촉 접근법(Customer Contact Approach)이라고 부르기도 한다(Chase, 1981). 실제로 이 모형은 오늘날 대부분의 서비스 시스템 설계에 가장 폭넓게 적용되는 방식이다. 따라서 그 내용을 좀 더 자세하게 살펴볼 필요가 있다.

가. 설계 절차

[그림 6-19]에 도시되어 있는 것처럼, 설계 절차는 크게 시스템 분석, 시스템 분리, 시스템 설계라는 세 단계로 구성된다. 각 단계의 세부적 내용을 살펴보자.

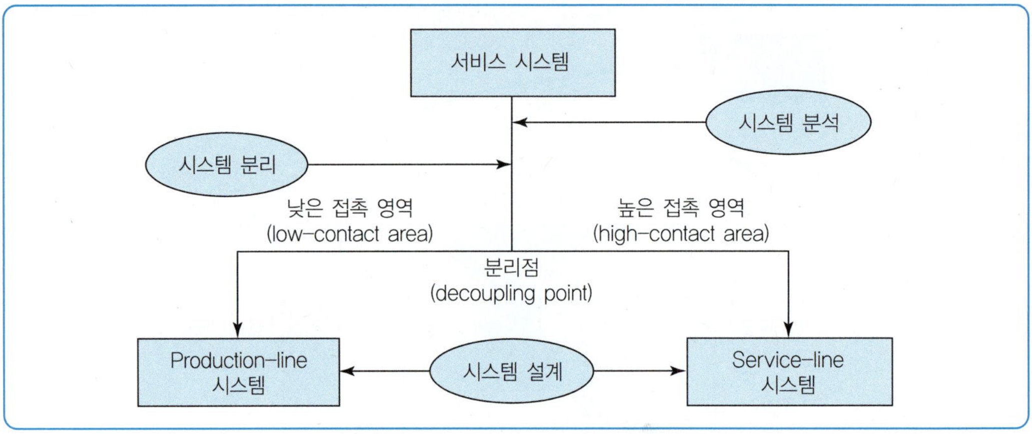

[그림 6-19] 시스템 설계 원리와 과정

① 시스템 분석(analyze and identify high-low-contact areas)

먼저 시스템 분석에서는 전체적인 서비스 시스템을 프로세스의 흐름에 따라 여러 개의 개별 기능과 영역으로 세분한다. 다음으로 개별 기능과 영역을 업무 특성과 목적에 따라, 고객접촉이 높은 high-contact 영역인지 아니면 접촉이 낮은 low-contact 영역인지 분석한다.

② 시스템 분리(decouple)

다음의 시스템 분리 단계에서는 전체 시스템을 높은 접촉도(high-contact) 영역과 낮은 접촉도(low-contact) 영역으로 분리한다. High-contact 영역에 속한 기능은 함께 묶고, low-contact 영역에 속한 기능은 따로 묶어서, 영역별로 서로 다른 설계 기준과 관리 방식을 적용한다.

③ 시스템 설계(design)

마지막으로 시스템 설계 단계에서는 high-contact 영역은 영역대로, low-contact 영역은 영역대로 서로 다른 라인(line) 형태로 설계한다.

먼저 low-contact 영역은 주로 back office에 배치하고 생산 라인(production line)으로 설계한다:

• 사람을 기술(technology)로 대체한다.

• 핵심기술(technical core)을 배후 공간(back office)에 배치하고 외부에 공

개하지 않는다.

다음으로 high-contact 영역은 주로 front office에 배치하고 서비스 라인(service line)으로 설계한다:

- 고객중심의 서비스를 개발 내지 제고한다.
- 고객화된 서비스를 전면 공간(front office)에 배치한다.

[그림 6-20] low-contact 시스템인 우체국과 high-contact 시스템인 고급 레스토랑

나. 설계 요소

앞에서 살펴본 서비스 시스템의 설계 원리나 기준을 토대로, 구체적인 설계 요소를 제시하면 〈표 6-1〉과 같다. 시스템의 근본적인 목적을 보면 high-contact 시스템의 경우는 효과성의 극대화인데 반해 low-contact 시스템의 경우는 효율성의 극대화이다. 이러한 목적의 차이에 따라 시스템의 입지나 구조, 인력과 설비의 관리, 경쟁요소 등이 모두 달라지게 되며, 이러한 요소들이 시스템 설계에 반영되어야 하는 것이다.

High-contact 시스템은 서비스의 수요자와 가까운 곳에 설치되어야 하고, 수요자의 요구에 맞추어 내부의 설비도 배치해야 한다. 인력계획과 생산계획도 신축성과 다양성을 토대로 수립되어야 한다. 핵심적인 경쟁요소도 품질이나 디자인이 된다.

Low-contact 시스템은 자원조달이 용이한 곳에 위치해야 하고, 물류의 관리와 설비의 활용이 쉬운 형태로 내부 구조도 설계해야 한다. 인력계획과 생산계획은 표준성과 안정성을 토대로 수립해야 한다. 경쟁우위는 가격이나 물류 · 유통 비용에서 찾아야 한다.

〈표 6-1〉 서비스 시스템 설계의 핵심요소

설계 요소 (design factor)	High-contact 시스템	Low-contact 시스템
조직 목표 (organization objective)	효과성 극대화 (max effectiveness)	효율성 극대화 (max efficiency)
설비 입지 (facility location)	수요자 인접지역 (near customer)	자원/하부구조 인접지역 (near resource)
설비 배치 (facility layout)	공정중심 배치 (process layout)	제품중심 배치 (product layout)
인력 특성 (workforce characteristic)	고급기능과 다양성 (high level of variety, high level of skill)	표준기능과 획일성 (low level of variety, low level of skill)
공급능력 계획 (capacity planning)	최대수요 만족 (meet peak demand; capacity risk high)	평균수요 만족 (meet average demand; capacity risk low)
계획수립 전략 (planning strategy)	신축적 전략 (chase strategy)	안정적 전략 (level strategy)
경쟁 우위 (competitive edge)	품질, 디자인 (quality, design)	가격, 유통 (price, delivery)

짧은 사례 – 크린토피아의 Back office 전략

세탁 프랜차이즈 크린토피아(www.cleantopia.com)는 첨단 자동화 시스템을 도입해 세탁 품질은 높이고 세탁 요금은 싸게 함으로써 세탁 서비스의 틈새 시장을 개척하여 독신 남성이나 주부들에게 큰 인기를 얻고 있다.

크린토피아는 국내 최초로 증류 시스템, 첨단 필터링 방식을 도입해 깨끗하고 위생적인 세액을 사용함으로써 석유 냄새 없는 드라이클리닝을 선보였다.

그런가 하면 세탁 편의점은 시간이 오래 걸린다는 편견을 깨고 하루 3회 배송을 통해 아침에 맡겨 저녁에 찾을 수 있는 당일 세탁 시스템을 구축하였다. 또 모피, 이불, 운동화 세탁 등 여성들이 집에서 세탁하기 힘든 빨래감까지 취급하는 토털 세탁 서비스를 제공하고 있다.

한마디로 크린토피아는 front office의 마케팅 전략보다는 back office의 기술적 요소를 강조하여 성공한 좋은 사례이다.

[그림 6-21] 크린토피아의 첨단 자동화 시스템(출처: http://www.hankyung.com)

2.3 온라인 시스템 설계

지금까지 설명한 설계 원리와 도구는 은행, 병원, 식당 등과 같은 오프라인 서비스 시스템을 대상으로 한 것이었다. 물론 내용 중에는 광고 서비스라든가 보험 서비스같이 온라인 요소가 섞인 경우도 있었지만 기본적으로는 오프라인 서비스를 전제로 하였다. 하지만 온라인 서비스 시스템의 비중은 이제 오프라인 서비스 시스템에 뒤지지 않을 만큼 커지고 있다. 따라서 온라인 서비스 시스템의 설계도 이론과 실무 모두에서 중요한 주제로 떠오르고 있다.

그렇다면 온라인 서비스 시스템의 설계는 오프라인 시스템과 비교하여 어떻게 달라져야 할까? 많은 부분에 있어 온라인 서비스 시스템과 오프라인 서비스 시스템은 공통된 요소와 특성을 가지고 있다. 먼저, 모든 서비스는 오프라인 방식이든 온라인 방식이든 무형성과 이질성을 갖는다. 온라인 상에서도 서비스는 그 모습을 볼 수 없고 고객의 기대치나 요구사항도 서로 다르다. 고객이 서비스를 제공받는 환경에 따라 전달속도가 달라지기도 한다. 온라인 서비스의 소비와 공급도 오프라인 서비스에서처럼 동시에 이루어진다. 따라서 온라인 서비스 또한 오프라인 서비스와 마찬가지로 고객과의 접촉, 고객화 정도, 상호작용 정도, 노동집약 정도, 서비스 투입 정도, 기술 등이 시스템 설계의 핵심 요소가 된다.

그러나 근본적으로 다른 점도 있다. 오프라인 시스템에서 물리적인 채널을 통해서만 제공되던 서비스가 온라인의 인터넷 시스템에서는 통신 채널을 통해 전달되는 형태로 확장된 것이다. 전통적인 서비스와 비교하여 온라인 인터넷 서비스의 가장 중요한 차이는 전달 시스템의 차이에 있다. 따라서 온라인 서비스의 설계를 위해서는 서비스의 접점, 운영 시간, 접속 지점 등의 차이를 이해하여야 한다.

〈표 6-2〉는 서비스 운영관점에서 온라인 서비스 시스템과 오프라인 서비스 시스템의 특성을 나열한 것이다.

〈표 6-2〉 오프라인 서비스 시스템과 온라인 서비스 시스템의 비교

시스템 설계 요소	온라인 서비스 시스템	오프라인 서비스 시스템
서비스 접점	컴퓨터 화면을 통한 간접 접촉	고객과 서비스 제공자의 직접 접촉
운영 시간	항시	영업시간 내
접속	집에서 접속	점포까지 이동
시장 영역	전 세계적	지역적
환경	전자적 인터페이스	실제적 환경
경쟁력 차별화	편의성	개인화
개인 보호	익명	사회적인 상호작용

위의 표에서 보는 것처럼, 오프라인 서비스와 온라인 서비스는 고객과 서비스 제공자가 만나는 접점이 다르다. 기존의 서비스에서는 접점이 콜센터 하나였다. 그러나 인터넷 시스템에서는 인터넷 서비스를 활용하여 웹(web)과 콜센터를 통합한 방식으로 서비스를 처리할 수 있게 되었다. 이렇게 확장된 형태의 콜센터를 고객접촉 센터(customer contact center)라고 부른다. 고객접촉 센터는 온라인 채팅, 게시판, 인터넷 전화통신 등과 같은 다양한 방법들을 활용하여 다양한 서비스 접점을 만든다. 서비스 접점이 하나가 아니라 여러 개 생기는 것이다. 또한 접촉 시간도 정해진 시간이 아니라 매일 24시간으로 늘어난다. 이러한 차별적 특성이 서비스 시스템의 설계 과정에 제대로 반영되어야 한다.

제3절 서비스 설계 도구

오늘날의 서비스 시스템은 대부분 크고 복잡한 형태를 띤다. 따라서 앞에서 말한 원리와 방식대로 서비스 시스템을 설계한다고 해도 시스템의 구체적 내용을 이해하기가 쉽지 않다. 또 직관적 이해와 관찰을 바탕으로 시스템의 형태를 손으로 그리기도 만만치 않다. 이때 보조적 수단으로 자주 이용하는 설계 도구로서 플로차트, 서비스 청사진, UML, IDEF 등을 들 수 있다.

[그림 6-22]에서 보듯이, 단순하고 작은 서비스 시스템을 설계할 때는 플로차트를 사용해도 별 문제가 없다. 그러나 서비스 규모가 어느 정도 커지고 프로세스도 복잡해지기 시작하면 서비스 청사진과 같은 도구가 필요해진다. 서비스 규모와 복잡성이 일정 수준을 넘어서서 더 이상 수작업으로 설계하기 힘든 정도가 되면 UML, IDEF 등의 도구를 사용하는 것이 바람직하다. 이 책에서는 플로차트, 서비스 청사진, UML의 내용에 대해 자세히 알아보기로 한다. IDEF는 아직 서비스 시스템의 설계에서 활용되는 예들이 거의 없기 때문에 여기서는 생략하기로 한다.

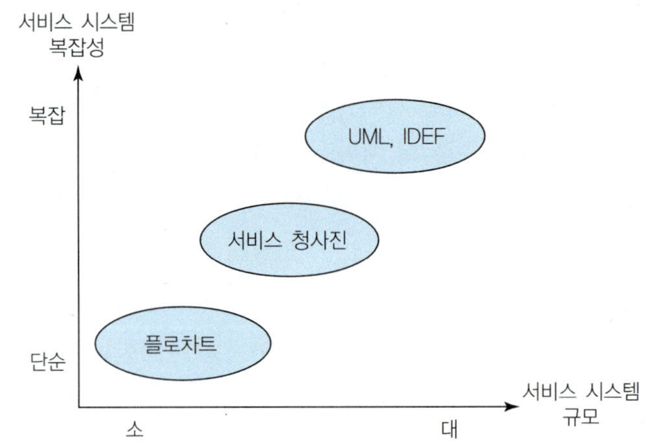

[그림 6-22] 설계도구의 특성 및 용도 비교

3.1 플로차트

플로차트(flowchart)는 말 그대로 서비스가 이루어지는 과정을 하나의 흐름도로 도시한 그림이다. [그림 6-23]은 호텔 서비스의 흐름을 간략하게 정리한 플로차트이다. 고객이 호텔에 도착할 때부터 떠날 때까지 이루어지는 중요한 활동들을 보여주고 있다. 실선으로 그려진 상자(box)는 고객 자신이 직접 하거나 고객이 호텔과 직접 상호작용하는 활동들을 나타내고 점선의 상자는 호텔 측에서 하는 활동들을 표시하고 있다.

플로차트는 규모가 작고 과정이 단순한 서비스의 설계에 적합한 도구이다. 하지만 말 그대로 서비스 프로세스를 구성하는 주요 단계(기능)의 흐름을 연결하는 정도에 그치기 때문에 시스템의 전체적 구조를 파악하거나 인력, 자원, 정보의 이동을 이해하기에는 한계가 있다. 플로차트를 작성하기 위한 소프트웨어가 따로 있는 것이 아니기 때문에 흔히 파워포인트와 같은 소프트웨어를 이용하여 직접 그리게 된다.

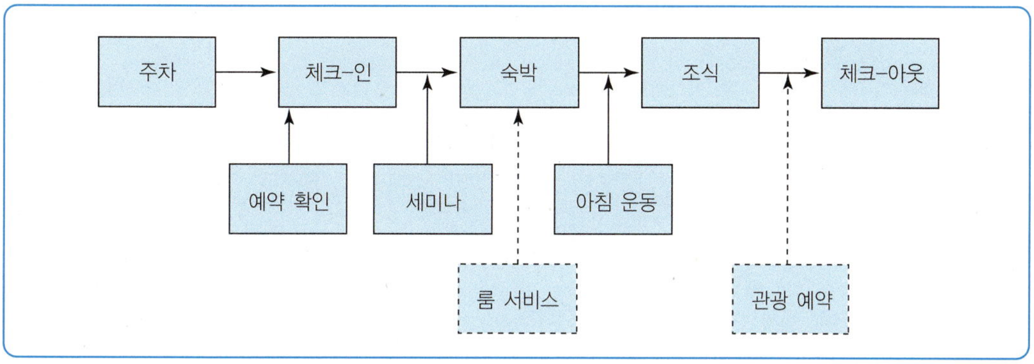

[그림 6-23] 서비스 플로차트의 예: 호텔 서비스

3.2 서비스 청사진

(1) 기본 개념

서비스 청사진(service blueprint)은 서비스 시스템을 정확하게 묘사하는 그림이나 지도로서, 서비스 시스템의 구조와 프로세스를 쉽게 이해할 수 있도록 도와주는 도구이다. 80년대 초에 처음 제시된 이후(Shostack, 1982), 중간 정도 규모의 서비스 설계도를 그리는데 널리 사용되고 있다. 서비스 청사진은 앞의 플로차트와 비교하여 '시스템적' 요소를 많이 반영할 수 있다는 장점이 있다. 서비스의 주요 단계를 연결하는 것에 그치지 않고 시스템적 시각에서 서비스를 분해하고, 시스템 요소간의 연결고리와 상호작용을 표현하는 기능도 갖추고 있다. 하지만 플로차트와 마찬가지로 서비스 청사진을 작성하기 위한 소프트웨어가 따로 있는 것은 아니기 때문에 파워포인트를 이용하여 직접 그리게 된다.

서비스 청사진은 기본적으로 가시선(line of visibility)을 기준으로 서비스 시스템을 전면 공간(front office)과 배후 공간(back office)으로 구분한다. '가시선' 이라는 경계선을 두는 이유는 전면 공간은 고객의 눈에 보이는 반면 배후 공간은 눈에 보이지 않기 때문이다. 가시선 위의 전면 공간에는 서비스 제공자와 고객의 상호작용, 혹은 고객의 활동을 표현한다. 이어서 배후 공간에는 서비스 제공자의 업무를 표현한다. [그림 6-24]의 항공 서비스 예에서 보듯이, 전면공간에는 항공권 접수, 수하물 접수 등 고객이 확인할 수 있는 활동을 표현하고, 배후공간에는 항공기 점검, 수하물 전송 등 고객이 눈으로 볼 수 없지만 서비스 제공을 위해 필요한 활동을 표현한다.

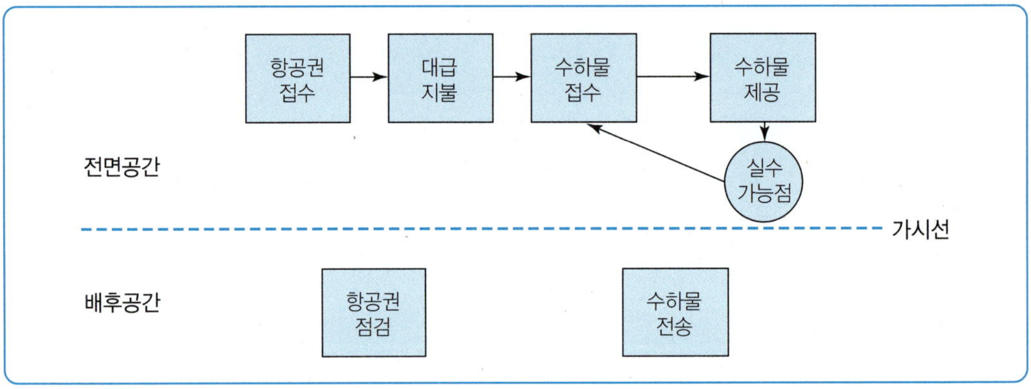

[그림 6-24] 서비스 청사진의 기본 개념: 항공 서비스

서비스 청사진의 기본 구조는 가시선 이외에도 다양한 공간을 포함하여 [그림 6-25]와 같이 이루어져 있다. 먼저, 상호작용선(line of interaction)을 기준으로 고객영역과 전면공간을 구분한다. '상호작용선' 은 고객과 조직 간의 직접적 접촉, 즉 서비스 접점을 의미한다. 상호작용선 위의 고객영역은 고객이 서비스를 구매, 소비, 평가하는 과정에서 수행하는 절차, 선택, 상호작용의 활동들을 표현한다. 둘째로, 내부적 상호작용선(line of internal interaction)을 기준으로 배후공간과 지원 프로세스를 구분한다. '내부적 상호작용선' 은 조직 내부에서의 직간접적 접촉을 의미한다. 내부적 상호작용선 아래의 지원 프로세스에는 접선 직원 외에 다른 직원이 수행하는 물리적 활동 또는 지원 정보 시스템이 위치하게 된다. 마지막으로, 실행선(line of implementation)을 기준으로 지원 프로세스 영역을 지원 프로세스와 관리 프로세스로 구분하기도 한다. 관리 프로세스에는 해당 서

비스를 위해 직접적으로 구축된 활동은 아니지만 간접적으로 영향을 미치는 기획, 관리, 의사결정 등의 활동 및 시스템이 포함된다.

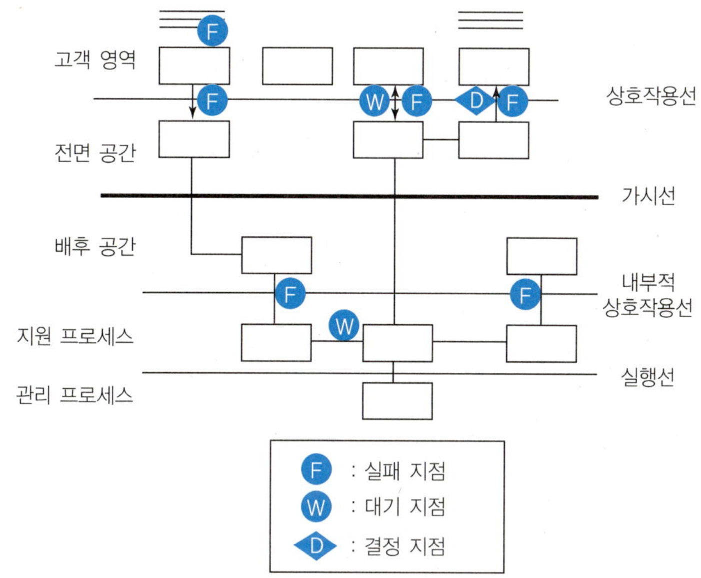

[그림 6-25] 서비스 청사진의 기본 구조

서비스 청사진에서 얻을 수 있는 주요 정보들을 알아보자. 첫째는 서비스 시스템의 전체적 구조를 파악하고 서비스 설계와 관련된 의사결정 문제를 도출할 수 있다. 서비스 청사진의 여러 영역은 서비스 시스템에서 각 활동(요소)의 위치, 담당자, 순서를 나타낸다. 따라서 서비스 시스템의 설계자는 신서비스를 개발하거나 기존 서비스를 재설계할 때 누가 어디에서 그 업무를 할 것이며, 그 활동이 고객이 보는 곳에서 이루어지는지 아니면 보지 못하는 곳에서 이루어지는지, 어떤 순서로 이루어져야 하는지를 서비스 청사진을 통해 고려할 수 있다. 레스토랑의 예를 생각해보면, 고객이 보이지 않는 곳에서 빨리 조리하여 제공하는 서비스 전략을 쓸 수도 있고, 반대로 조리 과정을 고객이 볼 수 있도록 공개하여 음식의 신선함을 강조하고 감각적인 경험을 제공하는 전략을 쓸 수도 있다. 전자의 경우 배후 공간에서 서비스 제공자의 효율성을 올리는 방향으로, 후자의 경우 전면 공간에서 고객의 만족도를 올리는 방향으로 청사진이 그려지게 된다.

둘째는 서비스 시스템 내에 존재하는 중요한 관리 포인트를 알 수 있다. 우선 '실패 지점(fail point)'의 위치를 보여준다. 실패 지점은 말 그대로 서비스의 실수로 인해 시스템의 운영에 문제가 생길 수 있는 곳을 의미한다. 실패 지점을 만나면 실수나 오류가 일어날 수 있는 잠재적 가능성을 아예 없애는 것이 가장 좋은 해결책이다. 하지만 그것이 불가능할 경우에는 실패의 조짐이 보이는 순간 시스템의 작동을 멈추게 하는 fail-safe 장치를 설치하거나, 실패가 일어나면 빠른 시간 안에 그것을 복구할 수 있는 절차와 방법을 미리 정해 놓는 것이 필요하다. 다음으로 '대기 지점(waiting point)'의 위치도 보여준다. 이 지점에서는 고객이 제때 서비스를 받지 못하고 기다려야 할 가능성에 높다. 따라서 대기(queue)가 발생하지 않도록 공급 관리를 철저히 하거나 대체 서비스를 제공하는 방안을 찾아야 한다.

(2) 과정과 절차

서비스 청사진을 그리는 과정을 크게 서비스 프로세스를 분해하는 단계와 서비스 청사진을 그리는 단계의 두 단계로 나누어 살펴보자.

단계 1: 서비스 프로세스 분해

첫 번째 단계는 대상 서비스의 구성 요소를 분해하는 작업이다. 전체 서비스를 세부 프로세스로 분해하여 설계를 위한 단위 프로세스로 만들어낸다. 이때, 분해된 각 프로세스를 모두 통합하면 하나의 서비스가 완성되어야 하므로 빠지거나 중복된 부분이 없도록 나누어야 한다.

단계 2: 서비스 청사진의 도식화

두 번째 단계는 앞에서 분해한 각 세부 프로세스를 서비스 청사진의 각 영역에 맞게 도식화하는 작업이다. 고객활동, 전방 영역 종업원의 행동, 후방 영역 종업원의 행동, 지원 프로세스로 이루어진 서비스 청사진의 각 영역에 해당하는 세부 프로세스를 도식화하고, 도식화한 각 세부 프로세스를 서비스의 흐름에 따라 연결하여 서비스 청사진을 완성한다.

(3) 예제

서비스 청사진의 활용 사례 중 하나로 레스토랑 서비스를 디자인해 보도록 하자. 레스토랑은 고객, 전방 영역의 종업원, 후방 영역의 종업원이 상호작용하는 대표적인 서비스 시스템으로, 서비스 청사진을 통해 프로세스를 설계하기에 적합한 유형으로 볼 수 있다.

단계 1: 서비스 프로세스 분해

우선 서비스 프로세스의 전 과정을 세부 프로세스 단위로 나누어 분석한다. 아래의 〈표 6-3〉은 레스토랑 서비스를 프로세스, 입력물, 출력물로 나누어 각각 표시한 것이다. 분해된 각 서비스 프로세스는 서비스 청사진 작성을 위한 기본 단위로 활용된다.

〈표 6-3〉 레스토랑 서비스의 세부 프로세스

상위 항목	하위 항목	내용
서비스 프로세스	제품 중심 프로세스	들어가기, 음식준비, 음식수령, 음식제공
	서비스 중심 프로세스	영수증주기, 나가기, 주문하기, 결재하기, 주문받기
	고객 중심 프로세스	자리결정 및 취식, 주문방법 결정, 결재방법 결정
	경영 중심 프로세스	고객만족 측정, 신용카드 및 적립카드 시스템, 매출계산, 고객만족 분석
	장애발생점	음식제공 오류
입력물	재료	빵, 고기, 야채
	주문 방식	매장, 테이크-아웃
	지불방식	현금, 신용카드
결과물	음식	음식 A, 음식 B, 음식 C
	영수증	현금 영수증, 신용카드 영수증

단계 2: 서비스 청사진의 도식화

이제 서비스 청사진 위에 각각의 세부 프로세스를 일치시키고 각 프로세스의 흐름을 화살표를 통해 연결하여 전체 프로세스의 흐름을 도식화한다. 마지막으로

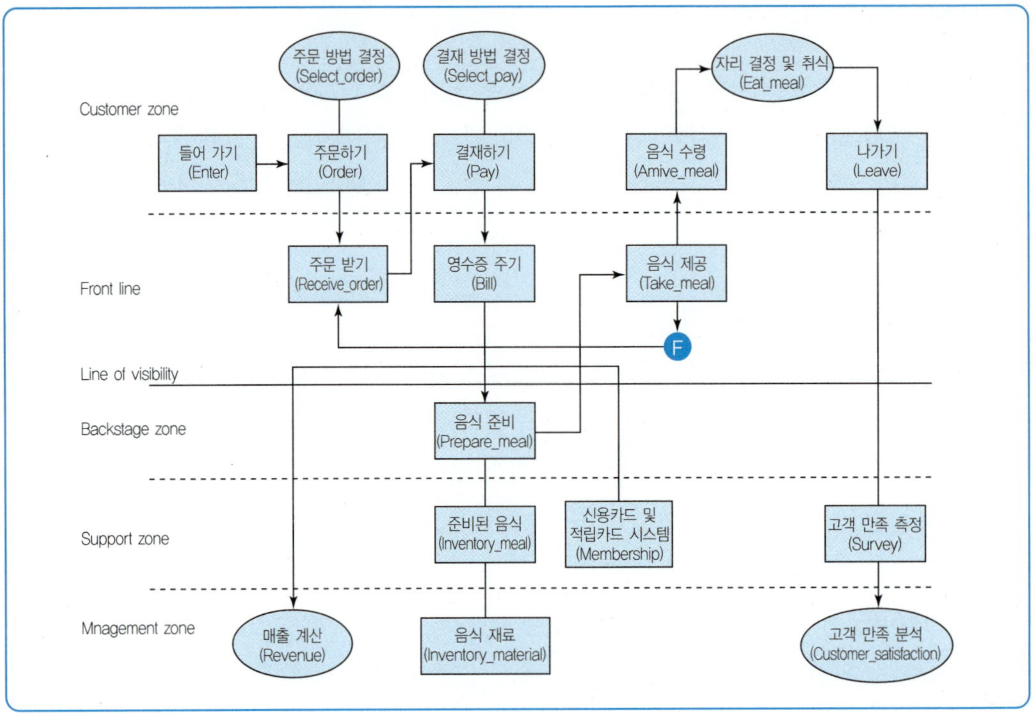

[그림 6-26] 서비스 청사진의 예: 레스토랑 서비스

실행 과정 중에서 일어날 수 있는 실패 지점이나 대기 지점을 명시하여, 이를 해결하기 위한 프로세스를 추가한다. [그림 6-26]은 레스토랑 서비스의 서비스 청사진을 나타낸 것이다.

3.3 UML

(1) 기본 개념

UML(Unified Modeling Language)은 원래 소프트웨어 시스템의 개발을 지원하는 도구로 개발한 하나의 언어이다(Eriksson and Penker, 2000). UML은 이름이 암시하는 것처럼 두 가지 기능을 가지고 있다. 하나는 modeling이 의미하는 설계 도구로서의 기능이고 다른 하나는 language가 뜻하는 언어의 기능이다.

우선 UML은 시스템의 설계 과정에 사용되는 도구이다. 예를 들어 웹사이트를 개발하는 과정을 생각해 보자. 큰 건물을 짓기 위해서는 설계도가 필요한 것처럼 크고 복잡한 웹사이트를 개발하기 위해서는 먼저 웹사이트의 전체적인 구조와 과정을 설명하는 설계도가 필요하다. 사이트의 주요 서비스는 무엇이며, 각 서비스 간의 관계는 어떻게 되어 있으며, 관련 데이터베이스는 어떻게 연결되어 있으며, 어떤 기능들이 어떤 순서로 서비스를 만들어내는지 등을 보여주는 설계도가 있어야 하는 것이다. 이 설계도를 쉽고 간편하게 그릴 수 있도록 도와주는 도구가 UML이다.

다음으로 UML은 의사소통 언어이다. 모든 시스템의 개발 과정에는 다양한 구성원들이 참여한다. 마케팅 담당도 있을 것이고 기획 담당도 있을 것이고 프로그래밍 담당도 있을 것이다. 이들 각자는 사용하는 언어가 다르다. 마케팅은 시장의 언어로, 기획은 전략의 언어로, 프로그래밍은 컴퓨터 언어로 각각의 생각을 표현한다. 당연히 의사소통의 문제가 생길 수 밖에 없다. 이때 UML로 기술된 문서와 UML로 표현된 다이어그램은 시스템의 구성과 과정을 간결하게 보여줌으로써 구성원들 사이에 발생하는 의사소통의 혼란을 줄여준다.

서비스 개발과 소프트웨어 개발은 여러 가지로 비슷한 면이 많다. 따라서 서비스 설계를 일종의 소프트웨어 설계라고 본다면, UML은 서비스를 정의하고 표현하는데도 유용한 도구로 사용할 수 있다. 특히 앞의 서비스 청사진과 비교하여, UML은 훨씬 더 크고 복잡한 서비스를 설계할 때 유용하게 이용할 수 있다. 또 손으로 그려야 하는 서비스 청사진에 비해 UML은 전용 소프트웨어와 매뉴얼이 제공되고 있다.

(2) 구성 요소

시스템의 설계도를 만들기 위해서는 먼저 시스템의 구성 요소가 정해져야 한다. 그래야만 큰 그림 위에 각 요소들을 배치하고 요소들간의 연결고리를 표현할 수 있기 때문이다. 〈표 6-4〉에 요약되어 있는 것처럼, UML에서는 시스템의 구성 요소로 크게 자원(resources), 프로세스(process), 목표(goals)의 세 가지를 들고 있다. 이 요소들은 서비스 시스템의 설계 과정에도 그대로 활용될 수 있다.

〈표 6-4〉 서비스 비즈니스 모델 프레임워크의 구성 요소

요소	하위요소	설명
자원 (resources)	물리적 자원	실제공간을 차지하는 재화
	추상적 자원	비즈니스에 필요한 아이디어나 개념
	정보	재화, 개념, 다른 정보를 표현해 놓은 것
	인력	프로세스 내에서 활동하는 인력
프로세스 (process)	활동	단위 프로세스
	이벤트	특정 시점 프로세스 변화의 기록
목표 (goals)	정성적 목표	수치화하여 표현할 수 없는 목표
	정량적 목표	수치화하여 표현할 수 있는 목표

가. 자원(resource)

자원은 서비스를 제공할 때 사용되거나 행동하는 각종 객체를 의미한다. 따라서 우리가 흔히 제품을 만들거나 건물을 지을 때 사용하는 물리적 자원보다 더 넓은 개념이다. 자원은 다시 물리적 자원(physical resource), 추상적 자원(abstract resource), 정보(information), 인력(people)과 같은 4개의 하위 요소로 나누어 생각할 수 있다.

– 물리적 자원(physical resource)

실제 공간을 차지하면서 보고 만질 수 있는 대상이다. 서비스 프로세스에서 사용되는 상품, 원자재, 부품, 제품 등이 모두 여기에 해당된다. 순수 서비스를 제외하고 대부분의 서비스는 물리적 자원이 존재한다. 또 순수 서비스의 경우에도 이를 지원하는 물리적 자원이 필요한 경우가 많다.

– 추상적 자원(abstract resource)

서비스에 필요한 아이디어나 개념을 나타내며 보고 만질 수는 없다. 예를 들어 계약, 주문, 결제, 구좌 등은 추상적 자원에 해당된다.

– 정보(information)

서비스에 관련된 자료를 사람이 인지할 수 있도록 표현해 놓은 것이다. 예를 들어 시장 뉴스, 고객 프로파일 등은 정보에 속한다.

– 인력(people)

물리적 자원 중 프로세스 내에서 활동하는 사람을 따로 떼어 인력으로 정의한다. 예를 들어 금융 서비스에서 거래중개자는 인력이 된다.

[그림 6-27]은 이 4개 하위요소의 계층을 보여주는 메타(meta) 모델이다.

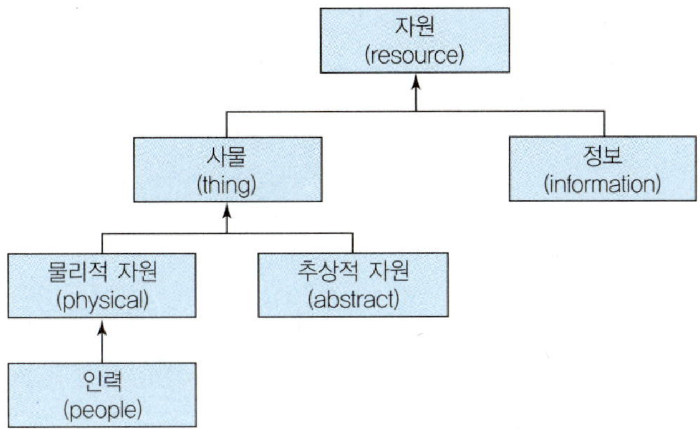

[그림 6-27] 자원의 계층을 보여주는 메타 모델

나. 프로세스(process)

프로세스는 서비스를 구성하고 있는 활동들의 집합을 의미한다. [그림 6-28]을 보면, 프로세스는 왼쪽에 입력(input), 오른쪽에 산출(output), 가운데에 프로세스가 배치된다. 과정 중간에는 활용하는 자원(resources)을 보여준다. 프로세스는 실제로 서비스가 이루어지는 구체적인 활동(activity)과 프로세스 안에서 중요한 변화가 발생하는 시점을 나타내는 이벤트(event)로 구성된다.

웹(web) 상에서 이루어지는 금융서비스의 예를 보면, 로그인(log-in)이 입력이 되고, 다양한 메뉴 가운데 하나를 고르는 서비스 선택이 이벤트가 되며, 선택한 메뉴에서 이루어지는 개별 활동들 하나하나가 프로세스가 된다. 또한 프로세스의 끝에 나오는 결과물들이 산출이 된다.

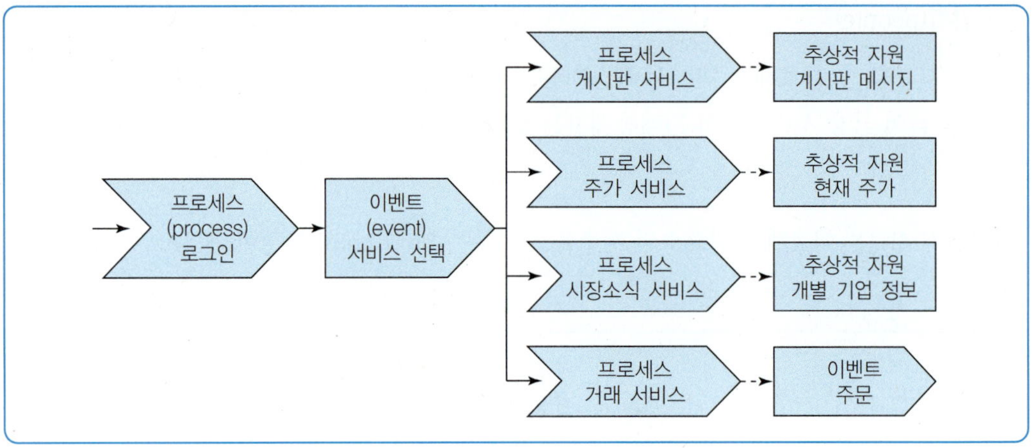

[그림 6-28] 서비스 프로세스

다. 목표(goals)

목표는 서비스가 궁극적으로 추구하는 바를 뜻한다. 목표는 수치화의 가능 여부에 따라 정량적인 목표(quantitative goal)와 정성적인 목표(qualitative goal)로 나눌 수 있다. 목표를 설정할 때는 문제(problem)를 함께 고려하는 것이 바람직하다. 문제는 목표를 달성하는 과정에 놓인 장애물이다. 따라서 문제의 개념을 함께 사용하면 목표를 좀 더 정확하게 묘사할 수 있다. 예를 들어 매출을 높이는 것이 목표라면 판매인력의 부족은 걸림돌, 즉 문제가 된다. 그러므로 서비스를 설계할 때 서비스가 달성하고자 하는 목표를 정량적 또는 정성적으로 표현한 후, 이를 달성하는데 걸림돌이 될 수 있는 문제들도 함께 나타내는 것이 바람직하다.

[그림 6-29]는 위에서 설명한 자원, 프로세스, 목표가 모두 포함된 광고매출 서비스의 다이어그램이다. 입력과 산출, 자원과 프로세스 등의 표기가 다른 모양으로 되어 있는 것을 볼 수 있다.

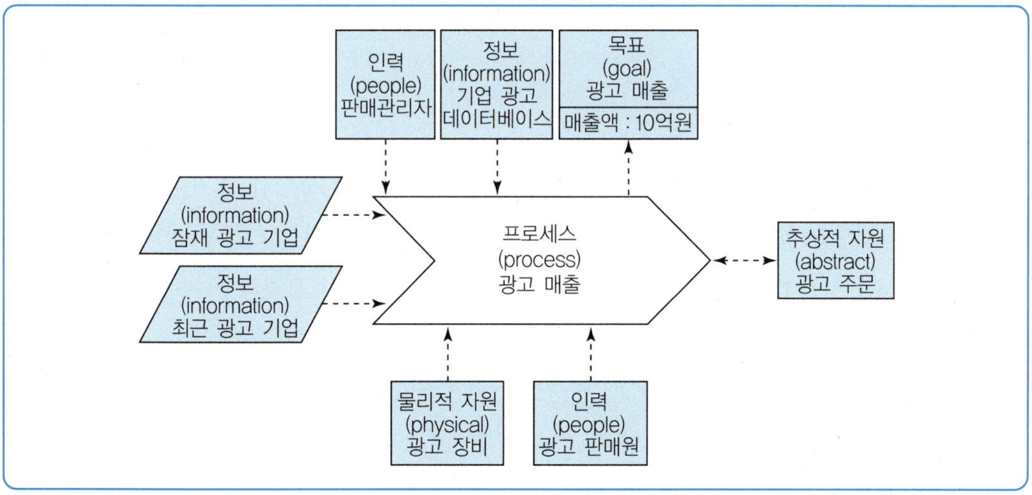

[그림 6-29] 목표-자원-프로세스를 나타낸 다이어그램

(3) 다이어그램(diagram)

위에서 설명한 구성 요소들에 대한 모델링이 끝나면, 실제로 시스템의 설계도를 그리는 작업은 UML 전용 소프트웨어를 이용하게 된다. 설계도 작성을 편하게 하기 위해 UML은 다양한 다이어그램 모듈을 제공하고 있다. 하지만 많은 다이어그램 모듈들을 익히는 것은 쉽지 않다. 따라서 여기에서는 서비스의 설계 과정에서 자주 사용하게 되는 유스 케이스 다이어그램(Use Case Diagram)과 시퀀스 다이어그램(Sequence Diagram)만을 간략히 소개하기로 한다. 유스 케이스 다이어그램은 주로 서비스 제공을 위한 참여자와 그들간의 상호작용을 표현하기 위한 것이고, 시퀀스 다이어그램은 그러한 상호작용을 순차적으로 표현하기 위한 것이다.

가. 유스 케이스 다이어그램

Use Case는 시스템이 사용자에 의해서 어떠한 형태로 사용되는지 시스템의 범위와 기능을 정의하고 기술하는 UML의 표준 표기법이다. 유스 케이스 다이어그램(Use Case Diagram)에서는 개발하고자 하는 서비스 시스템을 서브젝트(subject)라고 한다. 또 서비스 시스템을 사용하는 사용자를 액터(actor)라고 부르고 시스템의 행동을 유스 케이스(use case)라고 한다. [그림 6-30]의 보험 서비스 시스템에 대한 유스 케이스 다이어그램의 예시를 통해 작성과정을 더 자세히 알아보자.

1단계: 액터 추출

액터는 시스템 외부에 독립적으로 존재하면서 시스템과 교류하는 개인, 조직, 외부 시스템 등을 말한다. 보험서비스 시스템에서 보험을 계약하고 보험금을 납입하는 행위자인 고객, 고객의 보험관련 통계를 작성하는 보험 판매원, 사고신고 시 보험료를 사정하는 보험료 사정인이 하나의 액터가 될 수 있다.

2단계: 유스 케이스 추출

유스 케이스는 사용자 관점에서 시스템이 제공하는 서비스를 나타낸다. 보험서비스의 경우 보험계약, 보험료 납입, 사고 신고, 고객 통계, 보험 통계, 사고 통계 등 보험서비스 시스템에서 작동되는 활동들을 유스 케이스로 정의할 수 있다.

3단계: 관계 정의

유스 케이스 다이어그램에서는 액터와 유스 케이스 간의 상호 관계(association)를 시각적으로 표현한다. 일반적으로, 커뮤니케이션을 받는 쪽이 화살표를 받도록 표기한다. [그림 6-30]에서 보면, 고객이 작성한 계약서나 납입한 보험료가 서비스 시스템으로 입력되므로 보험계약서 sign이나 보험료 납입 유스 케이스가 화살표를 받는다. 확장 관계(extend)는 하나의 유스 케이스가 다른 유스 케이스에게 서비스를 요청하는 관계를 가리킨다. [그림 6-30]에서 보험계약서 sign과 동시에 자동차보험 정보나 생명보험 정보가 조건에 따라 기입되는 확장 관계를 볼 수 있다.

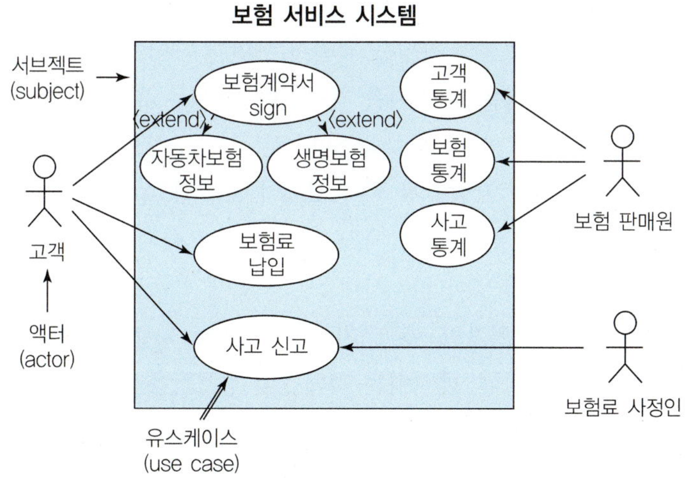

[그림 6-30] 유스 케이스 다이어그램의 예: 보험 서비스

나. 시퀀스 다이어그램

시퀀스 다이어그램(Sequence Diagram)은 서비스 시스템 내에서 일어나는 주요 활동들을 발생의 순서대로 보여주는 그림이다. 따라서 시퀀스 다이어그램의 주요 목적은 최종적인 서비스를 만들어내기 위해 일어나는 주요 활동들의 순서를 정의하는 데 있다. 순서는 두 가지 측면에서 표현할 수 있다. 먼저 수직적 측면에서는 시간과 순서에 따른 탑다운(top down) 방식으로 보여준다. 다음으로 수평적 측면에서는 정보가 왼쪽에서 오른쪽으로 이어지는 방식으로 보여준다. 시퀀스 다이어그램의 성격과 용도를 한마디로 설명하면 앞에서 정의된 유스 케이스 다이어그램의 구체적인 실현 방법을 보여주는 설계도이다. [그림 6-31]의 카쉐어링 서비스 시퀀스 다이어그램의 예시를 통해 작성과정을 더 자세히 알아보자.

1 단계: 작성대상 선정

먼저 시퀀스 다이어그램의 작성대상을 선정한다. 시퀀스 다이어그램은 개발하고자 하는 시스템을 실현하기 위해 앞에서 이미 작성한 유스 케이스 다이어그램을 보다 구체적으로 또 논리적으로 표현하는 데 사용된다. 따라서 실현하고자 하는 유스 케이스가 만들어지면 그것이 시퀀스 다이어그램의 작성대상이 된다. [그림 6-31]에서는 회원가입에서 결제까지의 카쉐어링 서비스를 유스 케이스로 설정한 사례를 대상으로 하고 있다.

2 단계: 객체, 프로세스, 메시지 정의

시퀀스 다이어그램의 작성을 위해서는 먼저 다이어그램 안의 객체들을 정의해야 한다. 객체는 다음 두 가지를 가리킨다. 첫째는 유스 케이스 외부의 액터이다. 둘째는 유스 케이스 내부의 클래스라고 부르는 구성요소이다. 카쉐어링 서비스의 경우 액터는 회원, 보험업체, 주유업체가 포함되고, 유스 케이스 내의 클래스는 운영관리시스템, On-board 시스템, 차량이 포함된다. 다음으로는 유스 케이스 다이어그램 내에서 일어나는 서비스들을 전체적 프로세스로 작성한다. 카쉐어링 서비스의 경우, 회원가입, 예약, 차량인수, 운행, 차량반납, 결제의 순서로 서비스 프로세스가 구성된다. 메시지는 객체간의 상호작용과 물리적, 추상적 정보의 흐름을 뜻한다. 카쉐어링 서비스에서는 개인정보, 보험가입, 회원가입 확인 등이 메시지로 정의된다.

3 단계: 수평적 배열

수평적 배열은 다이어그램 안의 객체들간에 상호작용이 일어나고 메시지가 전달되는 순서대로 좌측부터 수평으로 위치시킨다.

4 단계: 수직적 배열

수직적 배열에서는 서비스 프로세스 내에서 구체적인 서비스 활동이 일어나는 절차에 따라 위에서 아래의 순서로 나열된다.

5 단계: 메시지 작성

두 객체의 상호작용 흐름에 따라 관련된 메시지를 수평의 화살표로 표시한 후 그 위에 이름을 표기한다. [그림 6-31]의 카쉐어링 서비스의 예에서, 차량인수 시 회원이 고객정보를 입력하면, On-board 시스템이 예약정보를 확인한 후, 차량으로 운행 승인을 넘기고, 차량은 운행을 위해 주유업체에서 주유를 하게 된다.

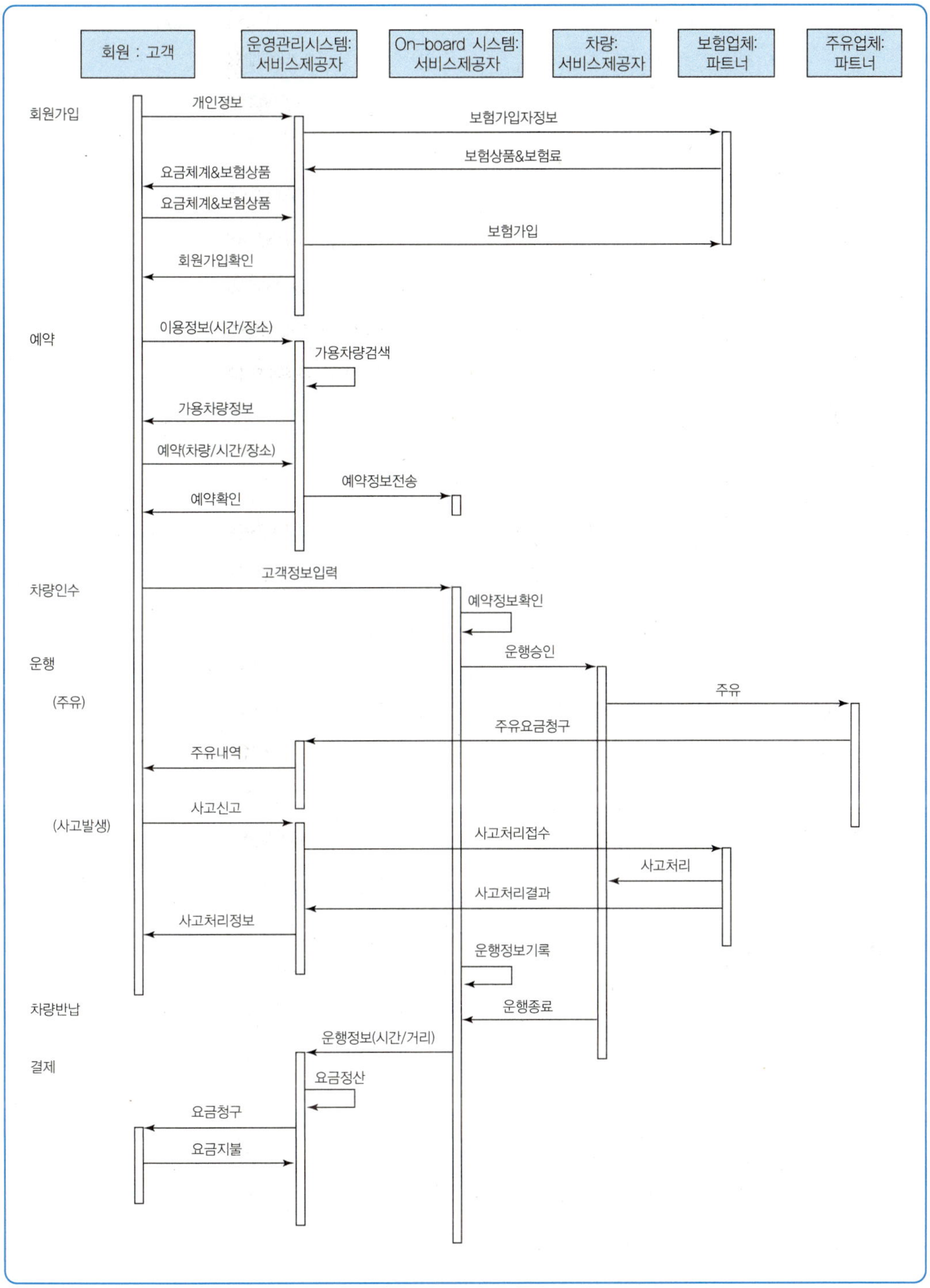

[그림 6-31] 시퀀스 다이어그램의 예: 카쉐어링 서비스

요약

1. 서비스 비즈니스 기획은 새로운 서비스의 개발과 출시에 관련된 활동(activity)과 시점(time)을 정하는 작업을 말한다.

2. 서비스 비즈니스의 기획 과정에서 사용되는 대표적 도구로서 서비스 로드맵을 들 수 있다.

3. 기존의 제품기술 로드맵(TRM)을 토대로 서비스 로드맵을 그릴 때는 서비스의 차별적 특성과 요소를 반영해야 한다.

4. 제품–서비스 통합을 위한 비즈니스 기획은 제품과 서비스의 특성 및 인터페이스를 고려해야 한다.

5. 제품–서비스 로드맵에는 제품 계층과 서비스 계층이 균형적, 보완적으로 포함되어야 한다.

6. 서비스 시스템은 서비스가 창출되고 제공되는 과정에서 서비스 제공자와 서비스 소비자의 관계와 그들 사이의 자원 및 정보 흐름을 나타낸다.

7. 서비스 시스템의 기본모형은 전면 공간(front office)과 배후 공간(back office)의 구성에 의해 결정된다.

8. 서비스 시스템 설계 과정에 사용할 수 있는 도구로는 플로차트, 서비스 청사진, UML 등이 있다.

9. 온라인 서비스 시스템 설계는 오프라인 서비스 시스템과 비교하여 차별적 특성과 상이한 설계요소를 지니고 있으므로 이를 설계 과정에 고려해야 한다.

핵심 키워드

- 서비스 비즈니스 기획
- 서비스 로드맵
- 제품-서비스 통합 비즈니스 기획
- 제품-서비스 통합 로드맵
- 서비스 시스템
- 서비스 시스템 설계 요소
- 서비스 설계 도구
- 플로차트
- 서비스 청사진
- UML
- 온라인 서비스 설계

연 습 문 제

개념형-이론형 문제

1. 서비스 설계에서 기획(planning) 개념이 왜 중요한지를 설명해 보자.
2. 제품 TRM과 서비스 로드맵의 공통점과 차이점을 설명해 보자.
3. 제품-서비스 통합 로드맵의 개념과 기본 구조를 설명해 보자.
4. 서비스 시스템의 대표적인 모형에는 어떤 것들이 있는지를 이해하고 각 모형의 차이를 설명해 보자.
5. High-contact 시스템과 low-contact 시스템의 설계요소의 차이를 설명해 보자.
6. 오프라인 서비스 시스템의 설계와 온라인 서비스 시스템의 설계의 공통점과 차이점을 설명해 보자.
7. 서비스 시스템의 설계에 사용될 수 있는 도구들의 특성과 장단점을 비교해 보자.

탐구형-실습형 문제

8. 제품-서비스 통합 사례를 하나 선정하여 실제로 제품-서비스 로드맵을 그려보자.
9. 헤어샵에서 일어나는 서비스 과정을 서비스 청사진으로 도시해 보자.
10. 온라인 스포츠용품 몰에서의 주문수행 프로세스를 UML로 설계해 보자.
11. 최근 온라인에서는 영어회화 학원에 직접 가지 않고 헤드셋만으로 가상의 강의실에서 영어강사 및 수강생들을 만나 영어회화 수업을 하고, 다른 학생들과 가상의 공간(커피숍, 음식점 등)에서 대화할 수 있는 영어회화 온라인 서비스를 제공하고 있다. 이를 UML의 Use case diagram과 Sequence diagram으로 설계해 보자.

조사형-검색형 문제

12. High-contact 서비스 시스템과 low-contact 서비스 시스템의 사례를 3개 이상 조사하여 비교해 보자.
13. 아래의 분야에서, 서비스 시스템의 혼합모형으로서 생산라인 시스템과 서비스라인 시스템이 통합적으로 설계된 사례를 검색하여 제시해 보자:
    - 종합병원 시스템 설계
    - 금융회사(은행) 시스템 설계
    - 패스트푸드 레스토랑 시스템 설계

PART

04

Operation and Evaluation of Service

서비스 운영과 평가

Management of Service System

CHAPTER

07

서비스 시스템의 운영관리

구성도

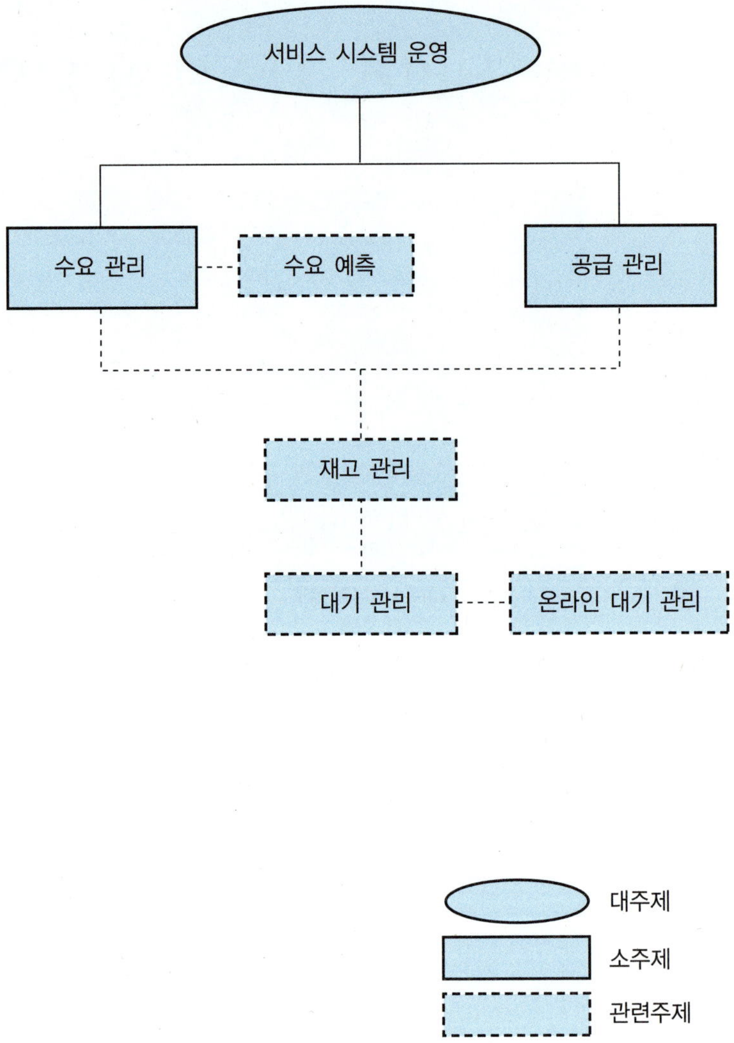

배경과 주요 내용

서비스 전략이 세워지고 서비스 설계가 끝나면, 다음은 실제로 서비스 시스템을 운영할 차례이다. 운영관리는 크게 실행(execution)과 평가(evaluation)로 구성된다. 이 장에서는 우선 실행 문제를 다루고 다음 장에서 평가 문제를 다루기로 한다.

서비스 시스템 운영의 기본은 서비스 수요와 공급의 관리이다. 만일 서비스의 공급이 넘치게 되면 서비스 시스템 내에서는 재고(inventory) 문제가 발생하게 된다. 반대로 공급이 부족하게 되면 제때에 서비스를 받지 못한 고객이 줄을 서서 기다리게 되는 대기(queue) 문제가 발생하게 된다

수요-공급 관리는 서비스 수요에 대한 예측에서 시작된다. 수요를 미리 예측해야 그것에 맞추어 공급능력을 준비하거나 조정할 수 있기 때문이다. 따라서 먼저 수요 예측에는 어떠한 기법들이 있는지를 알아보고 예측 결과를 평가하는 지표들도 살펴본다.

수요 예측이 끝나면 다음은 거기에 맞추어 공급 계획을 수립해야 한다. 서비스에 필요한 능력(용량)을 공급하는 방식은 크게 자체적으로 공급능력을 확보하는 방식과 외부에서 주문하는 방식으로 나눌 수 있다. 두 가지 방식의 구체적 내용을 알아본다.

공급능력이 부족하거나 수요가 한꺼번에 몰리게 되면 어쩔 수 없이 대기 현상이 일어나게 된다. 대기 현상이 발생하는 서비스 시스템의 구성 요소는 무엇이고 어떤 유형의 대기 모형들이 있는지를 살펴본다.

오프라인 시스템과 비교하여 온라인 시스템의 가장 큰 특성은 트래픽이 동시다발적으로 발생한다는 사실이다. 이 특성을 중심으로 온라인 대기 모형은 어떻게 달라지는지도 알아본다.

학습 목표

1. 서비스 수요와 공급 간의 관계를 파악한다.
2. 서비스 공급과 수요간에 불일치가 있을 때 어떤 현상이 일어나는지를 이해한다.
3. 서비스 수요의 차별적 특성을 이해한다.
4. 다양한 수요 예측 기법을 이해하고 실제 사례에 적용해 본다.
5. 서비스 수요를 충족시키기 위한 공급 능력을 확보하는 방식에는 어떤 유형들이 있는지를 이해한다.
6. 서비스 공급 능력 방식의 이론적 배경과 수리적 내용을 이해하고 실제 문제를 이용하여 실습해 본다.
7. 서비스 소요와 공급의 보완적 기법들을 이해하고 주위에서 발견할 수 있는 사례들을 조사한다.
8. 대기 현상의 원리를 이해하고 기본적인 대기 모형을 파악한다.
9. 실제 문제를 이용하여 대기 모형 이론을 실습해 본다.
10. 온라인 대기 현상의 차별적 특성을 이해한다.

사례 – 페덱스(FedEx)의 수요-공급 관리 시스템

공급망 관리 시스템

세계 2백여 개 나라를 망라한 거대한 물류망을 보유하고 하루 수백만 건의 화물을 처리하는 세계 최대 항공 특송업체인 미국의 페덱스(FedEx)는 자체 화물수송기만 600대에 이르고 4만대에 가까운 차량을 보유하고 있다. 그러나 FedEx의 진정한 경쟁력은 운송능력에 있는 것이 아니라 정보통신 기술력에 있다. 세계 어디라도 48시간 내 배달을 슬로건으로 내세우고 있는 FedEx는 고객으로부터 화물을 인수해 최종 인수자에게 배달이 될 때까지의 모든 정보를 실시간으로 관리하고 있다.

Super Tracker 시스템

FedEx가 자랑하는 'Super Tracker' 시스템은 화물의 위치와 이동경로는 물론 담당직원의 이름까지 모든 정보를 미국 멤피스에 있는 물류센터 「슈퍼허브」에서 통합 관리한다. 현재 얼마나 많은 화물(수요)이 어느 곳에서 누구에 의해 배송(공급)되고 있는지가 실시간으로 파악되고 있는 것이다. FedEx는 화물이 항상 목적지를 향해 움직이고 있어야 한다고 생각한다. 화물이 한 장소에 머무르지 않아야 화물 창고가 필요 없어지기 때문이다.

제조 가시성과 재고 가시성

FedEx의 제조 가시성(Manufacturing Visibility)은 입고 관리 기능을 말하고 재고 가시성(Inventory Visibility)은 출고 관리 기능을 의미한다. 즉, 재고 관리에 관련된 모든 정보의 조회와 처리가 인터넷을 통해 가능하게 만든 것이다. 가시성(visibility)은 말 그대로 발송 및 추적 기능을 통해 공급망 전체가 화물의 위치를 직접 볼 수 있는 완벽한 가시화 시스템을 갖추고 있다는 뜻이다.

창고 관리와 반품 관리

FedEx의 창고 관리(Warehouse Management)는 입고 관리, 출고 관리, 재고 관리 등 창고 관리 업무를 효율적으로 관리하는 시스템이다. FedEx의 반품 관리(Return Management)는 반품, 수리, 교체 등의 업무를 인터넷상에서 할 수 있는 시스템이다.

[그림 7-1] 페덱스 Super Tracker 시스템(출처: http://www.forth.com)

07 서비스 시스템의 운영관리

제1절 서비스 운영관리의 기본

서비스 시스템 운영의 기본은 서비스 수요와 공급의 관리이다. 제조업과 마찬가지로 서비스도 고객의 수요에 맞추어 적절한 수준의 서비스를 제때에 공급하는 것이 비즈니스 관리의 핵심이 되는 것이다. 만일 서비스의 공급이 수요를 넘게 되면 서비스 시스템 내에서는 재고(inventory) 문제가 발생하게 된다. 재고가 넘치게 되면 서비스 조직은 재고 관리에 드는 불필요한 비용을 부담하게 된다. 반대로 공급이 부족하게 되면 제때에 서비스를 받지 못한 고객이 줄을 서서 기다리게 되는 대기(queue) 문제가 발생하게 된다.

수요-공급 관리는 서비스 수요에 대한 예측에서 시작된다. 수요를 미리 예측해야 그것에 맞추어 공급능력을 준비하거나 조정할 수 있기 때문이다. 따라서 먼저 수요예측의 기법들을 살펴보고, 이어서 서비스 공급 모형에 대해 알아보기로 한다.

일차적으로는 공급량과 수요량의 균형을 맞추는 것이 중요하지만 보완적인 기법을 사용하는 것도 필요하다. 시장의 세분화를 바탕으로 다양한 가격 정책을 사용한다든가, 신축적인 예약제도를 도입한다든가, 효과적인 수요분할 방식을 활용하는 것도 모두 수요-공급 관리의 일부이다.

적절한 공급 모형을 사용하고 보완적인 기법들을 도입한다고 해도 고객이 바로 서비스를 받지 못하고 기다리게 되는 대기 현상을 근본적으로 막을 수는 없다. 수요와 공급에는 늘 불확실성이 존재하기 때문이다. 따라서 대기 현상의 기본 이론을 이해하고 중요한 모형들을 파악하는 것도 중요한 과제이다.

서비스의 수요-공급 관리에 있어서는 다음 두 가지 문제에 주의해야 한다. 첫째는 '단위'의 문제이다. 제품의 수요-공급과 달리 서비스의 수요-공급은 단위가 상이하거나 모호한 경우가 자주 있다. 제품의 경우는 단위가 분명하다. 100개면 100개, 100Kg이면 100Kg 하는 식으로 확실히 단위를 정할 수 있다. 하지만 서비스의 경우는 서비스의 종류에 따라 단위가 분명한 것도 있지만 그렇지 않은 것도 있다. 또 같은 1회(건)의 서비스라고 하여도 어느 서비스는 1시간이 걸릴 수도 있고 어느 서비스는 1분만에 끝날 수도 있다. 따라서 서비스의 수요-공급을 관리하기 위해서는 수요량과 공급량을 표준 단위로 바꾸어주는 작업이 선행되어야 한다.

둘째는 '기법'의 문제이다. 주제는 서비스 운영관리이지만 실제로 사용되는 기법들은 대부분 기존의 제품 관리나 제조시스템 관리에서 이미 개발되어 사용되어 온 것들이다. 물론 서비스는 제품과 다른 차별적 특성이 있기 때문에 관리 기법도 달라져야 한다고 생각할 수 있다. 그러나 수요가 발생하고 그에 따라 공급을 제공하는 과정에서 공급이 수요를 넘는 문제가 일어나거나 반대로 수요가 공급을 넘는 현상이 발생하는 것은 제품이나 서비스나 마찬가지이다. 따라서 일부 용어나 개념의 차이는 있을 수 있지만 기본적인 관리 이론이나 기법은 제품 관리(생산 관리)와 서비스 관리 사이에 별다른 차이가 없다.

제2절 서비스 수요 예측

2.1 서비스 수요의 특성

제품과 비교하여 서비스가 가지고 있는 본질적 특성은 서비스를 이용하는 고객의 수요 특성에도 영향을 미친다. 그런가 하면 반대로 서비스 수요도 서비스의 특성에 영향을 미친다. 서비스 수요는 제품의 수요와 달리 다음 몇 가지의 차별적 특성을 지닌다.

(1) 변동성

서비스 수요는 제품 수요보다 더 높은 변동성을 보인다. 월별, 주별은 물론 요일이나 시간대에 따라 수요가 변하기도 한다. 서비스 수요가 일정시점에 집중되거나 시간별로 급격한 변동을 보일수록 서비스 수요의 예측은 더욱 어려워진다.

(2) 재고 관리의 어려움

서비스는 재고(inventory)의 저장이 불가능하거나 아주 어렵다. 대부분의 서비스 수요는 눈에 보이지도 않고 또 만들어지면서 바로 소비되기 때문이다. 따라서 서비스 수요는 발생 순간에 즉시 제공되지 못하면 수요 자체가 사라져버리는 경우가 많다.

(3) 다양성과 이질성

서비스는 대부분 종류가 다양하고 하나하나가 이질적인 경향을 보인다. 또 서비스 공급능력을 수요와 일치시키기 어렵다. 더구나 다양성과 이질성은 서비스간의 호환을 어렵게 하므로 만일 공급량이 서비스 수요보다 크면 남은 공급능력은 그대로 버려야 한다. 반대로 수요량이 공급능력을 넘어서면 넘치는 수요는 포기해야 하는 경우가 생긴다.

(4) 시간/공간의 제약

서비스는 공간 사이의 이동이 불가능하고 또 반드시 특정 시간에 제공되어야 하는 제약이 따르는 경우가 많다. 이러한 제약은 원하는 장소와 원하는 시간에 제대로 서비스를 제공하지 못하는 결과로 이어질 수 있고, 서비스를 제공한다고 해도 비용이 늘어나는 문제로 이어질 수 있다.

2.2 서비스 수요 예측 기법

수요 예측(demand forecasting)이란 언제, 얼마만큼의 제품이나 서비스가 판매될 것인가를 전망하는 활동이다. 수요 예측이 필요한 직접적인 이유는 수요에 대한 정확한 예측을 바탕으로 서비스 공급 계획을 수립해야만 공급의 과잉이나 부족 문제를 방지할 수 있기 때문이다. 그러나 더 중요한 문제는 서비스 공급 계획이 한번 수립되면 이에 따라 재무, 인사, 마케팅 등의 다른 부서도 함께 움직인다는데 있다. 수요 예측이 잘못되면 공급 계획이 잘못되고, 제때에 제대로 공급이 이루어지지 못하면 다른 모든 경영기능이 연쇄적으로 심각한 타격을 입게 되는 것이다.

이러한 이유 때문에, 오래 전부터 수요 예측은 생산 관리나 마케팅 관리의 중요한 연구주제와 실무기능으로 다루어져 왔고 그에 따라 여러 가지 예측 기법들이 개발되었다. 다양한 기법들은 크게 사람의 주관적인 판단에 근거하는 정성적 예측법(qualitative forecasting methods)과 과거의 수요 데이터에 근거하는 정량적 예측법(quantitative forecasting methods)으로 나눌 수 있다.

(1) 정성적 예측기법

정성적 예측은 경영자의 판단, 전문가의 의견, 마케팅 부문의 정보와 경험, 시장조사 결과 등을 참고하여 주관적으로 미래의 수요를 예측하는 방법을 통틀어서 부르는 개념이다.

정성적 예측을 하는 경우에는 다음 세 가지를 들 수 있다. 첫째는 정량적인 예측에 필수적인 과거의 데이터가 없거나 데이터의 수집에 지나치게 많은 비용과 시간이 드는 경우이다. 특히 새롭게 시장에 출시되는 신서비스의 경우 과거의 구매기록이 없기 때문에 정성적 예측에 의존할 수밖에 없다. 둘째는 외부환경 요인이 크게 변화하여 과거 데이터의 의미가 없어지거나 변질된 경우이다. 셋째는 시장의 수요가 어느 한 가지 요인의 특성보다 여러 요인들 사이의 복합적인 상호관계에 의해 결정되는 경우이다.

정성적 예측의 장점은 단순성과 명확성에 있다. 소비자를 가장 잘 파악하고 있는 사람과 조직이 가장 현실적이고 직접적인 정보를 바탕으로 예측을 하기 때문에 그 과정이나 방식이 간단하면서도 명확하다. 하지만 소비자와 너무 가까이 있다는 것이 단점이 될 수도 있다. 멀리 있는 다른 여러 가지 요인들, 예를 들어 신기술 정보라든지, 경쟁사의 동향 등을 고려하지 못할 수 있는 것이다. 또 주관적 판단으로 예측하기 때문에 과학적이고 논리적인 근거가 부족한 문제도 지적할 수 있다.

정성적 예측에서 자주 사용되는 대표적 방법으로는 지명집단 기법(nominal

group technique)과 같은 전문가집단 방법을 들 수 있다. 이 방법은 보통 10명 내외, 8~12명 정도의 전문가가 모여서 자유로운 토론(브레인스토밍)을 하거나 투표(voting)를 통해 수요를 예측하는 방법이다. 여기서 말하는 전문가는 기업 내부와 기업 외부를 모두 포함한다. 기업내부의 경우에는 주로 경영기획, 마케팅, 생산 부문의 담당자들을 말하고, 기업외부의 경우에는 관련분야 전문가나 주요 고객 등이 될 수가 있다.

시장조사법 또한 많이 사용되는 정성적 예측기법이다. 여기에서는 사용자와의 인터뷰, 시장동향의 분석, 대규모의 설문조사 등 다양한 방법이 이용될 수 있다. 이 방법은 주로 개발된 신서비스를 시장에 출시하기 전에 미래의 수요를 예측하기 위해 사용된다. 시장의 정보를 수요 예측에 직접 반영하기 때문에 단기적으로는 정확도가 매우 높다. 하지만 장기적으로는 기술과 환경의 변화로 인해 정확도가 떨어질 수 있다. 또 시장에서 직접 자료를 수집하고 분석해야 하기 때문에 비용이 많이 소요된다.

마케팅 조사와 수요 예측의 다양한 분야에서 전문가들의 판단을 이용하는 대표적 방법으로는 델파이(Delphi) 기법을 들 수 있다. 델파이 기법은 앞의 지명집단 기법을 바탕으로 규모도 더 키우고 과정도 좀 더 조직화한 방법이다. 델파이 기법의 원리는 한마디로 전문가 집단에 대한 반복적인 설문조사를 통해 신뢰성있는 합의점을 도출하는 과정이라고 할 수 있다.

이 원리를 좀 더 자세히 알아보자. 먼저 첫 번째 단계, 1차 라운드(Round 1)에서는 여러 전문가들로부터 시장 수요에 관한 의견을 수집한다. 설문조사를 통하여 다양한 서비스 분야에 대해 연도별(분기별) 수요예측치를 받는 것이다. 조사작업이 끝나면 다음에는 응답 결과를 통계적으로 분석하는 과정을 거친다. 흔히 평균, 분산(표준편차), 범위 등의 통계량을 계산한다. 이렇게 하면 1차 라운드가 끝난다. 그 다음 단계, 2차 라운드(Round 2)에서는 1차 라운드의 분석 결과를 예측에 참여하였던 전문가들에게 알려준다. 그리고 나서 앞 라운드의 결과치를 토대로 예측치를 수정할 기회를 준 후, 수정한 값을 제시하도록 한다. 이 값에 대해서 다시 통계 분석을 한 후 그 결과를 알려주면 2차 라운드가 종료된다. 그 다음 단계의 3차 라운드에서도 같은 절차를 반복한다.

이러 과정을 반복하면 어떤 효과가 있을까? 처음에는 전문가들간에 예측치에 대한 편차(deviation)가 크다. 하지만 라운드가 반복되면서 전문가들이 자신들의 의견을 수정하면서, 결국은 만족할만한 범위 안으로 의견이 수렴된다.

아래의 [그림 7-2]에서 보듯이 라운드가 반복될수록 전문가 의견이 좁은 범위의 값으로 수렴되는 경향을 보인다. 즉 평균값은 크게 변하지 않지만 최댓값과 최솟값의 차이인 편차는 눈에 띄게 줄어드는 것이다. 그러나 여기에는 주의할 점이 있다. 라운드의 반복이 반드시 좋은 것만은 아닌 것이다. 라운드를 반복할수록 신뢰도는 올라가지만 동시에 비용과 시간이 더 들기 마련이다. 따라서 관리자는 이 두 가지 상충 요소들을 고려하여 몇 번의 라운드를 시행할지를 결정해야 한다.

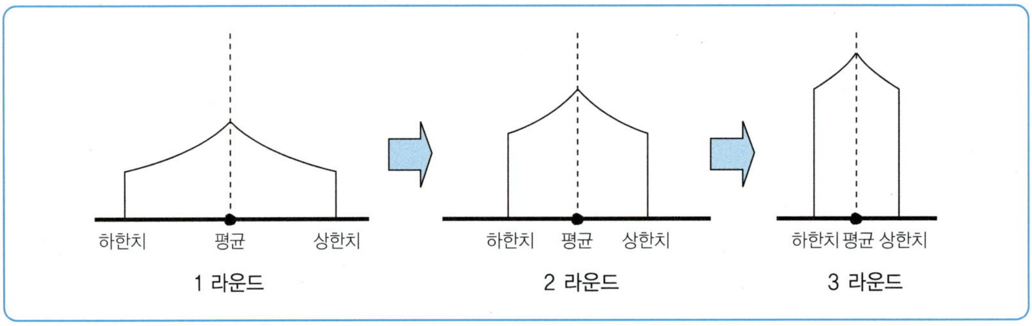

[그림 7-2] 라운드의 반복에 따른 평균과 편차의 변화

(2) 정량적 예측기법

과거의 구매 데이터를 이용하여 좀 더 과학적이고 분석적인 방법으로 수요를 예측하는 방법이 바로 정량적 예측이다. 신서비스의 경우에는 과거의 구매 정보가 전혀 없기 때문에 주관적인 판단과 정성적 방법에 의하여 수요를 예측할 수 밖에 없지만 이미 시장에 나와 있는 서비스의 경우 과거의 구매 기록이 있기 때문에 이를 이용하면 예측의 정확성을 높일 수 있다.

정량적 예측방법은 시간에 따른 과거 정보를 이용하기 때문에 시계열 분석법(time-series analysis)이라고 부르기도 한다. 시계열 자료란 동일한 시간 간격을 두고 얻어진 관찰 자료의 집합으로, 일별 구매량, 월별 구매량, 분기별 구매량 등이 대표적인 시계열 자료라고 할 수 있다.

시계열 자료를 이용하여 정량적 예측을 하는 방법의 기본 아이디어는 매우 간단하고 상식적이다. 물론 대단히 정교하고 복잡한 방법들도 많이 있지만 이 책에서 다룰 수 있고 실무에서 주로 사용하는 방법들은 누구나 이해할 수 있는 정도의 것들이다. 미래의 수요를 예측하기 위해서는 우선 과거의 자료를 시각적으로 살펴보고 어떤 양상을 보이는지를 살펴보게 된다. 이때 나타나는 양상은 크게 단순 변동만 있는 경우, 단순 변동에 추세가 있는 경우, 단순 변동에 계절성이 있는 경우의 세 가지 경우로 나눌 수 있다. 각 경우의 특성과 그 특성을 토대로 실제로 수요 예측을 하는 방법을 간략히 알아보자.

가. 단순변동만 있는 경우

가장 기본적인 경우로 별다른 특징이나 추세없이 단순히 오르락내리락 하는 단순 변동(random variation)만 있는 경우이다. 이러한 상황에서 상식적 기준으로 미래의 예측치를 찾는다면 당연히 과거의 평균값(average)이 될 것이다. 특별한 변화가 없다면, 지금까지의 평균이 미래에도 이어질 가능성이 가장 높기 때문이다.

그러면 그 다음의 질문은 여러 가지의 평균 개념 가운데 어떤 평균값을 사용할 것인가 하는 문제가 된다. 물론 가장 간단한 방법은 과거 자료 전체의 산술 평균을 쓰는 것이다. 그러나 이 방법은 다음 두 가지의 문제를 가지고 있다. 첫째는 데이터베이스 유지의 문제이다. 시간이 지나면서 모든 과거 데이터를 계속 유지하는 것은 비경제적이고 비효율적이다. 둘째는 정보의 진부화 문제이다. 미래에 가장 큰 영향을 미치는 것은 최근의 정보인데 모든 자료를 다 사용하면 그만큼 최근 정보의 가치는 떨어지게 된다. 이러한 문제를 해결하고 보완하기 위해 수요 예측에서 주로 사용하는 평균은 이동 평균과 지수 평균이다.

① 이동 평균

– 기본 개념

먼저 이동 평균(moving average)의 개념을 보자. 이동 평균은 용어가 의미하는 것처럼 시간의 흐름에 따라 계속 움직이면서 가장 최근의 자료만을 가지고 계산한 평균이다. 가장 오래된 판매량 자료를 제거하는 대신 가장 최근의 자료를 추가하여 평균값을 갱신함으로써 미래의 수요를 예측해 가는 방법이다. 이렇게 하면 들어오는 데이터 양과 나가는 데이터 양이 같기 때문에 데이터베이스는 늘 일정 수준으로 유지할 수 있다.

이때, 중요한 문제는 '최근'의 자료라고 할 때 최근을 어느 정도 기간으로 보느냐 하는 것이다. 이 기간을 흔히 m의 값으로 나타낸다. 예를 들어 월별 자료를 가지고 평균을 구한다고 할 때, m=6이라면 6개월 이동 평균이 되고, m=12라면 12개월 이동 평균이 된다. m 값이 작을수록 최근 정보에 대한 민감도(sensitivity)가 올라가는 장점이 있는 반면 m 값이 커질수록 안정성(stability)이 올라가는 장점이 있다.

특정 시점 t를 기준으로 최근 m 기간 동안의 수요량을 이용하여 이동 평균을 구하는 식은 아래와 같다. 식에서 보는 것처럼 현재 t 시점에서 다음 시점인 t+1에 대한 예측치 F_{t+1}은 현재 t 시점에서의 이동 평균인 MA_t가 된다.

$$F_{t+1} = MA_t = \sum_{i=t-(m-1)}^{t} \frac{A_i}{m}$$

이제 이동 평균을 구하는 방법을 구체적으로 살펴보자. 2005년 말 시점에서, 지난 2005년 한 해 동안의 구매량에 대한 월별 자료를 가지고 있고, 이동 평균으로 2006년 1월의 수요량을 예측하고자 한다. 12개월(m=12) 이동 평균을 쓴다고 하면, 2005년 1월부터 2005년 12월까지의 12개월 평균이 곧 2006년 1월의 예측값이 된다. 이때 모든 달의 중요도, 즉 가중치(weight)는 1/12로 동일하다. 만일 6개월(m=6) 이동 평균을 쓴다고 하면, 2005년 7월부터 2005년 12월까지의 6개월 평균이 2006년 1월의 예측값이 된다.

다시 1개월이 지나 2006년 1월말에 2006년 2월의 수요를 예측한다고 하자. 역시 12개월(m=12) 이동 평균을 쓴다고 하면 2005년 2월부터 2006년 1월까지의 12개월 평균이 곧 2006년 2월의 예측값이 된다. 6개월(m=6) 이동 평균의 경우에는 2005년 8월부터 2006년 1월까지의 6개월 평균이 2006년 2월의 예측값이 된다.

– 예제

13주차에 m=3인 이동 평균을 구하는 과정을 〈표 7-1〉의 데이터와 함께 보자. 최근 11주, 12주, 13주차에 발생한 수요량의 평균인 397.3으로 이동 평균이 구해지게 된다. 따라서 이동 평균으로 나온 결과인 397.3이 14주의 수요예측 값이 된다. 일주일이 지나 14주 말이 되면 실제 발생한 수요량과의 차이를 통해 예측 오차를 계산할 수 있다.

〈표 7-1〉 이동 평균에 따른 수요예측

주	실제수요량(A_i)	이동평균(MA_i, m=3)	수요예측(F_i)	오차
11	400			
12	380			
13	411	397 = (400 + 380 + 411/3)		
14	415		397	18

이동 평균의 또 다른 중요한 특성은 m을 어떻게 설정하느냐에 따라 수요예측의 정확도나 일관성이 달라진다는 점이다. 이 특성을 살펴보기 위하여 위의 예시에 이어, $m=3$인 경우와 $m=6$인 경우를 비교해보자. 우선 이동 평균을 살펴보면 아래의 〈표 7-2〉와 같이 그 시점과 평균값에 있어서 차이가 있다.

〈표 7-2〉 m에 따른 이동 평균(m=3, m=6)

주	실제수요량(A_i)	이동평균(MA_i, m=3)	이동평균(MA_i, m=6)
11	400	-	-
12	380	-	-
13	411	397.0	
14	415	402.0	
15	393	406.3	
16	375	394.3	395.7
17	399	389.0	395.5
18	405	393.0	399.7
19	410	404.7	399.5
20	388	401.0	395.0

아래의 [그림 7-3]을 보면 둘 사이의 차이와 장단점을 알 수 있다. 보다 자세히 살펴보자. 우선 m=6인 경우의 이동 평균이 보다 부드럽게(smoothly) 이어지고 있는 반면, m=3인 경우는 최근의 변화에 보다 민감하게 반응하여 큰 폭의 변동(fluctuations)이 있음을 확인할 수 있다. 즉, m이 작을수록 최근의 수요가 불안정한 경우에 적합한 반면, m이 큰 경우는 실제 수요가 안정적일 때 사용하는 것이 적절하다. 따라서, m은 수요예측을 수행하는 주체가 실제 수요량의 반응도와 안정도를 동시에 고려하여 결정하게 된다.

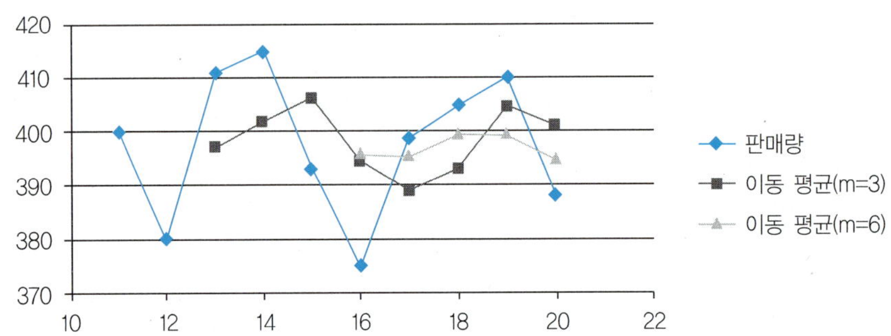

[그림 7-3] 이동 평균 비교(m=3, m=6)

② 지수 평균

– 기본 개념

다음으로 지수 평균(exponential average)의 개념을 보자. 앞의 이동 평균에서는 최근 m개의 데이터만 사용하기는 하지만 그 m개의 데이터 하나하나가 차지하는 비중(weight)은 $1/m$로 동일하기 때문에 가장 최근의 값에 더 큰 비중이 주어지지 않는 문제가 생긴다. 이러한 문제를 보완하여 가장 최근의 데이터에 더 많은 비중을 주기 위해 사용하는 평균이 지수 평균이다.

지수 평균은 가장 최근 값의 비중을 α로 정한 후에, 데이터가 오래될수록 비중의 값을 지수 함수의 비율로 줄여나가는 방법이다. 따라서 가장 최근의 값에 가장 큰 비중이 주어지고, 계속해서 그 이전의 모든 데이터에 대해서는 지수의 비율로 줄어드는 비중을 주게 된다. 예를 들어 $\alpha = 0.5$라고 하자. 그러면 평균의 계산에서 가장 최근 값은 0.5의 비중을 갖게 되고 그 이전 값은 0.25, 그 이전 값은 0.125, 그 이전 값은 0.0625 하는 식으로 지수의 비율로 줄어들게 된다.

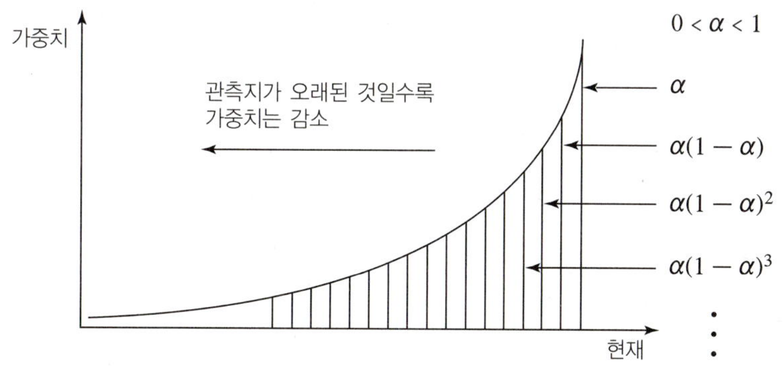

[그림 7-4] 지수 평균예측에서의 가중치

지수 평균을 이용하여 예측하는 기법을 지수평활법(exponential smoothing technique)이라고 한다. 여기서 지수 평균(EA)은 아래의 식으로 표현할 수 있다.

$$
\begin{aligned}
F_{t+1} = EA_t &= EA_{t-1} + \alpha(A_t - EA_{t-1}) \\
&= \alpha A_t + (1-\alpha)EA_{t-1} \\
&= \alpha A_t + (1-\alpha)[\alpha A_{t-1} + (1-\alpha)EA_{t-2}] \\
&= \alpha A_t + \alpha(1-\alpha)A_{t-1} + (1-\alpha)^2[\alpha A_{t-2} + (1-\alpha)EA_{t-3}] \\
&= \alpha A_t + \alpha(1-\alpha)A_{t-1} + \alpha(1-\alpha)^2 A_{t-2} + \cdots \\
&= \sum_{i=1}^{t} \alpha(1-\alpha)^{t-i} A_i \qquad (\text{단, } 0 < \alpha < 1)
\end{aligned}
$$

위의 식을 보면, t 시점에서 오래된 데이터일수록 $(1-\alpha)$가 지수적(exponentially)으로 곱해지면서 감소하는 것을 볼 수 있다. 따라서 이 기법을 지수평활법이라고 부른다. 예를 들어, $\alpha=0.5$일 때, 지수평활법의 가중치는 시점에 따라 0.5, 0.25, 0.125, …와 같이 변화하게 된다.

$$EA_t = 0.5A_t + 0.25A_{t-1} + 0.125A_{t-2} + \cdots$$

– 예제

앞의 이동 평균에서 사용하였던 데이터를 가지고, α=0.2인 지수평활법을 이용하여 수요를 예측하는 과정을 살펴보자. 우선 이 기법을 시작하기 위해서는 초기값, 즉 바로 전 시점의 평균이 주어졌다고 가정해야 한다, 여기서는 13주차의 수요예측량을 계산하기 위하여 12주차의 평균이 과거의 데이터 평균에 따라 400으로 주어졌다고 가정한다. 그러면 13주차의 지수평활 평균은 아래와 같이 402.2로 계산된다.

$$EA_{13} = 0.2(411) + 0.8(400) = 402.2$$

13주차에 예측한 지수평활 평균은 14주차의 실제 수요량이 발생했을 경우, 15주차의 수요량을 예측하는데 연속적으로 사용되며, 〈표 7-3〉과 같은 결과를 얻을 수 있다.

$$EA_{14} = 0.2(415) + 0.8(402.2) = 404.8$$

〈표 7-3〉 지수평활법 평균(α=0.2)

주	실제수요량(A_i)	지수평활법 평균(EA_i)	수요예측(F_t)	오차
11	400			
12	380	400		
13	411	402.2		
14	415	404.8	402.2	12.8
15			404.8	

이와 같은 방식으로 α=0.1인 경우와 α=0.5인 경우에 따른 수요예측을 실행해보면 〈표 7-4〉와 같이 정리할 수 있다.

〈표 7-4〉 지수평활법 평균(α=0.1, α=0.5)

주	실제수요량(A_i)	지수평활 평균(EA_i, α=0.1)	지수평활 평균(EA_i, α=0.5)
11	400	–	–
12	380	400.0	400.0
13	411	398.0	390.0
14	415	399.3	400.5
15	393	400.9	407.8
16	375	400.1	400.4
17	399	397.6	387.7
18	405	397.7	393.3
19	410	398.4	399.2
20	388	399.6	404.6

위의 결과에서 보듯이, 지수평활법은 α의 값에 따라 그 예측력이 달라지게 된다. 이것은 이동 평균에서 m에 따라 그 특성이 바뀌는 것과 유사하다. 즉, α의 값이 작을수록 수요예측량의 변동이 안정적인 반면, α의 값이 큰 경우 수요량에 따라 민감하게 반응하는 모습을 보이는 것이다. 실제로, 수요량의 변동이 심한 경우는 α가 상대적으로 큰 경우에 예측력이 좋으며, 실제 수요량의 변동이 안정적인 경우 α가 상대적으로 작은 경우에 예측결과가 좋다. 이와 같은 추세는 [그림 7-5]에서도 살펴볼 수 있다. 따라서, α 역시 이동 평균의 m과 마찬가지로 반응도와 안정도의 양면을 동시에 고려하여 결정하게 된다.

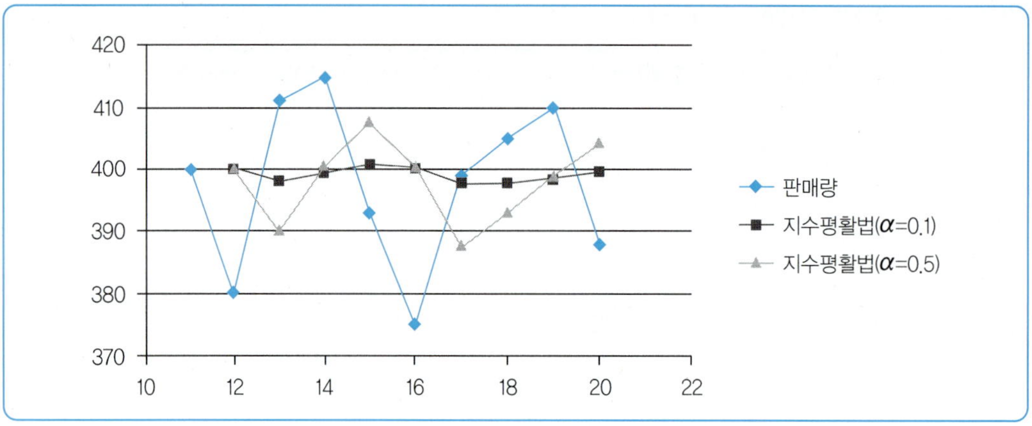

[그림 7-5] 지수평활 평균 비교($\alpha = 0.1$, $\alpha = 0.5$)

이동 평균과 지수평활법의 m과 α는 예측력에 있어 매우 중요한 요인이다. 그러므로 아래의 〈표 7-5〉에 정리되어 있는 것처럼, 안정도와 반응도간의 장단점을 고려하여 가장 적합한 m과 α의 값을 결정해야 한다.

〈표 7-5〉 m과 α에 따른 특성 차이

	안정도(stability)	반응도(responsiveness)
이동 평균	큰 m	작은 m
지수평활법	작은 α	큰 α

나. 단순 변동에 추세가 있는 경우

– 기본 개념

두 번째로 단순 변동에 추세(trend)가 있는 경우를 보자. 추세가 있다는 말은 수요가 단순히 오르락내리락 하는 것이 아니라 시간의 흐름을 따라 일정한 방향성을 가지고 변한다는 것을 뜻한다. 이런 경우에 앞에서 설명한 이동 평균이나 지수 평균을 이용하여 수요를 예측하게 되면 [그림 7-6]에서 보는 것처럼 상당히 큰 예측 오류가 발생하게 된다.

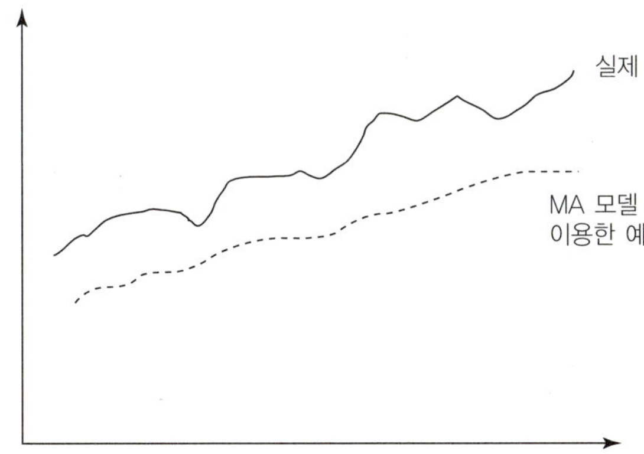

[그림 7-6] 추세를 고려하지 않은 예측방법(MA, EA)의 결과값 비교

추세에는 꾸준히 수요가 늘어나는 추세가 있을 수도 있고 반대로 계속 줄어드는 추세가 있을 수도 있다. 이 경우에 수요예측을 하는 방법의 기본적 아이디어도 대단히 상식적인 것이다. 즉 과거의 평균값에다 증가 추세가 있는 경우에는 추세의 차이만큼을 더해주고 반대로 감소 추세가 있는 경우에는 빼준다는 것이다. 이때 평균값은 앞에서 설명한 이동 평균이나 지수 평균을 통해 계산할 수 있다.

예를 들어, 만일 과거 판매량의 평균이 100이고 한 달에 10개씩 늘어나는 추세가 있다고 하자. 그러면 다음 달의 예측은 평균값 100에다가 추세값 10을 더한 110이 된다. 반대로 같은 양만큼 줄어드는 추세라면 예측값은 90이 된다. 이런 방식으로 수요를 예측하는 기법을 추세조정 지수평활법(trend-adjusted exponential smoothing technique)이라고 부른다.

추세조정 지수평활법은 지수평활법으로 구한 평균값에 추세조정 요인(trend adjustment factor)을 더하여 다음과 같은 식으로 표현된다.

$$F_{t+1} = EA_t + T_t \quad (\text{단, } F_{t+1} \neq EA_t)$$

위 식에서 EA_t는 지수평활법으로 구한 평균값이며, T_t는 역시 지수평활법으로 구한 추세 요인이다. EA_t와 T_t는 아래와 같은 식으로 표현된다.

$$EA_t = \alpha A_t + (1-\alpha)F_t = \alpha A_t + (1-\alpha)(EA_{t-1} + T_{t-1})$$
$$T_t = \beta(EA_t - EA_{t-1}) + (1-\beta)T_{t-1}$$

최종적으로, 기간 n 후의 시점에 대한 수요예측치는 다음 식으로 표현될 수 있다.

$$F_{t+n} = EA_t + nT_t$$

– 예제

이제 $\alpha = 0.3$, $\beta = 0.2$인 추세조정 지수평활법 평균을 구하는 예제를 〈표 7-6〉의 데이터를 통해 살펴보자. 우선 기법을 시작하기 위한 초기값으로 $EA_{12} = 407.0$, $T_{12} = 5.0$라고 가정하자. 이제 13주째 말에 14주째 예측값 F_{14}을 구하기 위한 식은 다음과 같다.

$$EA_{13} = 0.3(411) + 0.7(407 + 5) = 411.7$$
$$T_{13} = 0.2(411.7 - 407) + 0.8(5) = 4.94$$
$$\therefore F_{14} = 411.7 + 4.94 = 416.6$$

또한 14주째 말에 15주째 예측값 F_{15}를 구하기 위한 식은 다음과 같다.

$$EA_{14} = 0.3(415) + 0.7(411.7 + 4.94) = 416.1$$
$$T_{14} = 0.2(416.1 - 411.7) + 0.8(4.94) = 4.83$$
$$\therefore F_{15} = 416.1 + 4.83 = 420.9$$

이와 같은 방법으로 14주째 말에 16주째 예측값 F_{16}은 아래와 같이 구할 수 있다.

$$F_{16} = 416.1 + 2(4.83) = 425.8$$

〈표 7-6〉 추세조정 지수평활법 평균

주	실제수요량(A_i)	지수평활법 평균(EA_i)	경향조정요인(T_t)	수요예측(F_i)
11	401			
12	407	407	5	
13	411	411.7	4.94	412
14	415	416.1	4.83	416.6
15				420.9
16				425.8

다. 단순 변동에 계절성이 있는 경우

– 기본 개념

세 번째로, 단순 변동에 계절성(seasonality)이 있는 경우를 보자. 여기서 말하는 계절은 봄, 여름, 가을, 겨울의 계절만을 뜻하는 것이 아니라 몇 개의 기간으로 나누었을 때 기간 사이에 수요의 차이가 존재하는 일반적인 경우를 뜻한다. 예를 들어 어떤 서비스는 여름에는 수요가 크게 늘었다가 겨울에는 크게 감소한다고 하자. 그러면 이 경우의 계절은 말 그대로 계절을 의미한다. 하지만 주중에는 수요가 없다가 주말에는 붐빌 경우의 계절은 주중과 주말을 가리킨다.

계절변동이 있을 경우의 수요예측은 과거의 평균값에다 해당되는 계절변동의 수준을 곱하는 것을 기본 아이디어로 한다. 앞에서 본 것처럼, 추세가 있는 경우에는 평균값에다가 늘어나는 추세면 그 추세만큼 더하고 줄어드는 추세면 그 추세만큼 빼는 식으로 예측치를 계산하였다. 하지만 계절성이 있는 경우에는 계속 오르거나 계속 내려가는 것이 아니라 오르락내리락 하기 때문에 더하거나 빼는 방식을 쓸 수는 없다. 대신 평균값을 가운데 놓고 올라가는 계절은 높은 수준만큼의 비율로 곱해주고, 내려가는 계절은 낮은 수준만큼의 비율로 곱해주는 방식을 쓴다. 여기서 수준은 일종의 지수(index)를 말하는 것으로, 모든 계절의 평균 수요를 1로 하였을 때 평균보다 수요가 많은 계절의 수준, 즉 계절 지수(seasonal index)는 1보다 큰 값으로 하고 적은 계절의 수준(지수)은 1보다 작은 값으로 한다.

예를 들어, 평균 연간 100건의 서비스를 계절별로 나누어보면 봄 25건, 여름

50건, 가을 12.5건, 겨울 12.5건이 된다고 하자. 만약 계절적 효과가 존재하지 않고 연간 수요가 일정하다면 봄, 여름, 가을, 겨울 모두 평균 25건 정도씩의 서비스 요구가 발생할 것이다. 즉 평균 서비스 수요는 25건이 된다. 이때 계절 지수를 (실제 계절별 매출)÷(연간수요가 일정할 때 계절별 매출)로 정의하면, 계절 지수$_{\text{봄}}$=25/25=1, 계절 지수$_{\text{여름}}$=50/25=2, 계절 지수$_{\text{가을}}$=12.5/25=0.5, 계절 지수$_{\text{겨울}}$=12.5/25=0.5가 된다. 따라서 어느 계절의 수요를 예측하기 위해서는 평균값에다 해당되는 계절의 계절 지수 값을 곱하면 된다. 이런 방식으로 수요를 예측하는 기법을 계절조정 지수평활법(seasonality-adjusted exponential smoothing technique)이라고 부른다.

계절조정 지수평활법은 지수평활법으로 계산한 평균값에 계절 지수(seasonal index)를 곱하여 예측치를 구하는 방법이므로 다음과 같은 식으로 표현할 수 있다.

$$F_{t+s} = EA_t \times SI_{t,\ s}$$

$$\text{단, } EA_t = \alpha\left(\frac{A_t}{OSI_{t,\ s}}\right) + (1-\alpha)EA_{t-1}$$

$$SI_{t,\ s} = \gamma\left(\frac{A_t}{EA_t}\right) + (1-\gamma)OSI_{t,\ s}$$

(OSI = old seasonal index)

– 예제

먼저, 예측을 위해서는 초기의 계절지수(*SI*) 값을 설정해야 한다. 먼저 두 개의 계절(season)만 존재하는 간단한 예제(〈표 7-7〉)을 가지고 초기의 *SI* 값을 정하는 과정을 살펴보자.

〈표 7-7〉 초기 SI 설정

1	2	3	4	5	6	7	8	Total
52	38	53	37	54	39	53	38	364
Season1 (up)	Season2 (down)	Season1 (up)	Season2 (down)	Season1 (up)	Season2 (down)	Season1 (up)	Season2 (down)	

우선 전체평균 $G.A(Grand\ \ Average) = \frac{364}{8} = 45.5$

다음으로 각 시즌의 평균을 각각 계산하면,

$$Avg_1 = \frac{52 + \cdots + 53}{4} = 53$$

$$Avg_2 = \frac{38 + \cdots + 38}{4} = 38$$

그러므로 각 시즌의 SI 값을 각각 계산하면,

$$\therefore SI_1 = \frac{53}{45.5} = 1.16$$

$$SI_2 = \frac{38}{45.5} = 0.84$$

이제 좀 더 복잡한 예제를 살펴보자. 일주일(weak)이 Season 1(월, 화, 수), Season 2(목, 금, 토)와 같이 두 개의 Season이 주기적으로 반복된다고 하자. Season 1에 해당하는 4주기(period)에 대해서 다음과 같은 초기 데이터가 주어져 있다(여기서 주기는 weak을 의미하는 것이 아니라 season을 의미한다).

$$\alpha = 0.2$$

$$\gamma = 0.2$$

$$EA_4 = 40.2$$

$$SI_1 = 0.78$$

$$SI_2 = 1.22$$

위의 초기데이터를 기반으로 계절조정 지수평활법을 사용하여 4주기 이후 8주기까지의 수요예측을 하는 과정은 아래의 세 단계를 거쳐 진행된다.

단계 1: F_{4+1}과 F_{4+2}의 예측

$$F_{4+1} = 40.2 \times 1.22 = 49.4$$
$$F_{4+2} = 40.2 \times 0.78 = 31.4$$

5주기가 Season 2에 해당하므로 F_{4+1}을 계산하기 위해서는 SI_2를 곱해주며, 6주기가 Season 1에 해당하므로 F_{4+2}을 계산하기 위해서는 SI_1를 곱해준다.

단계 2: $A_5 = 51.0$일 때, F_{5+1}과 F_{5+2}의 예측

먼저 EA_5와 SI_2를 업데이트한다.

$$EA_5 = 0.2\left({}^{51}\!/_{1.22}\right) + 0.8 \times 40.2 = 40.5$$
$$SI_2 = 0.2 \times \left({}^{51}\!/_{40.5}\right) + 0.8 \times 1.22 = 1.23$$

여기서 5주기는 Season 2이므로 SI_1의 값은 변하지 않는다.

$$F_{5+1} = 40.5 \times 0.78 = 31.6$$
$$F_{5+2} = 40.5 \times 1.23 = 49.8$$

단계 3: $A_6 = 37.0$일 때, F_{6+1}과 F_{6+2}의 예측

먼저 EA_6와 SI_1를 업데이트한다.

$$EA_6 = 0.2 \times \left({}^{37}\!/_{0.78}\right) + 0.8 \times 40.5 = 41.9$$
$$SI_1 = 0.2\left({}^{37}\!/_{41.9}\right) + 0.8 \times 0.78 = 0.80$$

여기서 6주기는 Season 1이므로 SI_2의 값은 변하지 않는다.

$$F_{6+1} = 41.9 \times 1.23 = 51.5$$
$$F_{6+2} = 41.9 \times 0.80 = 33.5$$

위의 과정을 토대로 아래 〈표 7-8〉은 계절조정 지수평활법을 통해 수요예측을 하는 과정과 결과를 보여준다.

〈표 7-8〉 계절조정 지수평활법 계산 과정과 결과

주기(Period)		4 (Season 1)	5 (Season 2)	6 (Season 1)	7 (Season 2)	8 (Season 1)
실제 수요량(A_t)			51.0	37.0		
지수평활법 평균(EA_t)		40.2	40.5	41.9		
계절요인(SI)	SI_1	0.78	0.78	0.80		
	SI_2	1.22	1.23	1.23		
t 주기 말에서의 예측값	4	①	49.4	31.4		
	5		②	31.6	49.8	
	6			③	51.5	33.5

(3) 예측기법의 평가

모든 예측에는 오차가 있기 마련이다. 따라서 좋은 예측이란 오차가 작은 예측이다. 이론적으로 아무리 정교하고 복잡한 예측기법이라도 예측의 정확도가 떨어지면 실무에서 쓸 수 없다. 그러므로 다양한 예측기법을 적용하여 정확도를 비교한 후 예측력이 더 높은 기법을 선택하여 사용하게 된다. 또한 한번 예측기법을 선택하였더라도, 수요 패턴에 변화가 있거나 새로운 서비스 또는 새로운 경쟁기업이 나타나면 기존 예측기법의 정확도를 다시 평가해야 한다.

수요 예측기법의 정확도는 예측값과 실측값의 차이인 오차(error)를 바탕으로 평가된다. 예측 오차(forecast error)는 실제 수요와 예측 수요와의 차이이며 다음과 같은 식으로 표현이 된다.

$$\text{Forecast error} = \text{Actual}(A_t) - \text{Forecast}(F_t)$$

예측의 평가는 어느 한 기간의 일시적 오차가 아니라 여러 기간을 통한 누적적 오차의 크기를 기준으로 한다. 왜냐하면 어느 특정 시점의 오차는 우연히 작을 수도 있고 반대로 우연히 클 수도 있기 때문이다. 따라서 여러 기간을 통틀어 오차의 합(sum)이 작을수록 예측이 정확한 것으로 판단한다. 그러나 오차 자체는 양의 값이나 음의 값을 보일 수 있기 때문에 오차의 단순 합을 통한 비교는 의미가 없다. 그래서 오차의 제곱의 합을 사용하거나 오차의 절대값의 합을 사용하게 된다. 또 단위가 틀린 경우, 오차의 절대 크기보다는 상대 크기가 더 큰 의미를 가질 수 있다. 따라서 예측의 정확도를 평가하기 위해서는 어느 한 가지 지표가 아니라 여러 가지 지표를 사용하게 된다.

예측 오차를 측정하기 위한 대표적 지표는 [그림 7-7]과 같이 요약할 수 있다. 우선 오차가 양의 부호를 지니는지 아니면 음의 부호를 지니는지, 오차의 방향(direction)을 보기 위한 경향 측정 지표로는 예측 오차 평균(Mean Forecast Error: MFE)이 있다. 다음으로, 오차의 부호에 관계없이 크기(magnitude)를 보는 지표로는 절대 평균 편차(Mean Absolute Deviation: MAD)와 절대 퍼센트 오차 평균(Mean Absolute Percentage Error: MAPE)을 들 수 있다. 각각의 내용을 좀 더 자세히 알아보자.

- 경향 측정(에러의 방향성) MFE
- 전반적 정확도 측정(에러의 크기)
  - 절대적 측정 : MAD
  - 상대적 측정 : MAPE

[그림 7-7] 평가지표의 유형

각 지표의 구체적인 정의와 수식은 〈표 7-9〉에 정리되어 있다.

〈표 7-9〉 오차 측정 종류 및 공식

종류	공식
예측오차 평균(MFE) = Bias	$=\frac{\sum(A_t - F_t)}{n}$
절대 평균 오차(MAD)	$=\frac{\sum\|A_t - F_t\|}{n}$
절대 퍼센트 오차 평균(MAPE)	$=\left(\frac{100}{n}\right)\sum\left\|\frac{A_t - F_t}{A_t}\right\|$

이제 구체적인 예제를 살펴보자. 아래의 〈표 7-10〉은 1주부터 6주까지의 예측수요 F_t와 실제수요 A_t 데이터를 나타내고 있다.

〈표 7-10〉 6주간의 실제수요와 수요예측값

주	수요예측(F_t)	실제수요량(A_t)	$(A_t - F_t)$	$\|A_t - F_t\|$	$\left\|\frac{A_t - F_t}{A_t}\right\| * 100$
1	1000	950	-50	50	5.26
2	1000	1070	70	70	6.54
3	1000	900	-100	100	11.1
4	1000	960	-40	40	4.17
5	1000	1090	90	90	8.26
6	1000	1000	0	0	0
합계			-30	350	35.33

위의 데이터에 대해 각 예측오차 지표를 계산한 결과는 아래와 같다.

- 예측오차 평균: $MFE = \frac{-30}{6} = -5.0$
- 절대 평균 오차: $MAD = \frac{350}{6} = 58.3$
- 절대 퍼센트 오차 평균: $MAPE = \frac{35.33}{6} = 5.89(\%)$

제3절 서비스 공급 모형

수요가 예측되면 다음은 수요에 맞추어 공급 계획을 수립해야 한다. 서비스를 공급하는 방식은 크게 자체적으로 공급능력을 확보하는 방식과 외부에서 주문하는 방식으로 나눌 수 있다. 예를 들어 서비스 인력의 경우, 내부에서 필요한 사람을 뽑아서 공급할 수도 있고 외부의 용역업체에서 빌려서 공급할 수도 있다. 서비스에 사용되는 재료나 장비의 경우도 내부에서 만들어서 공급할 수도 있고 외부에서 주문하여 공급할 수도 있다. 두 가지 방식의 구체적 내용을 살펴보기로 하자.

3.1 자체 공급 모형

(1) 기본 모형

수요에 맞추어 자체적으로 서비스 공급능력을 확보하는 방식은 다음 세 가지의 전략적 선택에 따라 달라진다. [그림 7-8]은 각 전략의 차이를 시각적으로 비교하고 있다.

우선 첫 번째는 수요추구형 전략(chase strategy)이다. 이 전략은 그때그때 수요 예측치의 크기에 따라 공급의 크기를 조정하는 전략이다. 예를 들어 첫 달에 100건의 서비스가 예상되면 첫 달에는 100건의 서비스를 제공할 수 있는 공급능력을 확보하고, 다음 달에 200건의 수요가 예상되면 다음 달에는 200건의 서비스를 제공할 수 있는 공급능력을 확보하는 식이다.

두 번째는 공급평준화 전략(level strategy)이다. 이 전략은 일정 기간 수요를 모두 모아서 평균을 낸 후 항상 평균적 크기의 공급능력을 확보하는 전략이다. 앞의 예로 돌아가 보면, 두 달을 합친 수요가 300건이고 따라서 한 달의 평균은 150건이다. 그러므로 첫 달과 다음 달 모두 150건의 공급능력을 확보하는 식이다.

마지막으로 혼합 전략(mixed strategy)이다. 이 전략은 위의 chase 전략과 level 전략을 적절히 섞어 사용하는 전략이다.

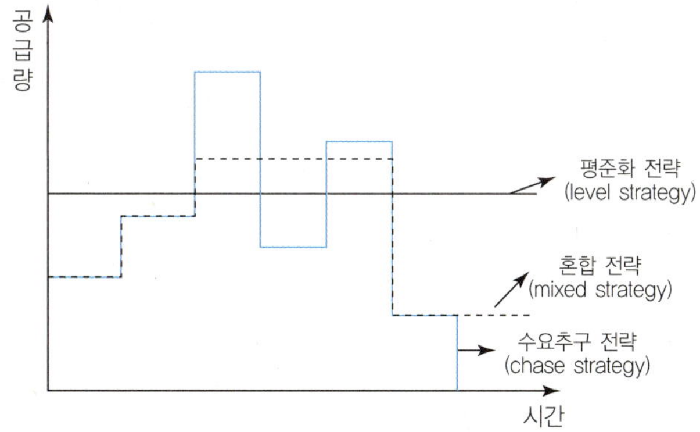

[그림 7-8] 자체 공급 모형 전략의 비교

(2) 모형의 비교

위의 세 가지 전략은 각각의 장점과 단점이 있다. 특히 수요추구형 전략과 공급평준화 전략 간에는 하나의 장점이 다른 하나의 단점이 되고 단점은 반대로 장점이 되는 관계에 있다. 예를 들어 수요추구형 전략을 사용하면 재고(inventory)가 부족하거나 넘치는 문제가 없는 장점이 있는가 하면 다른 한편으로는 필요한 서비스 인력을 그때그때 채용하거나 해고하는데 많은 비용이 드는 단점이 있다. 그렇다고 공급평준화 전략을 쓰게 되면, 인력이나 장비는 안정적으로 유지할 수 있지만 재고관리가 항상 부담이 된다.

여기서 주의할 점은 서비스의 재고(inventory)라는 개념이다. 앞에서 여러 번 설명한 것처럼 서비스의 특성 가운데 하나는 재고를 유지할 수 없다는 점이다. 손에 잡히지도 않고 만들면 금세 사라지는 서비스를 재고로 관리할 수 없다는 것이다. 그러나 경우에 따라서는 서비스도 재고를 가질 수 있다. 예를 들어 항공 티켓이나 공연 티켓 등은 서비스 자체로서 재고 관리가 가능하다. 또한 서비스의 제공에 필요한 인력, 재료, 설비 등도 재고의 개념이 분명하게 존재한다. 이미 만들어진 서비스 자체를 재고로 관리할 수는 없지만 그 서비스를 만들기 위한 인력이나 재료는 재고로 관리할 수 있고 또 경우에 따라서는 재고로 확보하고 있어야 한다. 따라서 이런 경우에는 공급 계획을 세울 때 재고가 얼마나 있는지를 고려해야 한다. 또 재고를 유지하는데 들어가는 비용도 계산해야 한다.

각각의 전략이 장점과 단점을 모두 가지고 있기 때문에 어느 전략이 항상 좋다 아니면 나쁘다는 식으로 판단할 수는 없다. 재고관리 비용이나 채용/해고 비용이 어떻게 정해지느냐에 따라 두 가지 비용을 합한 총 비용의 크기가 달라지고, 결국 총 비용의 크기에 따라 어느 전략이 더 좋을 수도 있고 반대로 더 나쁠 수도 있다. 그러므로 총 비용의 크기를 기준으로 총 비용이 최소가 되는 전략을 선택해야 한다. 총 비용을 기준으로 각 전략의 장단점을 비교하는 예제를 보기로 하자.

서비스 기업인 X기업은 1월부터 4월까지 4개월 동안의 총괄 공급계획(aggregate plan)을 세우고 있다. 이와 관련된 정보는 다음과 같다.

– 서비스 믹스(service mix) 데이터

서비스 라인	A	B	C
필요 공급량의 단위	1	1.5	2

여기서 서비스 믹스란 각각 다른 서비스 유형을 모아놓은 서비스의 집합을 의미한다. 이 기업의 경우 A, B, C 세 가지의 서비스를 제공하고 있다. 각 서비스는 성격에 따라 상대적으로 더 많은 자원과 시간을 필요로 하기도 하고 반대로 적은 양을 필요로 하기도 한다. 따라서 같은 서비스 1단위라고 하더라도 그 서비스에 들어가는 자원의 크기는 서비스의 종류에 따라 달라진다. 사용되는 자원의 차이를 고려할 때, 각 서비스를 제공하는데 필요한 공급량은 A를 1단위로 보았을 때, B는 1.5단위, C는 2단위가 된다.

다음으로는 수요 데이터, 비용 데이터, 용량 데이터를 수집해야 한다. 먼저 수요 데이터는 매월의 수요 예측치를 보여준다. 동시에 초기 재고, 즉 공급을 막 시작할 시점에 어느 정도의 재고를 가지고 있는지도 알려준다. 수요 예측치에서 초기 재고를 빼주면 실제로 필요한 수요가 얼마인지를 계산할 수 있다. 다음으로 비용 데이터는 서비스 인력 임금, 재고관리 비용, 재고부족 비용 등의 정보를 보여준다. 경제성 분석을 하기 위해서는 이 정보가 반드시 필요하다. 마지막으로 용량 데이터는 공급 가능량에 관한 정보를 보여준다. 얼마나 많은 서비스 공급능력을 보유하고 있으며 어떤 원칙과 순서로 공급할지를 알아야 하는 것이다. 각각의 정보가 아래 표에 나타나 있다.

– 수요 데이터 (개별 단위)

	기초 재고	1월	2월	3월	4월
A	300	5,000	11,000	7,000	2,000
B	200	4,000	8,000	6,000	2,000
C	200	3,000	8,000	3,000	3,000

– 비용 데이터

임금	정규 시간	4,000원/단위
	초과 근무	6,000원/단위
채용 비용		1,000,000원/직원
해고 비용		2,500,000원/직원
재고유지 비용		5,000원/단위
재고부족(공급지연) penalty 비용		10,000원/단위

– 용량 데이터

생산 비율	정규 시간	500단위/직원
	초과 근무	300단위/직원
최대 허용 직원 수		50
현재 고용 수준		40
우선순위		정규 시간 우선, 이후 초과 근무

공급 계획을 세우기 전에 먼저 수요 데이터를 표준 단위로 통일하는 작업을 거쳐야 한다. 앞에 나와있는 서비스 믹스 데이터를 이용하여 수요예측치에 따른 자체공급 필요량을 표준단위로 정리하면 다음 표와 같다. 다음 표에서, 1월의 기초 재고가 1,000이 되는 것은 앞의 수요 데이터의 A, B, C 각각의 재고량인 300, 200, 200을 표준 단위로 바꾸어 300×1+200×1.5+200×2=1,000으로 한 결과

이다. 마찬가지로 수요예측량은 5,000×1+4,000×1.5+3,000×2=17,000이 된다. 다른 값들도 모두 이런 과정을 거쳐서 얻은 수치들이다.

(표준 단위)

	1월	2월	3월	4월	총
기초 재고	1,000				
수요예측량	17,000	39,000	22,000	11,000	89,000
공급필요량	16,000	39,000	22,000	11,000	88,000

① 계획 1: 수요맞춤형 전략(chase strategy)

수요예측치에 정확하게 맞추어 공급량을 결정하는 방식이므로, 수요량에 따라 인력수준 또는 공급수준을 신축적으로 바꾸게 된다. 따라서 다음 표와 같은 공급계획이 수립되고 그 계획에 따라 총 비용이 계산된다.

이해를 돕기 위해 계산 과정의 일부를 자세히 알아보자. 먼저 1월의 경우 공급필요량은 16,000이다. 이에 맞추어 정규 근무를 할당하는데 이때 필요한 인력이 32명이므로 현재의 40명에서 8명은 해고한다. 하지만 2월에는 공급필요량이 39,000으로 대폭 늘어난다. 이 양을 정규근무로는 모두 채울 수 없기 때문에 신규채용을 통해 부족한 양을 채워야 한다. 당연히 추가 비용이 발생하게 된다. 재고유지 비용의 계산은 평균재고량을 토대로 한다. 따라서 기초재고와 재고증가량의 평균값이 월별 재고량이 된다.

월	공급 필요량	정규	초과	인력	고용 해고	재고			공급 지연
						기초	증가	평균	
1	16,000	16,000	–	32	–8	1,000	0	500	0
2	39,000	25,000	14,000	50	+18	0	0	0	0
3	22,000	22,000	–	44	–6	0	0	0	0
4	11,000	11,000	–	22	–22	0	0	0	0
합	88,000	74,000	14,000					500	

비용 항목		크기(원)
임금	정규	74,000X4,000=296,000,000
	초과 근무	14,000X6,000=84,000,000
채용 비용		18X1,000,000=18,000,000
해고 비용		36X2,500,000=90,000,000
재고유지비용		500X5,000=2,500,000
합		490,500,000 원

결과적으로, 단위당 총 비용은 490,500,000원/88,000=5,570원이 된다.

② 계획 2: 공급평준화 전략(level strategy) – 재고부족(공급지연) 없는 경우

여기서는 수요량에 상관없이 매월 일정수준의 고용과 공급량을 할당한다. 그러나 재고 부족과 공급 지연이 발생하면 안 된다는 조건이 있다. 따라서 필수 공급량이 최대가 되는 달의 공급량에 맞추어 매월의 공급량이 결정되어야 한다. 그러므로 공급 지연은 없지만 그 대신 재고가 발생할 수 있다. 먼저 다음 표를 토대로 공급량을 정해야 한다.

월	공급 필요량	누적 공급량	필수 공급량	정규	초과	인력	고용 해고	재고		
								기초	증가	평균
1	16,000	16,000	16,000/1 =16,000	25,000	2,500	50	+10	1,000	11,500	6,250
2	39,000	55,000	55,000/2 =27,500	25,000	2,500	50	–	11,500	0	5,750
3	22,000	77,000	77,000/3 =25,666	25,000	2,500	50	–	0	5,500	2,750
4	11,000	88,000	88,000/4 =22,000	25,000	2,500	50	–	5,500	22,000	13,750
합				100,000	10,000					28,500

위의 표를 보면, 먼저 필수공급량의 계산은 매월의 수요를 토대로 하는 것이 아니라 그 달까지의 누적공급량을 누적된 개월 수로 나눈다는 점에 주의해야 한다. 왜냐하면 어느 달에서도 공급 부족이 일어나면 안 된다는 조건이 붙어있기 때문이다. 따라서 공급 부족이 발생하지 않기 위해서는 필수공급량이 최대가 되는 2월의 공급량, 27,500만큼 매월 공급해야 한다. 2월의 경우, 필요한 인력은 27,500/500=55명으로 최대 허용 직원 수인 50명보다 크다. 따라서 1월에 10명을 추가로 채용한 후, 나머지 공급량은 초과 근무로 채워야 한다. 재고는 공급량 27,500에서 16,000을 제외한 11,500단위만큼 증가하며, 기초재고 1,000단위와 평균하면 6,250단위가 된다. 이러한 정보를 토대로 총 비용을 계산하면 아래 표와 같다.

비용 항목	크기(원)	
임금	정규 시간	100,000X4,000=400,000,000
	초과 근무	10,000 X6,000=60,000,000
채용 비용		10X1,000,000=10,000,000
재고유지 비용		28,500X5,000=142,500,000
합		612,500,000원

따라서, 단위당 총 비용은 612,500,000원/110,000=5,570원이다.

③ 계획 3: 공급평준화 전략(level strategy) – 재고부족(공급지연)을 허용하는 경우

계획 2와 마찬가지로 매월 일정수준의 공급량을 할당하는 방식이다. 그러나 여기에서는 재고 부족과 공급 지연을 허용한다. 따라서 경우에 따라, 공급 지연(재고 부족)과 과잉 재고가 모두 생길 수 있다. 먼저 아래의 표를 토대로 공급량을 정하게 된다.

월	공급 필요량	정규	인력	고용 해고	재고			공급 지연
					기초	증가	평균	
1	16,000	22,000	44	+4	1,000	6,000	3,500	
2	39,000	22,000	44	–	6,000	0	3,500	11,000
3	22,000	22,000	44	–	0	0	0	11,000
4	11,000	22,000	44	–	0	0	0	–
합	88,000	88,000					6,500	22,000

4개월에 거쳐 총 공급량 88,000만큼만 제공하면 된다. 따라서, 매월 88,000/4=22,000을 일정하게 공급해야 한다. 인력의 경우 22,000/500=44명으로 최대 허용 직원 수 50명보다 적으므로 첫 달에 4명을 추가 채용한 후 매월 44명을 동일하게 할당한다. 총 비용은 아래 표와 같이 계산된다.

비용 항목	크기(원)
임금	88,000X4,000=352,000,000
채용 비용	4X1,000,000=4,000,000
재고유지비용	6,500X5,000=32,500,000
재고부족비용	22,000X10,000=220,000,000
합	608,500,000원

따라서, 단위당 총 비용은 608,500,000원/88,000=6,910원이다.

이제 위의 세 계획을 비교해 보자. 단위당 총 비용을 본다면 각각 5,570원,

5,570원, 6,910원이다. 따라서 단위당 총 비용이 가장 높은 계획 3은 당연히 제외된다. 하지만 수요추구형 전략을 따르는 계획 1과 공급평준화 전략을 따르는 계획 2의 총 비용은 동일하다. 따라서 어느 계획을 선택하든 총 비용의 차이는 없다. 결국, 최종적인 선택은 눈에 보이지 않는 비용이나 혜택을 보고 결정하게 된다. 예를 들어 수요추구형 전략을 쓰게 되면 종업원들이 언제 해고당할지 모르기 때문에 사기나 책임감이 낮은 문제가 있을 수 있다. 반면에 수요의 변화에 맞추어 유연하게 일할 수 있는 장점도 있다.

3.2 주문 공급 모형

(1) 기본 개념

필요한 수요에 맞추어 자체적으로 서비스를 공급하는 방식도 있지만 외부에 주문하는 방식도 있다. 주문을 통해 공급량을 조달하는 경우는 서비스 중개업체와 같이 자체적인 공급능력을 보유하지 않은 기업들이 주로 사용한다. 물론 자체적인 공급능력을 보유한 기업의 경우에도, 수요의 일부는 자체 공급 방식으로 만족시키고 나머지는 주문 방식으로 해결하는 경우도 있을 수 있다. 서비스 자체의 공급이 아니라 서비스의 제공에 필요한 재료나 장비의 공급도 주문 모형을 쓰는 경우가 많다. 많은 서비스 업체들은 내부에 서비스 인력은 보유하고 있지만 서비스 재료나 장비는 외부업체에 주문하여 조달한다.

필요한 서비스 수요를 주문 방식으로 공급할 경우에는, 주문량을 얼마로 할 것인가와 언제 주문을 발주할 것인가에 대한 답을 제공해야 한다. 따라서 주문량과 주문시기를 결정하기 위한 여러 모형이 개발되어 사용되어 왔다. 이 모형들은 주문량을 결정할 것인지 아니면 주문시기를 결정할 것인지에 따라, 그리고 여러 번 반복 주문할 것인지 아니면 한 번만 일회성으로 주문할 것인지에 따라 고정 주문량 모형(fixed order quantity model), 고정 주문 간격 모형(fixed order interval model), 일회 주문 모형(single period model)으로 구분된다. 각각의 모형들을 좀 더 자세히 살펴보자.

자체 공급 방식과 마찬가지로 주문 방식에서도 서비스의 재고(inventory) 개념은 중요하다. 따라서 주문량과 주문시점을 결정할 때 재고가 얼마나 있는지를 파악해야 하고, 재고를 유지하는데 들어가는 비용이 어느 정도인지를 계산해야 한다.

(2) 고정 주문량 모형

고정 주문량 모형(fixed order quantity model)은 매번 주문량은 고정되어 있고 대신 주문시점, 즉 주문 간격(interval)을 신축적으로 바꾸는 방식이다. 예를 들어, 한번 주문할 때마다 100건의 수요를 소화시킬 수 있는 만큼만 주문하되, 언제 주문할지는 수요의 변화에 따라 20일만에 할 수도 있고 30일만에 할 수도 있는 식이다. 따라서 이 방식을 사용하기 위해서는 수요의 변화와 공급량의 재고를 항상 살펴보면서 적절한 주문 시점을 결정하는 항시 통제 시스템(continuous-monitoring system)을 갖추고 있어야 한다.

이 모형에서는 앞에서 던졌던 두 가지 질문, 얼마만큼을 주문할지에 관한 주문량(quantity: Q)과 언제 주문할지에 관한 재주문 시점(reorder point: r)을 모두 결정해야 한다.

– 주문량의 결정

주문량을 정하는 기준은 다양하게 제시될 수 있다. 여기서는 가장 오래 전부터 많이 사용되는 기준인 경제적 주문량(economic order quantity: EOQ) 모형에 대해서만 알아보기로 한다.

경제적 주문량 모형은 이미 20세기 전반에 개발되어 지금까지 가장 오랫동안 사용되어 온 기본 모형이다. 이 방식은 구매비용, 주문비용, 재고 유지 비용 등을 합친 총 비용을 최소로 할 수 있는 주문량을 찾는 모형이다. 기본적인 EOQ 모형은 크게 다음 네 가지 가정을 토대로 한다. 첫째, 수요가 일정하다. 둘째, 주문에서 실제 조달까지 걸리는 리드타임이 일정하다. 셋째, 단위 가격이 일정하다. 넷째, 재고부족은 없다.

이 가정에 따라 시간에 따른 재고 수준(inventory level)을 도표로 나타내면 [그림 7-9]와 같다. 한 번의 주문량이 도착하고 그 다음 번 주문량이 도착할 때까지의 시간을 하나의 주기(cycle time)라고 하자. 당연히 처음 주문량이 도착하면 재고는 최고점으로 올라간다. 수요에 맞추어 재고량이 점차 줄어들어 마침내 바닥이 되는 순간 다시 주문량이 도착하여 재고가 최고점으로 올라가는 모양을 보이기 때문에 이 모형을 톱니바퀴 모형으로 표현하기도 한다. 그림에서 보듯이, 일정한 수요(D)에 따라 재고도 일정한 비율로 줄어들다가, 미리 정해놓은 수준 이하로 재고가 줄어들면 재주문(r*)하는 식의 주기적 형태를 띄게 된다.

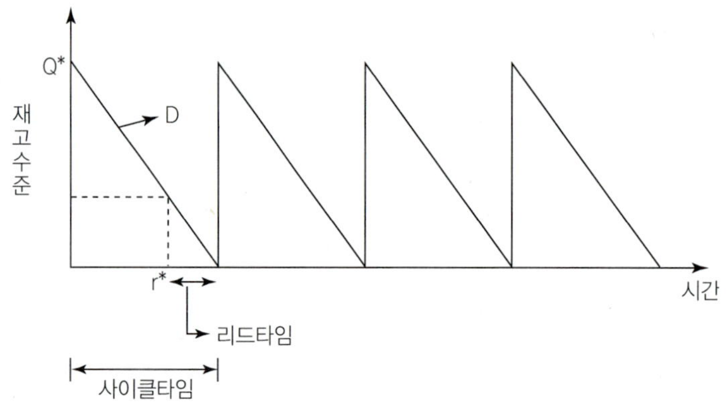

[그림 7-9] 시간에 따른 재고 수준

이제 주문량을 어떻게 정할지를 알아보자, 이름이 보여주는 것처럼, 이 모형에서 정하는 주문량(Q*)은 경제적 주문량, 다시 말해 공급에 관련된 총 비용을 최소로 하는 주문량이다. 총 비용은 공급량만큼을 사는데 지불하는 구매 비용(purchasing cost), 재고를 관리하는데 들어가는 재고 유지 비용(holding cost), 그리고 주문작업 자체에 간접비로 들어가는 주문 비용(ordering cost)으로 구성된다. 따라서 총 비용(TC)은 연간 구매 비용, 재고 유지 비용, 연간 주문 비용의 합으로 계산된다.

먼저 구매비용의 경우 단위당 구매단가(c)에 총 수요량(D)을 곱하면 된다. 다음으로 유지 비용과 주문 비용은 주문량에 따라 변하므로 두 비용을 주문량(Q)에 관한 함수로 표현할 수 있다. 연간 재고 유지 비용을 보자. 만약 한 단위가 재고로서 1년간 유지된다면 유지 비용은 h이다. 또한 최고 재고 수준은 Q이고 최저 재고 수준은 0이므로 평균 재고 수준은 Q/2로 볼 수 있다. 따라서 연간 재고 유지 비용은 (Q/2)h가 된다. 연간 주문 비용은 매번 D/Q번 주문이 이루어지는데 1회 주문 비용이 S이므로 (D/Q)S가 된다. 이를 총 비용의 식으로 나타내면 다음과 같다.

총 비용 = (구매비용) + 유지 비용 + 주문 비용

$$TC = (cD) + \frac{Q}{2}h + \frac{D}{Q}S$$

c=단위 구매 비용

D=연간 수요

Q=주문량

h=연간 단위당 유지 비용

s=1회 주문당 발주 비용

위의 식을 주문량에 따른 연간 비용 함수를 나타내면 [그림 7-10]과 같다. 유지 비용과 주문 비용은 Q값에 따라 하나는 늘어나고 다른 하나는 줄어드는 상충관계(trade-off)에 있으며, 총 비용은 밑으로 약간 볼록한 모양이 된다. 따라서 총 비용을 최소로 하는 주문량 Q가 존재하며, 이 값이 곧 경제적 주문량(EOQ)으로 Q*로 나타낸다. 총 비용곡선의 모양이 매우 완만하게 아래로 볼록하기 때문에 Q*부근의 다른 주문량에서도 총 비용은 최솟값과 큰 차이가 없다. 따라서 정확하게 EOQ가 아니라도 약간의 오차범위 내에서는 별 문제가 없다.

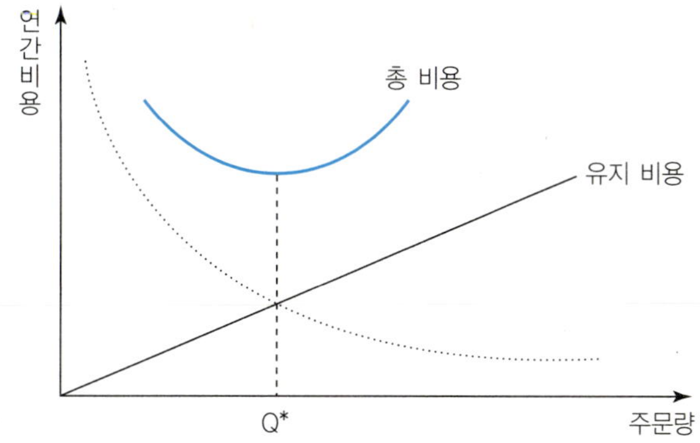

[그림 7-10] 주문량에 따른 비용 함수

경제적 주문량은 총 비용 함수를 Q에 대하여 미분하여 0으로 놓고 풀면 구할 수 있다. 또한 앞의 [그림 7-10]에서 주문 비용과 유지 비용이 같은 곳에서 경제적 주문량이 결정되므로 두 비용 값이 같아지도록 Q에 대한 식을 풀면 된다. 첫 번째 방법으로 구하면 다음 식과 같다.

$$\frac{d}{dQ}TC = \frac{h}{2} - \frac{DS}{Q^2} = 0$$

$$EOQ = Q^* = \sqrt{\frac{2DS}{h}}$$

간단한 예를 하나 들어보자. A기업에서는 연간 8,000단위의 서비스를 단위비용 10,000원에 주문을 통해 공급한다. 주문비용은 30,000원이고 단위당 월별 유지 비용은 250원이다. 이 경우의 경제적 주문량은

$Q^* = \sqrt{\frac{2DS}{h}} = \sqrt{\frac{2(8,000)(30,000)}{(250)(12)}} = 400$단위가 된다.

연간 주문 횟수는 $N = \frac{D}{Q^*} = \frac{8000}{400} = 20$이 된다.

– 재주문 시점의 결정

다음으로 재주문 시점(ReOrder Point: ROP)에 대해 알아보자. 재주문 시점은 말 그대로 언제 주문을 발주할 것인가를 결정하는 문제이다. 재주문 시점을 정하는 기준은 아주 간단하다. 주문에서 도착까지 걸리는 시간 리드타임(lead time) 동안 얼마나 수요가 있을 것인가에 따라 정하면 되는 것이다. 예를 들어 매일 10건 정도의 수요가 있고 리드 타임이 10일이라면 현재 남아있는 공급량의 재고가 100건 정도 되는 시점에서 바로 주문을 내면 재고의 부족 없이 공급을 관리할 수 있다.

문제는 실제수요는 평균수요보다 더 많을 수도 적을 수도 있다는 불확실성(uncertainty) 때문에 생긴다. 특히 리드타임 동안에 평균수요보다 실제수요가 더 많으면 재고부족이 일어나기 때문에 이를 방지할 수 있는 안전장치가 필요하다. 이런 만일의 경우를 대비하여 추가적으로 보유하게 되는 재고가 바로 안전 재

고(safety stock)이다. 따라서 재주문점(r^*)은 아래 수식과 같이 안전 재고와 리드타임(LT) 동안의 평균수요를 더한 양만큼으로 결정된다.

$$ROP = r^* = (\text{LT 동안의 평균수요}) + Z(\text{LT 동안 수요의 표준편차})$$

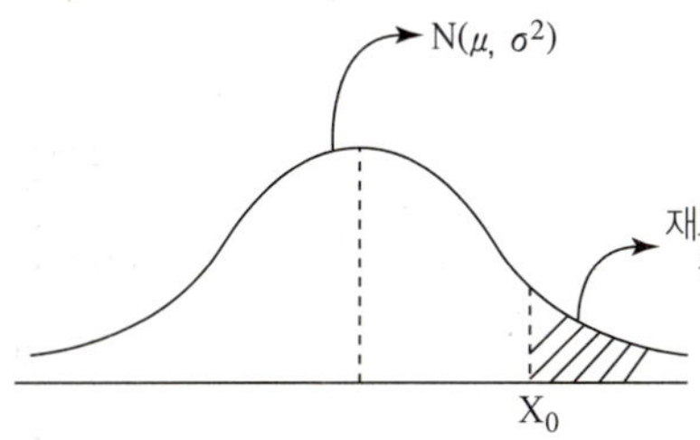

[그림 7-11] 정규분포에서의 재주문점

위의 그림에서 보는 것처럼 수요의 불확실성을 고려하기 위해서는 기본적인 통계모형이 필요하다. 수요의 변화는 통계적으로 정규분포(Normal distribution)를 따른다고 가정한다. 물론 수요의 변화가 반드시 정규분포를 따른다고 말할 수는 없다. 하지만 특별한 종류의 서비스가 아니라면 정규분포를 따른다고 해서 큰 문제가 있는 것은 아니다. 그러므로 여기에서는 가장 널리 사용되는 정규분포를 가정하는 것이다. 정규분포를 가정하게 되면 표준정규분포를 이용하여 다양한 경우의 확률값을 바로 찾을 수 있는 장점이 있다.

이 가정 하에 재고부족이 일어날 확률은 현재 재고량 X_0보다 수요 X가 더 많을 확률이며, 이를 표준정규분포를 이용하여 구하면 $P(X > X_0) = P(Z > (X_0 - \mu)/\sigma)$가 된다(정규분포에 대한 기초지식이 부족한 독자는 기초통계학 교과서를 참고하길 바람). 이때 서비스 수준은 1-(재고부족이 일어날 확률)이 된다. 따라서 $X_0 = \mu + Z\sigma$가 되며, 이 값이 바로 재주문점 ROP를 의미한다. 여기서 ROP가 시간이 아니라 재고량으로 표시되는 이유는 얼마의 재고가 남았을 때 주문해야 하는가를 나타내기 때문이다. 또한 변동성 부분인 리드타임 동안 수요의 표준편차(σ)와 재고부족 확률값(Z)의 곱, $Z\sigma$가 곧 안전재고가 된다.

불확실성 때문에 발생하는 수요와 리드타임의 변동성에 따라 ROP는 달라진다. 여기에는 다음 네 가지 경우가 있을 수 있다. 첫 번째, 수요(d)와 리드타임(LT)이 변하지 않는 경우, 모두 상수(constant)인 경우이다. 이때는 아무 불확실성이 없기 때문에 ROP = d(LT)+Z*0 = d(LT)가 된다. 즉 d가 단위기간 동안의 수요이므로 LT 동안의 수요량은 d와 LT의 곱이 되는 것이다. 두 번째, 수요가 변동하고 리드타임이 상수일 경우이다. 여기서 수요는 독립적이고 동일한 정규분포 $N(\bar{d}, \sigma_{\bar{d}}^2)$를 따르므로 $ROP = \bar{d}(LT) + Z\sqrt{LT}\,\sigma_{\bar{d}}$가 된다. 세 번째, 수요가 상수이고 리드타임이 변동할 경우이다. 여기에서도 마찬가지로 리드타임은 독립적이고 동일한 정규분포 $N(\overline{LT}, \sigma_{LT}^2)$를 따르므로 $ROP = d(\overline{LT}) + Zd\sigma_{LT}$가 된다. 마지막으로, 수요와 리드타임 모두 변동할 경우이다. 이 경우에는 둘 모두가 변동성을 지니므로 쉽게 ROP를 찾을 수 없다. 따라서 이 경우에는 정해진 공식을 쓸 수는 없고 주로 시뮬레이션을 통해 재주문 시점을 구한다.

여기서도 작은 예를 하나 들어보자. C기업의 일일 서비스 수요는 정규분포를 이루며 평균 60에 분산이 100이다. 리드타임은 3일이다. 주문비용은 6,000원, 재고유지비용은 연간 단위 가격의 20%이며, 연간 단위 가격은 1,200원이다. 들어온 서비스를 제때에 처리하는 서비스 수준은 90%이고, C기업의 조업일수는 연간 200일이다. 이 경우에 적합한 주문 정책, 즉 주문량과 주문시점은 아래와 같이 결정된다.

$$\bar{d} = \frac{60}{\text{일}} \quad \sigma_{\bar{d}} = \sqrt{100} = 10 \quad LT = 3$$

$$Q^* = \sqrt{\frac{2DS}{ic}} = \sqrt{\frac{2(60)(200)(6000)}{0.2(1200)}} = 774.59 \approx 775$$

$$r^* = \bar{d}(LT) + Z\sqrt{LT}\,\sigma_{\bar{d}} = 60(3) + 1.282\sqrt{3}(10) = 202.2 \approx 203$$

따라서 적절한 주문량과 주문시점은 각각 (Q*, r*)=(775, 203)이고 안전재고는 $Z\sqrt{LT}\,\sigma_{\bar{d}} = 1.282\sqrt{3}(10) = 22.2 \approx 23$이 된다.

(3) 고정 주문 간격 모형

고정 주문 간격 모형(fixed order interval model)은 매번 주문간격은 고정되어 있고 대신 주문량을 신축적으로 바꾸는 방식이다. 예를 들어, 정확하게 30일 간격으로 주문을 하되, 얼마만큼 주문할지는 수요의 변화에 따라 100건의 공급량만큼 주문할 수도 있고 150건만큼 할 수도 있는 식이다. 따라서 이 방식을 사용하기 위해서는 재고량에 대한 검사를 주기적으로 하고, 필요한 만큼 주문을 하는 주기적 통제 시스템(periodic-monitoring system)을 갖추어야 한다.

이 모형에서 주문 시점 간격은 서비스 기업의 내부 방침이나 시장 환경에 따라 일정하게 정해진다. 그러므로 주문량만 결정하면 된다. 주문량을 주기적 주문량(Periodic Order Quantity: POQ)이라고 하는데 이 POQ가 매번 달라지게 된다. POQ를 정하기 위해, 우선 수요는 변동하고 리드타임은 상수인 것으로 가정한다. POQ를 정하는 기본 아이디어는 아주 간단하다. 앞의 고정 주문량 모형에서 재주문 시점을 정할 때 본 것처럼, 주문량은 주문간격(OI)과 리드타임(LT)을 더한 기간만큼 동안의 평균 수요량에다가 이 기간 동안에 발생할 수 있는 재고 고갈을 방지하기 위한 안전재고량을 더하면 된다. 만일 미리 가지고 있는 보유재고량(inventory on hand: IOH)이 있다면 그만큼을 빼주면 된다. 따라서 POQ는 아래의 식으로 결정된다.

$$\begin{aligned} POQ = Q^* &= (\text{OI+LT 동안의 평균수요}) + Z(\text{OI+LT 동안 수요의 표준편차}) - \text{보유재고량} \\ &= \bar{d}(OI + LT) + Z\sqrt{OI + LT}\,\sigma_{\bar{d}} - IOH \end{aligned}$$

고정 주문량 모형과 비교하여, 고정 주문 간격 모형은 장단점을 가지고 있다. 장점은 크게 두 가지이다. 첫째, 통제 비용이 적게 소요된다. 수시로 재고수준을 점검하는 것이 아니라 주기적으로 점검하기 때문이다. 둘째, 주문 비용을 줄일 수 있다. 비슷한 서비스 수요가 있는 경우 같은 공급자로부터 동시에 주문할 수 있어 그만큼 주문 비용을 절약할 수 있기 때문이다. 단점도 두 가지를 들 수 있다. 첫째, 안전 재고의 수준이 높다. 관리에 관한 기간이 LT에서 OI+LT로 늘어났기 때문에 늘어난 기간만큼의 변동 수요를 고려하기 위한 안전 재고도 늘어나게 된다. 둘째, 주문 기간과 시점이 정해져 있으므로 관리의 유연성과 신축성이 낮다.

다음의 작은 예를 보자. Y기업은 매 30일마다 같은 공급자에게서 서비스 공급량을 주문한다. 리드타임은 5일이다. 재고를 점검한 결과 275건의 공급능력을 보유하고 있었다. 매일의 서비스 수요는 평균 15.2건, 표준편차 1.6건의 정규분포를 이룬다. 제때에 서비스를 제공하는 서비스 요구 서비스 수준은 95%이다. 그러면 주문량 Q*은 아래와 같이 정해진다.

$$
\begin{aligned}
Q^* &= \bar{d}(OI + LT) + Z\sqrt{OI + LT}\,\sigma_{\bar{d}} - IOH \\
&= 15.2(30+5) + 1.65\sqrt{60+5}(1.6) - 275 \\
&= 272.62\text{ml}
\end{aligned}
$$

또한 안전재고는 $Z\sqrt{OI+LT}\,\sigma_{\bar{d}} = 1.65\sqrt{30+5}(1.6) = 15.62$건이 된다.

(4) 일회 주문 모형

일회 주문 모형(single period model)은 '유통기한이 있는(perishable)' 서비스를 얼마나 주문할 것인가를 결정하는 모형이다. 명절이라거나 휴가시즌 동안에만 일회성으로 수요가 몰리는 서비스의 경우, 그 기간이 지나면 더 이상 수요가 발생하지 않는다. 따라서 공급에 대한 주문량이 수요량보다 적을 경우 그 수요는 포기할 수 밖에 없고, 반대로 많을 경우 주문한 공급량은 그대로 버릴 수밖에 없다.

일회성 문제이기 때문에 주문시점을 정할 필요는 없고 주문량만 정하면 된다. 수리적으로도 반복적이고 주기적인 주문을 가정한 앞의 모형과 다른 특수한 문제이다. 따라서 주문량을 정하는 모형도 앞에서와 같은 총 비용 최소화 기법이 아니라 이른바 한계 분석(marginal analysis)의 개념을 사용한다. 한계 분석은 하나의 단위가 추가적으로 늘어날 때 그만큼 늘어나거나 줄어드는 크기를 토대로 경제적 의사결정을 하는 모형을 가리킨다.

앞에서 언급한 것처럼, 이 모형에서는 수요보다 적게 주문하여 공급 부족이 일어날 수도 있고, 반대로 해당 기한까지 서비스 수요가 발생하지 않으면 공급 과잉이 일어날 수도 있다. 따라서 두 가지 경우의 한계 비용을 설정한다. 먼저 한계부족 비용(Cs)은 한 단위만큼의 공급 부족으로 인해 실현되지 못한 이익, 거꾸로 말해 한 단위가 공급되었다면 얻어질 이익이므로 수익에서 비용을 제한 금액이다. 다음으로 한계초과 비용(Ce)은 한 단위만큼의 공급 초과로 인해 실제로 발생한 손실로, 비용에서 잔존 가치(salvage value)를 제한 양이다. 여기서 잔존 가치라는 개념은 경제적 수명이 다한 자산의 남은 가치를 말한다. 아침에 만든 빵을

1000원에 팔다가 남아서 밤늦게 500원에 판다고 하면, 500원이 바로 그 빵의 잔존 가치가 된다. 서비스의 경우라면, 유효 기간이 끝나고 남은 서비스 공급량을 그냥 버리지 않고 싼 값에 다른 용도로 처리할 수 있는 때 얻을 수 있는 수익이 그 서비스의 잔존 가치가 된다.

통계적으로 보면, 어떤 서비스의 기대 가치는 그 서비스의 수요를 처리할 확률 (P(Q))과 그 서비스에서 얻을 수 있는 가치의 곱이다. 한계 분석의 토대가 되는 중요한 사실은(이 책의 범위를 벗어나기 때문에 증명은 생략하지만) 서비스 제공에서 얻는 이익은 기대 한계이익과 기대 한계손실이 같을 때, 즉 Ce P(Q)=Cs (1− P(Q))의 관계가 성립할 때 최대가 된다는 것이다. 이 사실을 이용하여 최적의 수요 처리 확률 P*(Q)을 도출하면 다음과 같다. 이 식을 통해 최적의 확률값을 찾으면, 그 확률값에 가장 가까운 수요량을 곧 최적의 주문량으로 결정하게 된다.

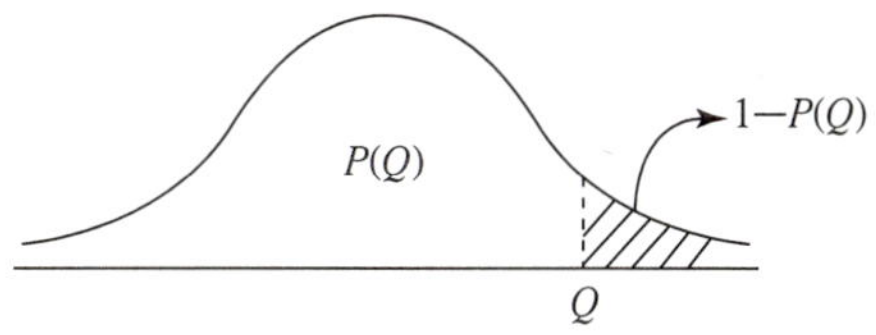

$$P(Q) = \text{수요} \le Q\text{일 확률}$$

$$Ce\ P(Q) = Cs(1-P(Q))$$

$$P^*(Q) = \frac{Cs}{Cs+Ce}$$

실제의 예제를 보자. 크리스마스 기간 동안에만 발생하는 어느 서비스의 단위당 판매 가격(수익)이 10,000원, 단위당 구매비용이 7,000원, 단위당 잔존가치가 3,000원이다. 과거의 경험을 통해, 수요와 수요가 나타날 확률이 다음과 같다는 것을 알고 있다고 가정할 때, 최적의 일회 주문량을 구해보자.

수요	확률	누적확률
0~34	0.0	0.0
35	0.1	0.1
36	0.15	0.25
37	0.25	0.5
38	0.25	0.75
39	0.15	0.9
40	0.1	1.0
41~	0.0	1.0

그러면 한계 부족비용과 한계 초과비용은 다음과 같이 계산된다.

Cs = P—C = 10,000—7,000 = 3,000 원/단위

Ce = C—S = 7,000—3,000 = 4,000 원/단위

이 값을 토대로 최적의 확률값을 구하면 다음과 같다.

$$P*(Q) = \frac{Cs}{Cs + Ce} = \frac{3,000}{3,000 + 4,000} = 0.43$$

이제 이 확률을 가지고 최적의 주문량을 구해보자. 0.43의 누적확률에 정확하게 일치하는 수요량을 찾을 수는 없다. 그러므로 가장 근접한 수요량을 찾아 주문량으로 정하게 된다. 이 예제의 경우 위의 표에서 0.43에 가장 가까운 수요량은 37단위이다. 따라서 최적의 주문량은 Q*=37 단위가 된다.

만일 여름 휴가기간 동안의 일회성 수요는 크리스마스 특수 서비스보다는 수요가 좀 더 안정적이어서 평균 300, 분산 50의 정규분포를 따른다고 하면 어떻게 될까? 이런 경우에는 지금까지의 한계분석 대신, 앞에서 한 것처럼 정규분포표를 이용하여 주문량을 정할 수 있다. 여기서 단위당 판매가격은 500원, 단위당 구매비용은 380원, 단위당 잔존가치는 300원이라고 하자. 그러면 최적 주문량은 아래와 같이 정해진다.

$$P^*(Q) = \frac{Cs}{Cs + Ce} = \frac{(500 - 380)}{(500 - 380) + (380 - 300)} = \frac{120}{120 + 80} = 0.6$$

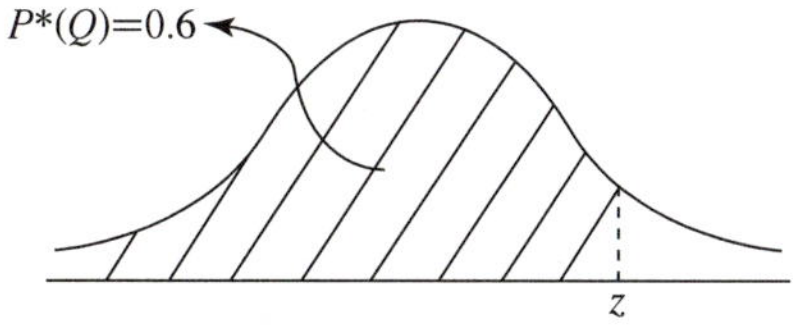

표준정규분포표에서 Z=0.253이므로, $Q^* = \mu + Z\sigma = 300 + 0.253(50) = 313$단위가 된다(표준정규분포표는 모든 기초통계학 교과서에서 찾아볼 수 있음).

제4절 보완적 관리 기법

지금까지 살펴본 것처럼 수요-공급의 가장 바람직한 방식은 예측수요와 실제 수요를 일치시키는 것이다. 그러나 현실적으로 수요와 공급을 정확하게 맞추는 것은 불가능하다. 따라서 항상 공급의 부족이나 과잉에 따른 비용이 발생하게 된다. 이 비용을 줄이기 위해서는 지금까지 알아본 여러 가지 자체공급 전략과 주문 전략 가운데 가장 적합한 모형을 선택하여 사용해야 한다.

그러나 자체 공급량과 외부 주문량을 관리하는 방식 외에 다양한 보완적 관리 방안을 활용하는 것도 필요하다. 이러한 보완적 관리 기법들은 크게 수요를 조정하는 방식과 공급을 조정하는 방식으로 나눌 수 있다. 각각에 대한 대표적 기법들을 간략히 살펴보기로 한다.

4.1 수요 조정 기법

(1) 보완 서비스의 제공

보완 서비스는 원래 제공하는 서비스와 덧붙여 보완적으로 제공하는 서비스를 가리킨다. 레스토랑에서 바를 추가한다든가, 기다리는 손님들을 위한 라운지를 설치한다든가 하는 것은 보완적 서비스의 예가 된다. 영화관에서 다음 상영시간을 기다리는 고객들을 위해 스티커 사진기를 설치한다던가 비디오 게임을 즐기게 하는 것도 보완적 서비스의 좋은 예이다.

짧은 사례– 스타벅스의 MP3 파일 다운로드 서비스

스타벅스(Starbucks)에 들르는 고객들 중에는 노트북 컴퓨터나 PDA를 들고 오는 사람들이 많다. Starbucks는 이들이 매장에 설치되어 있는 무선랜을 이용하여, 음악 파일을 다운로드 받을 수 있도록 보완 서비스를 제공한다. 이 새로운 서비스는 Apple의 아이폰 및 아이팟을 통해 Starbucks 매장의 Wi-Fi 네트워크와 접속하여 매장 스피커를 통해 들리는 노래가 무엇인지 알 수 있고, 단추 몇 개만 누르면 그 노래가 고객 단말기에 다운로드된다. 또한 노트북 컴퓨터에 '아이튠즈(iTunes)' 소프트웨어가 들어있는 고객의 경우, 이 서비스가 제공되는 매장에 앉아 있는 동안 노트북 바탕화면의 Starbucks 아이콘을 클릭하여 원하는 음악 파일을 구매할 수 있다.

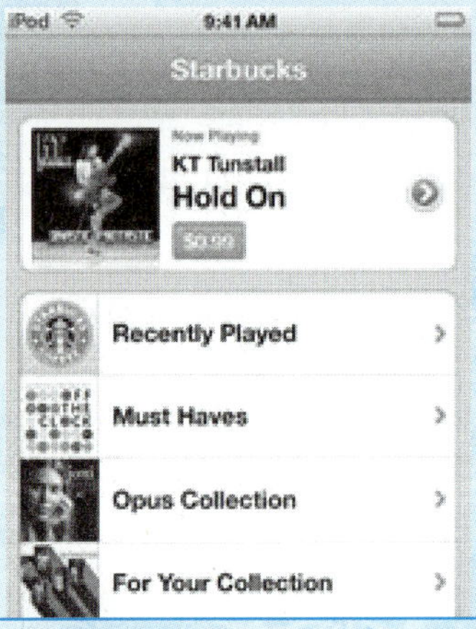

[그림 7-12] 스타벅스 MP3 다운로드 서비스(출처: http://www.crunchgear.com)

(2) 예약 시스템의 활용

예약 시스템의 활용도 수요를 조정할 수 있는 유용한 기법이다. 수요-공급 관리의 근본적인 문제는 불확실성에서 발생한다. 따라서 예약을 통해 수요의 양과 시간을 미리 정할 수 있으면 그만큼 공급관리도 수월해진다. 또한 예약은 기다리는 시간을 줄여주고 서비스 이용을 보장해줌으로써 고객에게도 혜택을 준다. 하지만 예약이 반드시 좋은 것만은 아니다. 고객이 예약을 지키지 못할 경우가 생기기 때문이다. 이러한 예약불이행(no-show)에 대비하여 서비스업체는 흔히 초과예약(overbooking) 전략을 사용한다. 가용한 공급능력보다 더 많은 예약을 받음으로써 예약불이행에 대비하는 것이다. 물론 초과 예약을 너무 많이 받게 되면, 예약고객들 중 서비스를 받지 못하게 되는 고객에게 보상을 해주어야 하는 문제가 생길 수도 있다. 이런 문제는 항공사에서 초과 예약을 받는 경우에 자주 일어난다.

(3) 수요의 분할

이 기법은 수요가 발생하는 패턴을 미리 분석하여 가능한 한 수요의 분포를 균등하게 조정하는 방법이다. 수요는 아무 때나 발생하는 임의적 수요와 정해진 시점에 맞추어 발생하는 계획적 수요로 나눌 수 있다. 은행의 예를 보면, 고객이 규칙적으로 은행을 찾아오는 금융상품도 있고 개인고객들이 시시때때로 찾아오는 금융상품도 있다. 이럴 경우, 임의적 수요는 조정이 불가능하다. 그러나 조정이 가능한 계획적 수요를 잘 관리하면 전체적인 수요량을 균형적으로 유지할 수 있다.

(4) 가격 인센티브 제공

수요가 줄어들 때에는 가격을 인하함으로써 수요를 끌어내는 것도 보완적 수요관리 기법의 하나이다. 주말이나 심야시간에 장거리 전화요금을 할인한다든가, 운송업체가 비수기에 싼 요금으로 티켓을 판매하는 것은 가격 인센티브를 통해 수요를 관리하는 좋은 예이다.

(5) 가격 차별화

이 방법은 고객의 특성에 맞추어 서비스의 가격을 차별화하는 기법이다. 높은 가격의 고급 서비스를 원하는 고객에게는 높은 가격을 책정하고, 반대의 고객에게는 낮은 가격을 부과하는 방식이다. 예를 들어 비행기 좌석을 일등석, 비즈니스석, 이코노미석으로 나누어 가격을 차등화하는 것은 가격 차별화를 통해 공급을 조정하는 대표적 예라고 할 수 있다.

(6) 대체수요의 발굴

수요가 부족하여 유휴공급 능력이 생길 경우 다른 용도의 서비스를 찾음으로써 수요를 늘릴 수도 있다. 휴양지 호텔을 비수기에 기업체 연수시설이나 교육기관의 강의 장소로 활용하거나, 스키장을 여름철에는 잔디 썰매장으로 활용하는 방법은 대체수요를 발굴하는 예라고 할 수 있다.

사 례 – 영화관의 서비스 수요-공급 관리

1998년 CGV 멀티플렉스 영화관이 들어서기 전까지, 관객들은 영화를 보기 위해 그 영화를 상영하는 극장과 시간대를 확인한 후 당일에 해당 영화를 상영하는 극장으로 가야만 했다. 이러한 상황에서 복수의 상영관을 이용하여 관객의 영화 접근성을 획기적으로 높인 것이 멀티플렉스이다. 멀티플렉스 영화관이란 여러 개의 스크린(screen)을 동시에 운영하면서 나아가 관람객에게 다양한 먹거리와 즐길거리를 제공하는 종합시설이다. 관객에게 폭넓은 영화선택권을 주는 동시에 영화관 공간 내에 식당이나 오락실, 휴게실 등 다양한 편의시설을 입점시키거나 쇼핑몰, 문화공간 등의 부대시설과 연계하여 영화관을 문화활동의 중심지로 만드는 것이다.

서비스 수요-공급 관리 관점에서 CGV 멀티플렉스 영화관은 몇 가지의 참신한 방안을 개발하였다.

프리미엄 서비스와 가격 차별화

CGV는 다른 멀티플렉스 영화관과의 차별을 위해 CGV만의 특별관 Only One Brand 영화관을 운영하고 있다. 이것을 '골드 클래스(Gold Class)' 영화관이라고 한다. 여기에서는 최고급 호텔과 같은 시설과 문화공간을 제공하고 있다. 일반상영관을 기준으로 할 때 120석~ 150석 정도의 좌석이 들어갈 수 있는 규모의 공간에 골드 클래스는 30석 정도의 좌석만 배치한다. 항공기 퍼스트 클래스와 같은 편안한 좌석과 작은 테이블이 놓여져 있으며 상영관 담당 직원이 따로 상주하면서 관객이 원하는 시간에 간단한 스낵과 음료를 서비스한다. 또한, 영화 상영 전 전용 라운지가 있어서 대기 시간에 보드 게임, 다양한 종류의 잡지와 서적, TV를 즐길 수 있다.

공간 설계와 수요 창출

영화관의 뒷좌석이나 구석진 좌석은 비어있는 경우가 많다. 이 공간을 활용하기 위해 CGV는 SWEET BOX 서비스를 제공한다. 영화관 맨 뒤 자리를 커플석으로 만들어 보다 여유롭게 둘만의 공간이 확보될 수 있게 한 것이다. 거기다 합리적인 가격과 매점 메뉴 무료 제공 등의 서비스도 제공한다.

보완 서비스와 틈새 수익 확보

멀티플렉스는 문화공간과 편의시설을 갖추고 있다. 만약 선택한 영화가 매진일 경우 그 다음 영화 상영 회차를 기다리면서 서점에서 서적 구매 및 독서를 할 수도 있고, 같은 공간에 위치한 커피숍에서 구매한 책을 보면서 기다릴 수도 있으며, 쇼핑몰을 돌면서 쇼핑을 할 수도 있고, 게임, 오락, 타로, 사주를 즐기는 등 또 다른 오락과 엔터테인먼트를 즐길 수도 있다. 이를 위해 백화점이나 쇼핑몰과 연계할 수 있는 위치에 영화관을 설치한다. 많은 CGV 영화관들은 CGV가 직영하는 JOYMAX라는 게임장도 운영하고 있다.

4.2 공급 조정 기법

(1) 가용능력의 재분배

이 기법은 서비스 공급의 가용능력을 조정하는 전략을 가리킨다. 성수기의 피크타임 수요에 대응하기 위해 장비와 인력을 피크타임에 집중적으로 할당하는 방식이 대표적인 예이다. 그러기 위해서는 한가한 시간대에 청소와 같은 작업을 한다든가 직원들의 휴가는 비수기에 실시하는 등의 방법으로 공급능력을 조정해야 한다.

(2) 임시고용직 이용

피크타임이나 성수기 때 부족한 인원을 임시직으로 충당하는 방법이다. 세일 기간의 백화점, 연말연시의 우체국 등에서 아르바이트 학생을 고용하는 것이 대표적 예이다.

(3) 임차

시설 및 장비의 경우에는 임차나 임대를 통해 공급능력을 탄력적으로 운영하는 것도 유용한 방법이다. 피크타임에 대여업체로부터 서비스 장비를 일시적으로 빌려쓰면 구입과 유지비용을 줄일 수 있다.

(4) 다기능화

서비스 인력의 능력과 수준이 중요할 때는 종업원들을 다기능 인력으로 양성하는 것도 공급능력의 유연성을 올릴 수 있는 좋은 방법이다. 다기능 인력의 경우, 수요량에 맞추어 인력을 재배치할 수 있기 때문에 훨씬 관리의 신축성이 올라간다. 또한 종업원의 입장에서도 단순반복적 업무에서 벗어나 다양한 직무를 익힐 수 있다는 장점이 있다.

(5) 고객 참여의 유도

서비스 제공업체뿐 아니라 고객의 참여 여부도 수요-공급 관리에 영향을 미칠 수 있다. 고객의 참여를 통해 서비스 제공업체는 자신들의 부담(비용)을 줄일 수 있고 동시에 고객도 참여에 대한 보상을 받을 수 있기 때문에 바람직한 방법이 될 수 있다. 가장 많이 사용되는 방식은 셀프서비스이다. 이 경우 제공업체는 서비스 제공에 걸리는 시간과 비용을 줄일 수 있고, 고객은 서비스의 공동생산자(co-producer)로 참여한 보상으로 낮은 가격에 서비스를 제공받는다. 더 나아가 회원제도 같은 방식으로 고정고객을 확보하는 것도 공급을 조정할 수 있는 유용한 대안이 될 수 있다.

제5절 서비스 대기 관리

5.1 기본 개념

앞 절에서 살펴본 것처럼, 서비스 공급과 서비스 수요의 불일치는 항상 재고

(inventory) 문제를 낳는다. 수요보다 공급이 많으면 과잉재고 문제가 생긴다. 반대로 수요보다 공급이 부족하면 재고부족 문제가 생긴다. 서비스 시스템에서 재고가 부족하다는 말은 곧 공급능력이 부족하다는 의미이다. 또 전체적인 공급능력이 충분한 경우라고 하더라도 수요가 한꺼번에 몰리면 일시적으로 공급부족이 일어날 수 있다. 공급능력이 부족하거나 일시적으로 몰리게 되면 어쩔 수 없이 대기(queue)라는 현상이 일어나게 된다.

대기는 말 그대로 고객이 바로 서비스를 받지 못하고 기다리는 경우를 말한다. 그리고 대기 현상이 생겨서 고객들이 줄을 서게 되면 그 줄을 대기행렬이라고 부른다. 예를 들어 점심식사를 하기 위해 학교식당에 가는 경우를 생각해 보자. 한꺼번에 학생들이 몰리는 시간대에는 식권을 사거나 배식을 받기 위해 긴 줄을 서서 기다리는 경우가 많다. 이것이 바로 대기 또는 대기행렬이다. 대기 현상이 생기는 이유는 같은 시간대에 많은 사람들이 몰릴 때, 배식을 하는 종업원의 수가 부족하기 때문이다. 대기가 길어지면 학생들은 학교식당이 아닌 다른 곳에서 식사를 하게 될 것이다. 고객의 이탈 현상이 발생하는 것이다.

[그림 7-13] 대기행렬

그렇다면 이러한 고객 이탈 문제를 어떻게 해결할 수 있을까? 답은 간단하다. 종업원의 수를 늘리면 된다. 하지만 학교식당 측은 다른 고민에 빠지게 된다. 바로 종업원 수의 증가에 따른 비용의 증가이다. 종업원의 수를 줄이면 고객이탈 현상이 생기고 반대로 종업원의 수를 늘리면 인건비가 증가하는 상충 문제가 발생하는 것이다. 따라서 고객의 대기시간을 적절하게 조정하는 것은 서비스 시스템을 경제적으로 관리하는 데 매우 중요한 과제가 된다.

결국 앞의 재고관리 문제와 마찬가지로, 대기 문제의 답도 비용의 최소화에 있다. 서비스 용량을 늘리는데 들어가는 비용과 고객의 대기에서 발생하는 비용을 합친 총 비용을 최소화하는 접근이다. 일반적인 경우, 서비스 용량은 앞서 말한 바와 같이 종업원의 수가 될 수도 있으며 작업 기계의 수가 될 수도 있다. 또한, 고객 대기비용은 위에서 말한 고객이탈뿐만 아니라 서비스 유휴(idle)에 따른 비용이나 서비스를 받기 위해 대기하는 장소(space) 등의 관리비를 포함한다. 서비스 용량에 따른 비용과 고객 대기비용은 아래의 [그림 7-14]와 같은 관계를 가진다. 보는 것처럼 하나는 늘어나고 하나는 줄어드는 상충관계(trade-off)가 나타난다. 결국 둘 사이의 균형을 통해 대기 시스템에서 발생하는 총 비용을 최소화하는 서비스 용량의 수준을 찾는 것이 바로 대기이론(queuing theory)의 핵심이다.

이것은 앞에서 주문량에 따라 유지비용과 주문비용이 서로 상충관계(trade-off)에 있는 문제와 비슷하다. 총 비용을 최소로 하는 주문량을 찾는 문제와 서비스 용량 비용과 고객 대기비용 간의 상충관계에서 총 비용을 최소로 서비스 용량의 수준을 찾는 문제나 기본 원리와 방식이 같은 것이다.

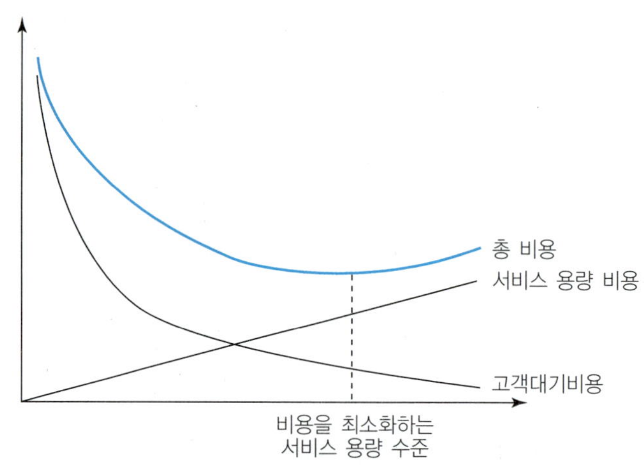

[그림 7-14] 서비스 용량 수준과 총 비용과의 관계

5.2 구성 요소

서비스를 받기 위해 고객이 기다리는 경우는 장소와 상황에 따라서 그 형태가 매우 다양하다. 우선 서비스를 받는 사람들의 크기를 보면, 학교 식당은 그 학교의 교직원들만 이용하지만 대형 백화점의 고객은 모든 일반인들이 된다. 한편 서비스를 제공하는 사람들의 크기를 보면, 편의점 같은 경우는 종업원 한 명이 처리하는 경우가 대부분인데 반해 대형마트 같은 경우는 여러 명의 종업원이 동시에 처리한다. 서비스를 처리하는 순서를 보면, 어떤 곳은 도착한 순서대로 처리하는가 하면 다른 곳은 급한 사람부터 먼저 처리한다.

[그림 7-15]에서 보듯이 대기 시스템을 구성하는 핵심 요소로는 고객 모집단(population), 채널(channel), 도착 및 처리시간(arrival and service rate) 및 처리의 규칙(discipline)을 들 수 있다. 어떤 모집단으로부터 고객이 생겨나며, 얼마나 많은 제공 능력을 보유하고 있고, 얼마나 자주 고객이 들어오고 얼마나 빨리 서비스를 처리하며, 어떤 기준으로 처리의 순서를 정하는지에 따라 서비스 시스템의 구체적이고 실질적인 내용이 달라지는 것이다. 각 구성 요소 하나하나를 좀 더 자세히 살펴보자.

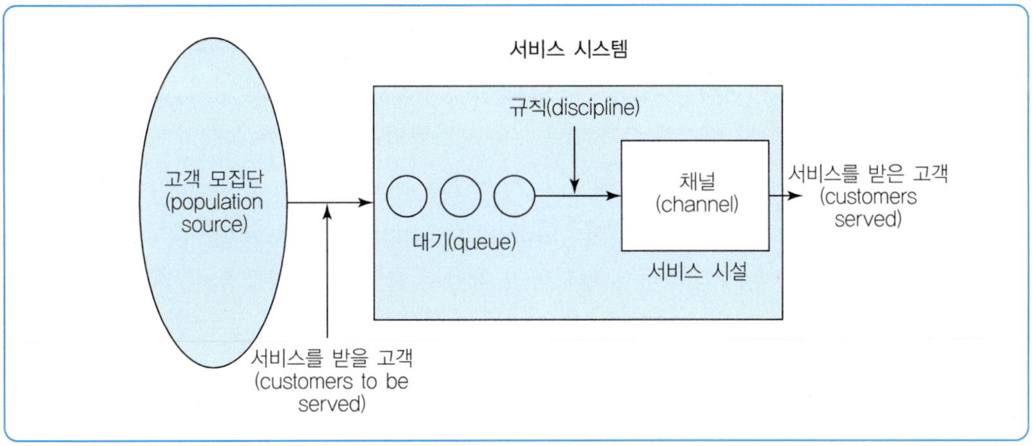

[그림 7-15] 서비스 시스템의 구성 요소

(1) 고객 모집단

고객 모집단(population source)은 특정 서비스를 사용하거나 받을 잠재 고객의 수로 정의된다. 모집단의 수를 명확하게 정의하기 위해서는 먼저 고객이 누구인가를 정해야 한다. 왜냐하면 고객을 어떻게 정의하느냐에 따라 고객의 수가 무한할 수도 있고 유한할 수도 있기 때문이다. 일반적으로 우리가 생각하는 편의점, 대형마트, 약국, 은행, 음식점, 영화관 등은 고객의 수를 한정하지는 않는다. 하지만, 가끔은 고객의 수가 한정된 경우가 있다. 예를 들어, 기념 음반 앨범이 500장 한정으로 나온다면, 서비스 받는 고객은 500명으로 한정된다.

전자와 같이 고객 모집단의 수를 한정하지 않는 경우를 무한 집단(infinite source)이라고 하며, 후자와 같이 고객 모집단을 한정하는 경우를 유한 집단(finite source)이라고 한다. 개념적으로는 두 경우의 차이가 크지 않은 것으로 느껴지지만, 수리적으로는 상당한 차이가 존재한다. 유한인 경우가 무한인 경우보다 수리적으로 훨씬 더 어려운 문제가 된다.

(2) 채널

채널(channel)은 서비스를 처리하는 인력이나 시설을 의미한다. 채널을 다른 말로는 서버(server)라고 하기도 한다. 일반적으로 서비스 시스템의 처리용량은 채널 내지 서버의 수의 함수로 나타난다. 채널이 한 번에 한 명의 고객을 처리한다고 가정할 때, 채널의 수가 많을수록 시스템의 처리용량은 늘어나게 된다. 여기서 채널이 하나일 경우를 단일 채널 시스템(single channel system)이라고 하며, 둘 이상인 경우를 다중 채널 시스템(multiple channel system)이라고 한다. 예를 들어, 개인병원의 의사나 소형약국의 약사는 단일 채널 시스템인 경우가 대부분인 반면, 영화관이나 은행은 다중 채널 시스템인 경우가 많다. 또 같은 주유소 안에서도 주유기기는 다중 채널 시스템이지만 세차기계는 단일 채널 시스템이다.

서비스 채널과 함께 서비스 단계(phase)라는 용어도 이해할 필요가 있다. 단계는 서비스를 처리하기 위해 거쳐야 하는 작업 순서의 길이를 의미한다. 예를 들어, 편의점은 물품을 구매하기 위해 '결제'라는 하나의 단계만을 거치는 단일 단계(single-phase)의 서비스 시스템이다. 하지만 공항과 같은 경우는 티켓팅 → 화물검사 → 여권검사 등의 여러 단계를 거치는 다중 단계(multi-phase)의 서비스 시스템이다.

[그림 7-16] 공항의 다중 채널, 다중 단계 서비스 시스템

[그림 7-17]은 채널의 수와 단계의 수에 따른 여러 가지 서비스 시스템의 모형을 도식화한 것이다. 그림에서 알 수 있듯이, 채널의 수와 단계의 수가 늘어날수록 서비스 시스템은 더욱 복잡해지고 따라서 대기행렬이 만들어지는 과정과 결과도 훨씬 복잡해진다. 이 책에서는 단일 단계(single-phase)의 서비스 시스템에 대해서만 설명하기로 한다.

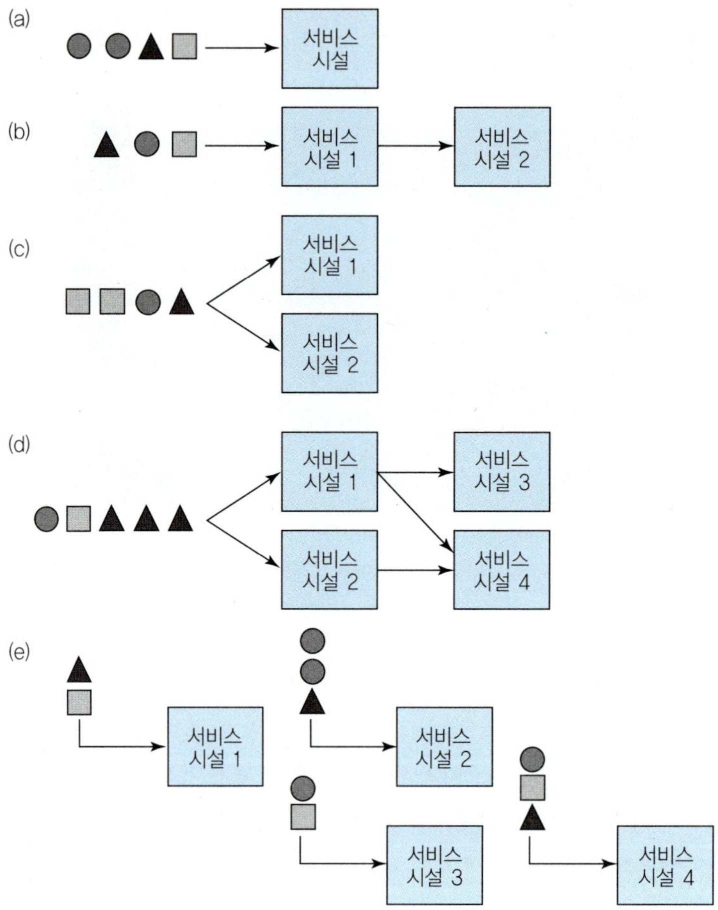

(a) 단일 채널(single channel)–단일 단계(single–phase)
(b) 단일 채널–다중 단계(multi–phase)
(c) 다중 채널(multiple channel)–단일 단계
(d) 다중 채널–다중 단계
(e) 혼합

[그림 7-17] 채널–단계 구조의 기본 유형

(3) 고객의 도착 및 서비스 처리 시간

앞에서 설명한 것처럼 대기가 발생하는 근본적 이유는 서비스 공급량이 서비스 수요량에 못 미치기 때문이다. 하지만 그 뿌리를 더 깊이 살펴보면, 고객이 도착

하는 간격과 서비스에 걸리는 시간이 불확실한 것이 가장 큰 영향을 미친다. 앞의 수요-공급 문제에서 이미 살펴본 것처럼, 언제 수요가 발생하고 또 그 수요를 만족시키는데 걸리는 시간이 어느 정도인지를 정확하게 알 수만 있다면 공급이 부족한 때에 필요한 양의 공급을 늘리면 대기가 생기는 것을 미리 막을 수 있다. 문제는 수요가 발생하는 정확한 시간과 수요량을 알 수 없기 때문에 공급의 부족에 미리 대처할 수 없다는데 있다. 불확실성(uncertainty) 혹은 변동성(variability) 때문에 대기 이론을 이론적으로 분석하고 과학적으로 대응하는 것이 필요한 것이다.

변동성은 확률 분포(probability distribution)라는 통계 이론에 의해 설명된다. 여기에 보면 가장 대표적인 정규 분포(Normal distribution)을 중심으로 대단히 많은 확률 분포들이 제시되어 있다. 그렇다면 이렇게 많은 확률 분포 가운데 대기 이론의 변수들은 어떤 분포를 따를까? 일반적으로 대기 이론에서는 고객이 서비스 시스템이 들어오는 빈도, 즉 도착률(arrival rate)은 포아송 분포(Poisson distribution)를 따르고, 서비스 시스템이 한 사람의 고객을 처리하는데 걸리는 시간, 즉 서비스 시간(service time)은 지수 분포(exponential distribution)를 따른다고 가정한다. 따라서 포아송 분포는 단위 시간 동안 어떤 사건, 이벤트가 일어나는 수를 나타내며, 지수 분포는 이벤트가 일어나는 시간의 간격을 의미한다.

약간의 통계 지식이 필요하지만, 재미있게도 이 두 분포는 서로 역의 관계를 지닌다. 먼저 포아송 분포는 정해진 시간 안에 서비스 수요가 발생하는 횟수의 분포를 나타낸다. 따라서 포아송 분포를 따르는 변수의 값은 10회, 20회 하는 식으로 이산적(discrete)이다. 이에 반해 지수 분포는 어떤 서비스를 처리하는데 걸리는 시간의 분포를 나타낸다. 따라서 지수 분포를 따르는 변수의 값은 5.3분, 10.2분 하는 식으로 연속적(continuous)이다. 이제 두 분포가 역의 관계가 있다는 말은 도착률이 포아송 분포를 따른다면 도착시간(간격)은 지수 분포를 따른다는 뜻이다. 예를 한번 들어보자. 은행에 한 시간에 평균 30명의 고객이 들어온다고 한다면, 고객이 은행에 도착하는 시간 간격은 그 역수인 2분이 된다. 따라서, 도착률이 포아송 분포를 따른다고 가정하면 서비스 시간은 지수 분포를 따른다고 가정하게 되는 것이다.

물론, 모든 서비스 시스템이 이 가정을 따르는지는 알 수 없다. 따라서 도착률과 서비스 시간이 실제로 위의 두 분포를 따르는지 확인하기 위해서는 보다 엄격한 통계적 검정이 필요하다. 그러나 일반적인 대기 이론에서 두 분포를 가정하는 이유는 무엇보다 답(solution)을 찾는 과정이 간편하고 이론적 설명이 쉽기 때문이다. 또한 많은 경우에 이 가정이 현실에서도 잘 맞는다는 사실이 확인되고 있기 때문이다. 현실에 별 문제없이 맞으면서 답을 찾기가 쉽다면 이 가정을 하지 않을 이유가 없다. 이 책에서는 기본적으로 위의 두 분포를 가정하고 설명을 이어가기로 한다.

(4) 우선순위 규칙

가. 기본 이론

다음의 요소는 서비스를 처리하는 순서의 배정 규칙(queue discipline)에 관한 것이다. 어느 대기 라인에 여러 사람이 서 있을 경우, 또 어느 자동화 공정에 여러 개의 부품이 줄을 서서 기다리고 있을 때, 과연 어떤 순서로 이들을 처리할 것인가에 대한 규칙이 필요하다. 이것이 바로 순서 배정의 우선순위 규칙(priority rule) 또는 순서 규칙(sequencing rule)이다. [그림 7-18]에 나타나 있는 것처럼, 우선순위 규칙은 크게 정적 규칙(static rule)과 동적 규칙(dynamic rule)으로 나눌 수 있다.

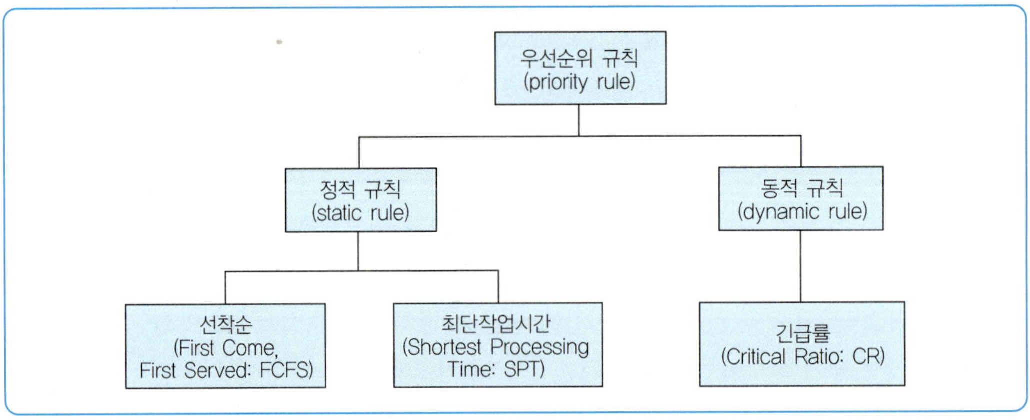

[그림 7-18] 우선순위 규칙의 분류

① 정적 규칙

먼저 정적 규칙은 서비스 처리의 마감시간이 얼마나 남았는지에 상관없이, 급한 서비스인지 아니면 여유시간이 많은 서비스인지에 관계없이, 이미 정해진 기준대로 처리하는 규칙이다. 여기에서 가장 많이 쓰이는 기준은 다음의 두 가지이다.

– 선착순 규칙

한마디로 먼저 온 사람이 먼저 서비스를 받는 규칙이다. 다른 말로는 선입선출(First Come, First Served: FCFS) 규칙이라고 하기도 한다. 실제로 이 규칙은 우리가 주변에서 접하게 되는 대부분의 서비스 시스템에서 적용되는 규칙이다. 이 규칙의 가장 큰 장점은 단순성과 공정성에 있다. 먼저 왔으므로 먼저 서비스를 받는다는 단순한 규칙이 누구에게나 공평하게 적용되면 고객의 불만도 그만큼 줄어들게 되는 것이다.

– 최단작업시간 규칙

기다리고 있는 작업 중에서 가장 처리 시간이 짧은 작업부터 처리하는 규칙이다. 즉 최단작업시간(Shortest Processing Time: SPT) 서비스에 최우선 순위를 부여한다. 이 규칙의 가장 큰 장점은 평균 처리시간을 최소화한다는 데 있다. 반대로 이 규칙의 단점은 처리시간이 긴 작업은 갈수록 우선순위가 뒤로 밀린다는 데 있다. 따라서 앞의 선착순 규칙에 비해 효율성은 올라가지만 공정성은 크게 떨어진다.

② 동적 규칙

동적 규칙은 기다리는 서비스들의 마감시간을 확인한 후에, 마감시간이 가장 임박한 급한 서비스부터 먼저 처리하는 규칙이다. 여기에도 다음 두 가지의 규칙이 많이 사용된다.

– 긴급률 규칙

이 규칙은 얼마나 급한 서비스인지, 일을 끝내야 하는 만기시간(due date)이 얼마나 남았는지를 나타내는 긴급률(Critical Ratio: CR) 값을 정의한 후, 그 값이 최소인 작업에 우선순위를 부여하는 기준이다. 긴급률을 구하는 식은 아래와 같다.

$$\text{긴급률(CR)} = \frac{\text{정적유휴시간(static slack)}}{\text{잔여처리시간(remaining processing time)}}$$
$$= \frac{\text{만기 시간(due date)}-\text{현재 시점(current date)}}{\text{잔여처리시간(remaining processing time)}}$$

– 선점 규칙

이 규칙은 높은 우선순위를 가진 고객이 나타나면 다른 모든 서비스를 중단하고 그 서비스부터 처리하는, 영어로 preemptive priority rule이다. 우선순위를 정하는 기준은 서비스 시스템마다 달라질 수 있지만 대부분은 예기치 않은 긴급한 상황이 발생할 때 그 상황을 우선 해결하는 것에 초점을 맞추게 된다. 대표적인 예로는 병원의 응급서비스를 들 수 있다.

나. 예제

서비스 시설 3 앞에 대기하고 있는 작업과 각각의 처리시간 및 만기시간이 다음과 같을 때, 현재 시점 0 이후의 서비스 처리 순서를 정하고자 한다. 여기서 잔여처리시간은 시설 3에서의 처리시간과 시설 3 이후에 다른 시설에서 처리해야 할 남은 시간을 합한 시간이 된다.

도착 순서	시설 3 처리시간	시설 3 이후 남은 처리시간	만기 시간	긴급률
A	2	6	10	10/8=1.25
B	8	5	9	9/13=0.69
C	4	8	15	15/12=1.25
D	10	7	24	24/17=1.41
E	5	11	13	13/16=0.81
F	12	9	36	36/21=1.71

먼저 선착순(FCFS) 규칙은 도착 순서대로 처리하므로 당연히 A-B-C-D-E-F 순이다. 반면 최단작업시간(SPT) 규칙은 처리시간이 짧은 작업에 우선순위를

부여하므로 A-B-E-B-D-F 순이다. 마지막으로 긴급률(CR) 규칙은 긴급률이 작은 순으로 우선순위를 할당하여 B-E-A-C-D-F 순으로 처리하게 된다.

5.3 기본 개념과 핵심 이론

지금까지 살펴본 구성요소들이 어떻게 정해지느냐에 따라 다양한 형태의 대기행렬이 만들어지게 된다. 이 형태들을 대기모형(queuing model)이라고 한다. 따라서 대기이론(queuing theory)은 각각의 대기모형에 대해, 기다리는 고객의 평균 수, 고객이 기다리는 평균 시간, 서비스 시스템의 가동률(system utilization), 대기로 인해 발생하는 비용 등을 수리적으로 분석하는 내용으로 이루어져 있다. 대기모형의 내용을 좀더 자세하게 알아보기로 하자.

(1) 기본 용어와 관계

대기모형의 구체적 설명에 앞서, 대기이론에서 사용되는 기본적 용어(기호)와 각 용어의 관계를 이해할 필요가 있다. 우선 〈표 7-11〉에 중요한 기호와 각 기호의 의미를 요약하였다.

〈표 7-11〉 대기모형의 분석에 사용되는 기호와 의미

기호	의미	역할
λ	(평균)고객 도착률	결정 변수
μ	(평균)서비스율	결정 변수
M	채널의 수	결정 변수
L_q	대기열에서 기다리는 고객의 평균 수	성능 특성
L_s	시스템에 있는 전체 고객의 평균 수	성능 특성
ρ	시스템 가동률(이용률)	결정 변수
W_q	대기열에서의 평균 대기 시간	성능 특성
W_s	시스템에서 소요되는 평균 총 시간	성능 특성
P_0	시스템 내에 고객이 없을 확률	성능 특성
P_n	시스템 내에 고객이 n명 있을 확률	성능 특성

앞의 기호들을 잘 살펴보면 크게 결정 변수(decision variables)와 성능 특성(operating characteristics)의 두 그룹으로 나뉘어져 있다는 것을 알 수 있다. 첫 번째의 결정 변수들은 서비스 시스템의 구조와 형태를 결정하는 역할을 하는 변수들이며, 두 번째의 성능 특성들은 앞에서 결정 변수들이 어떤 값을 갖느냐에 따라 실제로 시스템의 성능이 어떻게 나타나느냐를 보여주는 특성들이다.

그러면 어떤 것들이 결정 변수이고 어떤 것들이 성능 특성이 될까? 앞에서 고객 도착률, 즉 단위시간당 도착하는 평균 고객의 수(average arrival rate)를 λ라고 하고, 서비스율, 즉 단위시간당 서비스를 받는 평균 고객의 수(average service rate)를 μ라고 하면 이들은 결정 변수가 된다. 또한 두 값의 비율인 $\rho = \lambda / \mu$는 가동률 또는 이용률로 정의되며 또 다른 결정 변수가 된다. 채널의 수(M), 그리고 우선순위 규칙 등도 마찬가지이다. 왜냐하면 이 변수들은 서비스의 결과로 나타나는 값이 아니라 서비스를 하기 전에 주어지는 값이기 때문이다. 반면에 기다리는 고객 수, 서비스 시간, 고객이 있을 확률, 가동률 등은 앞의 결정 변수에 따라 서비스가 이루어지면서 결과적으로 나타나는 성능 특성들이다.

(2) 안정상태와 정상해

대기이론을 풀어나가기 위해서는 먼저 안정상태(steady-state condition)와 정상해(stationary solution)라는 개념에 대한 이해가 필요하다. 왜냐하면 대기이론에서 말하는 결정 변수와 성능 특성의 값은 일종의 평균값을 뜻하기 때문이다. 어느 특정 시점에서 반드시 그 값을 갖는다는 것이 아니라 서비스 시스템이 오랫동안 운영되었을 때 나오는 평균적 값이라는 뜻이다. 서비스가 시작된 초기에는 그때그때 값이 달라지는 불안정한 상태를 보인다. 하지만 오랜 시간이 흐르면서 서비스 시스템은 점차 제자리를 잡게 된다. 이렇게 제자리를 잡은 상태를 안정상태라고 한다. 또 이러한 안정상태에 접근하면서 서비스 시스템의 성능 특성들은 서서히 어떤 값으로 수렴하게 된다. 이렇게 수렴된 값, 즉 평균적 값을 정상해라고 한다. 이 문제를 좀더 자세하게 살펴보자.

우선 앞에서 가정한대로, 한 사람의 고객이 도착한 후 다음 고객이 도착할 때까지 걸리는 시간은 지수분포를 따른다. 기초통계학을 수강한 독자들은 기억하겠지만, 모수(parameter)가 λ인 지수분포의 밀도함수는 $f(t) = \lambda e^{-\lambda t}$이다. 마찬가지로 고객이 서비스를 받는 데 걸리는 시간도 모수가 μ인 지수분포를 따르며 밀도

함수는 $f(t) = \mu e^{-\mu t}$가 된다.

이제 시간 0에서 출발하여 시간 T까지의 기간, 즉 [0, T] 사이에 n명의 고객이 서비스 시스템에 도착할 확률을 $P_n(T)$라고 하자. 수리적으로 이 교과서의 수준을 넘어서는 문제이지만, 이 확률은 다음의 식으로 나타낼 수 있다.

$$P_n(T) = \frac{(\lambda T)^n e^{-\lambda T}}{n!}$$

위 식에서 보는 것처럼, 이 확률은 평균과 분산이 각각 λT인 포아송 분포를 가리킨다.

다음으로, 역시 시간 0에서 출발하여 시간 T까지의 기간, 즉 [0, T] 사이에 n명의 고객이 서비스를 받을 확률도 $P_n(T)$라고 하자. 앞의 경우와 마찬가지로 이 확률은 다음의 식으로 표현할 수 있다. 이 확률 역시 평균과 분산이 각각 μT인 포아송 분포를 의미한다.

$$P_n(T) = \frac{(\mu T)^n e^{-\mu T}}{n!}$$

문제는 이 확률 $P_n(T)$가 시간에 따라 변하기 때문에 하나의 값으로 정할 수 없다는 데 있다. 오전 10시에 나타나는 확률값이 다르고 오후 3시에 나타나는 값은 또 다르다. 따라서 대기이론에서는 서비스 시스템이 오랫동안 운영될 경우에 나타나는 값, 즉 시스템이 안정된 상태에 도달하면서 수렴하는 값을 찾게 된다. 앞에서 설명한대로, 이 값을 정상해(stationary solution)라고 부르고 P_n으로 표기한다. 수리적으로 표현하면 아래의 식과 같이 정상해 P_n은 $P_n(T)$의 극한값이 된다.

$$P_n = \lim_{T \to \infty} P_n(T)$$

그러면 이 정상해를 어떻게 구할 수 있을까? 정상해, 즉 안정된 값이 되려면 변화율이 0이 되어야 한다. 왜냐하면 시간이 변한다고 해서 확률값이 변하는 일이 없어야 하기 때문이다. 따라서 다음과 같이 시간 T에 대한 미분값은 0이 된다.

$$\frac{dP_n(T)}{dT} = 0$$

앞에서 정의한 것처럼 $\rho = \lambda / \mu$라고 할 때, 위의 식으로부터 아래의 관계를 도출할 수 있다.

$$P_0 = 1 - \rho$$
$$P_n = (1 - \rho)\rho^n$$

(3) 시스템 내 고객의 수: L_S

서비스 시스템이 안정된 상태에 도달하면 그 시스템 안에 얼마나 많은 고객이 존재하게 될까? 먼저, 아래에서 보는 것처럼 시스템 내에 존재하는 고객의 수를 L이라고 하자.

L = 시스템 내에 존재하는 고객의 수

이제 어느 시점에서 서비스 시스템 내에 있는 모든 고객의 수, 즉 현재 서비스를 받고 있는 고객과 서비스를 받기 위해 대기하고 있는 고객을 모두 합친 고객의 수를 계산해 보자. 우선 모든 고객의 수를 L_s라고 하자. 이 값은 하나의 기대값이다. 고객의 수가 0에서 출발하여 1, 2, 3, … 으로 변할 때, 각 경우가 일어날 확률에 고객의 수를 곱한 값을 다 더한 값을 의미하는 것이다. 따라서 L_s는 아래와 같이 표현할 수 있다.

$$L_s = \sum_{n=1}^{\infty} n \times P_n \text{ , 여기서 } P_n = (1 - \rho)\rho^n$$

이제 위의 식으로부터 L_s값은 다음의 식으로 계산할 수 있다.

$$L_s = \frac{\rho}{1 - \rho} = \frac{\lambda}{\mu - \lambda}$$

(4) 대기 중 고객의 수: L_q

다음으로, 어느 시점에서 서비스 시스템 내에서 대기하고 있는 고객의 수는 어떻게 표현할 수 있을까? 시스템 내에 있는 모든 고객의 수를 n이라고 한다면 대기하고 있는 고객의 수는 현재 서비스를 받고 있는 사람을 제외한 (n−1)이 된다. 그러므로 대기하고 있는 고객의 수 L_q는 다음과 같이 표현할 수 있다.

$$L_q = 0 \cdot P_0 + \sum_{n=1}^{\infty}(n-1)P_n = \sum_{n=0}^{\infty} n \cdot P_n - \sum_{n=1}^{\infty} P_n$$

이제 위의 식으로부터 L_q값은 다음의 식으로 계산할 수 있다.

$$L_q = \frac{\rho^2}{1-\rho} = \frac{\lambda^2}{\mu(\mu-\lambda)}$$

또한 위의 두 식을 잘 살펴보면 아래의 관계가 성립함을 알 수 있다.

$$L_q = L_s - \rho$$

(5) Little의 법칙: L과 W의 관계

이제 유명한 Little의 법칙(Little's Law)에 대해 알아보자. 이 법칙은 한마디로 서비스 시스템에 존재하는 고객의 수(number)와 고객이 시스템 안에 머무르는 시간(time)과의 관계를 보여주는 수식을 말한다.

이 식을 요약해서 설명하면, 어느 서비스 시스템이 안정된 상태에 이르렀을 때, 서비스 시스템에 존재하는 고객의 평균값(average number of customers in a system)은 서비스 시스템에 도착하는 고객의 평균값(average rate at which customers arrive)에 고객이 서비스 시스템에 머무르는 평균시간(average time that a customer spends in the system)을 곱한 값이 된다는 것이다.

먼저, 아래의 표기를 보자.

L = 시스템 내에 존재하는 고객의 수

W = 고객이 시스템에 머무르는 시간

λ = 일정 시간 내에 서비스 시스템에 도착하는 고객의 평균값

그러면 아래의 관계가 성립함을 알 수 있다.

$$L = \sum_{n=0}^{\infty} n \cdot P_n$$

$$= \lambda \cdot \int_0^{\infty} t \cdot dW(t) = \lambda \cdot W$$

한마디로 표현하면 아래의 식으로 표현할 수 있으며 이 식이 바로 Little의 법칙이다.

$$L = \lambda \cdot W$$

그러면 Little의 법칙은 어디에 쓸 수 있을까? 이 법칙은 λ값이 주어졌을 때 L과 W의 관계를 보여준다. 따라서 이 식을 이용하여 L값만 알면 W값을 바로 알 수 있고 반대로 W값만 알면 L값을 쉽게 계산할 수 있다.

앞에서 설명한 것처럼, 우리는 이미 L_s와 L_q를 계산하는 식을 알고 있다. 따라서 Little의 법칙을 이용하면, W_s와 W_q의 값도 바로 알 수 있다. 서비스 시스템에서 고객이 보내는 시간을 W_s라고 하고, 대기행렬 안에서 기다리는 시간을 W_q라고 할 때, 아래의 식이 성립하는 것이다.

$$W_s = L_s / \lambda = \frac{1}{\mu - \lambda}$$

$$W_q = L_q / \lambda = \frac{\lambda}{\mu(\mu - \lambda)} = W_s - 1/\mu$$

5.4 기본 모형

지금까지 살펴본 이론들은 가장 기본적이고 일반적인 대기모형을 토대로 설명한 것이다. 그러나 현실에서는 다양한 형태와 방식의 대기모형들이 존재한다. 은행 서비스라고 해도 은행마다 서비스 처리의 원칙이나 방식이 다르고 같은 은행이라고 해도 지점마다 은행의 내부 구조나 처리 기준이 다를 수 있다. 그러므로 가장 대표적이고 일반적인 모형을 중심으로 구체적인 내용을 알아보도록 하자.

(1) 대기모형 - 무한집단

먼저 고객의 모집단이 무한인 경우를 생각해 보자. 고객의 수가 한정되어 있지 않고 누구나 서비스의 잠재 고객이라고 가정하는 경우이다. 여기에서도 서비스 요소들이 어떻게 주어지고 서비스 원칙들이 어떻게 적용되는가에 따라 다양한 대기모형들이 생길 수 있다. 그 가운데 가장 많이 발견되는 중요한 모형에 대해서만 자세히 알아보기로 한다.

가. 단일 채널(single channel) - 지수분포를 따르는 서비스 시간(exponential service time)

가장 간단한 모형으로 하나의 채널을 가지며, 서비스 시간은 지수분포를 따르는 경우이다. 고객 도착률은 앞의 가정대로 포아송 분포를 따른다. 또한 대기 규칙은 선착순이다. 따라서 이 경우는 대기모형 가운데 가장 기본적인 모형이 된다. 실제로 앞에서 설명한 기본 이론은 이 모형을 가정한 것이다.

이 모형에서 주요 성능 특성의 값을 구하는 공식은 이미 앞에서 자세히 설명하였으므로 여기에서는 생략하고 다음 <표 7-12>에 정리된 공식만을 참고하기로 하자. 다음 공식을 토대로 L_s값을 구할 수 있고 또 Little의 법칙을 이용하여 W_s, W_q의 값도 구할 수 있다. 예제 1의 사례를 통해 구체적인 값을 구해보도록 하자.

〈표 7-12〉 단일 채널-지수분포를 지니는 서비스 시간 대기모형의 평가 요소 및 공식

성능 특성	공식
대기열의 고객 평균 수	$L_q = \frac{\lambda^2}{\mu(\mu-\lambda)}$
시스템 내에 고객이 없을 확률	$P_0 = 1 - \left(\frac{\lambda}{\mu}\right)$
시스템 내에 n명의 고객이 있을 확률	$P_n = P_0\left(\frac{\lambda}{\mu}\right)^n$

예제 1 : 단일 채널 – 지수분포를 따르는 서비스 시간

xxx호텔은 고객 서비스를 향상시키기 위하여 컨시어지를 한 명 고용하였다. 이 컨시어지가 고객의 요구를 처리하는데 평균 1분이 소요되며, 고객 서비스를 사용하는 고객은 시간 당 평균 50명이다. 고객 요구를 처리하는 서비스 시간은 지수분포를 따르며, 서비스를 사용하는 고객 수는 포아송 분포를 따른다고 가정할 때, 아래의 질문에 답하라.

가. 시스템 가동률은 얼마인가?
나. 서비스 채널(서버)이 유휴 상태일 확률은 얼마인가?
다. 대기열에서 서비스를 기다리는 평균 고객 수는 몇 명인가?
라. 고객이 서비스를 받는 데 걸리는 총 평균 시간은 얼마인가?
마. 시스템 내에 고객이 한 명도 없을 확률과 네 명의 고객이 있을 확률은 각각 얼마인가?

해답

λ = 50명/시간, $\mu = \frac{1}{\text{서비스 시간}} = \frac{\text{1고객}}{\text{1분}} \times \frac{\text{60분}}{\text{1시간}}$ = 60명/시간

가. $\rho = \frac{\lambda}{\mu} = \frac{50}{60} = 0.83$

나. 유휴일 확률 = 1 − 시스템 가동률 = $1-\rho = 1-0.83 = 0.17(=17\%)$

다. $L_q = \frac{\lambda^2}{\mu(\mu-\lambda)} = \frac{50^2}{60(60-50)} = 4.17$명

라. 먼저 $L_s = L_q + \rho = 4.17 + 0.83 = 5.0$

$W_s = \frac{L_s}{\lambda} = \frac{5.0}{50} = 0.10$시간, 혹은 6분

마. $P_0 = 1 - \left(\frac{\lambda}{\mu}\right) = 1 - \frac{50}{60} = 0.17$, $P_4 = P_0\left(\frac{\lambda}{\mu}\right)^4 = 0.17\left(\frac{50}{60}\right)^4 = 0.082$

나. 단일 채널(single channel) – 일정 서비스 시간(constant service time)

앞에서 언급한 대로, 대기열이 생기는 이유는 고객 도착률과 서비스 시간이 불확실하기 때문이다. 그러므로 이 변동성만 줄이거나 제거할 수 있다면 대기 관리는 보다 수월해지고 대기 시간은 더 짧아질 수 있다. 이 모형은 모든 서비스에 대해 서비스 시간이 일정하다고 가정한 특수한 경우이다. 예를 들어 자동 세차 서비스의 경우에는 세차시간이 같은 길이로 정해져 있다. 그만큼 불확실성과 변동성이 줄어드는 것이다. 그렇다면 이 경우에 대기 시간은 얼마나 짧아지고 다른 성능은 얼마나 좋아질까?

일반적으로, 서비스 시간을 일정하게 만드는 것의 효과는 앞에서 가정한 지수분포와 비교하여 대기열에서 기다리는 고객의 평균수와 시간을 절반으로 줄여주는 것으로 알려져 있다. 즉, 지수분포를 따르는 서비스 시간에서 적용한 L_q를 2로 나누어서 구할 수 있는 것이다. 이 결과는 L_q를 구하는 기본 식에서 $\sigma = 0$으로 놓았을 경우에 유도된다. 하지만 그 과정은 수리적으로 이 책의 범위를 넘어서는 내용을 담고 있기 때문에 여기서는 결론만 이용하기로 한다. 다음의 예제 2는 성능 특성의 값을 도출하는 과정을 보여주고 있다.

예제 2 : 단일 채널-일정 서비스 시간

xxx주유소의 세차기계는 1대가 있으며, 자동차를 세차하는데 일정하게 10분이 소요된다. 이 세차기계를 이용하는 차량은 시간당 평균 4대이며, 포아송 분포를 따른다.

가. 이 경우, 대기열에 있는 자동차의 평균 대수는 얼마인가?
나. 대기열에서 기다리는 평균 시간은 얼마인가?

해답

$$\lambda = 4\text{대/시간},\ \mu = \frac{1}{\text{서비스 시간}} = \frac{1\text{대}}{10\text{분}} \times \frac{60\text{분}}{1\text{시간}} = 6\text{대/시간}$$

가. $L_q = \dfrac{\lambda^2}{2\mu(\mu-\lambda)} = \dfrac{4^2}{2\times 6\times(6-4)} = 0.67$대

나. $W_q = \dfrac{L_q}{\lambda} = \dfrac{0.67}{4} = 0.17$시간, 혹은 10분

다. 다중 채널(multiple channel)

다중 채널 시스템은 둘 이상의 채널(서버)이 독립적으로 고객들을 서비스하는 형태이다. 앞에서 살펴본 모형들은 하나의 채널 또는 한 사람의 서비스 인력만 존재하는 것으로 가정하였다. 그러나 많은 서비스 시스템에서는 여러 개의 서비스 채널이나 서비스 인력을 제공하고 있다. 은행에 가면 창구가, 공공기관에 가면 접수대가 여러 개 있는 것을 볼 수 있다.

서비스 채널이 늘어나면 가장 큰 차이는 무엇일까? 채널의 숫자를 M이라고 하면, 서비스율은 μ가 아니라 $M\mu$가 되면서 대기열의 길이와 대기시간이 짧아지는 효과를 가져온다. 동시에 가동률은 $\rho = \frac{\lambda}{\mu}$ 가 아니라 $\rho = \frac{\lambda}{M\mu}$ 가 된다. 물론 여기서도 포아송 분포를 따르는 고객 도착률과 지수분포를 따르는 서비스 시간, 그리고 선착순의 규칙을 가정한다.

이와 같은 가정 아래, 다중 채널에서의 성능 특성을 계산하는 공식은 아래의 〈표 7-13〉과 같다. 공식의 도출과정은 수리적으로 이 책의 범위를 벗어나므로 생략하기로 한다.

〈표 7-13〉 다중 채널 대기모형의 성능 특성 요소 및 공식

평가 요소	공식
대기열에서 기다리는 고객의 평균 수	$L_q = \frac{\lambda\mu\left(\frac{\lambda}{\mu}\right)^M}{(M-1)!(M\mu-\lambda)^2} P_0$
시스템 내에 고객이 없을 확률	$P_0 = \left[\sum_{n=0}^{M-1} \frac{\left(\frac{\lambda}{\mu}\right)^n}{n!} + \frac{\left(\frac{\lambda}{\mu}\right)^M}{M!\left(1-\frac{\lambda}{M\mu}\right)}\right]^{-1}$
고객의 평균 대기 시간	$W_q = \frac{1}{M\mu - \lambda}$
서비스를 받기 위해 대기할 확률	$P_W = \left(\frac{\lambda}{\mu}\right)^M \frac{P_0}{M!\left(1-\frac{\lambda}{M\mu}\right)}$

예제 3 : 다중 채널-성능 특성

xxx여행사의 보트투어에서 확보하고 있는 보트는 5대이다. 이 보트투어는 주말 저녁부터 시작하여 평균 45분 동안 도시의 명소를 보여주는 기획 관광상품이다. 이 보트투어를 사용하는 고객은 시간당 평균 6명이다. 여기서, 보트투어의 서비스 시간은 지수분포를 따르고 고객 도착률은 포아송 분포를 따른다고 알려져 있다. 또한, 보트 한대당 사용고객은 한 명으로 한정되어 있다고 가정한다. 몇 가지 중요한 성능 특성 요소의 값을 구하라.

해답

$\lambda = 6\text{명/시간},\ \mu = \dfrac{1}{\text{서비스 시간}} = \dfrac{1\text{대/투어}}{45\text{분/투어}} \times \dfrac{60\text{분}}{1\text{시간}} = 1.3\text{명/시간},\ \mathrm{M} = 5\text{보트}$

가. $\mathrm{L_q} = \dfrac{\lambda\mu\left(\dfrac{\lambda}{\mu}\right)^{\mathrm{M}}}{(\mathrm{M}-1)!(\mathrm{M}\mu-\lambda)^2}\mathrm{P_0} = \dfrac{6\times1.3\times\left(\dfrac{6}{1.3}\right)^5}{(5-1)!(5\times1.3-6)^2}\times0.000843 = 2.296$ (<표 7-13>의 식 참조)

나. $\mathrm{L_s} = \mathrm{L_q} + \dfrac{\lambda}{\mu} = 2.296 + \dfrac{6}{1.3} = 1.637 + 8 = 6.911\text{명}$

다. $\mathrm{W_q} = \dfrac{\mathrm{L_q}}{\lambda} = \dfrac{2.296}{6} = 0.383\text{시간}$, 혹은 22.96분

라. $\mathrm{W_s} = \mathrm{W_q} + \dfrac{1}{\mu} = 0.383 + 0.75 = 1.133\text{시간}$

위의 예제 3은 서비스 시스템의 목적을 만족시키기 위한 최적의 채널(서버) 수를 결정하는 문제로 변환될 수도 있다. 평균 대기 시간이나 평균 대기 고객 수에 대한 목표치를 설정한 후, 이 목표를 달성하기 위해 필요한 채널(서버)의 수를 역방향의 계산을 통해 구할 수 있다. 다음의 예제 4를 통해 살펴보자.

예제 4 : 다중 채널-최적 서버 수

xxx호텔은 VIP 투숙객의 편의를 위하여, 서울역에서 강남 호텔까지 오는 택시 서비스를 계획하고 있다. 이때, 서울역에 오는 고객은 시간 당 평균 9.6명이라고 하며, 1시간에 3.2명을 태워서 왕복할 수 있다고 한다. 이때, 대기열에서 고객이 대기하는 평균시간을 5분 이내로 하고 싶다면 택시가 얼마나 필요할까?

해답

$\lambda = 9.6$명/시간, $\mu = 3.2$명/시간

$\rho = \frac{\lambda}{\mu} = \frac{9.6}{3.2} = 3$

원하는 W_q=5분 혹은 0.083시간

이때, $L_q = \lambda W_q$이므로 L_q는 0.8명/시간임을 알 수 있다. 〈표 7-13〉의 식으로부터 M=13일 때, L_q =0.0835명/시간이며, M=14일 때, L_q=0.0791명/시간이므로 14대의 택시가 필요하다는 것을 알 수 있다.

(2) 대기모형 - 유한집단

유한자원은 이런저런 이유로 인해 서비스를 받을 대상이 한정되어 있는 경우를 말한다. 예를 들어, 어느 서비스 기업에서 직원 일인 당 50명의 고객을 배정하여, 그 고객들만을 집중적으로 관리하라고 한다면 이 직원이 서비스할 대상은 50명으로 한정된다.

유한집단과 무한집단의 가장 큰 차이는 유한집단의 경우 고객 도착률이 포아송 분포를 따르는 것이 아니라, 대기열의 길이에 따라 변한다는 점이다. 무한집단의 경우에는 잠재고객의 수가 워낙 크기 때문에 이미 도착한 고객의 수나 아직 기다리고 있는 고객의 수와 상관없이 평균 도착률은 같다고 볼 수 있다. 그러나 유한집단의 경우에는 대기열의 길이와 고객 도착률이 종속적인 관계에 있게 된다. 왜 그럴까? 처음부터 고객의 수가 한정되어 있으므로, 이미 도착한 고객의 수가 많다거나 대기열이 길다는 의미는 앞으로 서비스를 받을 고객의 수가 그만큼 줄어든다는 것을 뜻한다. 간단한 예를 보자. 만약 서비스 받을 고객이 10명으로 한정되어 있을 때, 1명이 서비스를 받고, 9명이 대기열에 존재하고 있다면, 앞으로의 고객 도착률은 어떻게 될까? 더 이상 도착할 고객이 없으므로 답은 당연히 0이

다. 유한한 전체 고객 수에서 이미 서비스를 받은 고객의 수와 현재 대기열에 있는 고객의 수를 뺀 만큼을 토대로 고객의 도착률이 정해지기 때문이다. 따라서 포아송 분포를 더 이상 가정할 수 없게 된다.

이와 같은 특성은 대기이론에 어떤 영향을 미칠까? 얼핏 생각하면 별다른 차이가 없을 것처럼 보이지만 실제로는 매우 큰 차이를 가져온다. 실제로 유한집단에서의 대기모형을 분석하는 것은 수리적으로 매우 복잡하고 어렵다. 따라서 이 책에서는 간단한 단일 채널의 경우만을 예로 들어, 유한집단의 대기이론을 간략히 설명하고자 한다. 역시 수리적 내용은 생략하고 공식만 제시한다. 아래의 〈표 7-14〉는 단일 채널-유한집단의 성능 특성 및 공식을 나타내고 있다.

〈표 7-14〉 단일 채널-유한집단의 성능 특성 및 공식

평가 요소	공식
대기열에서 기다리는 고객의 평균 수	$L_q = N - \left(\frac{\lambda+\mu}{\lambda}\right)(1-P_0)$ (단, N은 한정된 자원 수)
대기 시스템에 있는 총 고객 평균 수	$L_s = L_q + (1 - P_0)$
시스템 내에 고객이 없을 확률	$P_0 = \left[\sum_{n=0}^{N} \frac{N!\left(\frac{\lambda}{\mu}\right)^n}{(N-n)!}\right]^{-1}$
고객의 평균 대기 시간	$W_q = \frac{L_q}{(N-L)\lambda}$
서비스에 걸리는 총 평균 시간	$W_s = W_q + \frac{1}{\mu}$

예제 5 : 단일 채널-유한집단

xxxx버스회사는 천연가스 폭발에 대비하기 위하여, 10대의 버스의 엔진 및 수송탱크를 정기적으로 정비하는 계획을 발표하였다. 10대의 버스는 수명에 따라 평균 200일 기준(오래된 버스는 먼저, 새 버스는 나중에)으로 정비를 받기로 했으며, 정비원 한 명이 버스를 정비하기 위해서는 평균 2.4일이 걸린다고 한다. 두 경우 모두 서비스 시간은 지수분포를 따른다고 가정할 때, 아래의 문제들에 답하라.

가. 대기열에 기다리는 버스의 평균 대수는 얼마인가?
나. 시스템에 있는 총 버스의 평균 대수는 얼마인가?
다. 대기열에서의 평균 대기 시간은 얼마인가?
라. 버스 한대 당 정비가 끝날 때까지 걸리는 평균 시간은 얼마인가?

해답

$\lambda = \frac{1}{200\text{일}} = 0.005\text{대/일}$

$\mu = \frac{1}{2.4\text{일}} = 0.4167\text{대/일}$

N=10대

가. $L_q = N - \left(\frac{\lambda + \mu}{\lambda}\right)(1 - P_0) = 10 - \left(\frac{0.005 + 0.4167}{0.005}\right)(1 - 0.882) = 0.014\text{대}$

나. $L_s = L_q + (1 - P_0) = 0.014 + (1 - 0.882) = 0.132\text{대}$

다. $W_q = \frac{L_q}{(N - L)\lambda} = \frac{0.014}{(10 - 0.132) \times 0.005} = 0.28\text{일}$

라. $W_s = W_q + \frac{1}{\mu} = 0.28 + \frac{1}{0.4167} = 2.68\text{일}$

5.5 경제성 분석

대기모형 분석의 궁극적 목적은 가장 경제적인 서비스 시스템의 설계에 있다. 채널의 수를 늘리면 당연히 서비스 제공능력이 늘어나면서 고객의 만족도도 올라간다. 그러나 채널의 수를 늘리는 것은 곧 투자 비용과 인건비가 늘어나는 것을 의미한다. 결국 총비용을 최소화하는 채널의 수를 찾는 경제성 분석이 필요한 것이다.

물론 최적의 서비스 용량, 즉 채널의 수는 서비스 시스템마다 다르다. 채널의 수를 늘리는 비용이 작은 반면 고객을 기다리게 하는 데 드는 비용이 큰 경우라면 당연히 채널의 수를 대폭 늘리는 것이 좋을 것이다. 하지만 반대의 경우라면 오히려 채널의 수를 늘리지 않고 고객을 기다리게 하는 것이 더 경제적일 수 있다. 다음의 예제를 통해 경제성 분석의 실제를 이해하도록 하자.

예제 6 : 경제성 분석

xxx유통회사에는 하루에 평균 5대의 트럭이 화물을 운반해 온다. 화물 처리 직원이 4명일 경우, 하루 평균 6대의 트럭에 있는 화물을 처리할 수 있으며, 5명일 경우에는 하루 평균 7대의 트럭에 있는 화물을 처리할 수 있다. 처리 직원에게 들어가는 인건비와 트럭에서 처리를 기다리는 운전사의 대기 비용이 서로 상충관계에 있다. 트럭 운전사와 처리 직원의 임금이 시간 당 각각 30,000원과 12,000원이라고 할 때, 처리 직원 수에 대한 경제성 분석을 하라.(단, 직원들은 한 팀으로서 동시에 하나의 트럭에서만 화물을 내리며, 하루에 8시간만을 일한다고 가정한다).

해답

처리 직원을 늘리면 인건비가 늘어나는 대신, 대기하는 트럭의 운전사 비용을 줄일 수 있다. 비용은 처리 직원 비용과 대기하는 트럭 운전사 비용으로 구성된다.

$\lambda = 5$대/일

$\mu = 6$대/일(4명일 경우), $\mu = 7$대/일(5명일 경우)

$C_W = 30{,}000$원, $C_s = 12{,}000$원

1) 종업원이 4명인 경우

$$L_s = L_q + \rho = \frac{\lambda^2}{\mu(\mu-\lambda)} + \frac{\lambda}{\mu} = \frac{\lambda}{\mu-\lambda} = \frac{5}{6-5} = 5$$

처리 직원 비용 : 4명×(12,000원/명)×8시간/일 = 384,000원

운전사 비용 : 5명×(30,000원/명)×8시간/일 = 1,200,000원

총 비용 : = 1,584,000원

2) 종업원이 5명인 경우

$$L_s = L_q + \rho = \frac{\lambda^2}{\mu(\mu - \lambda)} + \frac{\lambda}{\mu} = \frac{\lambda}{\mu - \lambda} = \frac{5}{7-5} = 2.5$$

처리 직원 비용 : 5명×(12,000원/명)×8시간/일 = 480,000원
운전사 비용 : 2.5명×(30,000원/명)×8시간/일 = 600,000원
총 비용 : = 1,080,000원

따라서 처리 직원이 5명일 경우가 하루에 504,000원만큼 비용을 절감할 수 있어 더 경제적이라고 할 수 있다.

5.6 대기관리 보완 전략

앞에서 지적한 대로 대기 이론은 서비스 용량과 고객 대기시간 사이의 최적화를 토대로 적절한 서비스 용량 수준을 결정하는 것을 목적으로 한다. 하지만 수리적, 이론적 모형들을 현실에 적용하기에는 경제적, 기술적으로 여러 어려움이 따른다. 따라서 다음과 같은 보완적 전략이 사용되기도 한다.

(1) 예약제도의 활용

고객에게 미리 예약을 받아서 고객들이 도착하자마자 서비스를 제공하는 방법이다. 예를 들어 병원이나 식당의 경우 예약제도를 통해 환자나 고객이 기다리는 시간을 줄일 수 있다. 하지만 예약시스템을 도입할 경우, 초과예약이나 중복예약에 대한 대비책을 미리 마련하는 것이 필요하다. 예약의 경우, 예약한 고객이 나타나지 않는 일들이 자주 발생하기 때문에 일정 수준의 초과예약을 받게 된다. 그러나 만일 예약했던 고객들이 모두 나타나게 되면 초과예약에 따른 문제가 발생한다. 항공사에서는 이런 경우에 다른 등급의 좌석을 제공하여 해결하기도 하고, 극장에서는 특별 좌석을 복도에 만들기도 한다.

(2) 대체 채널의 활용

기존의 공급 채널을 대체할 수 있는 채널을 설치하는 것도 좋은 방안이 될 수 있다. 은행에서 ATM의 활용은 대기시간을 엄청나게 감소시켰고, 창구직원의 수

를 감소시키는 효과도 가져왔다. 또 여행사처럼 온라인 예약을 활용하는 것도 유용한 대안이다.

(3) 게시판의 활용

예약시스템의 활용뿐 아니라, 게시판을 이용하여 서비스 수요의 추세를 미리 알려주는 것도 좋은 방법이다. 고객의 입장에서는 다른 고객들의 도착 추세 또는 예약 현황을 미리 알 수 없다. 그러므로 전체적인 도착 및 예약 현황을 게시판에 올려서 알려주면, 고객들은 그것을 보고 적당한 시간을 선택하게 되고 결과적으로 혼잡을 피할 수 있게 된다.

(4) 예상 대기시간의 통보

대기시간에 대한 정확한 정보를 제공하는 것도 도움이 되는 경우가 많다. 예를 들어 "한동안 기다리세요" 라는 말보다 "30분만 기다리세요" 라는 말과 같이 구체적 정보를 제공하면 고객들은 막연히 기다리는 것이 아니라 아예 대기를 포기하고 다른 대안을 찾거나 아니면 남는 시간을 다른 일에 유용하게 쓸 수 있게 된다.

(5) 인센티브 제공

대기를 줄이는 것과는 반대로, 한가한 시간에 도착하는 고객에게 인센티브를 제공하여 가동률을 높이는 방법도 있다. 손님이 많지 않은 오후시간에 할인가격을 적용하는 패밀리 레스토랑, 심야영화 할인을 제공하는 극장 등이 좋은 예이다.

짧은 사례 – 아웃백의 대기관리 보완

페이저 서비스

아웃백의 페이저 서비스(Pager service, 호출기 서비스)는 고객이 기다려야 할 경우 페이저라는 호출기를 준 후 입장할 순서가 되면 페이저를 울려 차례가 되었음을 알려주는 서비스이다. 매장 앞에서 답답하게 기다리지 않고도 반경 1km 안에서 자유롭게 이동하며 순서를 기다릴 수 있다.

웨이팅 푸드 서비스(waiting food service)

매장이 만석이 되어 기다리는 고객들을 위한 서비스의 일종으로 가벼운 음식, 웨이팅 푸드를 제공하는 것이다. 여러 가지 요리를 시식할 수 있고, 또 시장기도 달래줄 수 있어 큰 호응을 얻었다.

사전예약 서비스(call ahead service)

고객들이 오래 기다리는 불편함을 덜어주기 위해 매장으로 오는 도중 미리 전화하면 대기자 명단에 올려줌으로써 좀 더 빠르고 편안하게 테이블에 앉을 수 있도록 배려한 것이다.

그 외에도 주중뿐 아니라 주말에도 런치 세트를 적용하는 스윙타임 마케팅, 할인카드와 쿠폰을 동시에 사용할 수 있는 더블할인 혜택, 인근지역의 주민들을 대상으로 하는 풀뿌리 마케팅 등도 재미있는 아이디어들이라고 할 수 있다.

5.7 온라인 대기 이론

앞에서 살펴본 대기 이론은 기본적으로 오프라인 서비스 시스템을 대상으로 하였다. 은행, 병원, 식당 등의 고객을 대상으로 대기열의 길이나 대기 시간을 분석한 후, 그 결과를 바탕으로 바람직한 대기관리 전략을 찾아본 것이다. 하지만 오늘날 대기 이론이 적용되는 서비스 시스템은 오프라인에만 존재하는 것이 아니다. 우리가 늘 사용하는 컴퓨터 역시 처리 시간(서비스 시간)과 작업 요청량(고객 도착율)에 따라 대기 이론이 적용되는 서비스 시스템이다.

실제로 수많은 사람이 동시에 온라인 네트워크에 접속하게 하면서 발생하는 대기 현상은 정보통신 시스템 운영의 중요한 주제로 대두되고 있다. 온라인 대기 시스템을 정량적으로 분석하는 트래픽 공학(traffic engineering)이 하나의 연구

분야로 자리를 잡고 있는 실정이다. 그렇다면 온라인 서비스 시스템의 대기 이론은 오프라인 시스템과 비교하여 어떻게 다를까?

초기의 트래픽 공학은 음성 전화가 주요 통신수단으로 자리잡으면서 시작되었다. 콜센터와 공중전화 교환망(Public Switched Telephone Network: PSTN)이 유선 전화 시대에 대기이론이 적용된 주요 분야이다. 이 당시의 서비스 시스템은 오프라인 시스템과 매우 비슷한 성격을 지니고 있다. 우선 고객의 평균 전화량(서비스 수요)과 콜센터의 서비스 직원 수(서비스 용량)에 따라 고객 대기의 길이가 결정된다. 직원(채널)의 수가 늘어나면 대기의 길이가 짧아지는 것도 동일하다.

실제로 이 시대의 대기 이론은 기존의 오프라인 대기 이론을 그대로 갖다 쓰는 정도였다. 서비스 시스템의 구성도 유사하고, 고객이 도착하는 빈도와 서비스를 제공하는데 걸리는 시간도 같은 확률 분포를 가정한다. 다만 고객과 서비스 종업원과의 직접적이고 물리적인 접촉이 거의 없다는 점이 다를 뿐이다. 하지만 간접적 접촉의 빈도는 오프라인 시스템보다 오히려 더 잦기 때문에 대기 비용의 중요성은 여전히 크다. 콜센터에서 고객의 대기 비용에 많은 신경을 쓰는 것이 좋은 예이다. 그런 관점에서 보면, 유선 전화 시대의 대기 이론은 오프라인 시스템과 뒤에서 나오는 온라인 시스템간의 중간 형태 정도라고 할 수 있다.

본격적인 온라인 대기 이론이 나오게 된 것은 인터넷과 데이터 통신이 등장하면서부터이다. 인터넷 시대의 대기 이론은 유선 전화 시대의 대기 이론과 무엇이 다를까? 온라인 대기 시스템은 컴퓨터와 컴퓨터 간에 데이터 정보의 송수신이 이루어지면서 만들어진다. 따라서 서비스 시스템의 구성 요소나 운영 방식을 설명하는 용어와 개념도 다음과 같이 달라진다.

- 고객과 서버는 사람이 아닌 컴퓨터로 대체된다.
- 데이터를 요청하는 집단을 클라이언트(client)라고 하며, 그 요청을 받고 서비스를 처리하는 집단을 서버(server)라고 한다.
- 고객 도착율에 대응되는 개념은 트래픽(traffic)이다. 트래픽은 클라이언트의 요청에 따라 서버에서 전송되는 정보의 양을 의미한다.
- 서비스를 처리하는데 걸리는 시간은 곧 데이터를 송수신하는데 걸리는 시간이 된다.

온라인과 기존의 오프라인의 대기 시스템을 비교해 보면 다음 〈표 7-15〉와 같이 정리할 수 있다.

〈표 7-15〉 오프라인 대기 시스템과 온라인 대기 시스템의 비교

오프라인 대기 시스템	온라인 대기 시스템
고객	클라이언트(client)
서버	서버
고객도착율	트래픽
서비스 시간	데이터 송수신 시간

오프라인 시스템과 비교하여 온라인 시스템이 가장 다른 점은 트래픽이 '동시다발적'으로 발생한다는 사실이다. 오프라인 시스템에서는 동시접속이 일어나지 않는다. 은행 창구에서 두 명의 고객이 동시에 한 사람의 직원에게 서비스를 요청하는 일은 없다. 하지만 인터넷에서는 동시접속이 빈번히 일어난다.

그렇다면 동시접속은 서비스 시스템에 어떤 새로운 문제를 일으킬까? 크게 다음의 두 가지를 들 수 있다. 첫째는 서버가 다운되는 문제이다. 둘째는 통신 속도가 떨어지는 문제이다. 특히 송수신을 할 수 있는 용량이 제한된 경우, 위의 문제들은 더욱 심각해진다. 여기서 대역폭(bandwidth)이라는 개념이 나온다. 대역폭이란 송수신할 수 있는 정보의 용량을 의미한다. 마치 데이터가 지나다니는 고속도로에 비유할 수 있다.

대역폭과 관련하여 위의 두 가지 문제를 실생활의 예로 접근해보자. 우선, 명절이나 휴가철에 고속도로가 꽉 막히는 현상을 보자. 이러한 현상은 교통량이 고속도로의 허용 용량을 초과하기 때문에 생긴다. 온라인으로 말하면, 대역폭이 좁을수록 동시접속에 따른 서버의 다운 현상이 더 심하게 나타난다는 것을 뜻한다. 다음으로, 4차선 고속도로에 차량이 10대 다니는 경우와 3차선 고속도로에 차량이 10대 다니는 경우를 비교해보자. 당연히 4차선의 경우에 차량의 속도가 더 빠를 것이다. 온라인으로 말하면, 대역폭이 좁을수록 통신속도 저하 문제가 더 커진다는 것을 의미한다. 동시접속의 특성 때문에 온라인 서비스 시스템의 트래픽과 데이터 전송 속도는 서비스 용량, 즉 대역폭의 크기에 더 민감하게 반응하는 것이다.

그러면 동시접속이 대기 이론에 미치는 구체적인 영향은 무엇일까? 오프라인 시스템에서는 동시접속이 일어나지 않으므로 오프라인의 대기 이론을 온라인 대기 이론에 그대로 쓸 수는 없다. 가장 큰 차이점은 바로 트래픽, 온라인 대기 시스템의 고객 도착율에 대한 가정이다. 오프라인 대기 시스템에서는 고객 도착율이 포아송 분포를 따른다고 가정하였다. 하지만, 온라인 대기 시스템에서는 동시접속 때문에 더 이상 포아송 분포를 가정할 수 없다. 이렇게 되면 대기 이론은 수리적으로 훨씬 복잡해지고 따라서 답을 계산하기가 매우 어려워진다. 따라서 대부분의 경우, 수리적인 공식으로 대기열의 길이나 대기 시간을 찾는 것이 아니라 시뮬레이션을 통해 근사해(approximate solution)를 구하게 된다. 결국 온라인 시스템에서 대기 문제를 관리하는 것은 오프라인과 비교하여 더욱 어려운 문제가 되는 것이다. 상세한 수리 부분은 이 책의 수준을 넘어서기 때문에 여기서는 생략하기로 한다.

짧은 사례 – Akamai CDN 서비스

디지털 콘텐츠의 몸집이 커지면서 트래픽 집중에 의한 병목 현상과 이동간의 데이터 손실 등의 문제가 콘텐츠를 제공하는 입장의 CP(Contents Provider)와 콘텐츠를 이용하는 사용자 모두의 발목을 잡고 있다.

이러한 네트워크 혼잡 현상을 효과적으로 교통정리 해주는 서비스가 바로 CDN(Contents Delivery Network)이나. CDN은 인터넷 네트워크 주요지섬에 선용서버를 설지하고 거기에 콘텐츠를 미리 저상해 놓은 후 사용자 요구가 발생하면 가장 근접한 곳에 있는 서버가 응답하도록 함으로써 콘텐츠의 수요를 분산시키는 방식이다. Akamai는 이 CDN 서비스 시장에 최초로 진출한 기업이다.

Akamai의 비즈니스 모델은 매우 단순하다. 콘텐츠 이동으로 생기는 트래픽은 사용자, CP, 그리고 인터넷 서비스 제공자인 ISP(Internet Service Provider) 등 모두에게 골치거리가 된다. Akamai는 이들에게 트랙픽 감소가 가져다 줄 효용의 크기를 인지시켜 CDN 서비스에 가입하도록 유도한다. 그리고 사용료를 받는 것이 Akamai의 수익원이다. 캐싱 기술과 미러링 기술 등에 관한 기술력과 네트워크 서버 등 자원능력을 활용하여 서비스 시장의 선도기업으로 올라선 것이다.

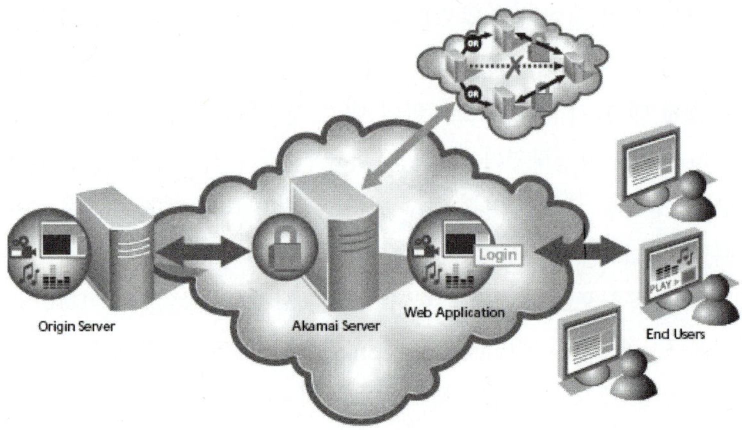

[그림 7-19] Akamai CDN 서비스(출처: http://www.akamai.com)

요약

1. 서비스 시스템 운영의 기본은 서비스 수요와 공급의 관리이다.

2. 공급이 수요를 초과하면 재고 문제가 발생할 수 있고, 반대로 수요가 공급을 초과하면 대기 문제가 발생할 수 있다.

3. 수요-공급 관리는 서비스 수요에 대한 예측에서 시작된다.

4. 수요 예측 기법은 크게 정성적 기법과 정량적 기법으로 나눌 수 있다.

5. 수요 예측의 결과는 다양한 지표들을 기준으로 정확성을 평가한다.

6. 서비스 공급 방식은 크게 자체 공급과 외부 주문 방식으로 나눌 수 있다.

7. 자체적으로 서비스 능력을 공급하는 기본 전략으로는 수요추구형 전략(chase strategy), 공급평준화 전략(level strategy), 혼합전략(mixed strategy)이 있다.

8. 외부 주문 방식은 고정 주문량 방식, 고정 주문 간격 방식, 일회성 주문 방식으로 나눌 수 있다.

9. 수요 조정 및 공급 조정을 위해 보완적 관리 기법을 혼용하여 사용한다.

10. 대기 현상은 서비스 시스템의 구성과 수요-공급 발생 빈도의 불확실성에 따라 다양한 형태로 나타난다.

11. 확률적 분석을 바탕으로 대기 현상의 경제성 분석을 수행할 수 있다.

12. 온라인 시스템의 대기 현상을 분석하기 위해서는 온라인 시스템의 특성을 고려해야 한다.

핵심 키워드

핵심 키워드

- 서비스 수요와 공급
- 서비스 수요 관리
- 수요예측 기법
- 이동 평균과 지수 평균
- 예측의 정확도
- 서비스 공급관리
- 수요맞춤형 전략(chase strategy)과 공급평준화 전략(level strategy)
- 고정 주문량 모형, 고정 주문 간격 모형, 일회 주문 모형
- 수요 조정과 공급 조정의 보완 전략
- 대기 모형
- 우선순위 규칙
- 대기관리 보완 전략
- 온라인 대기 이론

연 습 문 제

개념형-이론형 문제

1. 일반적으로 제품과 비교하여 서비스의 수요 및 공급 관리는 훨씬 더 어렵다고 한다. 서비스의 어떤 특성들이 제품과 비교하여 서비스의 관리를 어렵게 만드는지를 예를 들어 설명해 보자.

2. 서비스 수요 예측은 정성적 기법과 정량적 기법으로 구분된다. 어떤 경우나 기준에 따라 정성적 기법 혹은 정량적 기법을 적용하는 것이 더 좋을지를 토의해 보자.

3. 서비스 공급 방식 중 수요추구형 전략(chase strategy), 공급평준화 전략(level strategy), 혼합 전략(mixed strategy)의 장단점을 비교해 보고, 실제 서비스 기업에서는 어떤 전략을 어떤 방식으로 전개하는 것이 좋은지를 토의해 보자.

4. 서비스 대기 시스템의 구성요소를 설명하고, 인터넷 및 스마트폰 등의 정보통신기술 발전이 이러한 대기 시스템에 어떤 영향을 미칠지를 토의해 보자.

탐구형-실습형 문제

5. 다음은 A 커피 전문점에서 9월 첫째 주 월요일에서 금요일까지 요일별 판매 커피 수를 나타낸 것이다. 이 정보를 토대로 아래 문제의 답을 구해 보자.

요일	월요일	화요일	수요일	목요일	금요일
판매 커피 수	66	81	114	96	102

1) 평활 계수 $\alpha=0.3$인 경우 다음 월요일의 수요 예측치
2) 추세 조정 계수 $\beta=0.2$인 경우 다음 월요일의 수요 예측치
3) 1)과 2)의 수요예측치 정확도의 비교
4) 이 커피 전문점의 둘째 주의 실제 판매 커피 수는 다음과 같이 수요일에 가장 많이 팔리면서 주기성을 갖는다. 계절 조정 계수 $\gamma=0.2$인 경우에 월요일의 수요 예측치

6. B 컨설팅 업체의 서비스 라인은 세무자문, 회계감사로 이루어져 있는데 각 라인에 필요한 자원의 차이를 고려할 때 세무자문에 필요한 공급량보다 회계감사에 필요한 공급량이 2배로 많다. 직원 채용 비용은 100만 원, 해고 비용은 500만 원이며, 현재 30명이 고용되어 있지만 최대 40명까지 채용이 가능하다. 직원들은 정규시간에 직원당 500단위를 생산하며 단위당 2만원의 임금을 받는다. 반면 초과근무에는 직원당 400단위를 생산하며 단위당 임금은 3만원이다. 모든 직원은 정규 시간을 우선으로 하고, 이후 초과 근무를 할당한다. 재고 유지 비용은

단위당 5천 원이며, 재고부족은 발생하지 않는다고 가정한다. 수요 데이터가 다음과 같을 때, 수요추구형(chase) 전략과 공급평준화(level) 전략의 총 비용을 비교하여 최적의 전략을 선택해 보자.

	기초 재고	1월	2월	3월
세무자문	600	4,000	12,000	3,000
회계감사	200	5,000	8,000	6,000

7. C 꽃배달 서비스 업체에서는 수요에 따라 화원에서 꽃을 주문하여 서비스를 제공한다. C 서비스의 일일 수요는 평균이 320개이고 분산이 225인 정규 분포를 가지고 있다. 재고수준이 미리 정한 수준까지 내려가면 보충을 위한 주문을 한다. 주문 비용은 1회 2만 원이고, 구매비용은 개당 4천 원이며, 재고 유지 비용은 구매가격의 25%이다. 보충에 소요되는 기간은 정확하게 5일이 걸린다.
1) EOQ를 결정해 보자.
2) 95% 서비스 수준을 달성하기 위한 재주문점과 안전재고 수준을 결정해 보자.
3) C 서비스는 주문 정책을 바꿔, 매 30일마다 같은 공급자에게 주문하기로 하였다. 정해진 날짜에 보충하기 때문에 소요 기간은 2일로 줄었다. 재고를 점검한 결과 현재 1,530개의 공급능력을 보유하고 있었다. 이 때 95% 서비스 수준을 달성하기 위한 주문량과 안전재고 수준을 구해 보자.

8. D 대학과 업무 협약을 맺은 E 은행은 학생들을 대상으로 하는 "대학생 우대 계좌" 상품을 학생증과 연결하여 판매하고자 한다. 이 계좌를 만들기 위해 학생들은 시간당 평균 8명 정도가 오리라 예상하고 있다. E 은행은 학생 편의를 위하여 담당 서버 한 명을 두어, 계좌 개설 업무를 맡겼으며 한 학생당 평균 6분이 걸린다고 한다. 학생의 평균 도착율은 포아송 분포를 따르고, 계좌 개설 시간은 지수 분포를 따른다고 할 때, 아래 문제의 답을 구해 보자.
1) 시스템 내 고객의 평균 수
2) 시스템 내 대기고객의 평균 수
3) 서비스를 받기 위해 대기하는 시간
4) 서비스를 받는 데까지 걸리는 총 시간
5) 시스템에 고객이 없을 확률

9. F 학교의 보건소에는 3명의 의사가 상주하며, 간단한 의료업무를 제공하고 있다. 일반적으로 학생들은 감기나 두통 등의 간단한 치료를 목적으로 오는 경우가 대부분으로, 평균적으로 한 학생을 치료하는데 10분 정도가 걸린다고 한다. 학생들은 시간당 12명 정도가 보건소에 진찰을 받으러 온다고 할 때, 아래 문제의 답을 구해 보자. 단, 학생의 도착 비율과 의사의 진찰 시간은 각각 포아송 분포와 지수 분포를 따른다고 가정한다.
1) 시스템 내 고객의 평균 수
2) 시스템 내 대기고객의 평균 수
3) 서비스를 받기 위해 대기하는 시간

4) 서비스를 받는 데까지 걸리는 총 시간
5) 서비스를 받기 위해 대기할 확률

10. G 호텔의 로비에서 예약 접수를 받을 직원을 한 명 뽑으려고 한다. 두 명의 후보자 중 한 명은 견습 직원으로 시간당 14,000원을 받으며, 평균적으로 시간당 3명의 고객 업무를 처리할 수 있다고 한다. 또 다른 한 명은 경력 직원으로 시간당 20,000원을 받지만, 평균적으로 4명의 고객을 서비스할 수 있다고 한다. 시간당 평균 2명의 고객이 도착한다고 할 때 아래 문제의 답을 구해 보자. 단, 고객 도착율과 서비스 시간이 각각 포아송 분포와 지수 분포를 따른다고 가정한다.
1) 견습 직원이 일하는 대기 시스템의 성능 특성
   - 시스템 내 고객의 평균 수
   - 시스템 내 대기고객의 평균 수
   - 서비스를 받기 위해 대기하는 시간
   - 서비스를 받는 데까지 걸리는 총 시간
   - 시스템에 고객이 없을 확률
2) 경력 직원이 일하는 대기 시스템의 성능 특성 (1)의 5가지 특성)
3) 고객의 대기 비용이 시간당 30,000원이며 대기 및 서비스 시간 모두 대기 비용이 발생할 때, 어느 직원을 고용하는 것이 더 유리할지 시간 당 총 비용을 계산하여 경제성 분석을 수행한 결과

조사형-검색형 문제

11. 서비스 수요 예측을 위해 사용된 정성적 예측 기법의 실제 사례를 찾아 정리해 보자.

12. 서비스의 수요-공급 일치를 위해 다양한 보완적 관리 방안이 활용되고 있다. 주위의 서비스 기업들이 활용하고 있는 실제 사례들을 조사하고 그 목적과 효과를 분석해 보자.

13. 심각한 온라인 트래픽이 발생하는 실제 사례를 조사하여, 그 원인과 해결방안을 토의해 보자.

14. 고객이 실제로 기다리는 대기 시간을 효과적으로 관리하는 방식 외에 고객이 '느끼는' 대기 시간을 줄이기 위해 사용할 수 있는 심리적, 환경적, 기술적 방안은 무엇이 있는지를 찾아보고 실제로 그 방안을 사용한 사례들을 조사해 보자.

Evaluation of Service System

CHAPTER

08

서비스 시스템의 평가

구성도

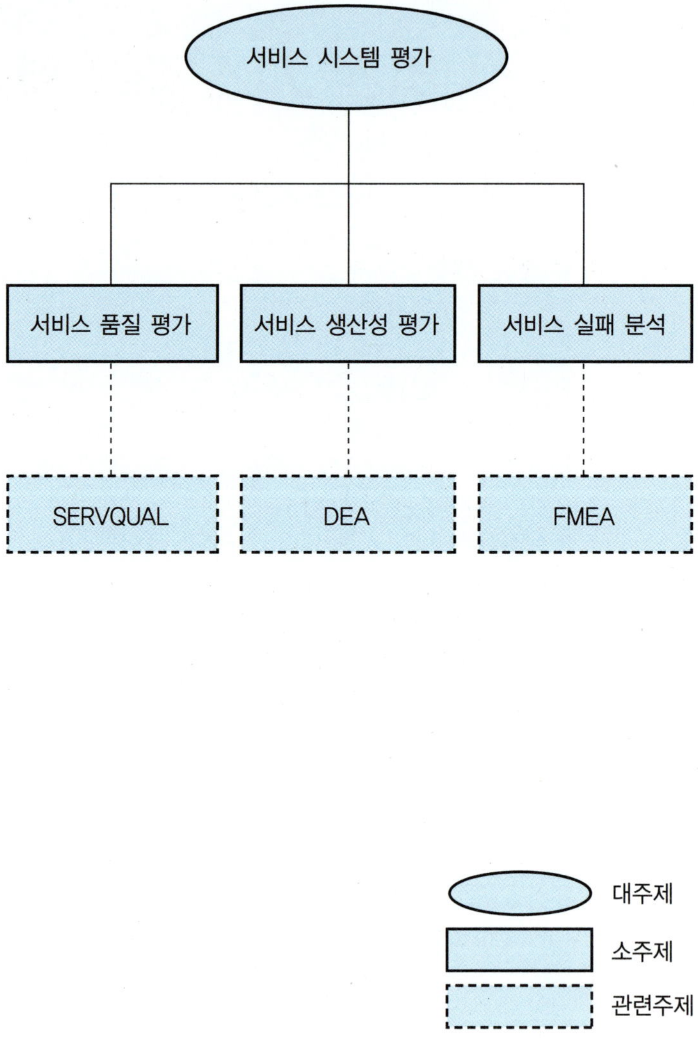

서비스 시스템 평가
서비스 품질 평가
서비스 생산성 평가
서비스 실패 분석
SERVQUAL
DEA
FMEA
대주제
소주제
관련주제

배경과 주요 내용

앞 장에서 우리는 서비스 시스템의 운영 계획과 실행에 대해 알아보았다. 시스템 운영관리의 마지막 주제는 시스템의 평가(evaluation)이다. 계획대로 잘 실행되었는지를 확인하고 문제점과 해결방안을 찾는 단계를 거쳐야 하는 것이다.

서비스 시스템의 평가는 매우 방대한 주제를 포함한다. 무엇을 어느 관점에서 평가하느냐에 따라 평가의 내용과 방식이 달라지기 때문이다. 이 장에서는 크게 세 가지 평가주제에 초점을 맞춘다. 첫째는 서비스 '품질'의 평가이다. 둘째는 서비스 '생산성'의 평가이다. 그리고 마지막은 서비스 '실패'의 분석이다.

서비스 품질(Quality of Service: QoS)은 측정하기도 어렵고 따라서 평가하기도 어렵다. 서비스 품질은 서비스 자체가 지니는 속성들과 서비스 프로세스에서 생기는 속성으로 나눌 수 있다. 서비스 품질은 서비스를 제공하는 입장에서 보는 품질도 있고 서비스를 받는 고객 입장에서 보는 품질도 있다. 이런 다양한 속성들을 반영하기 위해 어떤 평가 지표들이 개발되어 있는지, 어떤 평가 기법들이 사용되고 있는지를 알아본다.

일반적으로 생산성(productivity)은 산출물과 투입물의 비율로 정의된다. 그러나 서비스 생산성을 이런 지표로 측정하는 것은 여러 가지 문제점들을 안고 있다. 서비스는 산출물을 명확하게 정의하기 어렵고 언제부터 언제까지 투입물이 사용되었는가를 결정하기도 쉽지 않기 때문이다. 이러한 문제점들을 고려한 생산성 평가 지표나 기법들은 어떤 것들이 있는지를 알아본다. 특히 DEA(Data Envelopment Analysis)에 대해 자세히 살펴본다.

서비스 실패(failure)의 분석도 서비스 시스템 평가의 주요 부분이다. 서비스 실패의 정의는 무엇이며, 실패를 사전적으로 예방하거나 사후적으로 처리하는 기법들에는 어떤 것들이 있는지를 알아본다.

학습 목표

1. 서비스 시스템 평가는 어떤 기준과 관점에서 할 수 있는지를 이해한다.
2. 제조 시스템과 비교하여 서비스 시스템의 평가가 더 어려운 이유를 파악한다.
3. 제품 품질과 서비스 품질의 차이를 이해한다.
4. 서비스 품질의 주요 구성 요소를 파악한다.
5. 서비스 품질의 실무적 측정 방법을 이해한다.
   - SERVQUAL 기법을 간단한 실제 사례에 적용해 본다.
6. 서비스 프로세스를 이해하고 서비스 프로세스의 개선 방안을 파악한다.
7. 서비스 생산성의 정의와 지표를 이해한다.
8. 서비스 생산성의 상대비교에 이용되는 DEA 기법의 원리와 절차를 이해한다.
   - DEA 기법을 간단한 실제 사례에 적용해 본다.
9. 서비스 실패 관리의 사전적 방법과 사후적 방법을 이해한다.
10. 서비스 실패를 예방하기 위한 분석 방법의 하나인 FMEA를 이해한다.
    - FMEA 분석을 간단한 실제 사례에 적용해 본다.

사례 – FedEx의 서비스 품질혁신

제조업에서 품질혁신에 성공한 기업은 많다. 그러나 서비스에서 품질혁신에 성공한 기업은 많지 않다. 그런 의미에서 가장 완벽한 서비스 품질혁신기업의 하나로 평가받는 페덱스(FedEx)의 사례는 큰 의미를 지닌다.

품질혁신의 시작: 직원만족에서 시작하라

서비스 품질관리는 보통 고객만족에서 시작한다. 그러나 FedEx는 다르다. '자기 일, 자기 회사에 만족하지 못한 직원은 고객을 만족시킬 수 없다'가 품질혁신의 출발점이다. 서비스 품질을 관리하고 싶다면, 우선 회사가 직원을 만족시켜야 한다는 것이다. FedEx의 품질관리는 그래서 '공정대우 프로그램(Guaranteed Fair Treatment Program: GFTP)'에서 시작한다. 다른 기업에서도 흔히 볼 수 있는 제도 같지만 그 운영방식은 매우 독특하다. 이 프로그램은 어떤 직급의 직원이라도 부당한 대우를 받았다는 느낌이 드는 일이 있을 때에는, 필요에 따라 최고경영자에게까지 직접 잘못을 시정해 줄 것을 요청할 수 있도록 제도화되어 있다. 또 하나의 기둥은 '서베이-피드백-액션(SFA)' 시스템이다. 모든 직원은 조사 문항에 대해 익명으로 답을 한다. 각 업무그룹의 관리자들은 이 설문에서 문제점을 찾아내고, 직원들과 함께 해결책을 기획하고 제도화한다.

[그림 8-1] 페덱스의 직원만족을 통한 품질혁신(출처: http://www.hankyung.com)

고객만족: 단순하지만 철저하게

FedEx의 고객만족 비결은 단순하다. 실제로 FedEx의 서비스 품질지수(Service Quality Index: SQI)는 다른 품질지표와 비교해 크게 다르지 않다. 차이는 엄격한 실천에서 비롯된다. SQI 지표의 항목과 중요도는 고객들의 서비스에 대한 인식의 변화에 맞춰 정기적으로 바뀐다. 더 중요한 것은 SQI가 상대지표가 아니라 절대지표라는 것이다. 사업이 확장되면 배달건수도 늘어난다. 그러나 FedEx는 SQI값이 늘어나는 것을 허용하지 않는다. 일반 기업들은 백 건 배달에 한 건의 배달지연이 발생하는 것과 천 건에 열 건이 발생하는 것을 같은 품질 수준이라고 생각한다. 그러나 FedEx는 서비스 품질이 열 배 나빠졌다고 판단하고, 한 건으로 줄이려고 노력한다. 이러한 단순하지만 철저한 실천이야말로 서비스 품질과 고객만족도를 지속적으로 높이는 왕도인 것이다.

한계와 도전: 정보품질을 혁신하라

세계 212개국에서 하루 290만건의 화물을 처리하는 FedEx에게 있어 SQI만으로 서비스 품질을 관리하는 것은 더 이상 가능하지 않다. 해답은 무엇일까? FedEx는 서비스와 정보통신기술을 결합시킨 새로운 서비스 시스템 '슈퍼트래킹'을 통해 이 한계를 극복한다. 화물의 위치, 이동경로, 담당직원 성명을 포함한 모든 정보가 미국 내에 위치한 '슈퍼허브'에 저장되고, 다시 전 세계로 송신되는 이 시스템은 FedEx 내에서 발생하는 모든 활동과 물건의 정보를 회사가 통제할 수 있게 만들었다. 이 시스템의 정보품질은 나날이 향상되어, 이제는 거의 실시간으로 모든 정보가 FedEx의 서비스 시스템을 통해 수집, 분배, 통제된다. 단순한 서비스 품질혁신을 넘어 서비스 시스템 품질혁신에 도전하고 있는 것이다.

08 서비스 시스템의 평가

제1절 서비스 평가의 기본

앞 장에서 우리는 서비스 시스템의 운영 계획과 실행에 대해 알아보았다. 시스템 운영관리의 마지막 주제는 시스템의 평가(evaluation)이다. 서비스 시스템이 계획대로 잘 실행되었는지를 확인하는 단계를 거쳐야 하는 것이다.

서비스 시스템의 평가는 매우 방대한 주제를 포함한다. 누가 무엇을 어떤 목적과 어느 기준에서 평가하느냐에 따라 평가의 내용과 방식이 달라지기 때문이다. 따라서 그 다양한 내용과 방식을 모두 다루는 것은 불가능하다. 이 책에서는 [그림 8-2]에서 보는 것처럼, 크게 세 가지 평가주제에 초점을 맞춘다.

첫째는 서비스 '품질' 의 평가이다. SERVQUAL 기법을 중심으로 서비스 품질 평가의 구체적인 내용을 알아본다. 둘째는 서비스 '생산성' 의 평가이다. DEA 기법을 사용하여 서비스 생산성을 평가하는 주제에 초점을 맞춘다. 마지막은 서비스 '실패' 의 분석이다. FMEA 기법을 통해 서비스 실패의 가능성을 진단하는 방법을 살펴본다.

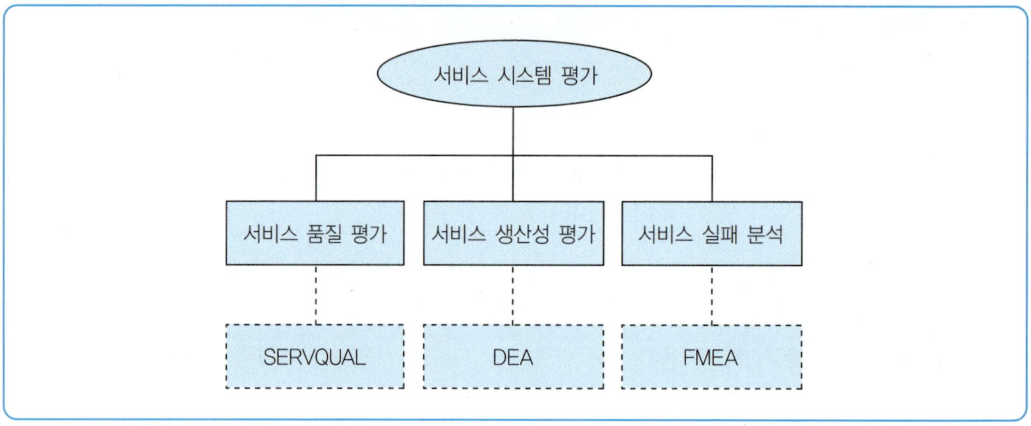

[그림 8-2] 서비스 시스템 평가의 기본 구조

제2절 서비스 품질 평가

2.1 기본 개념

제품과 달리 서비스 품질, Quality of Service(QoS)는 측정하기도 어렵고 따라서 평가하기도 어렵다. 이러한 문제는 대부분 서비스가 지니는 본질적 속성에 기인한다. 이 속성들은 크게 서비스 자체가 지니는 속성들과 서비스 프로세스에서 생기는 속성으로 나눌 수 있다.

우선 서비스 품질의 평가를 어렵게 만드는 서비스 자체의 속성들은 어떤 것들이 있을까? 되풀이되는 말이지만 서비스의 가장 큰 특징은 무형성(intangibility)이다. 대부분의 제품은 눈에 보이고 손에 잡히므로 품질의 내용과 수준을 물리적, 정량적으로 측정하는 것이 가능하다. 예를 들어 자동차의 성능은 연비나 최고속도 등으로, 내구성은 엔진의 수명 등으로 구체적으로 측정할 수 있다. 그러나 음식의 맛, 종업원의 친절 등 많은 종류의 서비스는 그 품질을 물리적, 정량적으로 측정하는 것이 쉽지 않다. 또 측정한다고 하여도 주관적이고 가변적인 값으로 표현되기 때문에 객관적인 평가가 어렵다.

서비스의 이질성(heterogeneity)과 서비스-고객간의 상호작용(interaction)

은 또 다른 문제이다. 서비스의 이질성으로 인해 서비스마다 품질은 달라지고, 시간과 공간의 차이에 따라 크게 바뀔 수 있다. 또 같은 종업원이 같은 서비스를 제공해도 만족하는 고객이 있는가 하면 불만을 표시하는 고객도 있다. 종업원의 입장에서도 고객이 달라지면 제공하는 서비스 자체가 달라지므로 같은 품질을 유지하기가 어렵다.

서비스 프로세스도 품질의 평가를 어렵게 한다. 우리가 서비스 품질이라고 하면 서비스라는 결과물에 대한 품질을 의미하기도 하지만 서비스가 제공되는 과정인 프로세스의 품질을 뜻하는 경우도 많다. 설사 서비스의 결과물이 좋다고 하더라도 그것이 제공되는 프로세스에 문제가 있다면 그 서비스 시스템은 근본적으로 품질의 문제를 안고 있는 것이다. 그러나 프로세스의 품질을 측정하고 평가한다는 것은 매우 어려운 일이다. 더구나 프로세스 안의 어느 단계나 영역에서 어떤 원인 때문에 품질 문제가 발생하였는지를 진단하고 파악하는 일은 더욱 어려운 과제가 된다.

제품과 비교하여, 서비스 품질 관리의 시점과 주체가 다른 점도 지적할 수 있다. 제품의 품질은 대부분 구매 이전단계의 활동에 의해 결정된다. 그러나 서비스의 품질은 구매한 시점 이후의 활동에 의해 더 큰 영향을 받는다. 즉 서비스를 만드는 시점의 생산자나 제공자의 관점이 아니라 서비스가 만들어진 이후의 시점에서 구매자나 사용자의 관점에서 품질을 결정하는 경우가 더 많다.

지금까지 설명한 이유로 인해, 서비스 품질의 정의와 평가는 한 가지의 기준이나 방식으로 이루어지지는 않는다. 서비스의 성격에 따라, 서비스 시스템의 목적에 따라 적합한 기준과 지표를 사용하는 것이 대부분이다. 따라서 여기에서는 가장 많이 알려지고 가장 자주 사용되는 기법을 대표적으로 소개하기로 한다.

2.2 평가지표

바로 앞에서 언급한 것처럼, 서비스 품질의 주관적, 감성적 특성 때문에 서비스 품질을 측정하는 지표는 다양하게 개발되어 왔다. 이러한 지표들은 크게 다음 두 가지 기준을 바탕으로 만든 것이다. 하나는 사용 적합성(fitness for use)이다. 즉 사용자 또는 고객의 기대나 요구를 어느 정도 만족시켜주는가 하는 정도를 서비스 평가의 척도로 삼는 것이다. 다른 하나는 일관성(consistency)이다. 즉, 서비스가 시간이나 공간에 관계없이 얼마나 안정적으로 제공되느냐의 수준을 평가의 지표로 삼는 것이다.

(1) 평가지표의 구성

평가지표에 관한 첫 번째 질문은 지표의 구성이다. 물론 가장 간단한 경우는 단일 지표를 쓰는 것이다. 그러나 하나의 지표로 서비스 품질을 평가하는 것은 무리가 많다. 따라서 대부분의 평가에서는 복수의 평가항목이나 지표를 사용한다.

우선 두 가지 지표로 구성한 대표적인 예를 보면 전체적인 품질을 과정 품질과 결과 품질로 나누는 것이다. 과정 품질은 고객들에게 서비스를 전달하는 과정의 품질을 가리킨다. 이 지표들은 주로 '어떻게(how)' 에 초점을 맞추기 때문에 기능 품질이라고 하기도 한다. 결과 품질은 고객들이 서비스로부터 얻는 것 '무엇(what)' 에 초점을 맞춘다. 따라서 기술 품질이라고 부르기도 한다.

좀 더 복잡하게 세 가지로 나눈 예를 보면, 물리적 품질, 상호작용 품질, 이미지 품질로 나누는 경우를 들 수 있다. 또 성과 품질, 적합 품질, 소통 품질 등으로 나누는 경우도 있다.

평가 지표의 전체적인 구성을 어떤 기준으로 설계하든 개별적인 평가 지표를 만들기 위해서는 개념적 정의(conceptual definition)와 실질적 정의(operational definition)가 제시되어야 한다. 개념적 정의는 그 지표가 '무엇' 을 평가하는 것인가를 가리킨다. 이에 비해 실질적 정의는 그 지표를 '어떻게' 측정하는가를 의미한다. 예를 들어 이동통신 품질의 평가에서 고장수리 서비스라는 평가기준이 설정되었다고 하자. 고장수리 서비스는 여러 측면에서 볼 수 있기 때문에 다양한 지표가 제시될 수 있다. 그 중에 하나로 '고장 수리율' 이라는 지표를 사용한다고 하자. 여기서 고장 수리율은 얼마나 '신속, 정확하게' 고장을 수리해주느냐를 평가하는 '개념적 정의' 이다. 하지만 얼마나 '신속, 정확하게' 수리하는가는 주관적인 의미이기 때문에 실제로는 다양한 정량적 공식으로 측정할 수 있다. 만일 '모든 고장 수리 가운데 정해진 시간 내 수리가 완료되는 비율' 이라는 공식으로 측정한다면 이것이 바로 '실질적 정의' 가 된다. 대부분의 경우, 먼저 주관적 의미를 설명하는 개념적 정의가 설정된 후 이를 실제로 측정할 수 있는 실질적 정의가 만들어지게 된다. 다음 〈표 8-1〉에는 이동통신 품질 평가에서 쓸 수 있는 평가 지표들의 개념적 정의와 실질적 정의가 예시적으로 제시되어 있다.

〈표 8-1〉 이동통신 품질 평가 지표: 개념적 정의와 실질적 정의

평가 기준	평가 지표-개념적 정의	평가 지표-실질적 정의
개통 및 변경 서비스	신규 개통률	약정 기일 내 개통 완료 비율
	개통 후 고장률	개통 후 1개월 이내 고장 발생 빈도
	이전 개통률	약정 기일 내 이전 완료 비율
서비스 지원	장애 통지	발생시 사실을 통지하는 데 경과되는 시간
	접수 응대율	응대에 소요되는 시간
	서비스 만족도	경쟁기업간 5점 척도의 상대적 만족도
고장 수리 서비스	고장 수리율	정해진 시간 내 수리가 완료되는 비율
	중복 고장률	수리 후 1개월 내에 다시 고장 빈도
접속 및 전송 서비스	접속 지연	연결 요청 후 접속 완료까지 경과 시간
	접속 실패율	망의 부족/결함으로 접속이 실패하는 확률

(2) 평가의 주체

다음의 질문은 평가의 주체, 누가 서비스를 평가하고 누가 평가지표를 만드느냐에 관한 것이다. 여기에도 서로 상반된 두 주체가 존재한다. 하나는 서비스 공급자(제공자)의 관점에서, 공급자가 직접 평가지표를 만들고 실제로 서비스를 측정하는 방식이다. 이 방식에서는 서비스 품질도 제품 품질과 마찬가지로 측정 가능한 변수들로 구성되어야 한다고 주장한다. 따라서, 개인의 취향이나 주관적 판단을 배제하고 제조나 기능의 문제, 스펙(spec)이나 요구사항에 대한 합치성(conformance to requirement)만으로 서비스 품질을 측정한다.

다른 하나는 고객(사용자) 입장에서, 그 서비스를 경험한 고객들이 서비스 품질을 평가하는 방식이다. 이 방식은 서비스가 지니는 본질적 특성 때문에 서비스의 품질은 객관적인 잣대로 측정할 수 있는 것이 아니라고 주장한다. 따라서 그 서비스를 경험한 고객(사용자)이 서비스를 제공받는 과정에서 얻은 지각이나 받은 느낌으로 서비스 품질을 측정한다.

2.3 평가 기법

앞에서 평가의 주체가 누구냐에 따라 평가지표와 기법도 달라진다고 하였다.

그렇다면 각각의 경우에 가장 대표적인 기법들은 어떤 것들이 있을까? 우선 서비스 제공자(공급자)의 관점에서 사용하는 기법을 보자. 여기에는 무수히 많은 지표와 기법들이 존재한다. 왜냐하면 거의 모든 서비스 기업들은 나름대로의 방식으로 서비스 품질을 관리하고 있기 때문이다. 따라서 그 많은 경우들을 일일이 살펴볼 수는 없다. 대신 여기에서는 FedEx의 사례를 가지고, 제공자 중심의 관점에서 평가지표를 설정하고 품질 수준을 평가하는 기법에 대해 알아보기로 한다.

고객의 관점에서 사용하는 기법도 여러 가지가 제시되어 있다. 그 가운데서도 가장 종합적으로 서비스 품질을 정의한 기법으로 SERVQUAL을 들 수 있다. 실제로 SERVQUAL은 자주 사용되는 기법이자 다른 기법들의 뼈대 역할을 하는 대표적 기법이라고 할 수 있다. 여기에서는 SERVQUAL을 중심으로 고객 중심의 품질 평가기법을 살펴본다.

(1) 제공자 중심의 기법

제공자(공급자) 중심에서 서비스 품질을 평가한다는 것은 곧 자신들이 실제로 하고 있는 서비스의 내용을 평가한다는 것을 의미한다. 다시 말해, 우리가 해야 하는 일들을 제대로 하고 있는지를 우리 스스로 점검하는 것이다. 따라서 제공하고 있는 서비스의 내용을 토대로 실제로 측정 가능한 지표들을 주로 사용한다. 이 과정은 크게 두 단계로 이루어진다. 먼저 제공자 입장에서 품질 관리의 핵심적인 요소(항목)들을 선정한다. 다음으로는 각 항목의 수준을 실제로 측정할 수 있는 지표를 만든다.

이 장 처음의 사례에서 설명한 FedEx의 경우를 보자. 잘 알려진 대로 FedEx는 화물이나 서류의 운송을 전문으로 하는 서비스 기업이다. 따라서 〈표 8-2〉에서 보는 것처럼, 모든 품질지표들은 운송 서비스에 관한 것들이다. 대표적인 항목과 지표로는 화물의 분실과 화물의 손상이 선정된 것을 볼 수 있다.

〈표 8-2〉 FedEx의 품질지표와 평가 지수

고객불만요소	설명	가중치 (A)	건수 (B)	요소별 지수 (A×B)
화물 분실	화물 자체의 분실, 내용물 도난	10		
화물 손상	드러나거나 드러나지 않은 손상, 젖은 화물, 날씨 탓으로 인한 손상 모두	10		
배달날짜 지연	배달 약속 날짜를 못 지킴	5		
정시인수 실패	약속된 시간에 배달될 물품을 인수하러 가지 못 함	3		
추적불능	COSMOS 정보시스템을 통해 배송물품의 현 위치를 파악할 수 없음	3		
불만재발	제기된 불만이 만족스럽게 해결되지 못해 재차 불만이 제기됨	3		
배달시간 지연	약속된 날짜에 배달하였으나 배달약속을 못 지킴	1		
송장(送狀)수정 요청	수정요청의 수용여부에 상관없이 고객의 수정요구 자체를 문제로 파악	1		
고객의 배달확인 누락	모든 대금청구서에 대해 고객의 확인을 받아야 함	1		
서비스품질지수 (SQI)	—	—	—	SQI (Σ A×B)

이제 서비스 품질을 평가하는 과정을 알아보자. 우선 개별 평가지표(요소)들이 모두 정의되면, 그 다음에는 각 지표(요소)의 상대적 중요도에 따라 가중치(weight)를 정한다. 이어서 각 지표의 실제값을 측정한다. 각 지표(요소)들의 실제값에 가중치를 곱하면 지표별(요소별) 평가지수 값이 계산된다. 마지막으로 모든 평가지수값을 더하면 최종적인 서비스 품질지수 SQI(Service Quality Index) 값이 도출된다.

위의 표가 만들어지면 그 다음에는 결과의 해석, 그리고 서비스 품질을 올리기 위한 개선방안의 도출 작업이 이어진다. 어느 지표(요소)에서 가장 큰 문제가 발생하고 있는지, 지난 시점과 비교하여 어느 요소가 좋아지고 나빠졌는지 등을 살펴보게 된다. 물론 평가의 우선순위와 초점은 가중치가 높은 지표에 두게 된다.

이 과정에서 각 지표의 단위를 결정하는 것도 중요하다. 앞의 표에서 고객불만에 관한 지표들을 비율(%)이 아니라 건수로 측정하는 것을 볼 수 있다. 비율로 측정하는 것과 건수로 측정하는 것의 차이는 무엇일까? 제대로 서비스가 이루어지는 정도를 99.5%라고 표현하는 것과 제대로 서비스가 이루어지지 않는 건수가 10,000개 가운데 50개라고 표현하는 것의 차이를 생각해 보자. 기존의 % 표시법하에서 99.5%라는 수치에 만족하고 있던 종업원들은 새로운 수량(건수) 표시법하에서 나온 50개라는 값을 보면서 서비스 품질에 대한 문제 의식을 갖게 된다.

(2) 고객 중심의 기법

가. 기본 개념

고객(사용자) 중심에서 서비스 품질을 평가한다는 것은 곧 서비스를 받는 사람들이 기대하고 요구하는 것을 중심으로 서비스의 수준을 평가한다는 것을 뜻한다. 다시 말해, 고객이 원하는 것들을 제대로 제공하고 있는지를 제공자가 아니라 고객이 점검하는 것이다. 따라서 고객 입장에서 평가지표를 설정하고 고객들이 참여하여 평가 결과를 제시한다.

SERVQUAL은 고객 관점에서 품질을 측정하고 평가하는 대표적 기법이다. 실제로 SERVQUAL은 고객이 기대하는 서비스 품질과 실제 인식되는 서비스 품질 간의 차이(gap)를 측정하기 위해 개발된 평가기법이다(Parasuraman, Zeithaml, Berry, 1985). 즉, 서비스의 품질은 고객의 입장에서 자신이 기대했던 수준과 실제로 제공받은 수준의 차이가 어느 정도이냐에 따라 결정된다고 보는 것이다.

SERVQUAL의 특성은 다음 두 가지로 요약할 수 있다. 첫째는, '다중항목(multiple-item scale)' 지표라는 점이다. 서비스 품질을 하나의 항목이 아니라 여러 항목으로 나누어 평가하는 것이다. 둘째는, 앞에서 언급한 것처럼, '갭 분석(gap analysis)'을 기반으로 한다는 것이다. 품질의 수준을 각각의 항목에 대해 하나의 값으로 측정하는 것이 아니라 그 항목에 대한 기대치와 평가치의 차이, 즉 갭(gap)의 크기로 측정하는 것이다. 나아가 그 갭이 어느 단계에서 발생하느냐에 따라 크게 다섯 가지 갭으로 나눈 후, 각각의 갭을 해소하기 위한 방안도 함께 제시하는 접근을 취한다.

나. 품질 구조

앞에서 말한 대로, SERVQUAL의 서비스 품질은 여러 가지 지표(항목)로 구성된다. 이 다양한 지표들은 하나의 계층 구조를 이루고 있다. [그림 8-3]에 도시되어 있는 것처럼, 먼저 상위에서는 서비스 품질을 다섯 가지의 차원(dimension)으로 정의한다. 다음으로 그 밑의 하위 계층으로 내려가면, 각 차원별로 구체적이고 세부적인 품질 지표들이 제시된다.

우선 첫 번째 차원인 유형성은 서비스를 구성하는 시설, 장비, 인력 등 모든 가시적 품질요소들을 가리킨다. 유형성은 그 밑의 다양한 지표들로 구성된다. [그림 8-3]에 나타난 은행서비스의 예를 들면, 건물의 외관, 내부 인테리어, ATM 기기의 디자인, 직원들의 복장 등이 모두 유형성의 품질요소이다.

나머지 네 차원은 비가시적이고 감성적인 서비스 품질을 측정한다. 이중 가장 중요하고 기본이 되는 것은 신뢰성이다. 신뢰성은 서비스 공급자가 약속한 서비스를 제대로 정확하게 수행하는지를 평가한다. 예를 들어 은행직원이 신용카드 해지에 3일이 소요된다고 고객에게 이야기했다면, 서비스의 품질은 카드가 실제로 3일 이내에 해지되었는지에 따라 결정된다. 따라서 업무의 정확성, 약속시간의 준수 등이 바로 신뢰성 품질의 기준이 되는 세부지표들이다. 대응성은 고객의 요구에 얼마나 신속하게 반응할 수 있는지를 측정한다. 고객의 도착을 바로 인지할 수 있는 능력, 문제가 발생할 경우 바로 해결할 수 있는 능력 등이 여기에 해당된다.

확신성과 공감성은 보다 더 감성적이고 주관적인 평가 기준이다. 확신성은 서비스 제공자가 보유하고 있는 경험적 지식이나 전문성을 가리킨다. 대부분의 고객들이 서비스에 대한 지식이 부족한 상황에서 직원의 해박한 지식, 친절한 설명, 풍부한 경험 등은 서비스 품질을 높이는 중요한 요소이다. 마지막으로 공감성은 직원의 고객에 대한 관심을 고객이 긍정적으로 받아들이고 있는지를 평가한다. 진심으로 고객의 편의나 기대를 위한 서비스를 제공하고 있다고 느낄 때, 서비스는 고객으로부터 공감성을 확보하고 있다고 할 수 있다.

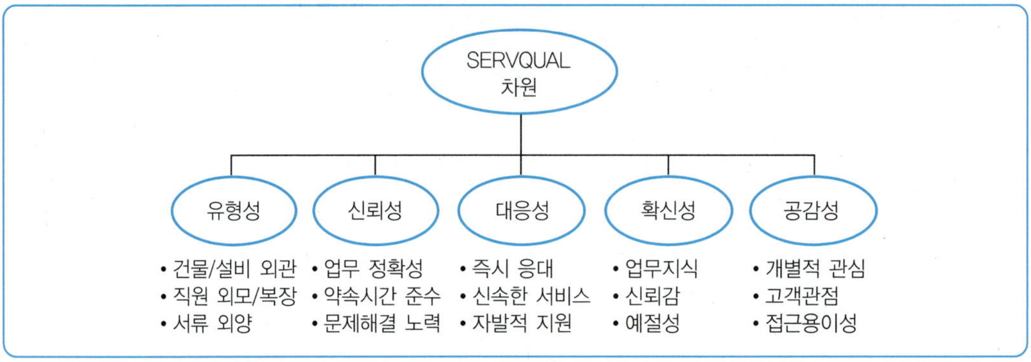

[그림 8-3] SERVQUAL 서비스 품질의 5가지 차원: 은행 서비스의 예

다. 품질 측정

그렇다면 SERVQUAL은 실제로 어떤 방식과 절차를 거쳐 서비스 품질을 측정할까? 앞에서 설명한 것처럼, SERVQUAL에서는 고객들의 기대 수준과 인지 수준의 차이로 품질을 평가한다. 대부분의 경우, 서비스를 받기 전에 고객은 이미 과거의 경험(past experience) 또는 외부의 구전 정보(word of mouth)에 의해 서비스 품질에 대한 기대치를 가지고 있다. 이를 기대 서비스 품질(Expected Service quality: ES)이라고 한다. 한편, 서비스를 받고 난 고객은 본인의 실제 경험을 토대로 서비스 품질을 인지하게 된다. 이것이 인지(지각) 서비스 품질(Perceived Service quality: PS)이다. SERVQUAL 점수는 아래의 식과 같이 고객의 인지(지각) 평가점수와 기대 평가점수의 차이로 계산된다.

SERVQUAL 점수 = 고객의 인지점수(PS) − 고객의 기대점수(ES)

측정의 순서는 먼저 기대 서비스 품질을 측정한 후 다음에 인지 서비스 품질을 평가하는 식이다. 기대 서비스 품질은 이미 알려져 있기 때문에 따로 측정할 필요는 없다. 그러나 인지 서비스 품질은 고객으로부터 직접 얻어야 한다. 이를 위해 주로 설문조사 방법이 사용된다. 고객들은 설문지에 포함되어 있는 각 항목에 대해 일반적으로 7점 척도로 품질 수준을 표시한다.

라. 고객만족

그렇다면 고객만족은 어떻게 품질과 연관될까? 그 답은 두 가지 품질, ES와 PS의 차이를 보고 고객만족도를 판정하는 것이다. [그림 8-4]에서 보듯이, ES와 PS의 차이에 따라 고객만족도는 크게 세 가지 경우로 나뉘게 된다. 첫째로, 만약 기대 서비스 품질보다 인지 서비스 품질이 높다면 고객은 서비스의 품질에 감동하고 높은 만족감을 느낀다고 볼 수 있다. 둘째로, 만일 인지 품질이 기대 품질과 거의 비슷하다면 고객은 대체로 서비스에 만족하고 있다고 볼 수 있다. 이 정도면 한 번 받은 서비스를 다시 이용하고 싶어지는 재구매 효과가 발생하는 수준이다. 셋째로, 만약 인지 품질이 기대 품질에 못 미치면, 고객은 불만을 느끼면서 다시는 그 서비스를 찾지 않게 된다.

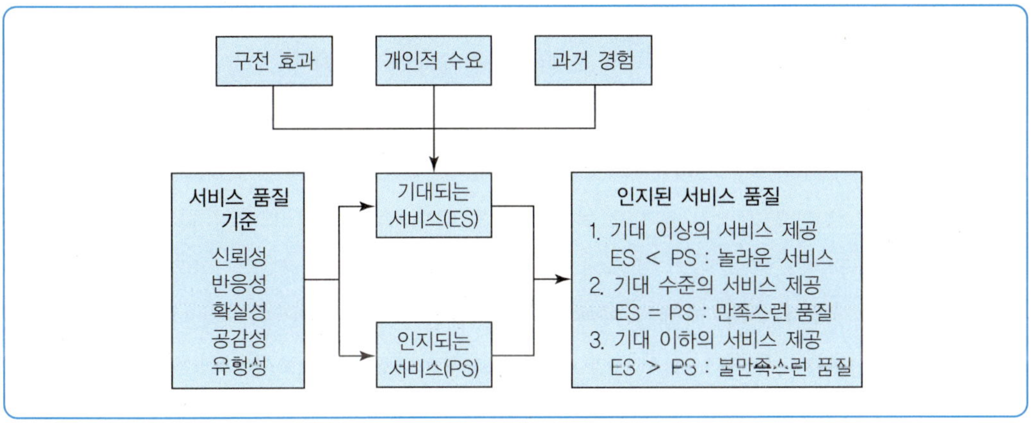

[그림 8-4] 품질과 고객만족도의 관계

마. 갭 분석

앞에서 설명한 것처럼 SERVQUAL의 중요한 목적은 갭 분석(gap analysis)을 통한 문제점의 파악에 있다. 먼저 [그림 8-5]에서 보듯이, SERVQUAL은 다섯 가지의 갭을 제시하고 있다. 각 갭의 내용과 원인에 대해 알아보자.

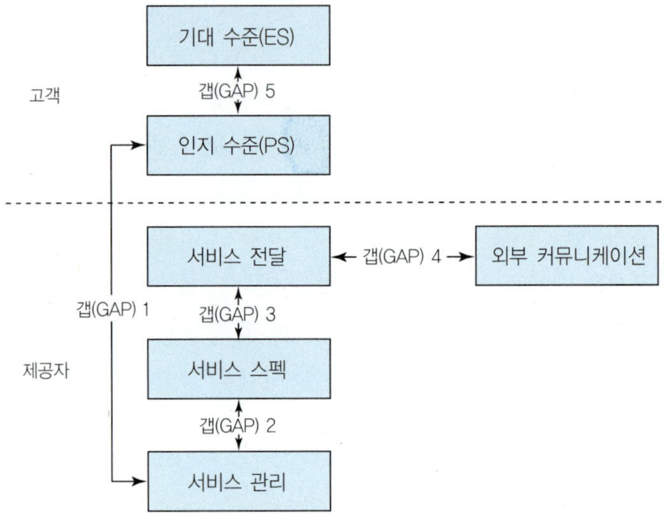

[그림 8-5] 갭 분석(gap analysis) 모형의 체계

– 갭(GAP) 1: 관리 인식 갭(management perception gap)

이 갭은 서비스 품질을 관리하는 주체(부서)가 고객이 기대하는 서비스 품질을 잘못 인식하고 있기 때문에 생기는 것이다. 이 갭이 생기는 이유는 시장 조사나 고객 분석 활동 자체를 아예 하지 않거나, 한다고 해도 거기서 나온 정보가 잘못되었기 때문이다. 설사 정보 자체가 정확하다고 해도 그 정보를 잘못 해석하면 갭이 생길 수 있다. 품질 관리 조직이 너무 복잡하여 아래에서 위로 정보가 올라오지 못하거나 조직 내 소통이 제대로 이루어지지 않는 경우도 문제가 된다.

– 갭(GAP) 2: 품질 스펙 갭(quality specification gap)

이 갭은 설정된 서비스 품질의 스펙과 관리 조직이 생각하고 있는 서비스 기대치가 서로 다르기 때문에 생기는 것이다. 따라서 주로 품질 기획(planning)에 문제가 있는 경우에 발생한다. 관리 조직이 품질의 목표를 잘못 설정한다든가 품질 관리의 기획과정이 잘못되었을 때 문제가 생기는 것이다.

– 갭(GAP) 3: 품질 전달 갭(quality delivery gap)

이 갭은 설정된 서비스 품질의 스펙과 실제 제공된 서비스 수준이 다르기 때문에 생기는 것이다. 따라서 이 갭은 가장 실질적이고 기술적인 의미의 문제를 보여주는 것이다. 우선 품질의 스펙이 너무 까다롭다거나 복잡하여 종업원들이 서비스 스펙을 제대로 숙지하지 못할 경우 이 갭이 생길 수 있다. 또 스펙을 알고 있지만 서비스 제공 능력이 떨어지거나 서비스 제공 프로세스에 문제가 있을 때도 갭이 발생한다.

– 갭(GAP) 4: 외부 소통 갭(market communication gap)

이 갭은 외부에 홍보하거나 공지한 서비스 수준과 실제 제공된 서비스 수준이 다르기 때문에 생기는 것이다. 대부분 서비스 마케팅 부문과 서비스 제공 부문의 커뮤니케이션이 잘못되었을 때 이 갭이 생긴다. 과장광고도 주요 원인의 하나이다.

– 갭(GAP) 5: 인지 품질 갭(perceived quality gap)

이 갭은 고객의 기대 서비스 품질(ES)과 인지 서비스 품질(PS)이 다르기 때문에 생기는 것이다. 따라서 원래의 SERVQUAL이 정의한 갭, 가장 좁은 의미의 갭을 의미한다. 이 갭은 순전히 고객의 관점에서 본 둘 사이의 거리이다. 따라서 이 갭이 발생하면 고객은 제공된 서비스에 대해 부정적 이미지를 갖게 되고 심지어는 서비스 자체를 거부하는 상황에 이를 수도 있다.

바. SERVQUAL의 활용

이제 구체적인 SERVQUAL의 활용방안에 대해 알아보자. 우선은 SERVQUAL 결과를 보고 어디에 어떤 문제가 존재하는지를 찾을 수 있다. 특히 앞의 갭 분석(gap analysis)을 토대로 어느 부분에 어느 정도의 격차가 있는지를 알 수 있다. 또 그 문제의 성격과 원인은 무엇이며, 그 문제와 관련하여 우리의 강점과 약점이 무엇이고, 나아가 그 문제를 해결할 수 있는 방안이 무엇인지를 찾게 된다.

SERVQUAL의 측정을 주기적으로 반복하면서 품질의 수준과 방향을 시계열적으로 분석하고, 동태적으로 비교할 수 있다. 또 일정기간 동안 고객의 기대 수준이나 인지 수준의 변화 추이를 살필 수도 있다. 나아가 고객들의 만족도 변화에 미치는 요인은 무엇이며, 그 효과는 어느 정도인지도 알아볼 수 있다. 이 정보는 품질 관리는 물론 고객 세분화를 위한 기본 자료로도 활용하게 된다.

만일 SERVQUAL을 기업 내부의 부서간에 적용한다면, 또 외부기업에도 적용한다면, 조직간 서비스 품질을 비교하거나 자사와 경쟁사간 서비스 품질을 비교할 수 있다. 나아가 서비스 품질 관리의 벤치마킹 대상과 수준을 정하는데도 활용할 수 있다.

(3) 퍼지 이론

가. 기본 개념

SERVQUAL은 여러 가지 장점 때문에 서비스 품질 측정과 평가의 대표적 기법으로 활용되고 있다. 그러나 SERVQUAL도 본질적인 문제점을 안고 있다. 앞에서 설명한 대로, SERVQUAL은 품질 평가의 대상인 서비스의 속성에 대해, 각각의 품질 수준을 1점과 7점 사이의 스케일을 움직이는 정수(integer) 값으로 정의하고 있다. 원래 정성적이고 주관적인 느낌으로 나타나는 것을 정량적인 점수로 단순화시킨 것이다.

그러나 이러한 단순화 과정에서는 반드시 정보의 손실과 판단의 오류가 발생하기 마련이다. 가령 7점 스케일로 서비스 수준을 측정한다고 할 때, 서비스 수준이 매우 우수하다고 느끼는 경우에 7점을 배점하게 되면, 우수하다고 느끼는 경우에는 6점을 배점하게 된다. 이 때 고객이 느끼는 '매우 우수한' 정도와 '우수한' 정도가 7점과 6점의 1점 차이로 정확하게 표현될 수 있을 것인가 하는 문제가 생기는 것이다.

이러한 문제는 정성정이고 감성적인 평가를 정량적인 값, 특히 고정된 정수로 단순화시키는 과정에서 항상 발생하는 것이다. 특히 서비스 품질과 같이 주관적인 요소가 많은 평가의 경우에는 그 문제가 더 크게 부각된다.

그렇다고 다른 대안이 뚜렷하게 있는 것도 아니다. 이런 저런 대안들이 제안되고 있지만 그것들은 그 나름의 약점들을 안고 있다. 이런 과정에서 그래도 최근에 많은 관심을 끌고 있는 새로운 접근이 바로 퍼지 이론(fuzzy theory)이다. 퍼지 이론은 원래 일반적인 자연현상 및 사회현상을 모형화하는 과정에서 만들어졌지만, 최근에는 공학, 통계학, 경영학 등 다양한 분야에서 활용되고 있다. 또 그 성격상 서비스 품질의 평가에도 적용될 수 있는 여지가 많다.

나. 퍼지 수와 서비스 품질

퍼지 이론의 수리적 내용은 이 책의 범위를 벗어나는 부분이 있어 자세히 다루지는 않는다. 그러나 이론의 핵심인 삼각형 퍼지수(triangular fuzzy number)라는 개념은 이해할 필요가 있다.

예를 들어, 서비스 품질의 수준이 {매우 나쁨, 나쁨, 보통, 좋음, 매우 좋음}의 다섯 단계로 나누어진다고 하자. 그러면 SERVQUAL을 비롯한 일반적인 방법은 각각의 서비스 수준을 1~5점 사이의 정수 값으로 설정하게 된다. 하지만 퍼지이론에서는 [그림 8-6]에서 볼 수 있는 삼각형 퍼지수로 설정한다.

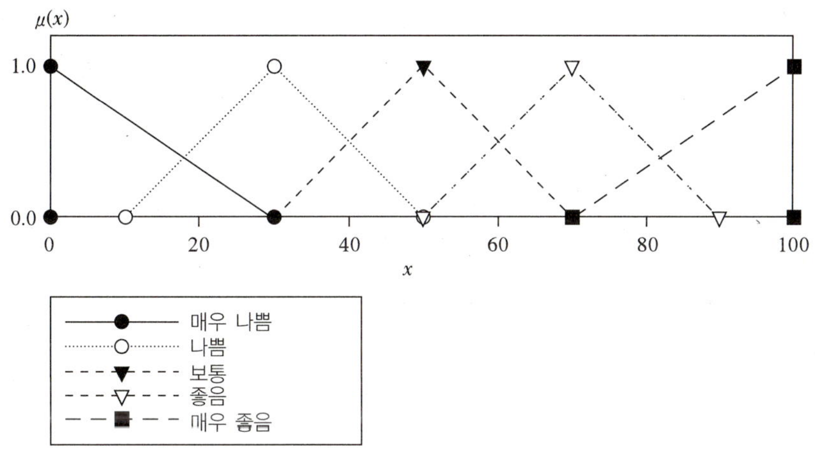

[그림 8-6] 삼각형 퍼지수에 의한 서비스 수준 평가

삼각형 퍼지수의 핵심 아이디어는 각 점수가 소속되는 정도를 하나의 값이 아니라 '범위'로 정의하는데 있다. 서비스 품질에 대한 점수는 당연히 좋을수록 높고 나쁠수록 낮다. 하지만 그 정도는 하나의 값으로 결정되는 것이 아니라 어느 범위 안에서 움직이는 값으로 결정된다.

위의 그림을 다시 보자. 품질이 '매우 나쁜' 경우 그 값은 0과 30 사이를 움직인다. 그 범위 안에서는 0이 될 '정도'가 1로 가장 높다가 점점 작아져 30이 될 '정도'는 0이 되는 것을 볼 수 있다. 마찬가지로, 평가가 '좋음'으로 나타날 경우 값은 50과 90 사이를 움직이며, 70이 좋음에 소속되는 정도는 '1'이 되고 70에서 멀어질수록 소속되는 정도가 줄어든다. 이런 식으로 품질의 수준을 정량화하면 SERVQUAL이 지니고 있는 문제점들을 어느 정도 해결할 수 있다.

2.4 서비스 프로세스의 개선

(1) 기본 개념

서비스 품질을 평가하는 궁극적인 목적은 서비스 프로세스를 개선하여 품질 문제가 발생하는 근본적인 원인을 제거하는 데 있다. 서비스를 제공한 이후에 발생한 품질 문제에 대해 사후적인 대응책을 제시하기 보다는 서비스를 제공하는 과정에서 발생할 가능성이 있는 잠재적 문제를 사전적으로 해소하는 것이 더 효과적인 것이다.

실제로 서비스 프로세스를 개선하기 위해 다양한 기법들이 활용되고 있다. 그리고 그 기법들은 주로 제품의 품질 관리에서 이미 사용해 온 기법들을 서비스 쪽에 응용한 것들이다.

프로세스 개선 기법의 뿌리는 Plan-Do-Check-Act의 첫 글자를 딴 PDCA Cycle에 있다고 할 수 있다. PDCA Cycle은 이미 20세기 전반에 품질 관리의 선구자인 슈하르트(Shewart)와 데밍(Deming) 등에 의해 만들어지고 보급된 것이다. 이 기법에서는 수많은 요소와 단계로 구성되어 있는 프로세스 품질을 크게 무엇을 어떻게 할 것인가를 정하는 계획(Plan) 단계, 계획에 따라 실행하는(Do) 단계, 실행의 결과가 제대로 나타났는지를 확인하는(Check) 단계, 마지막으로 지속적으로 개선책을 찾는(Act) 단계의 네 단계로 정리하고 있다. 서비스 품질은 어느 하나의 요소나 단계에 의해 결정되는 것이 아니라 계획-실천-평가-개선의 모든 프로세스와 그 프로세스를 운영하는 시스템 전체에 의해 결정되고 또 관리되어야 한다는 것이다.

오늘날 현장에 가장 널리 알려지고 실무에서 가장 많이 사용되는 프로세스 개선 방법은 6 시그마 기법이라고 할 수 있다. 6 시그마 기법의 개념적 기반은 앞에서 설명한 PDCA Cycle에 있다. 그러나 70년대 모토롤라(Motorola)에서 개발한 6 시그마 기법은 PDCA Cycle을 보다 체계적이고 과학적인 형태로 발전시킨 것으로써 폭넓게 활용되는 계기를 만들었다.

6 시그마라는 용어는 통계의 정규분포(Normal distribution)에서 나온 말이다. 만일 품질의 성능값이 정규분포를 따른다면, 그 값이 평균에서 6σ 떨어진 범위를 벗어날 확률, 즉 품질 불량이 생길 확률은 100만 분의 3.4 정도가 된다. 여기서 σ는 표준편차(standard deviation)를 의미한다. 따라서 6 시그마는 서비스 품질에 문제가 발생할 확률을 100만분의 3.4라는 미세한 수준 이하로 줄일 것을 목표로 한다.

이 수준에서 품질을 관리하기 위해서는 다음 두 가지 작업이 이루어져야 한다. 첫째, 서비스 하나하나의 품질이 아니라 서비스를 만들어내는 프로세스 전반의 품질을 관리해야 한다. 서비스 현장뿐 아니라 서비스 기획, 마케팅, 엔지니어링 등의 경영 활동 전반에 있어 업무 프로세스를 근본적으로 분석하고 개선해야 한다. 둘째, 가능한 모든 서비스 품질 관리 대상을 정량화해야 한다. 만일 문제가 객관적으로 정의되고 결과가 수치로 나타나지 않으면 통계적 관리 범위를 측정하기도 힘들고 나아가 개선 방안을 찾기도 어렵기 때문이다.

(2) 과정과 절차

6 시그마 기법은 구체적으로, D(Define)-M(Measure)-A(Analyze)-I(Improve)-C(Control)의 단계적 과정을 밟는다. 각 단계의 내용을 간략히 살펴보면 아래와 같다.

– Define(정의): 문제의 정의와 프로젝트의 선정

- 주요 고객을 정의
- 고객의 요구사항(Critical to Quality: CTQ) 파악
- 고객만족을 위한 내부 서비스 프로세스 정의
- 개선 프로젝트 선정

– Measure(측정): 주요 요인(속성)의 측정

- 서비스 품질 문제를 계량적으로 정의
- 서비스 품질 문제의 수준을 파악
- 측정 방법의 적합성 검증
- 초기 자료와 정보의 수집

– Analyze(분석)

- 서비스 품질 문제 발생 원천(언제, 어디서)의 파악
- 서비스 품질 문제의 형태와 원인 규명
- 서비스 품질의 문제를 통계적 문제로 전환
- 핵심 요인의 분석

– Improve(개선)

- 브레인스토밍(brainstorming)을 통한 개선방안 도출
- 가능한 개선방법의 실험적 수행
- 핵심 요인의 개선 방향과 수준의 결정

– Control(관리)

- 통계적 해결방안을 실무적 해결방안으로 전환
- 개선 프로세스의 모니터링 및 지속적 관리
- 새로운 프로세스의 제도화
- 통계적 해답을 현실적 해답으로 해석

제3절 서비스 생산성 평가

3.1 기본 개념

일반적으로 생산성(productivity)은 아래의 식과 같이 산출물과 투입물의 비율로 정의된다. 따라서 생산성의 측정에 가장 널리 사용되는 방법은 투입량(input)에 대한 산출량(output)의 비율을 그대로 이용하는 것이다. 실제로 제조업의 생산성, 제품생산 과정의 생산성 등은 대부분 이 방식과 기준으로 생산성을 측정하여 왔고, 규모가 작고 성격이 단순한 서비스 조직의 경우에도 이 기준으로 생산성을 평가한다.

$$생산성 = \frac{산출량}{투입량}$$

그러나 위의 식을 기준으로 서비스의 생산성을 측정하는 것은 여러 가지 문제점들을 안고 있다. 우선, 서비스의 무형성과 이질성으로 인해 산출물을 명확하게 정의하기 어렵다. 투입물의 경우에는 투입된 인력이나 소요된 원재료 등과 같이 비교적 명확한 요소들이 있으나, 산출물의 경우에는 무엇을 어디까지 산출물로 볼 것인가를 정하기가 쉽지 않다. 서비스의 동시성과 소멸성은 생산성의 측정을 더 어렵게 만든다. 특정 서비스를 제공하는데 언제부터 언제까지 투입물이 사용되었는가를 결정하기가 쉽지 않은 경우가 많기 때문이다.

이러한 문제점들 때문에 다른 평가방법이나 접근이 사용되기도 한다. 가장 기본적인 대안은 전체 생산성을 성격과 관점이 다른 여러 가지의 개별 생산성으로 분해한 후, 각각을 따로따로 측정하는 것이다. 예를 들어, 전체적인 서비스 생산성을 운영 생산성(operational productivity)과 고객 생산성(customer productivity)의 두 가지로 나누어 파악할 수 있다. 아래의 정의에서 보듯이, 먼저 운영 생산성은 서비스 제공자 관점에서의 생산성을 가리키는 것이다. 여기서 투입물로는 원재료나 인력 등을 고려할 수 있으며, 산출물로는 고객수, 수익 등을 사용할 수 있다. 반면 고객 생산성은 고객 관점에서의 생산성을 나타낸다. 고객 관점의 투입물로는 서비스를 제공받는데 소요된 시간, 노력, 비용 등이 있으며, 산출물로는 만족, 경험, 가치 등을 제시할 수 있다.

$$\text{운영생산성} = f\left(\frac{\text{고객수, 수익}}{\text{원재료, 인력, 비용}}\right), \quad \text{고객생산성} = f\left(\frac{\text{만족, 경험, 가치}}{\text{시간, 노력, 비용}}\right)$$

서비스의 생산성을 내부 효율성(internal efficiency), 외부 효율성(external efficiency), 용량 효율성(capacity efficiency)의 세 가지로 구분하는 접근도 가능하다. 내부 효율성은 양적인 측면의 효율성을 의미하며, 외부 효율성은 질적인 측면의 효과성을 나타낸다. 용량 효율성은 수요의 양에 얼마나 잘 대응하는가를 나타내는 가동률과 유사한 개념이라고 할 수 있다. 이 세 가지의 기준을 종합한 것이 곧 서비스 전체의 생산성이 된다.

그렇다면 투입물과 산출물을 묶어서 투입량과 산출량의 비율을 동시에 측정할 수 있는 기법은 없을까? 이 질문에 대한 대답으로 가장 널리 사용되는 기법이 바로 DEA(Data Envelopment Analysis)이다. 특히 서비스 조직의 규모가 커지고 성격이 복잡해질수록 DEA의 유용성과 활용성은 더욱 높아지고 있다. 지금부터는 DEA에 대해 자세히 설명하기로 한다.

3.2 DEA

(1) 배경

서비스 시스템의 성과를 단순히 수익의 절대적 크기를 기준으로 측정하는 것은 바람직하지 않은 경우가 자주 있다. 예를 들어 2억 원의 수익을 올리는 500명으로 구성된 조직이, 1억 원의 수익을 올리는 5명으로 구성된 조직보다 성과가 더 좋다고 말할 수는 없을 것이다.

따라서 앞에서 언급한 것처럼, 크기와 성격이 다른 시스템의 성과를 측정하고 비교하는 경우에는 투입량과 산출량의 상대적 비율을 의미하는 생산성(productivity)의 개념을 이용하는 것이 더 바람직하다. 이 개념과 접근은 특히 서비스 시스템의 성과를 평가하는데 매우 유용하고 적절한 기준이 된다. 하지만 문제는 투입요소도 많고 산출요소도 많다는 데 있다. 한 가지 투입요소에 대한 한 가지 산출요소의 비율을 가리키는 생산성만으로는 여러 가지 투입요소와 산출요소가 동시에 존재하는 시스템 전반의 생산성을 측정할 수는 없다.

DEA(Data Envelopment Analysis)는 이러한 문제점을 보완해 줄 수 있는 성과측정 방법으로(Charnes et al, 1978), 특히 다양한 투입요소와 산출요소가 존재하는 대규모 서비스 시스템의 전반적인 생산성을 평가하는 기법으로 자주 사용된다. 따라서 DEA는 서비스 지점이나 센터와 같이, 다수의 동일한 목표를 가지고 비슷한 업무를 수행하는 복수의 서비스 조직간의 생산성 비교 평가에 활용할 수 있다.

DEA의 기본 아이디어를 요약하면 다음과 같다. 먼저 DEA는 하나의 평가방법이기 때문에 각각의 서비스 조직을 하나의 의사결정 단위(Decision Making Unit: DMU)로 정의한다. 다음에는 각 DMU에 대해 여러 가지 투입요소들의 가중합(weighted sum)과 여러 가지 산출요소들의 가중합의 비율로 효율성을 측정한다. 그 다음에는 그 DMU와 유사한 활동을 수행하는 다른 DMU들의 효율성과 비교하여, 상대적인 효율성을 결정한다.

DEA의 구체적인 내용과 절차를 알아보자. 먼저 DEA의 효율성은 다음과 같이 정의된다.

효율성 = 가중된 산출요소의 합 / 가중된 투입요소의 합

다음으로 DEA는 위의 효율성을 최대화하는 선형계획(Linear Programming: LP) 모형을 풀어서 각 DMU에서의 산출요소 및 투입요소의 가중치와 효율성을 계산한다. 효율성은 0부터 1 사이의 상대적 값으로 표현되는데, 1이라는 효율성을 가진 DMU는 다른 단위조직들과 비교했을 때 최고의 효율성을 가지고 있다는 것을 의미하며, 따라서 '효율적 조직(efficient unit)'으로 불린다. 반면에 1 이하의 효율성을 가진 DMU는 '비효율적 조직(inefficient unit)'이라고 한다.

DEA의 궁극적인 목적과 용도는 성과 평가와 벤치마킹이라고 할 수 있다. 먼저 DEA를 이용하여 효율적 조직과 비효율적 조직을 찾아낸 후, 이들간의 상대적인 비교를 통해 비효율적 조직이 안고 있는 비효율성의 원인을 파악하고, 이를 제거할 수 있는 방법을 모색할 수 있다. 또 효율적 조직에 대한 분석을 토대로 벤치마킹의 방향과 전략을 찾을 수도 있다.

(2) 기본 모형

먼저 DEA 모형에는 아래의 〈표 8-3〉과 같은 변수들이 사용된다.

〈표 8-3〉 DEA 모형의 변수

변수	설명
E_k	k번째 DMU의 효율성 (k=1, 2, …, K. 단 K는 DMU의 수)
u_j	j번째 산출요소의 가중치 (j=1, 2, …, M. 단 M은 산출요소의 수)
v_i	i번째 투입요소의 가중치 (i=1, 2, …, N. 단 N은 투입요소의 수)
O_{jk}	k번째 DMU의 j번째 산출요소의 양
I_{jk}	k번째 DMU의 j번째 투입요소의 양

이때, 산출요소와 투입요소의 개수가 많으면 대부분의 DMU들의 효율성을 1로 계산할 우려가 있으므로, 일반적으로 DMU의 개수는 산출요소와 투입요소의 개

수를 합한 것의 세 배 이상이어야 한다.

DEA 모형의 목적함수(objective function)는 DMU의 효율성인 가중된 산출요소의 합에 대한 가중된 투입요소의 합의 비율을 최대화하는 것이다. 예를 들어 e라는 DMU의 목적함수는 아래와 같이 쓸 수 있다.

$$\max E_e = \frac{u_1 O_{1e} + u_2 O_{2e} + \cdots + u_M O_{Me}}{v_1 I_{1e} + v_2 I_{2e} + \cdots + v_N I_{Ne}}$$

또한 DEA에서의 효율성은 그 값이 1을 넘을 수 없다. 따라서 이 조건이 곧 제약조건(constraint)이 되며, 모든 DMU의 효율성을 1보다 작거나 같도록 하기 위해서 아래와 같은 K개의 제약식이 필요하다.

$$\frac{u_1 O_{1k} + u_2 O_{2k} + \cdots + u_M O_{Mk}}{v_1 I_{1k} + v_2 I_{2k} + \cdots + v_N I_{Nk}} \leq 1$$

단, $k = 1, 2, \cdots, K$

위의 목적함수와 제약조건으로 이루어진 모형은 분자와 분모로 이루어지는 비선형 함수(non-linear function)의 형태이므로, 선형계획(LP) 해법을 적용하기 위해서는 일반적인 선형계획 모형의 형태로 전환시켜야 한다. 가중된 투입요소의 합을 나타내는 목적함수의 분모를 1로 대체한 후, 이를 제약조건에 추가하고, 제약조건의 분모를 양변에 곱한 뒤 이항하면, 다음과 같은 선형계획(LP) 모형을 구성할 수 있다.

$$\begin{aligned}
&\max E_e = u_1 O_{1e} + u_2 O_{2e} + \cdots + u_M O_{Me} \\
&s.t.\ u_1 O_{1k} + u_2 O_{2k} + \cdots + u_M O_{Mk} - (v_1 I_{1k} + v_2 I_{2k} + \cdots + v_N I_{Nk}) \leq 0 \\
&\qquad\qquad k = 1, 2, \cdots, K \\
&\qquad v_1 I_{1e} + v_2 I_{2e} + \cdots + v_N I_{Ne} = 1 \\
&\qquad u_j \geq 0 \quad j = 1, 2, \cdots, M \\
&\qquad u_i \geq 0 \quad i = 1, 2, \cdots, N
\end{aligned}$$

일단 선형계획 모형으로 전환하면, 최적의 해는 뒤의 부록에서 나와 있는 심플렉스 알고리즘을 이용하여 쉽게 찾아낼 수 있다.

(3) 예제: 서비스 지점 효율의 상대비교

P 호텔은 전국 6개의 도시에 체인점을 가지고 있는 관광호텔이다. P 호텔의 경영자는 각 체인점이 자원을 얼마나 효율적으로 사용하고 있는가를 파악하여 효율적이지 못한 체인점들의 효율성을 개선시키기 위해 DEA를 사용하고자 한다.

호텔 운영을 위한 투입요소로는 직원 수와 운영 비용을 생각할 수 있다. 직원 수는 호텔 매니저, 청소부 등 호텔에서 일하는 모든 노동자 수를 합한 것이며, 운영 비용은 직원들의 임금, 각종 세금, 광고료, 시설비 등 호텔 운영에 사용되는 모든 비용을 합한 것이다.

호텔의 산출요소로는 투숙객 수만을 고려하기로 한다. 다음 〈표 8-4〉는 P 호텔 각 지점의 한 달간 산출요소와 투입요소에 대한 데이터이다. 각 체인점 모두 동일한 500명의 투숙객을 산출요소로 가지고 있지만, 이를 위해 투입된 직원 수와 운영 비용은 서로 다름을 알 수 있다. 현실적으로 체인점마다 투숙객 수가 다르겠지만, 설명의 편의를 위해 투숙객 수가 모두 500명으로 같다고 가정한다. [그림 8-7]은 〈표 8-4〉를 도형으로 표시한 것이다.

〈표 8-4〉 P 호텔 각 지점의 투입요소와 산출요소 데이터

조직	투입요소		산출요소
	직원 수(명)	운영 비용(백만원)	투숙객 수(명)
DMU1	70	120	500
DMU2	50	150	500
DMU3	130	70	500
DMU4	70	70	500
DMU5	100	90	500
DMU6	120	50	500

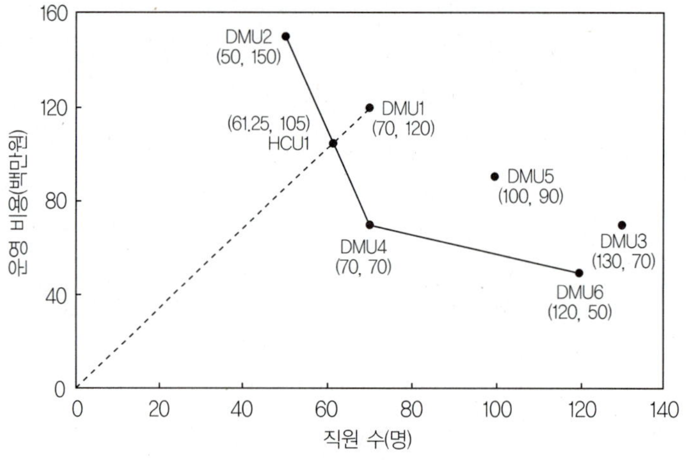

[그림 8-7] P 호텔의 효율적 경계선

DEA의 수리적 이론을 기하학적 도형으로 설명해 보자. [그림 8-7]에서 DMU2, DMU4, DMU6를 연결한 경계선을 효율적 경계선(efficient frontier)이라고 한다. 효율적 경계선은 동일한 500명의 투숙객을 산출하는 투입요소들의 최적의 조합을 나타낸다. 이 경계선을 구성하고 있는 DMU들은 효율적이며, 반면에 나머지 DMU들은 동일한 산출량을 위해 상대적으로 더 많은 투입요소를 투입하였기 때문에 비효율적이다. 따라서 효율적 경계선이 비효율적 단위들을 감싸게(envelop) 되는데, 이것이 이 분석방법을 DEA(data envelopment analysis)라고 부르는 이유이다. 이 경우에 DMU2, DMU4, DMU6는 효율적 단위가 되고, DMU1, DMU3, DMU5는 비효율적 단위가 된다.

그러면 어떻게 비효율적인 조직을 효율적으로 개선시킬 수 있을까? DMU1과 DMU4를 비교해보면, 두 조직은 동일한 직원 수를 가짐에도 불구하고 DMU1의 운영 비용이 DMU4보다 50만큼 많기 때문에 DMU4는 효율적인 반면, DMU1은 비효율적으로 평가된다. 따라서 동일한 투숙객 수를 유지하면서 운영 비용을 50만큼 줄인다면 DMU4도 효율적인 조직이 될 것이다. 보다 체계적인 분석을 위해, DEA를 이용해 보도록 하자.

〈표 8-4〉를 바탕으로 DMU1의 효율성을 계산하기 위한 선형계획모형은 다음과 같이 표현된다.

$$
\begin{aligned}
\max E_1 &= 500u_1 \\
s.t.\ 500u_1 - 70v_1 - 120v_2 &\leq 0 \\
500u_1 - 50v_1 - 150v_2 &\leq 0 \\
500u_1 - 130v_1 - 70v_2 &\leq 0 \\
500u_1 - 70v_1 - 70v_2 &\leq 0 \\
500u_1 - 100v_1 - 90v_2 &\leq 0 \\
500u_1 - 120v_1 - 50v_2 &\leq 0 \\
70v_1 + 120v_2 &= 1 \\
u_1,\ v_1,\ v_2 &\geq 0
\end{aligned}
$$

이 선형계획모형을 풀기 위해서는 다양한 선형계획법 소프트웨어를 사용할 수도 있고, DEA 전용 소프트웨어를 사용할 수도 있다. DEA 전용 소프트웨어를 사용하면 직접 선형계획모형을 구성할 필요가 없기 때문에 편리하다.

나머지 5개의 DMU들에 대해서도 위와 동일한 방법으로 효율성을 계산할 수 있다. 모든 DMU들의 투숙객 수가 500으로 같기 때문에, 목적함수는 그대로 두고 마지막 제약식의 계수만 수정하면 된다. 아래의 〈표 8-5〉는 DEA 결과를 요약한 것이다.

〈표 8-5〉 DEA 결과

조직	효율성	기준집합	u1	v1	v2
DMU1	0.8750	DMU2 (0.4375) DMU4 (0.5625)	0.0018	0.0100	0.0025
DMU2	1		0.0020	0.0114	0.0029
DMU3	0.8033	DMU4 (0.3115) DMU6 (0.6885)	0.0016	0.0033	0.0082
DMU4	1		0.0020	0.0114	0.0029
DMU5	0.7539	DMU4 (0.8923) DMU6 (0.1077)	0.0015	0.0031	0.0077
DMU6	1		0.0020	0.0041	0.0102

〈표 8-5〉를 보면, [그림 8-7]에서 효율적 경계선을 구성하였던 DMU2, DMU4, DMU6의 효율성이 1임을 알 수 있다. 반면 효율적 경계선에 감싸져 있던 DMU1, DMU3, DMU5의 효율성은 1 미만으로 나타난다.

하지만 DMU1의 관리자에게 '조직의 효율성은 0.875이다' 라고 말하는 것만으로는 특별히 도움이 되지 않는다. 효율성 개선을 위해서는 무엇을 얼마만큼 개선해야 한다는 구체적인 정보가 필요한데, 이를 위해 DEA는 각각의 비효율 조직에 대해 기준집합(reference set)에 관한 정보를 제공한다. 기준집합이란 비효율적 조직의 효율성 개선을 위한 기준이 되는 것으로, 그 조직과 가장 비슷한 효율적 조직들의 집합이다. 비효율 조직은 기준집합을 벤치마킹하여 그 효율성을 개선할 수 있다. 예를 들면 DMU1의 기준집합은 DMU2와 DMU4가 된다. 기하학적으로 설명하면 [그림 8-7]에서 볼 수 있는 것처럼, 원점에서 DMU1까지 그은 선은 DMU1의 기준집합인 DMU2와 DMU4로 이루어진 효율적 경계선과 만나게 된다.

그러면 기준집합을 어떻게 벤치마킹할 수 있을 것인가? 단순히 기준집합과 동일한 투입으로부터 동일한 산출을 낼 수 있도록 투입량을 조절하는 것도 한 방법이다. 위에서 언급한 것처럼, DMU1이 효율적이기 위해서는 DMU4를 벤치마킹하여 운영비용을 50만큼 줄여야 한다. 이를 좀 더 구체적으로 살펴보자. DMU1의 효율성은 0.875이기 때문에, DMU1이 효율적이기 위해서는 0.125만큼의 효율성 점수가 증가되어야 한다. DMU1의 운영비용에 대한 가중치(v_2)는 0.0025이므로 50(=0.125/0.0025)만큼 운영비용을 줄이면 효율성이 1이 된다. 따라서 투입요소의 조합은 (70, 70)이 되며, 이는 기준 집합을 구성하는 DMU4와 동일한 조합이 된다. 한편, 효율성 개선을 위해 직원수를 감축하기로 하였다면, 12.5(=0.125/0.01)만큼의 직원수를 줄여야 1의 효율성을 달성할 수 있다.

그러나 여러 가지 투입요소 중 한 가지 요소만 대폭 감소시키거나, 특정 조직과 정확히 동일하도록 투입요소를 조절하는 것은 현실적으로 무리가 있다. 따라서, 조직의 상황에 맞게, 두 가지 개선안을 적절히 선형적으로 결합한다면 비효율 조직을 효율적 경계선 위로 옮길 수 있을 것이다. 그중, 기준집합의 두 조직의 가중치에 따라 선형으로 결합한 지점을 가상복합단위(Hypothetical Composite Unit: HCU)라고 하며, 이는 [그림 8-7]에서 원점에서 비효율 조직을 이은 선과 효율적 경계선과의 교점으로 나타난다. [그림 8-7]을 보자. DMU1의 가상 비교

단위인 HCU1은 원점에서 DMU1까지 그은 선과 DMU2와 DMU4로 구성된 효율적 경계선의 교점이다. HCU1은 직원수로 61.25 (=0.4375×50+0.5625×70), 운영 비용으로는 105(=0.4375×150+0.5625×70)를 가지고 있는 가상조직이다. 즉, DMU1의 직원수를 8.75만큼 줄이고, 운영비용을 15만큼 줄이면, 효율성 점수가 0.125(=8.75×0.01+15×0.0025)만큼 증가하게 되어 1의 효율성을 달성할 수 있게 된다.

제4절 서비스 실패 분석

4.1 기본 개념

서비스 운영에 있어서 가장 기본이 되는 것은 고객이 원하는 서비스를 정확하게 전달하는 것이다. 그러나 현실에서는 서비스 실패(service failure)가 발생하기 마련이다. 서비스 시스템의 운영과 평가에서 서비스 실패가 중요한 요인이 되는 이유는 제품의 실패보다 서비스의 실패가 더 심각한 문제를 가져오기 때문이다. 제품의 실패는 그 원인을 분명하게 찾을 수 있고 따라서 책임의 소재를 가려낼 수 있다. 또 정해진 제도나 기준을 따라 수리를 해주거나, 보상처리를 해주거나, 다른 제품으로 교환해주면 된다. 하지만 서비스의 실패는 그 속성상 결함이나 오류의 발생을 객관적으로 판단하기 어렵다. 또 오류의 원인과 책임 소재를 가리기도 쉽지 않다. 거기다가 일단 서비스의 실패가 일어나면 서비스 전체에 대해 보상을 해 주어야 하고, 나아가 서비스 이미지도 치명적 손상을 입게 된다.

서비스 실패를 한마디로 정의하기는 어렵다. 관점에 따라 다양하게 정의될 수 있기 때문이다. 넓은 의미로는 서비스 과정이나 결과에서 발생하는 모든 문제를 말하며, 서비스가 고객에게 전달되는 동안에 발생하는 여러 가지 실수들을 포함한다. 보다 구체적으로는 '서비스 성과가 고객의 기대 정도 이하로 심각하게 떨어진 상태', '서비스를 경험한 고객이 서비스 과정이나 결과에 대하여 부정적인 감정을 갖는 것', '서비스 성과가 고객이 감수할 수 있는 범위와 수준을 벗어난 상태' 등으로 정의할 수 있다.

사 례 – 소매점에서의 서비스 실패 유형

서비스 실패의 유형은 서비스 산업이나 서비스가 제공되는 방식 및 환경에 따라 매우 다양하게 나타난다. 가장 단순한 소매점의 예를 통해 서비스 실패의 개념에 대해 좀 더 실질적으로 이해해 보자. <표 8-6>은 소매상에서 발생할 수 있는 실패의 유형을 15가지로 정리하고 이를 다시 3가지 범주로 묶은 것이다. 첫 번째 범주는 서비스 제공 시스템 상에서의 실패이다. 두 번째 범주는 고객 요구에 대한 반응 실패이다. 세 번째 범주는 부주의하고 불필요한 종업원의 행동과 관련된 실패이다.

〈표 8-6〉 소매점에서의 서비스 실패 유형

실패 범주	세부 유형	내용
서비스 제공 시스템 상의 실패	- 정책 실패	고객들이 소매점의 정책을 불공정하다고 느낌
	- 속도가 느리거나 이용할 수 없는 서비스	점원 부족, 현장훈련 중인 종업원, 재고 보충 지연 등으로 인한 서비스 지연 및 불가
	- 시스템 가격 산정의 실패	시스템(스캐너)에 등록된 가격과 개별 제품의 가격 사이의 불일치
	- 포장 오류	포장의 표찰이 부정확하거나, 포장에 다른 제품이 들어가 있는 경우
	- 재고 부족	고객이 구매를 원하는 제품이 선반에 없는 경우
	- 제품 결함	구매 제품에 결함이 있는 경우
	- 보관 실패	예약된 제품을 다른 사람에게 판매한 경우
	- 변경과 수선	의복의 잘못된 디자인 변경이나 잘못 수행된 제품의 수리 등 제품의 변경과 수선 동안에 발생하는 실패
	- 부정확한 정보의 제공	부정확한 정보로 인하여 잘못된 규격의 제품을 구매하거나 판매원이 말한 대로 제품이 성능을 발휘하지 않거나 하는 경우
고객 요구에 대한 반응 실패	- 특별한 주문	고객이 상점에 없는 제품을 특별히 주문하였을 때 발생하는 실패
	- 인정한 고객의 실수	고객이 실패의 원인이 자신에게 있음을 인정한 실패
부주의하고 불필요한 종업원의 행동	- 대금청구 오류	종업원이 거스름돈을 잘못 계산하거나, 세일 가격을 반영하지 않는 등 고객에게 가격을 잘못 부과하는 경우
	- 들치기 혐의	종업원이 고객이 들치기 했다고 주장하는 경우
	- 종업원이 야기한 당혹감	구매한 제품의 누락 등 종업원의 부주의나 판단 실수로 인한 실패
	- 종업원의 무관심 및 불친절	종업원이 고객에게 무관심하거나 문제에 대하여 책임을 회피하는 등 종업원의 부적절한 행동에 의한 실패

자료: Kelly et al, 1993을 재구성

하지만 중요한 것은 서비스 실패의 정의가 아니라 서비스 실패의 분류이다. 왜냐하면 어떤 종류의 서비스 실패가 어느 단계에서 왜 발생하였는지를 알아야만 예방이나 개선의 방안을 찾을 수 있기 때문이다. 서비스 실패는 크게 결과적 실패와 과정적 실패로 나눌 수 있다. 우선 결과적 실패는 고객이 기본 서비스 또는 핵심 서비스를 제대로 전달받지 못한 것을 의미한다. 반면에 과정적 실패는 서비스 전달 과정에 문제가 발생한 것을 의미한다. 예를 들어 음식점에서 주문 오류, 계산서 착오 등은 결과적 실패이며, 종업원의 불친절, 무반응, 무관심 등은 과정적 실패이다.

서비스 실패에 대응하는 방식은 아래의 〈표 8-7〉에 정리되어 있는 것처럼 크게 사후적 접근과 사전적 접근으로 나눌 수 있다. 먼저 사후적 접근은 서비스의 실패가 일어난 후, 그 실패나 회복이 고객의 인식이나 행동에 어떠한 영향을 미치는가를 실증적으로 분석하는데 초점을 맞춘다. 따라서 이 접근은 마케팅 관점의 접근이다. 이에 반해 사전적 접근은 실패는 왜 발생하며 어디에서 발생하는가를 진단하고 예방이나 개선을 위한 방안을 개발하는데 초점을 맞춘다. 따라서 이 접근은 엔지니어링 관점의 접근이다. 각각의 성격과 내용을 좀 더 자세히 살펴보자.

〈표 8-7〉 서비스 실패에 대한 두 가지 관점

	사후적 접근	사전적/예방적 접근
관 점	마케팅 관점	공학 관점
초 점	서비스 실패가 고객에 미치는 영향	서비스 실패가 발생하는 원인과 과정
전 제	서비스 실패의 발생은 불가피	서비스 실패는 예방 가능
목 표	실패 발생 이후의 서비스 회복	실패 이전의 원인 분석과 개선
방 법	실증 분석을 위한 통계적 기법	품질 및 위험 관리 기법

4.2 사후적 접근

(1) 기본 개념

서비스 실패와 관련하여 가장 이상적인 방안은 서비스 실패가 발생하지 않도록 사전에 예방하고 제거하는 것이다. 그러나 현실적으로 이것은 거의 불가능하다. 서비스는 규격화, 표준화가 어렵고 제품과 달리 고객에게 전달되는 결과물뿐만 아니라 전달 과정도 중요한 요소로 작용한다. 따라서 실패가 발생할 가능성도 그만큼 높다. 또한 서비스의 창출과 전달 과정에서 서비스 제공자 개인의 능력이나 태도에 따라 서비스 품질도 달라진다. 설사 동일한 품질의 서비스가 제공된다고 하더라도 고객의 정서나 태도에 따라 받아들여지는 만족도가 달라질 수 있다. 따라서 사후적 접근에서는 서비스 실패의 발생은 불가피한 것으로 본다

서비스 실패를 막을 수 없다는 전제 하에, 사후적 접근에서는 '서비스 회복'을 가장 바람직한 대응방안으로 제시한다. 서비스 회복은 서비스 실패가 발생하고 고객의 불만이 제기되었을 때, 이를 수정하기 위하여 서비스 제공자가 취하는 일련의 행동들을 말한다. 문제가 생기는 것을 미리 막을 수 없다면 이미 생긴 문제가 가져오는 부정적 효과를 빨리 줄이는 것이 가장 효과적이라는 것이다.

더구나 신속하고 적절한 서비스 회복 활동은 오히려 장기적으로는 고객과의 관계에 긍정적인 영향을 미칠 수도 있다. [그림 8-8]에서 보듯이, 서비스 실패 상황에서 서비스 회복 활동이 성공할 경우, 서비스가 처음부터 성공적으로 전달된 경우보다 전체적인 고객 충성도는 오히려 더 높아질 수 있다. 왜 그럴까? 일단 서비스 실패가 일어나면 일시적으로는 고객의 충성도가 떨어질 수 밖에 없다. 하지만 서비스 회복 활동을 잘 할 경우, 그 과정에서 고객이 느끼는 만족도 때문에 재구매 의도가 강해지고 나아가 다른 고객들에게 알려지는 구전효과도 커지면서 고객 충성도에 긍정적인 영향을 미친다는 것이다. 서비스는 실패하였지만 서비스 회복에는 성공한 경우가, 처음부터 서비스가 성공하여 서비스 실패를 아예 경험하지 않은 경우보다 고객 충성도에 오히려 긍정적 효과를 미치는 현상을 '서비스 회복의 역설(service recovery paradox)'이라고 부른다.

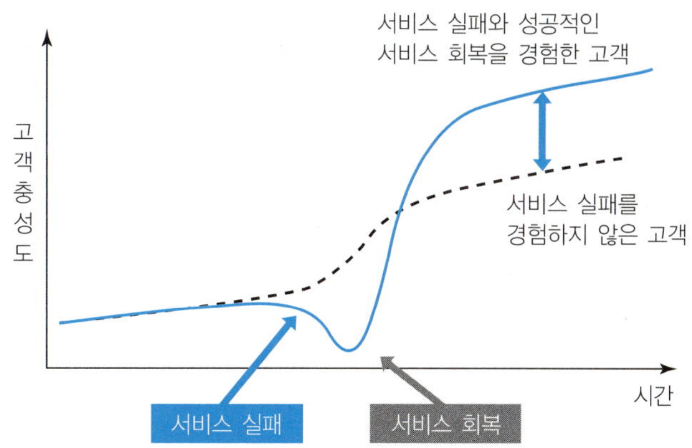

[그림 8-8] 서비스 회복의 역설 (자료: Wikipedia 재구성)

(2) 서비스 회복 활동

그렇다면 실제로 서비스 실패가 발생하였을 때 서비스 제공자나 기업이 취할 수 있는 서비스 회복 활동에는 어떠한 것들이 있을까? 서비스 회복을 위한 구체적인 활동은 서비스 산업이나 시장환경에 따라 다양하지만 일반적으로는 사과(apology), 즉시 복구(urgent reinstatement), 공감(empathy), 상징적 보상(symbolic atonement), 후속조치(follow-up)의 다섯 가지 유형으로 나눌 수 있다.

첫 번째로 사과는 서비스 실패의 발생과 그 원인이 서비스 제공자에게 있음을 인정하는 것이다. 두 번째로 신속한 복원은 문제의 발생과 원인을 빠르게 파악하고 해결하는 것으로 이미 사소한 서비스 실패를 경험한 적이 있는 고객이 대상인 경우에 적절한 방안이다. 세 번째로 공감은 서비스 실패에 대해 고객의 입장에서 문제를 해결하는 형태이다. 네 번째로 상징적 보상은 서비스 실패의 주요 원인의 해결과 함께 부가적인 보상으로 고객의 불만을 해결하는 방법이다. 마지막으로 후속조치는 고객이 일단 돌아간 이후에도 지속적으로 사과와 함께 재방문을 통해 관계를 개선해 나가는 것이다.

서비스 실패에 대한 신속하고 적절한 서비스 회복 활동이 고객관계에 긍정적인 영향을 미치는 것은 분명하다. 그러나 어느 상황에서 어느 방안이 가장 효과적인지를 결정하기는 어렵다. 서비스 회복 활동의 효과는 서비스 실패가 일어나 상황이나 서비스 실패를 경험한 고객의 특성에 따라 다르게 나타나기 때문이다. 예를 들어, 고객과 서비스 제공자 사이의 친밀감이 높을 때는 심리적 보상의 효과가 큰 반면, 친밀감이 낮은 경우에는 금전적 보상의 효과가 높은 것으로 알려져 있다. 또한 핵심 서비스가 실패한 경우에는 금전적 보상의 효과가 큰 반면, 부가 서비스가 실패한 경우에는 심리적 보상의 효과가 더 큰 것으로 확인되고 있다. 그러므로 회복활동의 구체적 방안은 서비스 자체, 서비스 환경, 고객 특성 등을 고려하여 선별적으로 사용되어야 한다.

4.3 사전적 접근

(1) 기본 개념

앞의 사후적 접근은 서비스 회복의 중요성을 인식시키는 데는 큰 기여를 하였다. 그러나 사후적인 마케팅 접근의 효과는 제한적일 수밖에 없다. 아무리 잘 계획되고 관리된 회복 활동이라 하더라도 한 번 발생한 서비스 실패의 부정적인 효과를 완전히 제거하는 것은 불가능하다. 더구나 서비스 실패로 인하여 고객이 치명적인 손해를 보았다면 아무리 좋은 서비스 회복을 받았다 할지라도 그 손해를 완전히 보상할 수는 없다. 또 사후적 접근은 실패의 근본적, 잠재적 원인을 없앤 것은 아니기 때문에 언제라도 같은 실패가 반복될 가능성도 배제할 수 없다. 따라서 사후적인 서비스 회복 활동과 더불어 서비스 실패의 잠재적 가능성을 미리 파악하고 그 원인을 사전에 제거하는 예방적 노력이 수반되어야만 한다.

사전적 접근은 주로 공학적 기법들을 활용한다. 서비스 시스템의 구조와 프로세스를 잘게 나누어 하나하나 면밀히 진단하고 어떤 요소의 변화가 다른 요소에게 어떤 영향을 미치는지를 파악하여 서비스 실패의 원인과 결과를 추정한다. 이를 위해서는 주로 공학에서 사용해 온 품질 및 위험 관리 기법들이 이용된다. 그 중에서도 QFD와 FMEA를 대표적 기법으로 들 수 있다. QFD에 대해서는 이미 앞에서 자세히 설명하였으므로, 여기에서는 FMEA를 통한 서비스 실패 접근 방법을 알아보도록 한다.

(2) FMEA

FMEA(Failure Modes and Effects Analysis)는 1949년 미국 국방부에 의해 개발된 신뢰성 분석 기법이다. FMEA는 원래 제품이나 공정에서 발생할 수 있는 잠재적 고장모드(potential failure mode)들을 파악하고, 이를 줄이거나 없애기 위한 조치 등을 수행하기 위해 만들어진 것이다. '사후' 활동이 아닌 '사전' 활동으로, 제품 개발 초기 단계나 공정 설계 단계에서 주로 적용되었다.

제품개발과 생산공정에서 주로 사용되었던 FMEA가 서비스 분야에 도입된 것은 비교적 최근의 일이다. 따라서 아직은 제품이나 제조 분야와 같이 널리 활용되고 있지는 않은 실정이다. 그러나 최근 들어 그 필요성과 효과성이 갈수록 커지고 있는 추세이다.

가. 과정

FMEA의 일반적인 절차는 다음과 같이 크게 4단계로 이루어진다.

- 단계 1: 시스템 상의 모든 잠재적 고장모드(potential failure mode)를 파악한다.
- 단계 2: 잠재적 고장모드 각각에 대하여 고장의 원인(cause), 영향(effects), 위험(hazard)과 그 사이의 관련성을 평가한다.
- 단계 3: 고장모드의 발생도(occurrence), 심각도(severity), 검출도(ease of detection)를 평가하고, 이를 바탕으로 고장모드의 위험 우선순위(Risk Priority Number: RPN)를 계산한다.
- 단계 4: 위험 우선순위가 높은 고장모드를 수정 또는 처리하기 위한 적절한 방법을 제시한다.

여기서 세 번째 단계의 위험 우선순위 계산에 대해서는 좀 더 자세히 설명할 필요가 있다. 우선 위험 우선순위를 계산하기 위해서는 고장모드의 심각도, 발생도, 검출도 점수를 측정해야 한다. 먼저 심각도는 실제로 문제가 발생하였을 때 그 심각성의 정도를 의미한다. 다음으로 발생도는 문제가 발생할 가능성의 정도를 가리킨다. 마지막으로 검출도는 문제의 발생 여부를 검출하기 쉬운 정도로 정의된다. 발생도, 심각도, 검출도 점수는 점수법(scoring method)으로 평가한다. 일반적으로는 5점 척도(scale)를 사용한다. 일단 각각의 점수가 측정되면 최종적으로 위험도를 계산한다. 위험도는 아래의 식과 같이 세 개의 점수를 모두 곱함으로써 산출된다. 이 위험도 점수, 즉 RPN(Risk Priority Number)이 곧 위험 우선순위를 나타낸다.

위험도 점수(RPN) = S×O×D
여기서, S: 심각도 점수, O: 발생도 점수, D: 검출도 점수

나. 예제

FMEA를 서비스에 적용하는 근본적 목적은 당연히 서비스 실패의 최소화에 있다. 서비스 시스템 또는 서비스 프로세스에서 위험발생의 잠재적 가능성이 높은 고장모드를 파악하고, 그 원인, 영향, 위험을 분석하여 서비스 시스템의 실패를 사전에 방지하기 위해 사용된다. FMEA를 서비스 시스템에 어떻게 적용할 수 있는지를 다음의 예제를 통해 살펴보자.

K 기업은 전국 4개의 도시에 대형할인점을 가지고 있는 유통서비스 기업으로 현재 새로운 지점을 개설할 계획을 가지고 있다. K 기업은 잠재적인 서비스 실패를 사전에 예방할 수 있는 서비스 시스템을 설계하기 위하여 FMEA를 적용하여 기존의 서비스 시스템을 분석하고자 한다.

가장 먼저 1 단계에서는 서비스 시스템 상의 모든 잠재적 고장모드를 파악하여야 한다. 이를 위해서는 앞의 서비스 설계에서 설명한 서비스 청사진(service blueprint)과 같은 도구를 활용할 수 있다. 서비스 청사진은 서비스 프로세스를 전체적으로 살펴볼 수 있게 함으로써 서비스 시스템에 대한 이해를 높일 수 있으며, 서비스 구성요소들과 상호접촉점들의 관계를 파악하는데 도움을 준다. 무엇보다 서비스 청사진 상의 실패 가능점을 통해 서비스 시스템의 취약점을 미리 파악할 수 있다.

[그림 8-9]는 K 기업의 대형할인점에 고객이 도착해서 상품을 구입하고 떠날 때까지의 일련의 활동들을 나타낸 서비스 청사진이다. 전면 공간(front office)은 고객 도착, 쇼핑카트 획득, 매장에 들어섬, 상품 선택, (필요한 경우) 상품의 무게 측정 및 가격표 부착, 계산 및 지불, 고객 떠남, 사후 서비스 활동들로 구성된다. 배후 공간(back office)은 전면 공간을 지원하기 위한 구매/조달, 상품 입고, 창

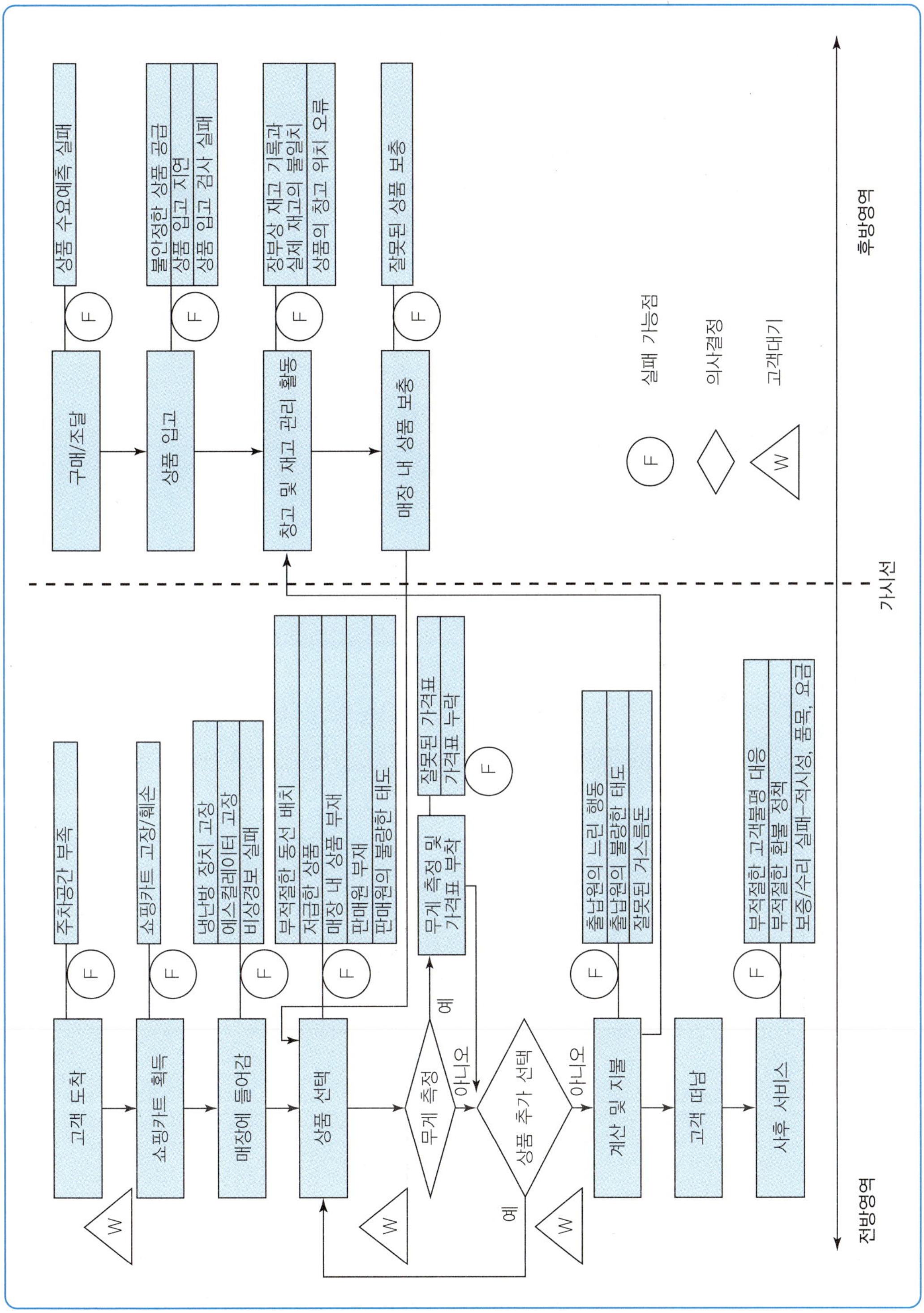

[그림 8-9] 대형할인점의 서비스 청사진 (자료: Chuang, 2007을 재구성)

고 및 재고 관리 활동, 매장 내 상품 보충 활동으로 구성된다. [그림 8-9]를 통하여 대형할인점 서비스 프로세스에서 총 3개의 고객대기 지점과 11개의 실패 가능점을 확인할 수 있다.

다음으로, 작성된 서비스 청사진의 실패 가능점을 바탕으로 잠재적 고장모드를 파악할 수 있다. 여기에서는 좀 더 체계적인 분석을 위하여 서비스 시스템을 '서비스 설비', '사전 서비스', '핵심 서비스', '사후 서비스'로 분류하고, 각 세부 시스템을 구성하는 세부 프로세스와 활동들에서 총 23개의 잠재적 고장모드를 파악하였다(〈표 8-8〉 참조).

〈표 8-8〉 대형할인점의 서비스 실패 분석 (자료: Chuang (2007)을 재구성)

세부 시스템	세부 프로세스/활동	잠재적 고장모드	심각도 점수 (1~5)	발생도 점수 (1~5)	검출도 점수 (1~5)	위험도 점수 (RPN)
서비스 설비 (Service Facility)	매장 설비 (Sales floor facility)	주차공간 부족	2.93	2.42	3.01	21.34
		냉난방 장치 고장	3.10	2.65	3.09	25.38*
		에스컬레이터 고장	2.58	2.00	2.77	14.29
		쇼핑카트 고장/훼손	2.40	2.01	3.03	14.62
	매장 안전 (Sales floor security)	비상경보, 화재경보, 보안경보 실패	2.85	1.91	3.01	16.38
	매장 환경 (Sales floor surroundings)	부적절한 동선 배치	3.09	2.48	2.79	21.38
사전 서비스 (Prior-Service)	상품 입고 관련 활동 (incoming goods/merch-andise activity)	불안정한 상품 공급	3.54	3.00	2.57	27.29*
		상품 입고 지연	2.83	2.76	2.89	22.57
		상품 입고 검사 실패	2.35	2.35	3.01	16.62
		상품 수요예측 실패	2.48	2.19	2.93	15.91
	창고 및 재고 관리 활동 (Warehousing and inventory activity)	장부상 재고 기록과 실제 재고의 불일치	2.32	2.18	2.84	14.36
		상품의 창고 위치 오류	2.51	2.13	2.99	15.99
		매장 내 상품 부재	3.07	2.64	2.94	23.83*

핵심 서비스 (In-Service)	고객 선택/구입 활동 (Customer choice/purchase flow)	저급한 상품	3.29	2.46	2.65	23.28*
		판매원 부재	2.81	2.76	3.00	23.27*
		판매원의 불량한 태도	2.84	2.45	3.10	21.57
		잘못된 가격표/ 가격표 누락	2.68	2.50	2.78	18.63
		출납원의 느린 행동	2.94	2.74	2.94	23.68*
		출납원의 불량한 태도	2.96	2.51	2.87	21.32
	출납원 활동 (Cashier flow)	잘못된 거스름돈	2.80	2.35	2.85	18.75
사후 서비스 (Post-Service)	판매 후 활동 (Post-sale activity)	부적절한 고객불평 대응	3.46	2.15	2.74	20.38
		부적절한 환불 정책	3.05	2.47	2.91	21.92
	보증 (Warranty)	보증/수리 실패 - 적시성, 품목, 요금	2.89	2.65	3.05	23.36*

*주요 고장모드 (the most critical failure modes)

다음 단계에서는 각 고장모드의 심각도, 발생도, 검출도를 5점 척도로 평가한다. 위의 〈표 8-8〉을 보면, 각 고장모드의 심각도, 발생도, 검출도를 평가한 값이 표시되어 있다.

이제 이 값들을 바탕으로 각 고장모드의 위험 우선순위를 계산한다. 이미 앞에서 설명한 것처럼, 위험도 점수는 세 개의 값을 곱한 값이 된다. 역시 위의 〈표 8-8〉에 위험도 점수가 나타나 있다.

이어서 주요 고장모드를 찾게 된다. 총 23개의 고장모드 중 위험도 점수가 높은 것들만 주요 고장모드로 선별하게 된다. 이 기준으로 선별된 주요 고장모드는 '냉난방 장치 고장', '불안정한 상품 공급', '매장 내 상품 부재', '저급한 상품', '판매원 부재', '출납원의 느린 행동', '보증/수리 실패' 등이다.

주요 고장모드 중에서도 가장 높은 위험도 점수를 받은 '불안정한 상품 공급'에 대해서 좀 더 자세히 살펴보자. '불안정한 상품 공급'의 경우 검출도 점수는 낮게 평가되었으나, 심각도와 발생도의 경우 높은 점수를 받아 종합적인 위험 정도는 가장 높은 것으로 평가되었다. 높은 심각도 점수를 받은 것은 고객 불만, 판매 손실, 부정적 인식, 고객 충성도 감소 등의 부정적 영향이 매우 크기 때문으로 판단할 수 있다. 그 원인으로는 부적합한 공급자 평가 및 선택, 부적절한 공급자 관리, 공급자 측의 재고 부족, 불충분한 시장 조사, 의사소통의 부족, 고객관계 중심 사고의 부족, 수급 일치 실패 등을 꼽을 수 있다. 다른 모드에 대해서도 유사한 방법으로 서비스 실패의 원인을 파악할 수 있다.

다시 정리하면, FMEA는 사전적 접근이기 때문에 서비스 실패를 미리 예방하는데 그 목적이 있다. 따라서 먼저 주요 고장 모드를 찾고, 그 다음에 어떤 항목들 때문에 고장 모드로 선정되었는지를 알아본 후, 궁극적으로 그런 결과가 나타나게 된 원인을 찾아서 이를 개선하거나 제거하는 작업을 하게 된다.

요약

1. 서비스 시스템의 평가는 서비스의 차별적 특성으로 인해 제조 시스템의 평가보다 더 어렵다.
2. 특히 서비스 품질의 평가는 서비스의 본질적 특성 때문에 객관적이고 정량적인 측정이 어렵다.
3. 서비스 품질은 서비스 공급자의 관점에서 평가하는 접근과 서비스 사용자(고객)의 관점에서 평가하는 접근으로 나눌 수 있다.
4. 서비스 품질을 고객 관점에서 평가하는 대표적 기법은 SERVQUAL이다.
5. 서비스 프로세스 품질은 6 시그마 등의 체계적 기법으로 관리한다.
6. 서비스 생산성은 기본적으로 투입량 대비 산출량으로 측정한다.
7. 시스템의 크기와 성격이 다르고 투입과 산출이 여러 가지인 경우에는 DEA 기법을 이용하여 서비스의 생산성을 측정하고 비교할 수 있다.
8. 서비스 실패 관리는 사전적 방법과 사후적 방법으로 구분할 수 있다.
9. 서비스 실패를 예방하기 위해서는 FMEA 같은 기법을 사용할 수 있다.

핵심 키워드

- 서비스 시스템 평가
- 서비스 품질
- 공급자 서비스 품질과 사용자(고객) 서비스 품질
- SERVQUAL
- 서비스 프로세스
- 6 시그마
- 서비스 생산성
- DEA
- 서비스 실패
- FMEA

연 습 문 제

개념형-이론형 문제

1. 서비스 품질을 측정하기 어려운 본질적 이유가 무엇인지를 제조 시스템과의 비교를 통해 설명해 보자.

2. 공급자 관점의 서비스 품질과 사용자(고객) 관점의 서비스 품질이 어떻게 다른지를 설명하고 둘 사이의 장단점을 비교해 보자.

3. 고객 만족도와 서비스 품질간의 관계와 관련하여, 하나가 좋으면 다른 하나는 반드시 좋은 것인지, 그렇지 않을 수도 있는지를 구체적으로 설명해 보자.

4. SERVQUAL 기법에서 정의하는 다섯 가지 갭(gap)을 제시하고, 각 갭의 성격과 원인을 설명해 보자.

5. 서비스 생산성에서 단순히 투입량 대비 산출량을 사용하는 지표의 문제는 무엇인지를 설명해 보자.

6. DEA 기법이 제조 시스템의 생산성보다는 서비스 시스템의 평가에 더 적합한 이유를 제시해 보자.

7. 서비스 실패에 대한 사전적 접근과 사후적 접근의 장단점을 비교하고, 각각이 더 적합한 서비스 유형을 제시해 보자.

탐구형-실습형 문제

8. 국내 택배회사 가운데 하나를 선정하여 본문에 소개된 페덱스(FedEx)의 SQI 품질지표를 이 회사에 적용해 보자. 어떤 평가요소를 어떻게 수정하거나 추가하는 것이 바람직한지에 대해 의견을 나누어 보자.

9. 아래의 서비스 시스템 쌍(pair)들에 대해, SERVQUAL 기법에서 정의하는 서비스 품질의 다섯 가지 차원(dimension) 별로 적합한 품질 지표들을 제시한 후, 둘 사이의 차이점을 비교해 보자:
   - 도심의 명품 백화점 vs. 교외의 대형 아웃렛 매장
   - 고급 이탈리안 양식당 vs. 대형 패밀리 레스토랑

10. 총 4개의 지점을 보유하고 있는 커피전문점 프랜차이즈의 CEO는 각 지점의 서비스 생산성을 평가하고자 한다. 조사해본 결과, 주요한 투입요소는 직원들의 총 노동시간과 운영 및 관리비용

이며, 산출요소는 총 매출이다. 아래 표는 각 지점의 한 달간 산출요소와 투입요소를 나타낸 것이다.

지점	투입요소		산출요소
	노동시간 (100시간)	운영비용 (100만원)	햄버거 판매량 (100개)
1	5	40	50
2	6	25	50
3	8	30	50
4	8	25	50

1) DEA의 선형계획 모형을 만들어보자.

2) DEA 분석을 통해 효율적 경계선에 있는 지점들을 찾아보자.

11. 다음의 서비스 시스템에 대해 간단한 서비스 청사진(service blueprint)을 그린 후, 잠재적인 고객대기 지점과 실패 가능점을 찾아보자.
- 종합병원의 진료 프로세스
- 국제공항의 출국 프로세스

조사형-검색형 문제

12. 웹에서 인터넷 서비스 품질을 측정하는 사이트를 3가지 찾아, 각각 어떤 항목들로 서비스 품질을 측정하는지 조사해 보자.

13. 국내외의 공공 교통기관 서비스 품질평가 지표를 찾은 후, 국내와 해외의 품질평가 지표가 어떤 측면에서 다른지를 비교해 보자.

참 고 문 헌

김상훈, 하이테크 마케팅, 박영사, 2004.

김재일, 유비쿼터스 인터넷 마케팅 전정판, 박영사, 2005.

박용태, 공학도를 위한 기술과 경영, 생능출판사, 2005.

박용태, 기술지식 경영, 생능출판사, 2007.

임종원, 조호현, 신종칠 공저, 마케팅조사론, 법문사, 2002.

AMA, Marketing Definitions: A Glossary of Marketing Terms, Committee on Definitions of American Marketing Association, AMA, 1960.

Chase, R. and Aquilano, N., Production and Operations Management, Irwin, 1989.

Clark, C., The Conditions of Economic Progress, Macmillan, 1951.

Cooper, R., Winning at New Products, Addison-Wesley, 1993.

Cowell, D.,The Marketing of Service, Hineman, 1984.

Davis, M. and Heineke, J., Operations Management: Integrating Manufacturing and Services, McGraw-Hill Irwin, 2005.

Dubois, D. and Prade, H., Fuzzy Sets and Systems: Theory and Applications, Academic Press, 1980.

Eriksson, H. and Penker, M., Business Modeling with UML: Business Patterns at Work, John Wiley & Sons, 2000.

Favre, L., UML and the Unified Process, IRM Press, 2003.

Fitzgerald, L., Johnston, R., Brignall, T.J., Silvestro, R., and Voss, C., Performance Measurement in Service Businesses, CIMA, 1991.

Fitzsimmons, J.A. and Fitzsimmons, M.J., Service Management: Operations, Strategy, and Information Technology, McGraw-Hill, 1998.

Fuchs, V.R., The Service Economy, NBER, Columbia University Press, 1968.

Gallouj, F., Innovation in the Service Economy: The New Wealth of Nations, Edward Elgar, 2002.

Gronroos C., Service Management and Marketing: Customer Management in Service Competition, Wiley, 2000.

Gross, D. and Harris, C.M., Fundamentals of Queuing Theory, Wiley, 1985.

Hefley B. and Murphy W., Service Science, Management, and Engineering, Springer, 2008.

Hoffman, K.D. and Bateson, J.E.G., Essentials of Services Marketing, The Dryden Press, 1997.

Koda, H., Business Model Patent, Nikei Kogyo Shinbunsha, 2000.

Kotler, P., Principles of Marketing, Prentice-Hall International, 1980.

Kotler, P., Marketing Management: Analysis, Planning, Implementation, and Control, 9th ed., Prentice-Hall, 1997.

Kotler, P. and Bloom, P.N., Marketing Professional Services, Prentice-Hall, 1984.

Krajewski, L. and Ritzman, L., Operations Management, Addison-Wesley, 1987.

Kurtz, D.L. and Clow, K.E., Services Marketing, John Wiley & Sons, 1998.

Kuznets, S., Modern Economic Growth, Yale University Press, 1966.

Lovelock, C., Services Marketing, 3rd ed., Prentice-Hall, 1996.

Lovelock, C. and Wirtz, J., Service Marketing, Pearson-Prentice Hall, 2007.

Metters, R., King-Metters, K., and Pullman, M., Successful Service Operations Management, Thomson, 2003.

OECD, The Service Economy, 2000.

Payne, A., The Essence of Service Marketing, Prentice Hall, 1993.

Porter, M.E., Competitive Strategy: Techniques for Analysing Industries and Competitors, The Free Press, 1980.

Pressman, R., Software Engineering: A Practitioner's Approach, McGraw-Hill, 2001.

Quatrani, T., Visual Modeling with Rational Rose and UML, Addison Wesley, 1998.

Riddle, D., Service-led Growth: The Role of the Service Sector in the World, Praeger, 1986.

Rogers, E.M., Diffusion of innovations. Free Press, 1962.

Rosenberg, N., Perspectives on Technology, Cambridge University Press, 1976.

Salamatov, Y., TRIZ: The Right Solution at the Right Time, Insytec B. V., 1999.

Sasser, E., Olsen, P., and Wyckoff, D., Management of Service Operations: Text, Cases, and Readings, Allyn and Bacon, 1978.

Seiford, L.H., A Bibliography of Data Envelopment Analysis, University of Massachusetts, 1993.

Sink, D.S., Productivity Management: Planning, Measurement and Evaluation, Control and Improvement, Wiley, 1985.

Slack, N., Chambers, S., and Johnston, R., Operations Management, Prentice-Hall, 2001.

Slywotzky, A., Value Migration: How To Think Several Moves Ahead Of The Competition, Harvard Business School Press, 1996.

Smith, A. The Wealth of Nations, Modern Library, 1937.

Spearman, M., Factory Physics, McGraw/Hill, 2000.

Sundbo, J., The Organisation of Innovation in Services, Edward Elgar, 1998.

Turban, E., King, D., Lee, J., and Viehland D., Electronic Commerce

2004: A Managerial Perspective, Pearson Prentice Hall, 2004.

von Hippel, E., The Sources of Innovation, Oxford University Press, 1988.

Woodruff, H., Services Marketing, Pitman Publishing, 1995.

Zeithaml, V.A. and Bitner, M.J., Services Marketing, McGraw-Hill, 1996.

참고논문

Abernathy, W. and Utterback, J. (1978) Patterns of Industrial Innovation, Technology Review, 80, June-July.

Agrawal, N. and Smith, A. (1996) Estimating Negative Binomial Demand for Retail Inventory Management with Unobservable Lost Sales, Naval Research Logistics, 43.

Bambury, P. (1998) A Taxonomy of Internet Commerce, First Monday, 10(3).

Barras, R. (1986) Towards a Theory of Innovation in Services, Research Policy, 15.

Barnes, S. (2002) The Mobile Commerce Value Chain: Analysis and Future Development, International Journal of Information Management, 22.

Bass, F. (1969) A New Product Growth Model for Consumer Durables, Management Science, 15(5).

Batt, C.E. and Katz, J.E. (1997) A Conjoint Model of Enhanced Voice Mail Services: Implications for New Service Development and Forecasting, Telecommunications Policy, 21(8).

Bell, C.R. and Zemke, R.E. (1987) Service Breakdown: The Road to Recovery, Management Review, 76.

Berry, L.L. (1980) Service Marketing Is Different, Business, 30(3).

Bitran, G. and Pedrosa, L. (1998) A Structured Product Development Perspective for Service Operations, European Management Journal, 16(2).

Chai, K.H., Zhang, J., and Tan, K.C. (2005) A TRIZ-Based Method for New Service Design, Journal of Service Research, 8(1).

Chan, L.K. and Wu, M.L. (2002) Quality Function Deployment: A Literature Review, European Journal of Operational Research.

Chang, X. and Petr, D.W. (2001) A Survey of Pricing for Integrated

Service Networks, Computer Communications, 24(18).

Chase, R.B. (1978) Where Does the Customer Fit in a Service Operation?, Harvard Business Review, 56(4).

Chase, R.B. (1981) The Customer Contact Approach to Services: Theoretical Bases and Practical Extensions, Operation Research, 21.

Chesbrough, H. (2004) Toward a Science of Service, Harvard Business Review, 83.

Christopher, H., Lovelock, C.H., and Yip, G.S. (1996) Developing Global Strategies for Service Business, California Management Review, 38(2).

Chuang, P.T. (2007) Combining service blueprint and FMEA for service design, The Service Industries Journal, 27.

Coombs, R., Miles, I. (2000) Innovation, Measurement & Services: the New Problematic. in: Metcalfe, J.S., Miles, I. (Eds.), Innovation Systems in the Service Economy. Measurement & Case Study Analysis, Kluwer Academic Publishers.

Curry, A. (1999) Innovation in Public Service Management, Managing Service Quality, 9(3).

Edvardsson, B., Gustafsson, A., and Roos, I. (2005) Service Portraits in Service Research: A Critical Review, International Journal of Service Industry Management, 16(1).

Ellis, R.L. (1998) QDF: A Tool to Sharpen Measurement, Public Manager, 27(2).

Ermer, D.S. and Kniper, M.K. (1998) Delighting the Customer: Quality Function Deployment for Quality Service Design, Total Quality Management, 9(4/5).

Friedman, J. P. and Langlinais, T. (1999) Best Intentions: A Business Model for The eEconomy, Outlook, 11(1).

Fundin, A. and Nilsson, L. (2003) Using Kano's Theory of Attractive Quality to Better Understand Customer Satisfaction with E-services, Asian Journal on Quality, 4(2).

George F.A and Kostis A.I. (2005) Pricing Objectives and Pricing Methods in the Services Sector, Journal of Service Marketing, 19(1).

Goetz, J. (1985) The Pricing Decision: A Service Industry's Experience, Journal of Small Business Management, April.

Gronroos, C. (1988) Service Quality: The Six Criteria of Good Perceived Service Quality, Review of Business, 9.

Gronroos, C. and Ojasalo, K. (2004) Service Productivity: Towards a Conceptualization of the Transformation of Inputs into Economic Results in Services, Journal of Business Research, 57.

Hart, C.W.L., Heskett, J.L., and Sasser, W.E. (1990) The Profitable Art of Service Recovery, Harvard Business Review, 68.

Harvey, J. (1998) Service Quality: A Tutorial, Journal of Operations Management, 16(5).

Haynes, R.M. (1990) Service Typologies: A Transaction Modeling Approach, International Journal of Service Industry Management, 1(1).

Haywood-Farmer, J. (1988) A Conceptual Model of Service Quality, International Journal of Operations and Production Management, 8(6).

Hill, T.P. (1977), On Goods and Services, Review of Income and Wealth, 23(4).

Hill, T.P. (1999) Tangibles, Intangibles and Services: A New Taxonomy for the Classification of Output, Canadian Journal of Economics, 32(2).

Hoffman, K.D., Turley, L.W. and Kelley, S.W. (2002) Pricing Retail Services, Journal of Business Research, 55(12).

Johnston, R. and Jones, P. (2003) Service Productivity: Towards Understanding the Relationship between Operational and Customer Productivity, International Journal of Productivity and Performance Management, 53(3).

Johnston, R. and Morris, B. (1985) Monitoring and Control in Service Operations, International Journal of Operations & Production

Management, 5(1).

Jones, P. and Peppiatt, E. (1996) Managing Perceptions of Waiting Times in Service Queues, International Journal of Operations & Production Management, 7(5).

Judd, R.C. (1964) The Case for Redefining Services, Journal of Marketing, 28(1).

Julta, D., Bodorik, P., Hajnal, C., and Davis, C. (1999) Making Business Sense of Electronic Commerce, IEEE Computer, 32(3).

Katz, K., Larson, B., and Larson, R. (1991) Prescription for the Waiting-in-Line Blues: Entertain, Enlighten, and Engage, Sloan Management Review, 32(2).

Kelly, S.W., Hoffman, K.D., and Davis, M.A. (1993) A Typology of Retail Failures and Recovery, Journal of Retailing, 69.

Lehtinen, J.R. (1983) Customer Oriented Service System, Service Management Institute Working Paper, Helsinki, Finland.

Levitt, T. (1972) Production-Line Approach to Services, Harvard Business Review, 50(5).

Lovelock, C.H. (1983) Classifying Services to Gain Strategic Insights, Journal of Marketing, 47.

Lovelock, C.H. (1984) Developing and Implementing New Service, In: George, W., Marshall, C. (Eds.), Developing New Services, American Marketing Group.

Lovelock, C.H. and Yip, G.S. (1996) Developing Global Strategies for Service Businesses, California Management Review, 38(2).

Maister, D (1983) The Defining Qualities of Four Different Managerial Environments, Research in Service Operations Management, Proceedings of the workshop on Teaching and Research in Production and Operations Management, London Business School.

Maister, D.H. (1985) The Psychology of Waiting Lines, In: Czepiel, J.A., Solomon, M.R., and Surprenant, C.F. (Eds.), The Service Encounter, Lexington Press.

Maister, D. and Lovelock, C.H. (1982) Managing Facilitator Services, Sloan Management Review.

Mann, D. (2003) Beyond Systematic Innovation (Integration of Emergence and Recursion Concepts into TRIZ and Other Tools, ECCI8 Conference, Mainz, Germany.

McLaughlin, C.P. and Coffey, S. (1990) Measuring Productivity in Services, International Journal of Service Industry Management, 1(1).

Mitra, K. and Capella, L.M. (1997) Strategic Pricing Differentiation in Services: A Re-examination, The Journal of Services Marketing, 11(5).

Morris, M.H. and Fuller, D.A. (1989) Pricing an Industrial Service, Industrial Marketing Management, 18.

Parasurman, A., Zeithaml, V.A., and Berry, L.L. (1985) A Conceptual Model of Service Quality and its Implications for Future Research, Journal of Marketing, 49(4).

Parasuraman, A., Zeithaml, V.A., Berry, L.L. (1988) SERVQUAL: A Multiple-item Scale for Measuring Consumer Perceptions of Service Quality, Journal of Retailing 64(1).

Pavitt, K. (1984) Sectoral Patterns of Technical Change: Towards a Taxonomy and a Theory, Research Policy, 13(6).

Rappa, M.A. (2004) The Utility Business Model and the Future of Computing Services, IBM Systems Journal, 43(1).

Rathmell, J.M. (1966) What is Meant by Services?, Journal of Marketing, 30(4).

Regan, W.J. (1963) The Service Revolution, Journal of Marketing, 27(3).

Rowley, J (2006) An Analysis of the E-service Literature: Towards a Research Agenda, Internet Research, 16(3).

Schumenner, R.W. (1986) How Can Service Businesses Survive and Prosper?, Sloan Management Review, 28(3).

Schostack, G.L. (1987) Service Positioning through Structural Change,

Journal of Marketing, 51.

Schostack, G.L. (1977) Breaking Free from Product Marketing, Journal of Marketing, 41(2).

Scheuing, E.E. and Johnson, E.M. (1989) A Proposed Model for New Service Development, The Journal of Service Marketing, 3(2).

Shostack, L. (1977) Breaking Free from Product Marketing, Journal of Marketing, 41.

Shostack, L. (1982) How to Design a Service, European Journal of Marketing, 16(1).

Shostack, L. (1984) Designing Services That Deliver, Harvard Business Review, 62(1).

Silvestro, R., Fitzgerald, L., and Johnston, R. (1992) Towards a Classification of Service Processes, International Journal of Service Industry Management, 3(3).

Stamm, G. (1992) Flowing Customer Demanded Quality from Service Planning to Service Design, In: Transactions of the Fourth Symposium on Quality Function Deployment, MI.

Stuart, F.I. and Stephen, S.T. (1996) Planning for Service Quality: An Integrative Approach, International Journal of Service Industry Management, 7(4).

Sundbo, J. and Gallouj, F. (1998) Innovation in Services, SI4S Project Synthesis Work Package 3/4, SI4S Synthesis Report 2.

Tan, K. C. and Pawitra, T. A. (2001) Integrating SERVQUAL and Kano's Model into QFD for Service Excellence Development, Managing Service Quality, 11(6).

Thomas, D.R.E. (1978) Strategy is Different in Service Businesses, Harvard Business Review, 53(4).

Timmers, P. (1998) Business Models for Electronic Markets, Journal on Electronic Markets, 8(2).

von Hippel, E. (1986) Lead Users: A Source of Novel Product Concepts, Management Science, 32(7).

Wells, R., Phaal, R. Farrukj, C. and Robert, D., Technology Roadmapping for a Service Organization, Research Technology Management, 47(2).

Wemmerlov, U. (1990) A Taxonomy for Service Processes and its Implications for System Design, International Journal of Service Industry Management, 1(3).

Witt, C.A. and Witt, S.F. (1989) Why Productivity in the Hotel Sector is Low, International Journal of Contemporary Hospitality Management, 1(2).

Wu, J. and Hisa, T. (2004) Analysis of E-commerce Innovation and Impact: A Hypercube Model, Electronic Commerce Research and Applications, 3(4).

Zeithaml, V.A., Berry, L.L., and Parasuraman, A. (1993) The Nature and Determinants of Customer Expectation of Service, Journal of the Academy of Marketing Science, 21.

Zhang, J., Chai, K. H., and Tan, K. C. (2005) Applying TRIZ to Service Conceptual Design: An Exploratory Study, Creativity and Innovation Management, 14(1).

Charnes, A., Cooper, W. and Rhodes, E., Measuring Efficiency of Decision Making Units, European Journal of Operational Research, 2(6), 1978.

사 이 트

통계청, http://www.nso.go.kr

Apple, http://www.apple.com

Cleantopia, http://www.cleantopia.com

Dell, http://www.dell.co.kr

Displaybank, http://displaybank.com

EasyJet, http://www.easyjet.com

Electrolux (2000) Electrolux functional sales, after Electrolux, http://193.183.104.77/node323.asp

FedEx, http://www.fedex.com

Google, https://www.google.com

Google Adsense, https://www.google.com/adsense/

Hinchcliffe, D. (2010) The app store: The new "must-have" digital business model, http://blogs.zdnet.com/Hinchcliffe

Housingmaps, https://www.housingmaps.com

IBM, http://www-903.ibm.com/kr/ibm/global/overview_mgmt.html

Live|work , http://www.livework.co.uk/

O'Reilly, T. (2005) What Is Web 2.0, http://www.oreillynet.com/lpt/a/6228

Service Science and Management (IBM): http://www.research.ibm.com/ssme/

Rappa, M.A. (2000) Business Models on the Web, http://digital enterprise.org/models/models.html

Weiser, M. (1993) Ubiquitous Computing, IEEE Computer "Hot Topics", http://www.ubiq.com/hypertext/weiser/UbiCompHotTopics.html

Wikipedia, http://www.wikipedia.org/

Xerox, http://www.xerox.com/

APPENDIX

부 록

A 회귀분석

1. 회귀분석의 기본 개념

경영활동에서 발생하는 어떤 사건의 원인과 결과를 알아내는 일은 현실적인 대응 전략을 수립하고 또 미래에 대한 예측을 하는데 매우 중요한 의미를 갖는다. 원인과 결과의 인과 관계(causal relationship)를 파악하는 과제에 가장 자주 사용되는 통계적 방법론으로 회귀분석(regression analysis)을 들 수 있다. 회귀분석은 워낙 널리 쓰이는 방법이므로 기본 이론을 이해할 필요가 있다.

회귀분석은 변수들 중 하나를 종속변수(dependent variable)로, 나머지를 독립변수(independent variable)로 하여 독립변수들과 종속변수 사이에 인과관계가 존재하는지, 존재한다면 어느 정도인지를 분석하는 통계적 기법이다. 여기서 독립변수는 종속변수에 영향을 주는 변수로서 원인이 되는 것이고, 종속변수는 독립변수에 영향을 받는 변수로서 결과가 된다. 예를 들어 어느 서비스 기업에서 광고투자 비용과 매출액 간의 관계를 분석하려고 한다고 하자. 그러면 광고비는 독립변수가 되고 매출액은 종속변수가 된다. 회귀분석은 독립변수와 종속변수간의 관계를 수학적으로 표현한 회귀식(regression equation)을 추정함으로써, 두 변수들간의 관계를 규명하게 된다.

2. 회귀분석의 기본 모형

회귀분석은 독립변수의 개수에 따라, 독립변수가 하나인 단순 회귀분석(simple regression)과 독립변수가 두 개 이상인 다중 회귀분석(multiple regression)으로 나눈다. 하지만 단순 회귀분석이든 다중 회귀분석이든 기본 원리나 이론적 근거는 동일하기 때문에 여기서는 단순 회귀분석에 대해서만 살펴보도록 한다.

단순 회귀분석의 기본 모형, 회귀식은 다음과 같다: $Y_i = \alpha + \beta X_i = \varepsilon_i$

여기서 X_i는 독립변수, Y_i는 종속변수, α는 회귀식의 y절편, β는 회귀식의 기울기, ε_i는 회귀식에 의해 설명될 수 없는 오차(random error)를 나타낸다.

3. 회귀분석의 모수 추정

위와 같이 독립변수와 종속변수가 선형(linear) 관계를 갖는다는 가정하에, 두 개의 모수(parameter) α와 β를 추정하여 회귀식을 얻을 수 있다. 이론적으로는 무수히 많은 α와 β 값이 있을 수 있고 따라서 무수히 많은 회귀식이 나올 수 있다. 그러므로 회귀분석의 핵심 과제는 가장 적합한 모수의 추정을 통해 하나의 회귀식을 찾는 일이 된다.

모수를 추정하는 방법에는 여러 가지가 있지만 일반적으로는 최소자승법(least square method)을 사용한다. 최소자승법의 아이디어는 간단하다. [그림 1]에서 보듯이, 실제값인 Y_i와 그것의 추정치인 $\hat{Y}_i$의 차이를 오차(error)라고 한다. 좋은 회귀식이 되려면 오차를 모두 합한 값이 작아야 한다. 따라서 오차의 제곱합이 최소(minimum)가 되는 α와 β 값을 추정하면 된다. 여기서 오차의 합 자체가 아니라 제곱합을 쓰는 이유는 제곱을 하지 않은 오차의 경우 양(+)이 될 수도 있고 음(−)이 될 수도 있어 오차의 합을 최소화한다는 것이 의미가 없기 때문이다.

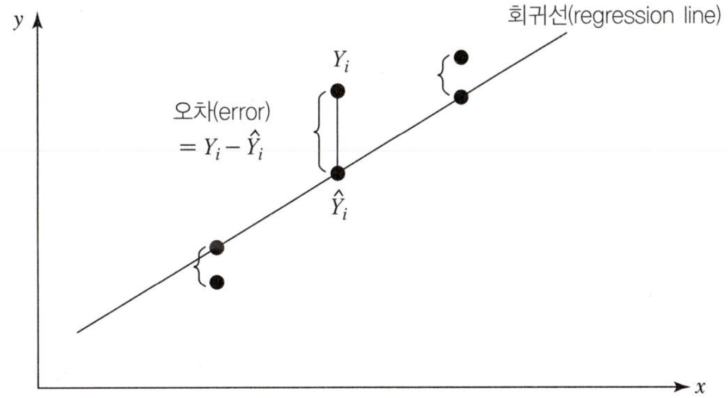

[그림 1] 최소자승법의 도식화

최소자승법으로 α와 β의 추정치를 구하는 방법은 우리가 흔히 최소화 문제를 풀 때 사용하는 기준과 마찬가지로 미분한 후, 그 식을 0으로 놓은 연립방정식을 풀면 된다. 이 연립방정식을 정규방정식(normal equation)이라고 한다. 약간의 수학적 작업을 거쳐 최소자승법에 의해 α와 β의 추정치를 구하면 다음과 같다.

$$\hat{\beta}=\frac{n\sum XY-\sum X\sum Y}{n\sum X^2-(\sum X)^2}$$

이렇게 얻어진 회귀식의 설명력이 어느 정도인가, 회귀분석에 의한 예측치가 실제 값과 얼마나 잘 일치하는가를 알아보기 위해서는 흔히 결정계수(coefficient of determination)라고 불리는 R^2 값을 이용한다. 결정계수는 다음과 같은 식으로 나타낼 수 있다.

$$R^2=\left[\frac{n\sum XY-\sum X\sum Y}{\left\{n\sum X^2-(\sum X)^2\right\}\left\{n\sum Y^2-(\sum Y)^2\right\}}\right]^2$$

결정계수 값의 범위는 0과 1 사이로 그 값이 클수록 설명력이 높은 것이다. 예를 들어 결정계수의 값이 1이면 실제 값과 추정치가 모두 일치하는 경우이다.

4. 회귀분석의 사례

앞에서 예를 든 것처럼, 광고에 대한 투자는 신규 고객을 늘리는데 매우 중요한 역할을 한다고 할 수 있다. 광고비와 신규고객 수 간의 관계를 실증적으로 분석하기 위하여 다음 〈표 1〉에 나타난 것과 같이 10개 기업을 대상으로 한 해 동안의 광고비와 신규고객 수를 조사하였다.

〈표 1〉 국내 10개 기업의 R&D 투자액과 특허 수

기업	광고비(억 원) = X	신규고객 수(100건) = Y
A	36.5	14
B	28.0	9
C	42.9	15
D	52.0	20
E	51.5	21
F	53.8	25
G	25.4	9
H	37.2	13
I	50.9	20
J	29.2	10

위의 자료를 토대로 광고비와 신규고객 수 간의 인과관계를 알아보기 위해 회귀분석을 실시하였다. 여기서는 광고비를 독립변수(X_i)로, 신규고객 수를 종속변수(Y_i)로 한 단순 회귀모형을 사용하였다.

$\sum XY = 6895.2,\ \sum X = 407.4,\ \sum Y = 156.0,\ \sum X^2 = 17679.8$ 이므로

$$\hat{\beta} = \frac{10 \cdot (6895.2) - (407.4) \cdot (156.0)}{10 \cdot 17679.8 - (407.4)^2} = 0.4987$$

$$\hat{\alpha} = \frac{156.0 - (0.4987) \cdot (407.4)}{10} = -4.7172$$ 가 된다.

따라서 추정된 회귀식은 아래와 같다.

$\hat{Y}_i = -4.7172 + 0.4987X_i$ (신규고객 수 = −4.7172 + 0.4987 × 광고비)

회귀식의 R^2값을 계산해보면 0.9465로 매우 높게 나타난다. 따라서 광고비 지출과 신규고객 증가 사이에는 통계적으로 유의한 인과관계가 존재한다고 할 수 있다.

B 선형계획법

1. 수리계획법의 기본 개념

수리계획법(mathematical programming)은 가용한 자원이 한정되어 있다는 조건(constraint)에서 수익의 극대화나 비용의 최소화와 같은 경영상의 목적(objective)을 달성하는 문제의 해(optimal solution)를 찾는 의사결정 기법이다. 1950년대 이후부터 비약적으로 발전한 이 방법론은 오늘날 크고 복잡한 의사결정 문제를 모형화(modeling)하고 그 해답을 찾는 과정에 가장 폭넓게 활용되는 유용한 기법으로 자리잡고 있다.

넓은 의미의 수리계획법은 다시 몇 가지의 구체적인 기법으로 나눌 수 있다. 가장 대표적인 모형은 선형계획법(Linear Programming: LP)이다. 어느 기업에서 한정된 자원을 사용하여 제품을 생산, 판매하는 경우를 생각해 보자. 선형계획법은 말 그대로 수익(비용)의 발생이나 자원의 사용이 더하기나 빼기의 선형(linear)으로 변한다고 가정하는 모형이다. 예를 들어 제품을 1단위 팔아서 100원의 수익이 있으면 2단위를 팔면 200원, 10단위를 팔면 1,000원 하는 식으로 늘어난다고 가정한다. 자원의 사용도, 제품 1단위 만드는데 10톤이 들었다면 2단위 만드는데 20톤, 10단위 만드는데 100톤이 든다는 식으로 가정한다.

만일 늘어나고 줄어드는 비율이 선형의 비율이 아니라 비선형이 된다고 가정하면, 분석 모형도 선형계획법이 아니라 비선형계획법(Non-Linear Programming: Non-LP)이 된다. 또 제품의 생산 단위가 100.5 단위와 같이 소수점으로 표현될 수 없고 100단위와 같이 반드시 정수(integer)로 정해져야 한다면, 정수계획법(Integer Programming: IP)이 된다. 실제의 경영 프로젝트를 생각해보면, 비선형계획법이나 정수계획법이 더 현실적인 가정이라고 할 수 있다. 그러나 문제를 푸는 과정이나 방법에 있어 선형계획법이 훨씬 쉽고 효율적이기 때문에, 특별한 문제가 없는 한 선형계획법이 가장 폭넓게 사용되고 있다. 따라서 여기서도 선형계획법만을 다루기로 한다.

2. 선형계획법의 기본 모형

선형계획법의 기본 모형은 결정변수(decision variable), 목적함수(objective function), 제약조건(constraints)이라는 세 개의 핵심 요소로 이루어진다.

선형계획법의 첫 단계는 결정변수(decision variable)들을 선정하는 것이다. 만일 여러 제품의 생산을 다루는 문제라면, 제품 하나하나의 생산량이 결정변수(x_i)가 된다. 다음은 각각의 결정변수들의 수익이나 비용을 나타내는 일차식인 목적함수(objective function)를 제시하는 작업이 이루어진다. 개별제품의 단위당 수익이나 비용을 c_i라고 한다면 목적함수 $z=c_1x_1+c_2x_2+\cdots+c_nx_n$이 된다. 목적함수는 문제의 성격에 따라, 수익의 경우라면 최대화(maximization) 문제가 되고, 비용의 경우라면 최소화(minimization) 문제가 된다.

다음 단계는 자원에 관한 제약조건(constraint)을 설정하는 일이다. 여기서 자원은 원자재, 부품, 자본, 인력, 시간, 거리, 공장의 생산능력 등 실제 상황에 따라 다양하게 나타날 수 있다. 자원의 사용량과 가용량은 일반적으로 일차 부등식의 형태로 표현되며, 이러한 일차 부등식을 제약조건이라고 한다. 먼저 사용량을 보자. 어떤 자원에 대해 개별제품의 생산량과 단위당 사용량(a)을 곱하면, 그 자원에 대한 그 제품의 총 사용량이 결정된다. 모든 제품의 총 사용량을 더하면 그 자원 전체의 사용량이 계산된다. 다음으로 사용량과 가용량(b)의 관계를 보자. 모든 자원은 가용량이 제한되어 있고, 또한 사용량의 합은 가용량을 넘을 수 없다. 따라서 제약조건은 부등식의 형태로 표현된다. 또 결정변수의 값은 0과 같거나(생산을 안 할 경우) 0보다 커야(실제로 생산을 할 경우) 한다. 따라서 결정변수의 값이 음이 될 수 없다는 제약조건을 나타내는 비음조건도 필요하다.

결정변수, 목적함수, 제약조건으로 구성된 일반적인 선형계획 모형의 가장 정규적인 형태는 아래와 같다:

$$
\begin{aligned}
\max\ & z=c_1x_1+c_2x_2+\cdots+c_nx_n \\
s.t.\ & a_{11}x_1+a_{12}x_2+\cdots+a_{1n}x_n\le b_1 \\
& a_{21}x_1+z_{22}x_2+\cdots+z_{2n}x_n\le b_2 \\
& \ \vdots \qquad\quad \vdots \qquad\qquad\quad \vdots \\
& a_{m1}x_1+a_{m2}x_2+\cdots+a_{mn}x_n\le b_m \\
& \qquad\quad x_i\ge 0\ (i=1,\ 2,\ \cdots,\ n)
\end{aligned}
$$

만약 문제가 최소화 문제라면 목적함수에서 극대화(max) 대신 극소화(min)를 쓰고, 이때에는 제약조건의 부등호 방향이 반대가 된다.

3. 선형계획법의 해법: 심플렉스 알고리즘

심플렉스 알고리즘(simplex algorithm)은 위의 선형계획법 모형의 최적해(optimal solution)를 찾는데 사용되는 알고리즘이다. 심플렉스 알고리즘은 1947년에 George Dantzig에 의해 처음으로 개발되었으며, 그 후 여러 학자들에 의해 더욱 발전되어 왔다. 심플렉스 알고리즘의 기본적인 내용과 절차를 간략히 알아보도록 하자.

심플렉스 알고리즘의 기본 아이디어는 수리적 접근보다는 기하학적 접근으로 설명하는 것이 더 쉽고 간편하다. 아래의 간단한 예를 생각해 보자. X_1과 X_2의 두 제품을 생산하는 시스템의 설계 문제에서 목적함수는 이익을 극대화하는 최적 생산량 X_1^*과 X_2^*를 찾는데 있다. 자원의 가용량에 관한 제약조건이 세 개 있으며, X_1과 X_2 모두 0보다 크거나 같아야 한다는 비음조건도 있다. 위의 수리적 모형을 기하학적인 형태로 도시한 것이 [그림 2]이다.

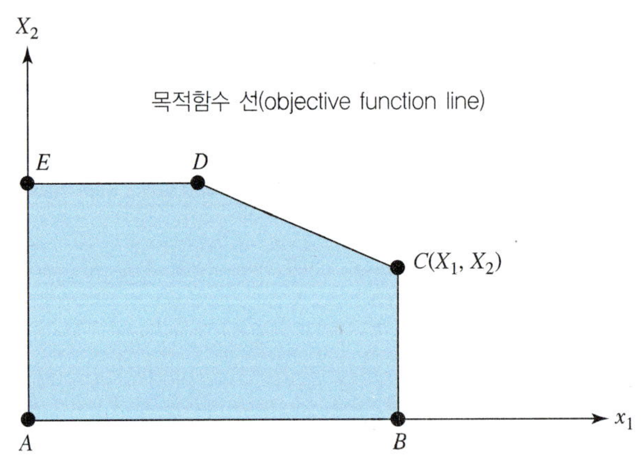

[그림 2] 수리계획 문제의 기하학적 도형

이 그림에서 밑줄 친 영역의 경계선들이 제약조건들을 의미한다. 각각의 제약조건이 각각의 경계선을 뜻한다. 따라서 목적함수를 만족시키는 최적의 해는 제약조건을 만족시키는 빗금 친 영역 내에 존재해야 한다. 문제는 이 영역 안에는 무수히 많은 점들이 있기 때문에 모든 점들을 일일이 비교할 수는 없다는 것이다. 이 책의 범위를 넘어서는 얘기지만, 선형모형의 경우 경계선들의 접점으로 만들어지는 꼭지점의 수는 유한(finite)하며, 또 최적의 해는 반드시 꼭지점 가운데 하나가 되어야 한다는 사실이 수학적으로 증명되어 있다. 그렇게 되면 위 그림의 경우, A, B, C, D, E의 다섯 개 꼭지점의 목적함수 값만 비교하면 최적의 해를 찾을 수 있게 된다. 또 꼭지점 가운데 최적의 해는 목적함수의 선(line)과 접점을 이루는 C 점이 된다는 사실도 수리적으로 증명되어 있다.

위의 간단한 예에서는 다섯 개의 꼭지점만 고려하면 되지만 결정변수와 제약조건이 수백 개가 넘는 현실적 문제의 경우라면 어떻게 되는가? 꼭지점의 수가 유한하다고 하지만 실제로 수십만 개가 넘는 꼭지점이 있는 경우, 이들 모두를 하나하나 비교한다는 것은 거의 불가능하다. 심플렉스 알고리즘은 다음과 같은 방법으로 이를 해결한다.

심플렉스 알고리즘은 어떤 꼭지점이 최적의 해인지 아니지를 판정하기 위해, 바로 인접하고 있는 점들과 목적함수의 값을 비교하는 작업을 반복하는 절차로 이루어져 있다. 제일 먼저 어느 한 꼭지점에서 출발한다고 치자. 그러면 다음에 그 점과 인접하고 있는 다른 점들과 목적함수의 값을 비교한다. 인접한 점들 가운데 만일 그 점보다 더 좋은 값을 갖는 점이 하나라도 있으면, 그 점은 최적의 해가 아니다. 따라서 다음 꼭지점으로 이동해야 한다. 그러나 만일 더 좋은 값을 갖는 점이 주위에 하나도 없으면, 그 점이 바로 최적의 해가 된다는 것이 수학적으로 증명이 되어 있다. 따라서 나머지 점들은 더 이상 알아볼 필요 없이 작업을 끝내면 된다. 예를 들어 꼭지점의 수가 300,000개인 경우에 최적의 해를 100번의 반복(iteration) 끝에 찾았다면 나머지 299,900개의 꼭지점은 더 이상 생각할 필요가 없는 것이다. 따라서 매우 큰 문제도 아주 짧은 시간 안에 해를 구할 수 있는 경우가 대부분이다.

수리적인 관점에서 심플렉스 알고리즘을 구체적으로 설명하는 일은 이 책의 범위를 벗어나므로, 전반적인 절차의 기본적 아이디어만을 간략하게 설명하면 아래와 같다.

1 단계: 초기 가능해 구하기

이 단계는 알고리즘을 시작할 출발점이 되는 첫 번째 꼭지점을 정하는 단계이다. 기하학적으로 꼭지점이라고 부른 용어를 수리적으로 표현하면 가능해(feasible solution)가 된다. 가능해란 제약조건과 비음조건을 만족하는 해를 말하며 따라서 가능해는 여러 개를 얻을 수 있다. 이 가운데 주어진 몇 가지 조건을 만족하는 가능해를 선정하게 되는데 이 가능해를 초기(initial) 가능해라고 한다. 앞의 그림에서 본다면, 원점에 해당되는 A점이 하나의 초기 가능해가 될 수 있다.

2 단계: 최적해의 판정

일단 가능해를 구하면 다음 단계는 그 해가 최적해(optimal solution)인가를 판정하는 작업이다. 최적해의 판정은 목적함수에 나타난 계수들의 부호를 보고 할 수 있다. 만일 모든 결정변수들의 계수가 음수(negative)이면 그 해가 곧 최적해가 된다. 그 이유는 간단하다. 왜냐하면 모든 계수가 음수라면, 다른 꼭지점으로 이동하여 결정변수의 값이 하나라도 바뀌면 그에 따라 목적함수의 값이 줄어들기 때문이다.

3 단계: 탈락변수 및 진입변수의 선택

만일 가능해가 최적해가 아니라면 다음의 가능해(꼭지점)로 옮겨가야 한다. 이 작업은 결정변수 가운데 하나를 빼고 다른 하나를 더함으로써 이루어진다. 이 작업은 계수들의 비율을 비교하여 결정하게 된다. 이때, 제외되는 변수를 탈락변수(leaving variable)라고 하고 추가되는 변수를 진입변수(entering variable)라고 한다. 이동할 가능해의 선정은 정해진 기준에 의해 자동적으로 결정된다.

4 단계: 새로운 가능해의 최적해 판정

새로운 가능해를 찾으면 앞의 2단계에서 설명한 기준에 따라 새로운 가능해가 최적해인지 아닌지를 판정하게 된다. 만일 최적해를 찾았으면 알고리즘은 종료되고, 그렇지 않으면 앞의 3단계 과정으로 돌아가서 알고리즘을 계속한다.

4. 선형계획법의 예제

다음의 선형계획문제를 단체법을 이용하여 최적해를 구해보도록 한다.

$$\begin{aligned}
\max\ z &= 60x_1 + 80x_2 + 100x_3 + 120x_4 \\
s.t.\ 10x_1 + 10x_2 + 20x_3 + 20x_4 &\le 200 \\
6x_1 + 2x_2 + 4x_3 + 2x_4 &\le 24 \\
10x_1 + 14x_2 + 2x_3 + 4x_4 &\le 100 \\
x_i \ge 0\ (i = 1, 2, 3, 4)
\end{aligned}$$

단계 1. 초기의 가능해는 $x_1 = x_2 = x_3 = x_4 = 0$ 이다.

단계 2. 목적함수의 계수가 모두 양수이므로 최적해가 아니며, 진입변수는 계수 값이 가장 큰 x_4로 한다.

단계 3. 새로운 가능해는 $x_2 = 4$, $x_4 = 8$, $x_1 = x_3 = 0$가 된다. 여기에서도 아직 계수가 양수인 변수가 있으므로 최적해가 아니다. 따라서 단계 2로 돌아간다.

단계 2. 계수값이 가장 큰 x_2가 진입변수가 된다.

단계 3. 새로운 가능해는 $x_2 = 4$, $x_4 = 8$, $x_1 = x_3 = 0$이며 목적함수의 값은 1,280이다. 단계 2로 돌아간다.

단계 2. 목적함수의 모든 계수 값이 음수이므로 현재의 가능해가 최적해이다. 따라서 알고리즘을 종료한다.

찾 아 보 기

ㄱ

ㅇ

저 자 약 력

박용태(대표저자)
경기고등학교 졸업
서울대학교 공과대학 산업공학과 졸업, 공학학사
미국 University of Wisconsin–Madison 경영대학원 졸업, 경영학 석사/박사
삼성물산㈜ Sales Engineer
과학기술정책연구원 산업혁신/국제협력 연구실장
과학기술부 장관자문관
서울대학교 기술경영 대학원/기술경영 연합전공 주임교수
기술경영경제학회 회장
현, 서울대학교 공과대학 산업공학과 교수
2009 IAMOT/Elsevier 선정 기술혁신경영(TIM) 세계 50대 연구자

김문수
서울대학교 대학원 산업공학과 졸업, 공학박사
한국전자통신연구원 기술전략연구부 선임연구원
강릉대학교 산업시스템공학과 조교수
한국정보통신기술협회 IT 국제표준전문가
현, 한국외국어대학교 산업경영공학과 교수

강인태(deereye@banni, kdeereye@twitter, http://www.cyworld.com/forest_of_deereye)
서울대학교 공과대학 산업공학과 졸업, 공학학사
서울대학교 대학원 산업공학과 졸업, 공학박사
㈜마케팅랩 대표이사
㈜인터파크 상무/인터넷 사업본부장
현, ㈜맥스무비, 티켓링크 대표이사

김철현
서울대학교 공과대학 산업공학과 졸업, 공학학사
서울대학교 대학원 산업공학과 졸업, 공학박사
한국 IBM 사원
㈜세티 대표이사
KISTEP 부설 연구개발인력교육원 부연구위원(기획연수팀장)
현, 인덕대학교 공학부 테크노경영학과 조교수

윤병운
서울대학교 공과대학 산업공학과 졸업, 공학학사
서울대학교 대학원 산업공학과 졸업, 공학박사
LG CNS 컨설팅부문 선임컨설턴트
영국 University of Cambridge 박사후 연구원
현, 동국대학교 공과대학 산업시스템공학과 조교수
"Marquis Who's Who: Who's Who in the World" 등재

신준석
서울대학교 공과대학 산업공학과 졸업, 공학학사
서울대학교 대학원 산업공학과 졸업, 공학박사
삼성경제연구소(SERI) 기술산업실 연구원
현, 성균관대학교 공과대학 시스템경영공학과 기술경영대학원 조교수

이성주
서울대학교 공과대학 산업공학과 졸업, 공학학사
서울대학교 대학원 산업공학과 졸업, 공학박사
서울대학교 자동화연구소 선임연구원
영국 University of Cambridge 박사후 연구원
현, 아주대학교 공과대학 산업정보시스템공학부 조교수

이학연
서울대학교 공과대학 산업공학과 졸업, 공학학사
서울대학교 대학원 산업공학과 졸업, 공학박사
서울대학교 공학연구소 연구원
현, 서울과학기술대학교 산업정보시스템공학과 및 IT정책전문대학원 조교수

저자와의 협의에 의해
인지를 생략합니다.

서비스 공학

박용태

김문수 · 강인태 · 김철현 · 윤병운
신준석 · 이성주 · 이학연 공저

초 판 발 행 : 2010. 12. 15
제 2 판 3 쇄 : 2020. 8. 26
발 행 인 : 김 승 기
발 행 처 : 생능출판사
신 고 번 호 : 제406-2005-000002호
신 고 일 자 : 2005. 1. 21
I S B N : 978-89-7050-725-5(53320)

10881
경기도 파주시 광인사길 143
대표전화 : (031)955-0761, FAX : (031)955-0768
홈페이지 : http://www.booksr.co.kr

* 파본 및 잘못된 책은 바꾸어 드립니다.

정가 29,000원